2014"命题方向"精品书系

国家司法考试攻略

国际法·国际私法·国际经济法攻略

（第四版）

章　法　著

上律·指南针司法考试命题研究中心　组编

中国财政经济出版社

图书在版编目(CIP)数据

国际法·国际私法·国际经济法攻略/章法著. —4版. —北京:中国财政经济出版社,2014.2

(国家司法考试攻略·2014"命题方向"精品书系)

ISBN 978-7-5095-5101-1

Ⅰ.①国… Ⅱ.①章… Ⅲ.①国际法—法律工作者—资格考试—自学参考资料 ②国际私法—法律工作者—资格考试—自学参考资料 ③国际经济法—法律工作者—资格考试—自学参考资料 Ⅳ.①D99

中国版本图书馆CIP数据核字(2014)第027617号

责任编辑:雷 婷

中国财政经济出版社出版

URL:http://www.cfeph.cn

E-mail:cfeph@cfeph.cn

社址:北京市海淀区阜成路甲28号 邮政编码:100142

营销中心电话:88190406 北京财经书店电话:64033436 84041336

北京财经印刷厂印刷 各地新华书店经销

787×1092毫米 16开 23.5印张 511 000字

2014年3月第1版 2014年3月北京第1次印刷

定价:58.00元

ISBN 978-7-5095-5101-1/D·0290

(图书出现印装问题,本社负责调换)

本社质量投诉电话:010-88190744

反盗版举报热线:88190492 88190466

前 言

国际法、国际私法和国际经济法由于一些考生平时接触较少,容易产生畏难情绪。实际上经过一段学习以后,其题的难度变化有限,并不难掌握,是一个重要的拿分点,切不可放弃,此部分分值不低,每年约有45分左右。取舍之间,道尽人生况味!

国际法、国际私法和国际经济法,在命题规律上又呈现出各自的特点。从历次考试来看,国际法的题目具有"散"和"热"的特点:"散"即在内容上遍地开花,常常覆盖了多数章节的内容;"热"即在覆盖面广的同时还涉及一些热点问题,例如,在利比亚冲突那年就出现了撤桥的题目,在日本核泄漏那年就出现了涉及核泄漏的题目,在海盗猖獗的那年就有涉及海盗的题目等,所以考生应当关心当前的国际大事,以便把握当前的热点。2012年新出台的《中华人民共和国出境入境管理法》也是这两年的热点。国际私法的重点在于冲突规范、司法协助和区际私法,每年依新立法的出台而有不同的侧重点,近几年《中华人民共和国法律适用法》、《最高人民法院关于适用〈中华人民共和国涉外民事关系法律适用法〉若干问题的解释(一)》等法律和司法解释都是热点。国际经济法是三个法中所占分值最多的一个,但其自身可覆盖的知识点较少,因此,每年考点是在不同的知识点之间转移,特点也比较分散,但每年的题目基本上都会涉及1980年《联合国国际货物销售合同公约》、国际贸易术语解释通则、海上运输、信用证等内容。

本书的编写,在严格按照司法考试大纲的同时,根据学科的不同特点,作了详略得当的处理。在总结部分,本书对每讲的内容进行了总结,以期考生能够在较短时间内掌握整个国际法学体系;在原理部分,本书讲究言简意赅,不拖泥带水,以期考生能够通过学习本书,尽快掌握相关知识;在重点考查部分,增加了更多的例题,安排了更多的总结性内容。另外,为了给考生留有思考的余地,【注意】和【牛刀小试】部分的答案都是以脚注的形式呈现。

本书保持适中理论深度,准确概括主流通说,注重总结实体规范。在保证重点突出、观点明晰的前提下,参考司法考试的案例考查形式,穿插精选案例,或例举示范帮助考生理解知识点,或解析历年真题以提高考生的实战应考能力。

真心希望考生在本书的帮助下,掌握考点、拿下重点、攻克难点,最终驶向成功!

章 法

2014年3月1日

目 录

第一编 国际法

第二编 国际私法

第三编 国际经济法

第一编 国际法

第一讲 国际法导论

特别提示

本讲在司法考试的考点主要有:国际法与国内法的关系、国际惯例、自保权、不干涉内政原则等。

考查概况

考查次数	已考考点
3	国际条约在我国的适用
1	国际习惯的效力
3	国际法与国内法关系
1	国家主权平等原则
1	不干涉内政原则
1	不使用威胁或武力原则
2	民族平等和自决原则

一、国际法的特征和渊源

国际法是一个与国内法相对应的法律体系。它是国家间交往中形成的、主要是调整国家之间关系的、有拘束力的原则、规则和制度的总体。

(一)国际法的特征

国际法与国内法相比,具有以下显著特点:

1. 法律关系的主体不同。国内法的主体主要是自然人和法人,国家只有在特殊情况下才成为国内法的主体;而国际法的主体主要是国家,个人现在一般还不被承认为国际法的主体。

2. 立法方式不同。国内法是由国家的立法机关依一定程序制定出来的;而国际社会不存在凌驾于国家之上的国际立法机构,国际法是由国家之间通过协议制定出来的。

3. 强制方式不同。国内法是由超越个体之上的国家强制机关保证实施的;而国际社会不存在超国家的强制机构,国际法的强制实施是通过国家单独或集体的行动来实现的。

(二)国际法的渊源

1. 国际法渊源的种类。

(1)国际条约。国际条约是国际法规则最主要的表现形式。条约是两个或两个以上国际法主体之间缔结的、以国际法为准的、规定当事方权利义务的协议。

(2)国际习惯。国际习惯是指在国际交往中由各国前后一致地不断重复所形成、并被广泛接受为有法律拘束力的行为规则或制度。与国际商业惯例相比,国际习惯具有强制性,国际商业惯例具有任意性。

构成要素:一是物质要素,即各国在一段时间内前后反复一致的实践所形成通例;二是心理要素,即"法律确信",它要求上述的重复一致的行为模式被各国认为具有法律拘束力。一项国际习惯必须同时具备这两个要素。

国际习惯的证明:证明一项国际习惯的存在,必须从国际法主体的实践中寻找证据。

【注意】一般应特别注意以下三个方面的实践:(1)国家间的各种文书和外交实践;(2)国际组织和机构的各种文件,包括决议、判决等;(3)国家的国内立法、行政的有关文件以及国际司法机构和国内司法机构的判决。

历史上一项国际习惯的形成过程往往需要很长时间,而现代由于技术的发展和交往的迅捷,一项国际习惯可以在较短的时间迅速形成。

(3)"一般法律原则"。"一般法律原则"是指各国法律体系中所共有的一些原则,如善意、禁止反言等。

2. 确立国际法原则的辅助方法。国际组织的决议、司法判例、国际法学说被认为是确立国际法原则的辅助资料。也就是说,它们本身不是国际法的渊源,而是在辨认证明国际法原则时的辅助方法。其中司法判例首先是国际法院的判例,同时包括其他国际司法机构和仲裁机构的判例,还包括各国国内的司法判例。

【例1-1】关于国际法的渊源,下列哪几项是正确的?[①]

A. 国际习惯是不成文的,因而仅具有任意性的特点,不具有法律拘束力

B. 国内外司法判决是国际习惯存在的证据之一

C. 一般法律原则是由"一般法律意识"所产生的原则

D. 国际组织的决议是确立国际法原则的辅助材料

二、国际法与国内法的关系

(一)国际法与国内法关系的内容

国际法与国内法关系的实践中,国际法尚没有关于国内法与国际法关系的具体、统一、

① 答案:BD。A项错误,国际习惯具有强制力。B项正确,国内外司法判决和国家的对外文件属于国际习惯存在的证据。C项错误,"一般法律原则"是指各国法律体系中所共有的一些原则,如善意、禁止反言等。D项正确,国际组织的决议是确立国际法原则的辅助材料。

完整的规则。这个问题的国际实践可以从国际和国内两个层面来看:

1. 在国际层面:一国的国内立法不能改变国际法的原则、规则;任何国家不得以其国内法的规定来对抗其承担的国际义务,或以国内法规定作为违背国际义务的理由来逃避其国际责任。同时,国际法一般也不具体干预一国如何在其国内履行其国际义务,不干预一国国内法制定,除非该国已承担了相关的特殊义务。

2. 从国内法律体系的角度看,情况比较复杂。其中主要问题是国际法在国内法律秩序中的地位问题,包括国际法规则在国内法律框架中的适用以及国际法规则与国内法冲突时的解决。

【注意】国际法与国内法的关系:二者不是截然对立的,而是彼此互相渗透、互相依赖、互相补充、互相制约的。国际法不干涉国内法的制定,国内法与该国参与的国际公约不一致的,应当承担国际责任。考生容易把国际法与国内法对立起来,简单地认为国际法优先或国内法优先来作出判断。特别是仅仅从国内法的角度出发,误把符合国内法的立法程序作为对抗条约义务的一个根据。

【例1-2】(2005年·卷一·29题)甲乙两国于1996年签订投资保护条约,该条约至今有效。2004年甲国政府依本国立法机构于2003年通过的一项法律,取消了乙国公民在甲国的某些投资优惠,而这些优惠恰恰是甲国按照前述条约应给予乙国公民的。针对甲国的上述做法,根据国际法的有关规则,下列哪一项判断是正确的?①

A. 甲国立法机构无权通过与上述条约不一致的立法

B. 甲国政府的上述做法,将会引起其国际法上的国家责任

C. 甲国政府的上述做法如果是严格依据其国内法作出的,则甲国不承担国际法上的国家责任

D. 甲国如果是三权分立的国家,则甲国政府的上述行为是否引起国家责任在国际法上尚无定论

(二)有关法律规定

目前我国宪法没有作出明确的规定,但有一些法律作了规定。其中,最重要的是《中华人民共和国民法通则》(以下简称"《民法通则》")第142条规定:"中华人民共和国缔结或参加的国际条约同中华人民共和国民事法律有不同规定的,适用国际条约的规定,但中华人民共和国声明保留的条款除外。中华人民共和国法律和中华人民共和国缔结或者参加的国际条约没有规定的可以适用国际惯例。"此外,还有一些民商法律作了大致相同的规定。

(三)适用的情况

1. 直接适用。在民商事范围内,中国缔结的条约在国内通常可以直接适用。中国法和

---

① 答案:B。甲、乙国之间的有效条约所规定的甲国的义务,对于甲国具有国际法上的拘束力。但这项条约并不直接剥夺甲国立法机关的相关立法权,A项错误。然而如果甲国通过了与上述条约义务不一致的立法,导致甲国实施了违反条约义务的行为,则依照国际法,将引起甲国在国际法上的国家责任,B项正确。无论甲国国内的法律制度如何,甲国的行为是否符合其国内法,都不能作为对抗国际法上义务的根据,C、D项错误。

中国加入的条约都有规定的，当条约与国内法冲突时，条约优先适用。

2. 并行适用。例如《维也纳外交关系公约》与《中华人民共和国外交特权与豁免条例》，我国加入了公约，同时也要遵守条例，这就呈现出并行适用的状态。

3. 转化适用。按照2002年8月27日《最高人民法院关于审理国际贸易行政案件若干问题的规定》，世界贸易组织的文件在中国法院不能直接适用，而必须经过"转化"。另根据2013年《最高人民法院关于适用〈中华人民共和国涉外民事关系法律适用法〉若干问题的解释(一)》第4条的规定，在民商领域，条约优先适用，但知识产权领域的国际条约已经转化或者需要转化为国内法律的除外。

4. 民商事以外的条约，能否在中国国内直接适用以及如何解决效力冲突，需要根据与该条约相关的法律规定，结合条约本身的情况进行具体考察。

5. 民事范围国际惯例的适用次序排在条约和国内法之后，其适用是"可以"，而非"必须"，作为国内法和条约的补充。

【注意】条约在中国的适用。从我国的情况看，我国宪法或宪法性法律对此没有作出规定。而在民事范围内，中国缔结的条约与国内法有不同规定的部分，在国内可以直接适用。其最基本的依据是《民法通则》第142条第2款。关于条约与国内法的冲突解决，在民商事范围内，条约与国内法冲突时，条约可以优先适用。但在民事法律范围以外，条约在国内的地位和适用问题，由于缺乏宪法或基本法的依据，并且在其他立法和司法实践中存在着不一致的实践和不同方面的认识，所以尚不能简单笼统地认为条约的直接适用已经或必将作为任何条约在中国适用的唯一方式。

【例1-3】根据国际法有关规则和我国有关法律，当发生我国缔结且未作保留的条约条款与我国相关国内法规定不一致的情况时，下列哪一选项是正确的？①

A. 如条约属于民事范围，则由全国人民代表大会常务委员会确定何者优先适用

B. 如条约属于民事范围，则优先适用条约的规定

C. 如条约属于民事范围，由法院根据具体案情，自由裁量，以公平原则确定优先适用

D. 我国缔结的任何未作保留的条约与中国相关国内法的规定不一致的，均优先适用

三、国际法基本原则

(一)基本原则的概念和特征

国际法基本原则是指那些各国公认的、具有普遍拘束力的、适用于国际法一切效力范围的、构成国际法基础的法律原则。它具有以下特征：

1. 各国公认。从渊源上讲，国际法基本原则必须被整个国际社会普遍接受。

2. 从适用范围上讲，国际法基本原则必须能够适用于国际法一切效力范围，在国际法的

---

① 答案：B

一切领域内都发生作用。

3. 构成国际法的基础:第一,如果没有这些国际法基本原则,则现代国际法将不复存在;第二,国际法基本原则是其他国际法规则产生的基础;第三,国际法基本原则的效力高于其他国际法规则,与国际法基本原则相抵触的其他规则无效。

(二)基本原则的内容

1. 国家主权平等原则。国家的主权是指国家独立自主地处理其内外事务的统治权力。主权具有不可分割、不从属于外来意志和神圣不可侵犯的性质。主权不是国际法赋予的,而是国家固有的。

主权的体现:(1)对内最高权。国家在国内行使最高统治权,包括立法、行政、司法各个方面,也包括国家的属地优越权和属人优越权。(2)对外独立权。国家独立自主地处理内外事务,包括选择社会制度、确定国家形式和法律、制定对外政策等。(3)自保权。包括国家在遭受外来侵略和武力攻击时进行单独和集体反击的自卫权,以及为防止侵略和武装攻击而建设国防的权利。

【注意】国家的管辖权,依国家领土主权原则,国家对于位于其内水港口的外籍船舶具有管辖权,依国际法享有豁免权的军舰和政府公务船等除外。同时,必须了解,在现代海洋法实践中,港口国一般在不介入船舶内部事件的基础上,采取沿岸国与船旗国管辖相结合的方法。在刑事管辖方面,通常只有对扰乱港口安宁、受害者为沿岸国或其国民、案情重大或船旗国领事或船长提出请求时沿岸国才予以管辖。在民事案件方面,对完全属于船舶内部管理、工资、劳动条件、个人财产权利等事项,各沿岸国通常不行使管辖权。当案件涉及港口国公民的利益或其他船舶以外的因素,或涉及船舶本身在港口内航行、停留期间的权利义务时,港口国才予以管辖。

【例 1-4】(2004 年 · 卷一 · 69 题)甲国船东的货轮"欢乐号"(在乙国注册)在丙国港口停泊期间,非丙国籍船员詹某和卡某在船舱内因口角引发斗殴。根据国际法相关规则和实践,下列判断哪些是正确的?①

A. 丙国通常根据詹某或卡某的请求,对该事件进行管辖

B. 丙国通常根据该船船长的请求,对该事件进行管辖

C. 丙国通常根据甲国驻丙国领事的请求,对该事件进行管辖

D. 丙国通常根据乙国驻丙国领事的请求,对该事件进行管辖

自保权:自保包括自卫和国防权,自卫的条件是攻击和相称。

【例 1-5】甲、乙两国是邻国。甲国近年来不断进口进攻性武器,强化其武装力量。乙国认为甲国的行为对其构成威胁,于是从其境内向甲国境内发射导弹,将甲国一处正在修建的导弹发射装置摧毁。对于此行为,根据 1974 年关于侵略的定义,下列判断哪项是正

① 答案:BD

确的?①

A. 甲国的行为对乙国构成威胁,因此涉嫌构成侵略

B. 乙国的行为涉嫌构成侵略

C. 两国的行为都是合法的

D. 乙国摧毁甲国的导弹发射装置属于国际法上的自卫

2. 不干涉内政原则。任何国家或国际组织,在国际关系中,不得以任何借口或任何方式直接或间接地干涉本质上属于任何其他国家国内管辖的事件,即一国内政;也不得以任何手段强迫他国接受自己的意志,维持或改变被干涉国社会制度和意识形态。

【注意】内政并不是地理概念。在一国境外发生的不一定不是内政,例如在一国境外某国领导人在境外决定接受出访邀请;在一国境内发生的不一定都是内政,例如在一国境内建立种族隔离区。

【例1-6】甲国新政府于2003年上台,推行新的经济政策和外交政策,在国内外引起强烈反应。乙国议会通过议案,谴责甲国的政策,并要求乙国政府采取措施,支持甲国的和平反政府运动;同时乙国记者彼得也撰写了批评甲国政策的文章在丙国报纸上发表。依国际法的相关原则,下列哪些选项是正确的?②

A. 丙国发表反甲国政策的文章涉嫌违反国际法

B. 乙国记者彼得的行为并不违反国际法

C. 乙国议会的法案一旦被执行则涉嫌违反国际法

D. 甲国新政府推行的外交政策因在国内外引起强烈反应,因此不属于内政

3. 不使用威胁或武力原则。该原则指各国在其国际关系上不得以武力或武力威胁,侵害任何国家的政治独立和领土完整;不得以任何与《联合国宪章》或其他国际法原则所不符的方式使用武力。该原则并非禁止一切武力的使用,凡是符合《联合国宪章》和国际法规则的武力使用是被允许的,包括国家对侵略行为进行的自卫行动和联合国集体安全制度下的武力使用。

1974年联合国大会通过的《关于侵略定义的决议》中,非穷尽地列举了7项侵略行为:

(1)武装部队侵入或攻击他国领土;由侵入或攻击造成的军事占领;使用武力吞并别国的任何领土;

(2)以另一国的领土为对象使用任何武器;

(3)封锁另一国的港口或海岸;

(4)武装部队攻击他国的陆海空军、商船或民航机;

(5)一国违反协定使用在别国驻扎的连队或违约延期驻扎;

(6)提供领土由他国使用进行侵略行为;

---

① 答案:B

② 答案:BC

(7)以国家名义派遣武装团休、非正规军或雇佣军等。

该定义同时规定一国违反《联合国宪章》首先使用武力,即构成侵略行为的明显证据。

4. 和平解决国际争端原则。国家在相互交往中发生争端时,必须采取和平方法予以解决。1928年的《巴黎非战公约》首次规定全面废弃战争作为实行国家政策的工具,禁止使用战争作为解决国际争端的方式。

5. 民族自决原则。该原则指在外国殖民统治和奴役下的被压迫民族有权自主决定自己的命运,摆脱殖民统治的权利。一个需要清楚认识的问题是民族自决与独立权问题。不能将该原则对殖民地民族自决的适用内容和范围与各国国内的民族独立的内容和范围相混淆。民族自决原则中独立权的范围只严格适用于殖民地民族的独立,对于一国国内的民族分离主义活动,民族自决原则没有为其提供任何国际法根据。这个问题在国际法和国际实践中被认为是一国的内部事务,是一国国内法的问题,应该尊重国家主权及其全体人民的选择。国际法恰恰明确地严格禁止任何国家假借民族自决的名义,制造、煽动或支持民族分裂,破坏他国国家统一和领土完整的任何行动。

【例1-7】(2007年·卷一·30题)亚金索地区是位于甲乙两国之间的一条山谷。18世纪甲国公主出嫁乙国王子时,该山谷由甲国通过条约自愿割让给乙国。乙国将其纳入本国版图一直统治至今。2001年,乙国发生内乱,反政府武装控制该山谷并宣布脱离乙国建立"亚金索国"。该主张遭到乙国政府的强烈反对,但得到甲国政府的支持和承认。根据国际法的有关规则,下列哪一选项是正确的?①

A. 国际法中的和平解决国际争端原则要求乙国政府在解决"亚金索国"问题时必须采取非武力的方式

B. 国际法中的民族自决原则为"亚金索国"的建立提供了充分的法律根据

C. 上述18世纪对该地区的割让行为在国际法上是有效的,该地区的领土主权目前应属于乙国

D. 甲国的承认,使得"亚金索国"满足了国际法上构成国家的各项要件

6. 善意履行国际义务原则。善意履行国际义务原则指国家对由公认的国际法原则和规则产生的义务,应真诚、善意、全面履行和遵守的原则。这些义务包括国家作为缔约国参加和条约产生的义务,对于习惯国际法产生的义务等。对于联合国会员国而言,如果其承担的条约义务与《联合国宪章》规定的义务发生冲突时,应以宪章义务优先。

---

① 答案:C。首先割让的合法与否取决于该割让条约的合法与否。本题中,该条约是平等自愿基础上两国间的自由意思一致,是合法有效的。C项正确。国际法上的民族自决原则只有在适用于殖民地民族时,才包含有从殖民国家独立出来的确凿权利。对于一国中的一部分主张分离的行为,它没有提供任何法律根据,故B项错误。对于乙国政府处理亚金索地区的行为,是一国的内部事务,选择使用何种方式包括武力方式是乙国的权利,此处不适用国际法中和平解决国际争端原则,故A项错误。甲国政府的行为涉嫌违反国际法,并且就国际法上的承认的性质而言,它不具有构成性,不是构成国家的要件,D项错误。

牛刀小试

1. 国际法是调整国家之间关系的法律，作为法律，其强制力是通过以下哪些方式实现和保障的？①

A. 国际刑警系统

B. 各国国内的司法系统的整体

C. 联合国国际法院和联合国维和部队

D. 各国依照国际法通过单独或集体合作的方式

2. 下列各种关于国际法渊源的判断哪些是正确的？②

A. 一般法律原则是各国法律体系中所共有的一些原则

B. 国内法也是国际法的渊源之一

C. 国际组织的决议是确立国际法原则的辅助材料

D. 国际法院的判例是当代国际法的主要渊源

3. 关于国际习惯，下列哪几项是正确的？③

A. 国际习惯是不成文的，因而仅具有任意性的特点，不具有法律拘束力

B. 国内外司法判决是国际习惯存在的证据之一

C. 国际习惯的构成要素包括物质要素和心理要素

D. 国家的对外文件是国际习惯存在的证据之一

---

① 答案：D

② 答案：AC

③ 答案：BCD

第二讲

国际法主体

特别提示

本讲在司法考试中一般设置2-3道试题,可考性很强,几乎每年都会涉及。其重要考点有:国家的管辖权、国家主权豁免、国际法上的承认、联合国等相关内容。

考查概况

考查次数	已考考点
2	国家的管辖权
3	国际主权豁免
3	国际法上的承认
3	国际法上的继承
6	联合国
1	非政府间国际组织

一、国际法主体的范围

国际法主体是指具有享受国际法上权利和承担国际法上义务能力的国际法律关系参加者,或称为国际法律人格者。国际法主体须具备以下三个条件:第一,具有独立参与国际关系的资格。即能够不受其他权力制约地、完全自主地平等参与国际关系。第二,具有直接享有国际法上权利的能力。能够以自己的名义,直接享有平等权、缔约权、使节权、诉讼权、求偿权等国际法上的权利。第三,具有直接承担和履行国际法上有关义务的能力。如履行条约的能力、保护外国使馆和外交代表的能力等。

传统国际法认为国家是国际法的唯一主体。第一次世界大战,特别是第二次世界大战以后,国际法主体的范围扩大到争取独立的民族和国际组织。但是,这三类主体在国际法中的地位是不同的。到目前为止,个人尚不是国际法的主体,因为个人不具备成为国际法主体的条件。

二、国家

（一）国家的构成要素与类型

1. 国家的要素：定居的居民、确定的领土、政权和主权。

2. 主要类型：单一国、复合国（如联邦）。邦联是指两个以上主权国家为了某种特定目的，根据国际条约组成的国家联合。邦联本身不是国际法主体。英联邦和法兰西共同体既不是联邦，也不是邦联，而是自成一类的国家联合体。

（二）国家的基本权利

国家的基本权利是由国家主权直接引申出来的，因此一切主权国家在享有国家的基本权利上是没有差别的。

1. 独立权。是指国家依照自己的意志处理内外事务并不受他国控制和干涉的权利，它是国家主权在对外方面的集中体现，包含独立自主和排除外来干涉两重含义。

2. 平等权。是指国家在参与国际法律关系时，具有平等的地位和资格，平等地享有国际法上的权利和承担国际法上的义务。

3. 自保权。是指国家保卫自己存在和独立的权利，包括国防权和自卫权两个方面。国防权是指国家有制定国防政策、建设国防力量、防止外来侵略的权利。自卫权是当国家遭受外来武力攻击时，有权采取单独或集体的武力反击措施。

4. 管辖权。国家的管辖权是指国家对特定的人、物和事件进行管理和处置的权利。在国际法中，一般将国家的管辖权划分为以下四个方面，需要重点掌握。

（1）属地管辖权。指国家对于其领土及其领土内的一切人、物和事件，都有进行管辖的权利，除非国际法另有规定。这是国家行使管辖权的首要依据，除非国际法另有规定，属地管辖权优于其他管辖权类型。

（2）属人管辖权。指国家对于具有其国籍的人，有管辖的权利，无论他们是在其领土范围内还是领土范围外。除自然人外，国家行使属人管辖权的对象在不同程度上还包括具有该国国籍的法人，以及船舶、航空器或航天器等获得国籍的特定物。

（3）保护性管辖权。指国家对于在其领土范围以外从事严重侵害该国或其公民重大利益行为的外国人进行管辖的权利。依国际实践，保护性管辖的行使一般基于两个条件：其一是外国人在领土外的行为所侵害的是该国或其公民的重大利益，构成该国刑法规定之罪行或规定应处一定刑罚以上的罪行；其二是该行为根据行为地的法律同样构成应处刑罚的罪行。保护性管辖的实现方式：①行为人进入受害国被依法逮捕；②通过引渡实现受害国的管辖。

【例2-1】（2011年·卷一·33题）甲国人张某侵吞中国某国企驻甲国办事处的大量财产。根据中国和甲国的法律，张某的行为均认定为犯罪。中国与甲国没有司法协助协定。

根据国际法相关规则,下列哪一选项是正确的?①

A. 张某进入中国境内时,中国有关机关可依法将其拘捕

B. 中国对张某侵吞财产案没有管辖权

C. 张某乘甲国商船逃至公海时,中国有权派员在公海将其缉拿

D. 甲国有义务将张某引渡给中国

(4)普遍性管辖权。指根据国际法的规定,对于危害国际安全与和平及全人类利益的某些国际犯罪行为,不论行为人国籍及行为发生地,各国都有进行管辖的权利。目前,战争罪、破坏和平罪、违反人道罪和海盗罪等已被公认为国家普遍管辖权的对象。灭绝种族、贩卖毒品、贩卖奴隶、种族隔离、实施酷刑和航空器劫持等行为也已被有关的国际条约确定为缔约国合作惩治的罪行。

【例2-2】下列各项行为中,属于国家可以行使普遍管辖权的事项有哪几项?②

A. 甲伙同数人将一架在日本登记、由东京飞往纽约的航班劫持飞往新加坡,被迫在吉隆坡降停

B. 乙在A国入室盗窃,并行凶杀数人,被警方通缉后,逃至B国又实施了抢劫行为

C. 丙、丁两国发生种族冲突,丙国对丁国的族人进行清洗,在数周内杀死十多万人

D. 戊国某特大贩毒集团,从哥伦比亚将一吨海洛因贩至东南亚各国销售

(三)国家主权豁免

1. 定义。国际主权豁免是指国家的行为及其财产不受或免受他国管辖。包括管辖豁免、程序豁免和执行豁免。实践中,国家主权豁免主要表现在司法豁免方面,即一国国内法院非经外国同意,不得受理以外国国家为被告的诉讼,因此主权豁免又经常被称为国家的司法豁免权。

2. 主权豁免的范围。

(1)"绝对豁免原则":20世纪以前,国家的一切行为和财产在外国均享有豁免。

(2)"限制豁免原则":主张将国家行为分为商业行为(管理权行为)和非商业行为(统治权行为),前者不享有豁免,而后者享有豁免。目前,限制豁免的基本观点已逐渐得到越来越多国家和学者的接受。2004年《国家及其财产管辖豁免公约》也采取了限制豁免主义的立场。然而,在国际社会就此达成有拘束力的条约,以明确和完善国家及其财产豁免的具体范围和规则之前,传统的主权豁免原则仍然被认为是一项有效的国际习惯法规则。

3. 豁免的放弃。国家豁免权可以被放弃。国家可以自愿地对其享有豁免权的某个方面或某种行为,放弃这种豁免权,即就其某种特定的行为或不行为接受外国当局特别是外国法

---

① 答案:A。A项正确,对此事中国有保护性管辖权。B项称中国没有管辖权是错误的。C项错误,保护性管辖不能在公海行使,这是保护性管辖与普遍管辖的区别所在。D项错误,保护性管辖可以通过国家间的协助由行为人所在国将行为人引渡给受害国来行使,但依国际法的规则,因两国间没有引渡条约,甲国无引渡的义务。

② 答案:ACD。战争罪、破坏和平罪、违反人道罪和海盗罪等是国家可以行使普遍管辖权的对象。灭绝种族、贩卖毒品、贩运奴隶、种族隔离、实施酷刑、劫持航空器等行为也已被有关的国际条约确定为缔约国合作惩治的罪行。

院的管辖。

豁免放弃分为明示放弃和默示放弃。前者是指国家通过条约、合同或声明，事先或事后以明白的语言表达就某种行为或事项上豁免的放弃；后者是国家通过在外国法院的与特定诉讼直接有关的积极的行为，表示其放弃豁免而接受法院管辖，包括作为原告在外国法院提起诉讼、正式出庭应诉、提起反诉、或作为诉讼利害关系人介入特定诉讼等。

【注意1】管辖权的豁免。国家主权豁免是指国家的行为及其财产不受或免受他国管辖。而国内注册的法人，包括国有公司法人，不在主权豁免的主体范围之内。

【例2-3】(2008年·卷一·32题)克森公司是甲国的一家国有物资公司。去年，该公司与乙国驻丙国的使馆就向该使馆提供馆舍修缮材料事宜，签订了一项供货协议。后来，由于使馆认为克森公司交货存在质量瑕疵，双方产生纠纷。根据国际法的有关规则，下列哪一选项是正确的?①

A. 乙国使馆无权在丙国法院就上述事项提起诉讼

B. 克森公司在丙国应享有司法管辖豁免

C. 乙国使馆可以就该事项向甲国法院提起诉讼

D. 甲国须对克森公司的上述行为承担国家责任

【注意2】国家主权豁免，在放弃上“不能推”：内容上(管辖豁免的放弃并不意味着对执行豁免的放弃)；行为上(出庭抗辩不是放弃、一国的商行为并非一定意味着放弃)；次数上(上次放弃不等于这次放弃)。

【例2-4】(2010年·卷一·30题)甲国政府与乙国A公司在乙国签订一份资源开发合同后，A公司称甲国政府未按合同及时支付有关款项。纠纷发生后，甲国明确表示放弃关于该案的诉讼管辖豁免权。根据国际法规则，下列哪一选项是正确的?②

A. 乙国法院可对甲国财产进行查封

B. 乙国法院原则上不能对甲国强制执行判决，除非甲国明示放弃在该案上的执行豁免

C. 如第三国法院曾对甲国强制执行判决，则乙国法院可对甲国强制执行判决

D. 如乙国主张限制豁免，则可对甲国强制执行判决

(四)国际法上的承认

1. 概念和特点。国际法上的承认是指既存国家以一定方式对新国家或新政府出现这一事实予以确认，并表明愿意与之建立正式外交关系的政治和法律行为。承认是一种单方行

---

① 答案:C。克森公司作为甲国的一个国有公司，是甲国的国内法人。乙国使馆作为乙国在丙国的外交代表机构，具有国际法上的特殊地位。法人不在主权豁免的主体范围之内。因此，A、B项错误；C项正确。关于克森公司的行为是否由甲国承担责任，涉及其行为能否归因于甲国国家。依国际法的有关规则，克森公司的行为不构成甲国的国家行为，甲国政府不承担任何责任。D项错误。

② 答案:B。国家对于管辖豁免的放弃，并不意味着对执行豁免的放弃。执行豁免的放弃必须另行明示作出，A项错误，B项正确。国家豁免权的放弃是国家的一种主权行为，必须是自愿、特定和明确的。一国不能通过本国立法来改变别国的豁免立场，也不能将一国对某一特定事项上的豁免放弃推移到其他事项上，或将一国的豁免放弃推移到另一国家上。C、D项错误。

为,既存国家没有承认新国家或新政府的法律义务,而新国家或新政府也没有要求既存国家给予其承认的法律权利。

2. 承认的种类。

(1)国家承认。这是指对新国家的承认。新国家的产生、合并、分离、分立、独立等情况。对于新国家各国一般可以自行决定是否承认,但对于违反国际法用武力制造出来的傀儡国家,既存国家则承担了不予承认的义务,此为"不承认原则"。

(2)政府承认。这是指对新政府的承认,即承认新政府为国家的正式代表,并表明愿意同它发生或继续保持正常关系。政府更迭是引起政府承认的原因,但并不是一切政府更迭都必须引起政府承认。一般来说,凡是按照宪法程序而进行的政府更迭,就不发生政府承认的问题。由于革命或政变而产生的新政府则发生政府承认问题。对中华人民共和国的承认属于对新政府的承认,而不是对新国家的承认。依国际实践,一国承认新政府是以"有效统治"原则为根据的。

(3)对交战团体和叛乱团体的承认。对交战团体的承认是一国发生内战时,其他国家为了保护自己的利益,承认反政府一方为交战团体的单方面行为。实践中被承认为交战团体的反政府一方应满足下列条件:第一,与政府已发生全面武力敌对行动,内战状态已形成;第二,已控制了领土的相当大的部分;第三,对控制的领土实施有效管理;第四,遵守战争法相关规则。此种承认引起承认国的中立义务,同时,交战团体在其控制区有义务保障承认国家和侨民的利益。

对叛乱团体的承认指某一反政府的武力行动尚未发展到内战的规模和程度,他国为了自身侨民、商务往来得到保护,有必要维护与该反政府团体保持一种联系而作出的一种权宜行为。这是一种事实上的承认。此种承认应依国际法有关规定进行,注意符合不干涉内政原则。

3. 承认的方式。

(1)明示承认与默示承认。明示承认形式是指承认者以明白的语言文字直接表达承认的意思。包括通过正式通知、函电、照会和声明等单方面表述,也包括在缔结的条约或其他正式国际文件中进行明确表述。默示承认形式是指承认者不是通过明白的语言文字,而是通过与承认对象有关的行为表现出承认的意思。主要包括:与承认对象建立正式外交关系;与承认对象缔结正式的政治性条约;正式接受领事或正式投票支持参加政府间国际组织的行为一般也被认为是一种默示承认。

【注意】除非明确表示,下列行为一般不认为构成默示承认:共同参加多边国际会议或国际条约;建立非官方或非完全外交性质的某种机构;某些级别和范围的官员接触等。

(2)法律承认与事实承认。法律承认是认定被承认者作为法律的正式人格的存在,表明承认者愿意与被承认者发展全面正常的关系,带来全面而广泛的法律效果。这种承认是正式和不可撤销的。我们通常所说的承认都是指法律承认。事实承认主要存在于英美的外交实践中,它是为了处理既需要与某个对象进行某种交往又不愿或不宜与其进行全面正式交往的情况，产生的一种权宜做法。事实承认被认为是不完全、非正式和暂时性的。它比较模糊并可以随时撤销。

【例2-5】(2005年·卷一·78题)S国是一个新成立的国家。其成立后，甲国代表向联合国大会提案支持S国成为联合国的会员国；乙国与S国签署了两国互助同盟友好条约；丙国允许S国在其首都设立商业旅游服务机构；丁国与S国共同参加了某项贸易规则的多边谈判会议。根据国际法的有关规则，上述哪些国家的行为构成对S国的正式承认？①

A. 甲国　　B. 乙国

C. 丙国　　D. 丁国

4. 承认的法律效果。正式的承认一经作出，将带来一定的法律效果。主要有：

(1)为双方建立正式外交与领事关系及发展全面正常国家关系奠定基础；

(2)双方可以缔结政治、经济、军事等各个方面的条约或协定；

(3)承认国尊重新国家作为国际法主体享有的一切权利，特别包括尊重其法律法令的效力及其行政和司法管辖的有效性，承认新国家及其财产享有的管辖豁免权。

【例2-6】(2010年·卷一·29题)甲乙二国建立正式外交关系数年后，因两国多次发生边境冲突，甲国宣布终止与乙国的外交关系。根据国际法相关规则，下列哪一选项是正确的？②

A. 甲国终止与乙国的外交关系，并不影响乙国对甲国的承认

B. 甲国终止与乙国的外交关系，表明甲国不再承认乙国作为一个国家

C. 甲国主动与乙国断交，则乙国可以撤回其对甲国作为国家的承认

D. 乙国从未正式承认甲国为国家，建立外交关系属于事实上的承认

(五)国际法上的继承

国际法上的继承是指国际法上的权利和义务由一个承受者转移给另一个承受者所发生的法律关系。其中，最重要和最基本的是国家继承。国家继承是指由领土变更的事实而引起一国的权利和义务转移给另一国的法律关系。引起国家继承的领土变更有五种情况，即分裂、合并、分离、独立，以及部分领土转移。国家继承的权利和义务主要有两大类，即条约

---

① 答案：AB。除非明确表示，下列行为一般不认为构成默示承认：共同参加多边国际会议或国际条约；建立非官方或非完全外交性质的某种机构；某些级别和范围的官员接触等。C、D项不构成国际法上的承认行为。

② 答案：A。国际法上的承认一般是指既存国家对于新国家、新政府或其他事态的出现，以一定的方式表示接受或同时表明愿意与其发展正常关系的单方面行为。国际法中并没有对承认的形式作出明确规定，国际实践中有明示和默示两种，其中，默示承认形式是指承认者不是通过明白的语言文字，而是通过与承认对象有关的行为表现出承认的意思。其主要包括：与承认对象建立正式外交关系；与承认对象缔结正式的政治性条约；正式接受领事或正式投票支持参加政府间国际组织的行为一般也被认为是一种默示承认。本题中，甲乙两国建立正式外交关系，构成国际法上的默示承认。本题中建立正式外交关系，即是认定被承认者作为法律的正式人格的存在，表明承认者愿意与被承认者发展全面正常的关系，带来全面而广泛的法律效果，这是法律承认，而不是事实承认。因此，甲乙两国建立正式外交关系构成默示承认，同时也是法律承认，是正式和不可撤销的；甲国终止与乙国的外交关系，并不影响乙国对甲国的承认。A项正确，B项错误。两国建立正式外交关系即作出了法律承认，该承认不可撤销，也不可撤回，C项错误。建立外交关系属于法律承认而不是事实承认，法律承认是正式的，D项错误。

方面的继承和条约以外事项的继承。

1. 关于条约的继承。与国际法主体资格相关的条约,如参加某一国际组织的条约,以及政治性条约一般不继承;而处理与所涉领土有关事务的所谓"非人身条约",如有关边界制度、河流使用、水利灌溉、道路交通等方面的条约,一般继承。

2. 关于条约以外事项的继承。

(1)国家财产的继承。继承的基本标准是被继承的财产与领土有关联。由此引申出两项规则:一是财产一般随领土一并转移或分别转属继承国;二是所涉领土的实际生存原则。即不是单纯以该动产的地理位置为依据,而是从该动产是否与所涉领土活动有关为根据决定应否转属继承国。

(2)国家债务的继承。国家债务是指一国对另一国际法主体所负之任何财政义务。国家实践中,国家继承的债务包括:国债、地方化债(国家名义债用于地方)。国家不继承的主要有:"恶债"(指被继承国违背继承国或转移领土人民利益,或违背国际法基本原则而承担的债务,如征服债务和战争债务)、地方债、国家对外国法人或自然人所负之债不在国家继承的范围。

(3)国家档案的继承。国家档案是指属于被继承国所有并由被继承国作为国家档案收藏的记载本国各方面情况的一切文件。为了保持其完整性,档案一般不能分割,但可以复制。

【注意】在国家合并的情况下,国家的债务应转属继承国。地方债与地方化债的区别。

【例2-7】(2008年·卷一·33题)甲国与乙国1992年合并为一个新国家丙国。此时,丁国政府发现,原甲国中央政府、甲国南方省,分别从丁国政府借债3000万美元和2000万美元。同时,乙国元首以个人名义从丁国的商业银行借款100万美元,用于乙国1991年救灾。上述债务均未偿还。甲乙丙丁四国没有关于甲乙两国合并之后所涉债务事项的任何双边或多边协议。根据国际法中有关原则和规则,下列哪一选项是正确的?①

A. 随着一个新的国际法主体丙国的出现,上述债务均已自然消除

B. 甲国中央政府所借债务转属丙国政府承担

C. 甲国南方省所借债务转属丙国政府承担

D. 乙国元首所借债务转属丙国政府承担

---

① 答案:B。甲国和乙国合并为丙国,甲乙两国的国家债务应转属乙国承担,而不能自然消失。A项错误。依国际法关于国家债务的继承的规则,丙国须继承的国家债务是指一国对他国、国际组织或其他国际法主体所负担的任何财政义务。因此乙国元首个人对丁国商业银行所负之债,不论目的用途何在,都不在国家继承之列。D项错误。国家继承的债务中,虽然包括国家整体所负的债务或称国债,也包括以国家的名义承担而事实上仅用于国内某个地方的债务或称地方化债务,但本题中的甲国南方省对丁国政府的债务不在国债之列,不属丙国继承债务的范围。C项错误,B项正确。

三、国际组织

(一)国际组织及其一般制度

1. 国际组织的概念及其法律地位。国际组织是若干国家为了处理特定国际事务或实现特定目的,根据条约所建立的常设性国际机构。国际组织是有限的和派生的国际法主体,其权利能力和行为能力主要表现在以下方面:缔约权;对外交往权;承认与被承认权;国际索赔权;享有一定的特权和豁免。

2. 国际组织的一般制度。

(1)会员。国际组织的会员包括完全会员、部分会员(如一个国际组织的非会员国却参与了该组织的一个或几个机关的工作,并在其中享有正式会员的权利和承担同样的义务,则该国就是该组织的部分会员)、联系会员(此种会员在国际组织中只享有部分权利,如出席会议和参加讨论,但没有表决权,也不能在组织的主要机关中任职)、观察员(指能够和愿意致力于某一组织的工作,被邀请或接纳参加该组织工作的会员)。

(2)主要机关。国际组织的机关一般包括决策机关、执行机关和行政机关。

(3)决策方式。国际组织的决策方式主要有全体一致、多数通过、加权表决制和协商一致等几种方式。

(二)联合国体系

联合国是一个以维持国际和平与安全为主要宗旨的一般性普遍性国际组织,于 1945 年 10 月 24 日成立,总部设在纽约。根据《联合国宪章》第 1 条的规定,联合国有以下 4 项宗旨:维持国际和平与安全。发展各国间以尊重人民平等权利和自决原则为基础的友好关系,并且采取其他适当措施,以增强普遍和平。促成国际合作,以解决国际间属于经济、社会、文化或人道主义性质的问题,并且不分种族、性别、语言或宗教,促进和鼓励对于一切人的人权和基本自由的尊重。构成协调各国行动的中心,以实现上述各项规定。联合国的主要机构有大会、安全理事会、经济及社会理事会、托管理事会(目前托管理事会已完成其职能)、国际法院(司法机关)和秘书处(行政管理机关)。

1. 会员国。联合国的会员国分为创始会员国和纳入会员国两种。凡参加 1945 年旧金山制宪会议或以前曾签署 1942 年《联合国家宣言》,签署并批准宪章的国家均为创始会员国。其他根据宪章规定加入联合国的国家为纳入会员国。

2. 联合国大会。联合国大会由全体会员国组成,可以讨论《联合国宪章》范围内或联合国任何机关的任何问题,但安理会正在审议的除外。大会不是一个立法机关,而主要是一个审议和建议机关。根据宪章,大会对于联合国组织内部事务通过的决议对于会员国具有拘束力;对于其他一般事项作出的决议属于建议性质,不具有法律拘束力。

大会表决实行会员国一国一票制。对于一般问题的决议采取简单多数通过;对于重要问题决议采取 2/3 多数通过。实践中也常常采取协商一致方法通过决议。上述重要问题包括:与维持国际和平与安全相关的建议,安全理事会、经社理事会和托管理事会中需经选举的理事国的选举;新会员国接纳;会员国权利中止或开除会籍;实施托管的问题;联合国预算及会员国应缴费用的分摊等。

根据《联合国宪章》第103条规定:"联合国会员国在本宪章下之义务与其依任何其他国际协定所负之义务有冲突时,其在本宪章下之义务应居优先"。这表明宪章义务高于其他国际协定义务。虽然联合国宪章不是国际社会的宪法,但却是现代国际法重要的渊源。其中主权平等、禁止使用武力等条款被认为具有"国际社会全体接受并公认为不许损抑"的强行法的性质。

【例2-8】对于联合国成员国,当其依据宪章承担的义务与其缔结的其他条约承担的义务相冲突时,下列哪个判断是正确的?①

A. 宪章义务优先

B. 其他条约义务优先

C. 适用后法优于前法原则

D. 根据当事国之间的约定

3. 安全理事会

(1)组成。安理会由15个理事国组成,其中,中、法、俄、英、美五国为常任理事国。其他理事国按照地域分配名额由大会选出,任期2年,不得连任。安理会是联合国在维持国际和平与安全方面负主要责任的机关,也是联合国中唯一有权采取行动的机关。

(2)职权。安理会的重要职权包括:①促使争端和平解决。②制止侵略行为。③其他方面。负责拟定军备管制方案;在特定战略性地区实行联合国托管职能;建议或决定为执行国际法院的判决而采取的强制措施;《联合国宪章》规定的其他程序性的相关职能,包括在新会员接纳、秘书长推荐等方面的职能。

(3)表决程序。根据《联合国宪章》规定,安理会表决采取每一理事国一票。对于程序事项决议的表决采取9个同意票即可通过。对于非程序事项或称实质性事项的决议表决,要求包括全体常任理事国在内的9个同意票,此又称为"大国一致原则",即任何一个常任理事国都享有否决权。实践中,常任理事国的弃权或缺席不被视为否决,不影响决议的通过。关于和平解决争端的决议,作为争端当事国的理事国不得投票,但有关采取执行行动的决议,其可以投票并可以行使否决权。当对于一个事项是否为程序性事项发生争议,同样按照上述"大国一致"表决方式决定。常任理事国在安理会表决中的上述权利也被称为"双重否决权"。

【例2-9】(2006年·卷一·31题)甲、乙两国为陆地邻国。由于边界资源的开采问题,两国产生了激烈的武装冲突,战火有进一步蔓延的趋势。甲、乙均为联合国成员国。针对此事态,如果拟通过联合国安理会采取相关措施以实现停火和稳定局势,那么,根据《联合国宪

① 答案:A

章》有关规定，下列哪一选项是正确的？①

A. 只有甲乙两国中的任一国把该事项提交安理会后，安理会才有权对该事项进行审议

B. 在对采取措施的决议草案进行表决时，若获得全体理事国中1/2多数的同意，其中包括常任理事国的一致同意，该决议即被通过

C. 在对采取措施的决议草案进行表决时，安理会常任理事国中任何一国投弃权票，不妨碍该决议的通过

D. 只有得到甲乙两国的分别同意，安理会通过的上述决议才能对其产生拘束力

4. 联合国专门机构。联合国专门机构是在经济、社会、文化、教育和卫生等特定领域内负有广泛职责，并通过和联合国经社理事会缔结协定从而与联合国建立法律联系的专门性国际组织。具有以下特点：

(1)它们是政府间国际组织。

(2)它们是在经济、社会、文化、教育、科学、卫生等领域负有广泛职能的专门性国际组织。一般性国际组织和政治性、军事性国际组织不能成为联合国专门机构。

(3)它们是普遍性国际组织，区域性国际组织不能成为联合国专门机构。

(4)它们与联合国建立有法律联系。联合国现有17个专门机构，它们是：国际劳工组织、国际民用航空组织、国际海事组织、世界卫生组织、世界气象组织、世界知识产权组织、联合国教育、科学及文化组织、联合国粮食及农业组织、联合国工业发展组织、国际电信联盟、万国邮政联盟、国际复兴开发银行、国际货币基金组织、国际金融公司、国际开发协会、国际农业发展基金和多边投资担保机构等。

（三）非政府组织

非政府组织不是国际法的主体。但其在国际社会中的作用和影响正在增强。其主要特点是：(1)跨国性。(2)非政治性和非政府性。(3)非营利性。(4)志愿性。

非政府组织的成立及活动目前主要由各相关国家的国内法加以规范。非政府组织首先是在某个国家注册或登记为该国国内合法团体，其活动应受该注册国法律的规范。该组织在其他国家进行活动应尊重所涉国家的相关法律，不得从事违法活动。从国际层面的角度来看，非政府组织不是由政府间的协议创立的，是一种民间性的跨国联合。

联合国通过经社理事会给予一些非政府组织"咨商地位"的方式与一些重要的非政府组织建立了联系。普通咨商地位授予的工作领域包括经社理事会管辖的大多数事务的非政府组织。特别咨商授予在经社理事会活动的某些领域中具有专门能力的非政府组织。注册咨商授予对经社理事会某一方面工作能够提供有用咨询的非政府组织。

---

① 答案：C。安理会有权自觉地对上述甲、乙两国间的冲突事件进行审议和讨论，以找出适当的措施，A项错误。涉及到安理会的表决程序。甲乙两国冲突的事项，属于实质性事项，其相关措施决议的表决，要求包括全体常任理事国在内的9个同意票，B项错误。同时，在联合国实践所形成的习惯法规则表明，在"大国一致原则"中，常任理事国的弃权或缺席不被视为否决，不影响决议的通过。C项正确。依照宪章规定，安理会为在涉及国际和平与安全事项上所作出的决议，对于当事国和所有的成员国都具有拘束力，而无需得到当事国的特别同意，D项错误。

【例2-10】(2006年·卷一·78题)“恐龙国际”是一个在甲国以非赢利性社会团体注册成立的组织,成立于1998年,总部设在甲国,会员分布在20多个国家。该组织的宗旨是鼓励人们“认识恐龙,回溯历史”。2001年“恐龙国际”获联合国经社理事会注册咨商地位。现该组织试图把活动向乙国推广,并准备在乙国发展会员。依国际法,下列哪些表述是正确的?①

A. 乙国有义务让“恐龙国际”在乙国发展会员

B. 乙国有权依照其本国法律阻止该组织在乙国的活动

C. 该组织在乙国从事活动,必须遵守乙国法律

D. 由于该组织已获得联合国经社理事会注册咨商地位,因此,它可以被视为政府间的国际组织

牛刀小试

1. 关于国家主权豁免,下列说法正确的是哪几项?②

A. 国家作为原告在外国法院提起诉讼属于国家豁免默示放弃的一种

B. 联合国大会通过的《国家及其财产管辖豁免公约》采纳了限制豁免主义立场,由此可见限制豁免原则已经发展成为一项有效的国际习惯法规则

C. 国家在外国领土范围内从事商业行为本身就意味着豁免的放弃

D. 国家对于管辖豁免的放弃并不意味着对执行豁免的放弃

2. 甲地通过民族自决成立新的国家甲国,乙国的下列哪项行为可以视为默示承认?③

A. 乙国通过发表声明,表示承认甲国

B. 乙国和甲国缔结和平友好条约

C. 乙国向甲国政府发照会,表示承认甲国

D. 甲国和乙国代表均参加了一个国际会议

3. 根据国际法中的承认制度,下列判断哪些是正确的?④

A. 其他国家对中华人民共和国的承认是国际法上对新国家的承认

B. 其他国家对中华人民共和国的承认是国际法上对新政府的承认

C. 某些级别的官员接触不构成国际法上的默示承认

D. 某国与中华人民共和国建立外交关系的行为,是一种国际法上的默示承认

4. 甲国是联合国的会员国。2006年,联合国驻甲国的某机构以联合国的名义,与甲国政

---

① 答案:BC。“恐龙国际”若在其他国家进行活动,也应当尊重所涉及国家的相关法律,不得从事违法活动。A项错误,B、C项正确。联合国经社理事会通过给予一些非政府组织“咨商地位”的方式,与一些重要的非政府组织建立了联系。联合国与一些非政府组织的联系机制。经社理事会给予非政府组织的咨商地位分为普遍咨商地位、特别咨商地位、注册咨商地位三种。然而这都不会改变它非政府组织的地位,D项错误。

② 答案:AD

③ 答案:B

④ 答案:BCD

府签订协议,购买了一批办公用品。由于甲国交付延期,双方产生纠纷。根据《联合国宪章》和有关国际法规则,下列哪一选项是正确的?(2008 年·卷一·29 题)①

A. 作为政治性国际组织,联合国组织的上述购买行为自始无效

B. 上述以联合国名义进行的行为,应视为联合国所有会员国的共同行为

C. 联合国大会有权就该项纠纷向国际法院提起针对甲国的诉讼,不论甲国是否同意

D. 联合国大会有权就该项纠纷请求国际法院发表咨询意见,不论甲国是否同意

① 答案:D。该行为根据《联合国宪章》和其他决议规定,由联合国作为独立主体实施并承担法律责任,不得视为所有会员国的行为,A、B 项错误。国际组织、法人或个人都不能成为国际法院的诉讼当事国。因此,联合国组织不能成为法院的诉讼当事国,C 项错误。就国际法院的咨询管辖权而言,联合国大会及大会临时委员会、安理会、经社理事会、托管理事会、要求复核行政法庭所作判决的申请委员会以及经大会授权的联合国专门机构或其他机构,可以就执行其职务中的任何法律问题请求国际法院发表咨询意见。而联合国大会提起请求时,无须相关当事国的同意。D 项正确。

第三讲
国际法律责任

特别提示

本讲在司法考试中的主要考点有:国际责任的构成条件、归因于国家、国家责任的新发展(双罚原则、国际赔偿)。

考查概况

考查次数	已考考点
5	归因于国家
1	排除行为的不当性
1	国际责任的形式
1	国际赔偿责任

一、国际责任的构成

国际法律责任也称国际责任,是指国际法主体对其国际不当行为或损害行为所应承担的法律责任。国家不当行为是指国家违背国际法义务的行为。

(一)构成条件

根据《国际责任条文草案》,该行为必须具备两个条件:

1. 归因于国家。引起国家责任的行为必须根据国际法能够归因于国家,或者说该行为是国际法上的国家行为。在国际法中,下列行为(包括作为和不作为),被认为是国家行为:

(1)国家机关的行为。

(2)经授权行使政府权利的其他实体的行为。

(3)实际上代表国家行事的人的行为。如果一个或一群人的行为经确定实际上是代表其国家行事的,这些人的行为被认为是国家行为;另外在正式当局不存在时,有理由并实际上行使政府权利的人的行为,被认为是国家行为。

(4)别国或国际组织交与一国支配的机关的行为。一国或国际组织将某个机构交与另一国支配,则在行使该支配权范围内的行为,视为该支配国的国家行为。

(5)上述可归因于国家行为的国家机关和国家授权人员的行为,一般也包括他们以此种资格执行职务内事项时的越权或不法行为。

(6)叛乱运动机关的行为,依国际法不视为该国的国家行为。已经和正在组成新国家叛乱运动的行为,被视为已经或正在形成的新国家的行为。

(7)一个行为可归因于几个国家时,相关国家对其各自相关的行为承担单独或共同的责任。

(8)国家当局暂不存在的行为,需要行使政府权力,一个或一群人行使政府权力,视为国家行为。

2. 违背国际义务。构成国家不当行为的另一个条件是,该行为是违背国际法义务的行为。一国违背国际义务是指一国行为不符合对其有效的国际义务的要求,不论其所承担的该国际义务来源于条约、国际习惯或国际法的其他渊源。

(二)排除行为不当性的情况

排除行为的不当性即意味着依法免除这些行为的法律责任。国际法中,以下一些情况或条件下,行为的不当性可以被排除:

1. 权利方同意。一国不符合该国国际义务的行为,如经与该义务直接有关的权利方以正式有效的方式自愿表示同意,然后实施,则在对该同意方的关系上和在被同意的范围内,排除了该行为的不当性。但有关义务应不属于国际强行法范畴。

2. 对抗与自卫。国家不符合国际义务的行为,如果是针对他国的国家不当行为而采取的,则在符合国际法其他规则的条件下,其行为的不当性被排除。其中,自卫可以使用武力,而对抗不能使用武力。

3. 不可抗力和偶然事故。如果由于不可抗拒的力量或无法控制的外界事件,致使国家不可能履行义务或不知道其违反义务,则其不当性可以被排除。

4. 危难或紧急状态。危难是指代表国家行事的机关或个人在极端危急的情况下,为挽救其或被其监护的人的生命,除此之外别无他法,而作出的违背国际义务的行为,该行为的不当性应予排除。紧急状态是国家遭到严重危及其生存或根本利益的紧急情况,作为消除或应付这种情况的惟一办法而从事的违背国际义务的行为,其行为的不当性应予排除。但是,违背义务的行为不得造成比危难和紧急状态同样或更大的灾难或危及他国的根本利益,并且不得违背国际法强行性规则。

【例3-1】(2004年·卷一·30题)甲国警察布某,因婚姻破裂而绝望,某日持枪向路人射击。甲国警方迅速赶到事发现场,采取措施控制事态并围捕布某。布某因拒捕被击毙。但布某的疯狂射击造成数人死亡,其中包括乙国驻甲国参赞科某。根据国际法的有关规则,就该参赞的死亡,下列判断哪一项是正确的?①

A. 甲国国家应承担直接责任

---

① 答案:D。一行为构成国际责任的两个条件是:归因于国家且违背国际义务。本题关键是导致该参赞的死亡的行为是否可归因于甲国的国家行为。布某的开枪行为,不是其职务行为,也不是得到甲国授权的行为,不能构成甲国国家行为。此外,当枪击事件发生后甲国迅速采取了有效措施,控制了局势,履行了政府的正常职能,也不存在违背国际法义务的不作为,因此,甲国国家在这一事件中没有国家责任。因此D项正确。

B. 甲国国家应承担间接责任

C. 甲国国家应承担连带责任

D. 甲国国家没有法律责任

【例3-2】下列哪种行为可以免除国家责任?①

A. 一国的军用飞机进入他国领空

B. 一国迫使他国同意,违背该他国所承担的国际义务

C. 一国造成重大事故,使外国国民的生命和财产受到严重损害

D. 一国在遭到极端危难的情况下,为保护本国的生存而违背了国际义务

二、国际责任的形式

1. 终止不当行为。当不当行为是一个持续行为时,责任国首先应停止该不当行为。终止不当行为不影响被终止的行为已经引起的国际责任,但可能减轻该责任。

2. 恢复原状。恢复原状要求把被侵害的事物恢复到不当行为发生前的状态。这种形式多适用于被侵害的物尚存、或受损但可以修复、或可以制作代替品的情况。

3. 赔偿。即责任国对受害国的物质和精神损害给予相应的货币或实物赔偿。赔偿分为赔偿额等于实际损害的补偿性赔偿、大于实际损害的惩罚性赔偿和小于实际损害的象征性赔偿三类。

4. 道歉。道歉是责任国对受害国造成的非物质性损害给予精神上的补偿。包括以书面或口头方式致歉、向受害国国旗或标志敬礼,以及惩办肇事人员等。

5. 保证不再重犯。对有可能重演的不当行为,责任国作出担保或保证不再重犯。

6. 限制主权。限制主权是指限制责任国主权或主权某方面的行使。这是国家责任中最严重的形式,仅适用于对他国进行武装侵略等特定行为。"二战"后,德国和日本被全面或部分限制主权。

三、国际责任制度的新发展

(一)国际刑事责任问题

传统国际法中对于国家刑事责任基本上持否定态度。"二战"后进行的纽伦堡审判和东京审判创立了"双罚原则",即对于从事严重违反国际法行为的国家,在国家承担国家责任的同时,也追究国家领导人的个人刑事责任。

"二战"后国际法委员会在《国家责任条文草案》中曾规定,如果一个国家的不当行为违

① 答案:D。本题考核国家不当行为责任的免除。A项中是一国侵犯他国领空主权的行为。B项中强迫国须负国际责任,但这并不妨碍犯国际不当行为的国家按照有关规则承担其应负的国际责任。C项中事故的发生是一国造成的,不属于不可抗拒的力量、不能预料或无法控制的外界事件,该国要负担国际责任。应选D项。

反了对于保护整个国际社会根本利益至关重要的国际义务，则构成国际罪行。另外，根据1998年《国际刑事法院规约》建立的国际刑事法院，并未涉及国家刑事责任的问题，而是对于犯有灭绝种族罪、反人类罪、战争罪和侵略罪等四种国际罪行的个人行使管辖权。

（二）国际赔偿责任问题

国际赔偿责任是指国际法主体在从事国际法不加禁止行为造成损害后果所应承担的国际责任。与国家不当行为不同，国际法不加禁止行为具有以下特点：(1)这些活动对于人类具有重要的探索和利用价值，但也具有潜在危险；(2)这些活动一般是国家在其领土或其控制下进行的，但其危害具有跨国性；(3)这些活动本身是国际法所不禁止的。

国际赔偿的形式主要有三类：(1)国家责任制度，即国家承担对外国损害的责任，如空间物体的责任。(2)双重责任制度，即由国家与营运人共同承担对外国损害的赔偿责任，如核损害责任。(3)营运人责任。即由营运人单独承担赔偿责任。

【例3-3】(2011年·卷一·32题)甲国某核电站因极强地震引发爆炸后，甲国政府依国内法批准将核电站含低浓度放射性物质的大量污水排入大海。乙国海域与甲国毗邻，均为《关于核损害的民事责任的维也纳公约》缔约国。下列哪一说法是正确的？①

A. 甲国领土范围发生的事情属于甲国内政

B. 甲国排污应当得到国际海事组织同意

C. 甲国对排污的行为负有国际法律责任，乙国可通过协商与甲国共同解决排污问题

D. 根据“污染者付费”原则，只能由致害方，即该核电站所属电力公司承担全部责任

牛刀小试

1. 甲国在领导人出国访问期间发生军事政变，政府不能实际履行职务，在此种情况下，政变军人的行为在满足下列哪些条件的情况下，可以视为国际法上的国家行为？②

A. 政变军人事实上正在行使政府权力

B. 政府当局不存在，同时需要行使政府权力要素

C. 因政府当局不存在，当地居民实行了自治

D. 政变军人因等待选出新的领导人而未行使任何政府权力

2. 甲国发射的卫星与乙国发射的卫星相撞，造成后者坠落，乙国卫星的碎片又在丙国境

---

① 答案：C。根据国家环境主权和不损害其管辖范围以外环境的原则，各国有义务保证在其管辖和控制下的活动不损害管辖范围以外的环境。因此，不能因为行为发生在领土内，就视为内政，A项错误。此类核损害究责问题不在国际海事组织职权范围内，B项错误。《关于核损害的民事责任的维也纳公约》采用了双重责任制度，即国家保证营运人的赔偿责任，并在营运人赔偿不足的情况下，在规定的限额内进行赔偿。D项错误，不能简单地按污染者付费来归责。C项正确，该选项应综合考虑国家责任的新发展和国际环境法两方面的依据，毫无疑问，甲国对排污行为负有国际法律责任，营运人赔偿不足时应履行相应赔偿义务。

② 答案：AB。国家当局暂不存在时的行为。当一国发生内战、政变或被外国占领等情况下，可能出现政府当局瓦解或不能实际履行职务。此时，一个人或一群人在满足下列条件的情况下，可以被视为是国际法上的国家行为：(1)在政府当局不存在或缺席；(2)同时需要行使政府权力要素；(3)一个人或一群人事实上正在行使政府的权力要素。

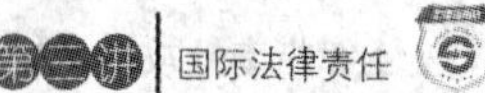

内与正在飞行的丙国民航飞机相撞并使其坠落。同时坠落的卫星碎片造成丙国地面财产的损害。三国均为《空间物体造成损害的国际责任公约》及其他相关公约的参加国。依外空法的有关制度,下列哪项表述是正确的?①

A. 两个卫星之间的相撞,甲乙两国应承担绝对责任

B. 甲乙两国对卫星碎片带来的丙国飞机的损害应承担推定过失责任

C. 对于卫星碎片造成的丙国飞机的坠落,甲乙两国应承担绝对责任

D. 甲乙两国对卫星碎片造成的丙国财产的损害应承担过失责任

3. 甲国一船公司所属一艘核动力商船在乙国港口停泊时发生核泄漏,使乙国港口被污染。两国都是《关于核损害的民事责任的维也纳公约》及《核动力船舶经营人公约》的缔约国,依相关规则确定,乙国应得到赔偿,但船运公司实际赔偿能力不足。对此,依国际法上的国家责任制度,甲国对乙国承担的义务是什么?②

A. 该行为不是甲国所从事,故甲国不需就此事件承担任何义务

B. 甲国有义务在保证船运公司赔付乙国的同时,对船公司无力赔付的部分先行代为赔付

C. 甲国应保证督促船运公司进行赔偿,但以船运公司能够负担的实际赔偿能力为限

D. 甲国应承担全部的赔付

4. 下列哪些行为在国际法上被认为是国家行为?③

A. 叛乱运动机关的行为

B. 外交部部长在国外私人身份的不法行为

C. 甲国发生政变,其政府不能实际履行职务,实际正在行使政府权力的一群人的行为

D. 军队的行为

5. 根据《外空条约》和《责任公约》,下列说法正确的是哪几项?④

---

① 答案:C。A 项错误,两个卫星在外空碰撞,应为过失责任原则。B 项错误,两国发射的空间物体对第三国的飞机造成的损害,应承担绝对责任。C 项正确、D 项错误,卫星对丙国财产的损害,应由两国承担绝对责任。

② 答案:B。相关公约采取的是双重责任制度,即国家与营运人共同承担对外国损害的赔偿责任,国家保证营运人的赔偿责任,并在营运人不足赔偿的情况下,对规定的限额进行赔偿,B 项正确。

③ 答案:BCD。在一国领土上的被承认为叛乱运动的机关自身的行为,根据国际法不视为该国的国家行为,A 项错误。国家元首,政府首脑,外交部长以及外交使节,对于他们在国外私人身份的不法行为,除非特别说明,国家一般也承担相关的责任,B 项正确。当一国发生内战、政变或被外国占领等情况下,可能出现政府当局瓦解或不能实际履行职务。此时,一个人或一群人,在满足下列条件的情况下,该个人或一群人的行为应视为国际法上的国家行为:(1)在政府当局不存在或缺席;(2)同时需要行使政府权力要素;(3)事实上正在行使政府的权力要素,C 项正确。军队属于国家机关,可归因于国家的行为,D 项正确。

④ 答案:CD。根据《外空条约》和《责任公约》,发射国对其发射的空间实体对地面造成的损害,负绝对责任,失败发射也包括在其中,A 项错误。根据《责任公约》,对发射国国民造成的损害,不适用该《责任公约》,B 项错误。C 项正确,依外层空间法制度的规定,不论一国的政府或非政府团体的外空活动行为是否是国家行为,国家应对其对其他国家造成的损害承担责任。根据《外空条约》和《责任公约》:(1)发射国对其发射的空间实体,包括政府部门和非政府部门发射的实体,造成的损害都应承担相应的责任;(2)发射国对其发射的空间实体在地球表面之外的地方对另一国或第三国的空间实体的损害,由发生过失的实体发射国单独或共同承担损害赔偿的过失责任。D 项正确。

A. 发射国对其发射的空间实体对地面造成的损害负绝对责任,失败发射不包括在其中

B. 发射国对其发射的空间实体对发射国国民造成的损害,也适用该责任公约

C. 一国的非政府团体在外层空间的活动所导致的损害后果,应当由非政府团体所属国承担国家责任

D. 发射国对其发射的空间实体,包括政府部门和非政府部门发射的实体,造成的损害都应承担相应的责任

第四讲

国际法上的空间划分

特别提示

本讲在司法考试中经常涉及,其主要考点有:底土的特点、各种河流的法律地位、领海制度、毗连区和专属经济区的特点、大陆架与专属经济区的区别、国际海地区域制度、南北极、国际航空法律制度、外层空间赔偿制度等。

考查概况

考查次数	已考考点
3	领土的取得方式
1	边境制度
1	河流制度
1	南极地区的法律地位
2	港口制度
1	领海及领海制度
2	专属经济区的法律制度
1	公海登临权
1	公海紧追权
3	公海管辖权
1	大陆架的法律制度
1	底土法律制度
1	国际海底的平行开发制度
1	国际民用航空
1	外空登记制度
1	外空营救制度
2	外空责任制度
2	国际环境保护

一、领土

(一)领土和领土主权

1. 领土的构成。国家领土是指国家主权支配下的地球表面的特定部分,由四部分组成:领陆、领水、领空和底土。底土是领陆和领水下面的部分。

2. 领土主权。领土主权是国家主权的重要体现和主要内容,是指国家对领土的最高和排他的权利。包括两方面内容:(1)对领土的所有权。国家对其领土享有占有、使用和处分的最高权。(2)国家享有排他的领土管辖权。

3. 领土主权的限制。

(1)一般性限制(国际习惯)。如国家在行使其领土主权时,不得损害邻国的利益;国家领海和群岛国的群岛水域应允许外国船舶无害通过;外交官在接受国内享有外交特权与豁免等。

(2)受条约的限制。

第一,共管。指两个或者两个以上国家对同一领土区域共同行使主权。这种情况可以理解为有关国家对该领土主权的互相限制。

第二,租借。指一国根据条约将其部分领土出租给他国使用。租借条约如果是基于承租国与出租国双方自愿缔结的,则是符合现代国际法的。历史上,曾有许多租借是根据不平等条约产生的,是违反现代国际法原则的。

第三,国际地役。指一国根据条约,将自己领土的特定范围提供给另一国为某种目的而永久使用,分为积极地役和消极地役两种。

第四,势力范围。指根据不平等条约,一国承允在其某一部分领土内行使主权时必须符合某外国的意志和利益。这种限制是违背现代国际法的。

4. 河流制度。

(1)内河。是指从河源到河口完全流经一国的河流。国家对其内河拥有完全主权,除经所在国同意或国际条约另有规定,外国船舶不得在内河航行。

(2)界河。是指流经两国之间并作为两国领土分界线的河流。界河沿岸分属两个国家,其水域也由沿岸国进行划分,多依主航道或河道中心线为界。界河分属沿岸国家的部分为该国的领土,处于该国的主权之下,各国在所属水域行使管辖权。有关界河的利用不得损害邻国利益,一般应由相关国家协议处理。

(3)多国河流。是指流经两个或两个以上国家的河流。多国河流流经各国的河段分别属于各国领土,但沿岸国在使用本段河流时应顾及其他沿岸国的利益,不得滥用权利。多国河流一般对所有沿岸国开放,而非沿岸国船舶未经许可不得航行。

(4)国际河流。是指通过条约规定对所有国家开放航行的多国河流。国际河流流经各国的河段是该国的领土,但管理上一般由条约成立的专门机构进行。

【例4-1】(2011年·卷一·74题)甲河是多国河流,乙河是国际河流。根据国际法相关规则,下列哪些选项是正确的?①

A. 甲河沿岸国对甲河流经本国的河段拥有主权

B. 甲河上游国家可对自己享有主权的河段进行改道工程,以解决自身缺水问题

C. 乙河对非沿岸国商船也开放

D. 乙河的国际河流性质决定了其属于人类共同的财产

(5)国际运河。是指两端连通海洋的运河。运河是人工开凿的水道。位于一国领土内的运河一般为该国的内河,但通洋运河的地位和航行制度由有关条约确立,一般对所有国家开放。

【注意】底土与跨界资源的开采。地下资源存在于国家的底土中,而底土作为领陆和领水下面的部分,理论上一直延伸到地心。国家对于底土及其中的资源拥有完全的领土主权。关于跨界地下资源开采,当前的国际法中并没有必须共同开发的一般规则,如果两国也没有专门的协议,对于矿藏(包括液体和气体形态)分别在两国境内的情况,一国没有将开发所得与乙国分享的国际法上的义务,只要该开发行为发生在甲国境内,并且该过程不导致边境环境的破坏或其他不良后果。

【例4-2】(2007年·卷一·34题)奥尔菲油田跨越甲乙两国边界,分别位于甲乙两国的底土中。甲乙两国均为联合国成员国,且它们之间没有相关的协议。根据有关的国际法规则和国际实践,对油田归属与开发,下列哪一选项是正确的?②

A. 该油田属于甲乙两国的共有物,其中任何一国无权单独进行勘探和开采

B. 该油田位于甲乙两国各自底土中的部分分属甲国、乙国各自所有

C. 该油田的开发应在联合国托管理事会监督下进行

D. 无论哪一方对该油田进行开发,都必须与另一方分享所获的油气收益

(二)领土的取得方式

1. 传统国际法的方式。

(1)先占。是指国家通过对无主地的有效占领而取得该地的主权。先占必须具备两个条件:第一,先占的对象为无主地,即不属于任何国家的土地;第二,先占应为“有效占领”,即国家应对该地采取实际的控制,单纯的发现不能产生主权。

---

① 答案:AC。A项正确。多国河流的使用一般涉及流经各国的利益,因此,对多国河流的航行、使用、管理等事项,一般都应由有关国家协议解决。每一沿岸国在对该河流行使权利时,都应顾及其他沿岸国的利益。各国不得有害地利用该河流,不得使河流改道或堵塞河流。因此,B项错误。本题中的乙河是国际河流,国际河流是通过条约规定对所有国家开放航行的多国河流。通常国际河流的法律地位和制度是由国际条约规定的,不同的国际河流可能有所不同。国际河流流经各国领土的河段仍然是该国主权下的领土。国际河流一般允许所有国家的船舶特别是商船无害航行。C项正确。D项错误。

② 答案:B。在两国没有相关协议的情况下,不构成对甲国可以在自己的领土上开发该油气田的限制。甲国也没有将开发所得与乙国分享的国际法上的义务,只要该开发行为发生在甲国境内,并且该过程不导致边境环境的破坏或其他不良后果。正确选项为B项。

(2)时效。是指国家公开地、不受干扰地、长期持续地占有他国领土,从而获得该领土的主权。时效的适用历来争议很大。

(3)添附。是指由于自然形成或人为力量而使国家领土增加,包括自然添附和人工添附。添附历来被认为是国际法中一项合法的领土取得方式。添附不能损害他国利益。

(4)征服。是指战争结束后战胜国把战败国灭亡而兼并其领土的行为。征服是以战争的合法性为基础的,因此已被现代国际法所废弃。

(5)割让。是一国根据条约将部分领土主权转移给另一国。割让分为强制割让和非强制割让:前者通常是战争或战争胁迫的结果,而后者是国家自愿将部分领土转移给他国,包括买卖、赠与等。强制割让现已失去其合法性,而非强制割让仍然是合法的。

2. 现代国际实践中的新方式。

(1)殖民地独立。指由于殖民地人民依民族自决原则从前殖民国或宗主国独立出来成立新国家,或因加入其他国家而带来的领土变更。

(2)公民投票。指有关国家在符合国际法原则的前提下,一般是依有关条约或国内法规定,采取公民投票的方式,对某些有争议地区的归属进行表决,以各方都接受的表决结果决定领土的变更。

【注意】领土的取得方式。在当代国际法中,对他国领土的侵犯是非法的行为,而非法的行为不能产生合法的权力。

【例4-3】(2004年·卷一·29题)八角岛是位于乙国近海的本属于甲国的岛屿。40年前甲国内战时,乙国乘机强占该岛,并将岛上的甲国居民全部驱逐。随后乙国在国内立法中将该岛纳入乙国版图。甲国至今一直主张对该岛的主权,不断抗议乙国的占领行为并要求乙国撤出该岛,但并未采取武力收复该岛的行动。如果这种实际状态持续下去,根据国际法的有关规则,下列判断哪一项是正确的?①

A. 根据实际统治原则,该岛在乙国占领50年后,其主权就归属乙国

B. 根据时效原则,该岛在乙国占领50年后,其主权将归属乙国

C. 根据实际统治和共管原则,乙国占领该岛50年后,该岛屿主权属于甲乙国共有

D. 根据领土主权原则,即使乙国占领该岛50年后,该岛屿主权仍然属于甲国

(三)边界和边境制度

1. 边界的概念。边界是确定一国领土范围的界限,将一国领土与他国领土、公海或专属经济区,以及外层空间分隔开来。

2. 边境制度。边境是指边界两侧一定距离的区域。各国一般通过国内法和双边协议建立边境管理制度。

---

① 答案:D。本题中,乙国对于甲国八角岛的占领行为本身,是违反国际法行为。甲国虽尚没有采取进一步的行动,但并不丧失采取行动的权利。另本题涉及到时效问题。传统国际法借用了民法中"时效"的概念,指由于国家公开地、不受干扰地、长期持续地占有他国领土,从而获得该领土的主权。但由于这里的时效不问该占领本身是否非法,加上取得时效的期限未能确定这两个问题,时效的适用争议很大。所以不存在50年后主权关系的变更。因此D项正确。

(1)界标的维护。相邻国家对界标的维护负有共同责任。陆上的界标应保持在易于辨认的状态,应采取措施防止界标被移动、损坏或灭失。若一方发现界标出现上述情况,应尽快通知另一方,在双方代表在场的情况下修复或重建。国家有责任对移动、损坏或毁灭界标的行为给予严厉惩罚。

(2)边境土地的使用。国家在利用边境土地时应防止对邻国造成损害,不得在靠近边界的地区设立靶场或进行任何可能危及对方居民及财产安全的武器试验。如遇边境地区森林火灾,国家应尽力扑救,不使火灾蔓延到对方境内。

(3)界水的利用。一国在使用界水时不得损害邻国的利益,不得采取可能使河流枯竭或泛滥的措施,不得单方使河水改道。渔民一般只能在界水的本国一侧捕鱼。

(4)边民的往来。相邻国家一般都在从事探亲访友、朝圣、就医或小额贸易活动等方面给予双方边民一些特殊的方便。

(5)边境事件的处理。相邻国家通常通过协议设置边界委员会来及时处理边境事件,如偷渡、违章越界、损害界标等。

【注意】界河的利用。以河流或湖泊为界的国家之间的界水的利用和保护问题,通常由边界文件加以规定。如没有相关条约的特别约定,一般的国际法规则认为,沿岸国对界水有共同的使用权。对于可以航行的河流,相邻国家在界水上享有平等的航行权,都可以在主航道上航行。界水的一方如欲在界水上建造工程设施,如桥梁、堤坝等,应取得另一方的同意。同时,一国在使用界水时,不得损害邻国的利益,捕鱼活动只能在界水的本国一侧进行。对于船舶的航行,要求船舶除遇难或有其他特殊情况外,一方船舶未经允许不得在对方靠岸停泊。

【例4-4】(2006年·卷一·30题)风光秀丽的纳列温河是甲国和乙国的界河。两国的边界线确定为该河流的主航道中心线。甲乙两国间没有其他涉及界河制度的条约。现甲国提议开发纳列温河的旅游资源,相关旅行社也设计了一系列界河水上旅游项目。根据国际法的相关原则和规则,下列哪一项活动不需要经过乙国的同意,甲国即可以合法从事?①

A. 在纳列温河甲国一侧修建抵近主航道的大型观光栈桥

B. 游客乘甲国的旅游船抵达乙国河岸停泊观光,但不上岸

C. 游客乘甲国渔船在整条河中进行垂钓和捕捞活动

D. 游客乘甲国游船在主航道上沿河航行游览

(四)两极地区的法律地位

1. 南极地区。为协调各国利益,1959年12个国家在美国华盛顿签署了《南极条约》。此后,各国又陆续缔结了《保护南极动植物议定措施》、《保护南极海豹公约》、《保护南极海洋生物资源公约》、《南极矿物资源活动管理公约》以及《关于环境保护的南极条约议定书》。这些条约以《南极条约》为核心构成了南极条约体系。南极地区的法律制度的主要内容有:

---

① 答案:D

(1)南极只用于和平目的。禁止建立军事设施、进行军事演习和武器试验,禁止核爆炸和放置核废料。

(2)科学考察自由和科学合作。任何国家都有在南极进行科学考察的自由。同时各国应促进考察计划、人员和成果的交换和交流。

(3)冻结对南极的领土要求。不得对南极领土提出新的要求或扩大现有要求;《南极条约》不构成对任何现有的有关南极领土主张的否定;条约有效期间进行的任何活动不构成主张支持或否定对南极领土要求的基础。

(4)维持南极地区水域的公海制度。

(5)保护南极环境与资源。南极被指定为自然保留区,一切有关南极计划的制定和实施,都必须顾及对南极环境及其生态系统的保护,并应尽量减少对南极环境的不利影响。

(6)建立南极协商会议。由《南极条约》原始缔约国和其他符合条件的加入国组成,讨论有关南极共同利益的问题。中国 1983 年加入《南极条约》,1985 年成为协商国。

【例 4－5】(2010 年·卷一·78 题)甲乙丙三国均为南极地区相关条约缔约国。甲国在加入条约前,曾对南极地区的某区域提出过领土要求。乙国在成为条约缔约国后,在南极建立了常年考察站。丙国利用自己靠近南极的地理优势,准备在南极大规模开发旅游。根据《南极条约》和相关制度,下列哪些判断是正确的?①

A. 甲国加入条约意味着其放弃或否定了对南极的领土要求

B. 甲国成为条约缔约国,表明其他缔约国对甲国主张南极领土权利的确认

C. 乙国上述在南极地区的活动,并不构成对南极地区提出领土主张的支持和证据

D. 丙国旅游开发不得对南极环境系统造成破坏

2. 北极地区。北极地区是指北极圈以内的区域,主要部分是北冰洋。北极地区迄今尚无国际协议确定其法律地位和制度。北冰洋应适用海洋法的有关原则和制度。

二、海洋法

海洋法的主要渊源是习惯规则。为了编纂海洋法,联合国曾主持召开了三次海洋法会议,并于 1982 年缔结了《联合国海洋法公约》,这标志着现代海洋法律秩序的确立。《联合国海洋法公约》将整个海洋划分为具有不同法律地位的 9 个海域(见图 4－1)。

---

① 答案:CD。《南极条约》不构成对任何现有的对南极领土主张的支持或否定;条约有效期间进行的任何活动也不构成主张支持或否定对南极领土要求的基础。甲国加入条约并不意味着其放弃或否定了对南极的领土要求,A 项错误。甲国成为条约缔约国,不构成其他缔约国对甲国主张南极领土权利的确认,B 项错误。乙国在南极地区的活动,不构成对南极地区提出领土主张的支持和证据,C 项正确。根据《南极条约》和相关制度,应保护南极环境与资源,活动不得破坏南极的环境。D 项正确。

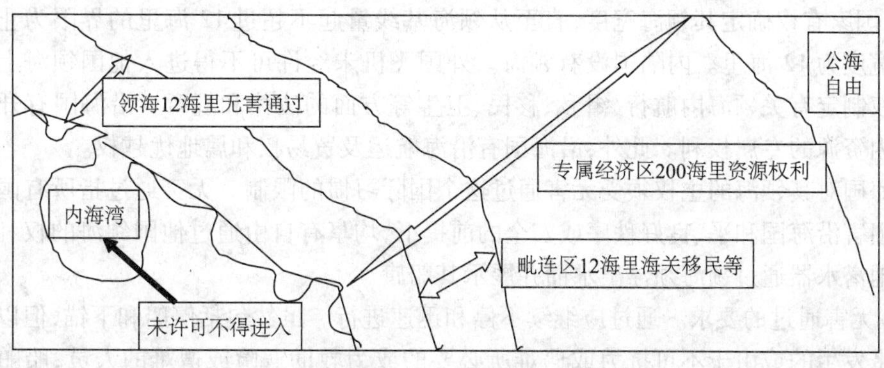

图4-1 海域划分

(一)内海及有关制度

1. 领海基线。基线是陆地和海洋的分界线,也是测算领海、毗连区、专属经济区和大陆架宽度的起算线。基线主要有两种划法:(1)正常基线。是沿海国官方承认的大比例尺海图所标明的沿岸低潮线,即退潮时海水离岸最远的那条线。(2)直线基线。是在沿海岸向外凸出的地方或沿海岛屿的外缘上选定若干基点,然后用直线将相邻的基点连接起来所形成的一条折线。沿海国只有在海岸极为曲折或紧接海岸有一系列岛屿的情况下才可采用直线基线。

2. 内海及港口制度。沿海国领海基线向陆地一面的水域称为内海,主要包括海湾和港口。和内陆水域相同,沿海国对其享有完全和排他的主权,除遇难外,一切外国船舶非经沿海国许可不得进入其内海。同时,沿海国对于进入其内水的外国船舶行使属地管辖权,但纯属船舶内部的事务通常由船旗国管辖。

海湾是明显的水曲,如果湾口两端低潮标之间的距离不超过24海里,则可在湾口划一条封口线,该线所包围的水域应视为内水。如果湾口宽度超过24海里,除"历史性"海湾外,24海里的直线基线应划在湾内,以划入该长度的线所能划入的最大水域。

关于港口国对在其内海港口的外国船舶的管辖,根据国家领土主权原则,国家对于位于其内水港口的外籍船舶具有管辖权,依国际法享有豁免权的军舰和政府公务船等除外。但是实践中,国家一般是在不介入船舶内部事件的基础上,采取沿岸国与船旗国管辖相结合的方法。在刑事管辖方面,通常只有对扰乱港口安宁、受害者为沿岸国或其国民、案情重大或船旗国领事或船长提出请求时沿岸国才予以管辖。在民事案件方面,对完全属于船舶内部管理、工资、劳动条件、个人财产权利等事项,各国通常不行使管辖权。当案件涉及港口国公民的利益或其他船舶以外的因素,或涉及船舶本身在港口内航行、停留期间的权利义务时,港口国才予以管辖。

(二)领海及毗连区

1. 领海及领海制度。领海是沿海国陆地领土及其内水以外邻接的一带海域,在群岛国的情形下则及于群岛水域以外邻接的一带海域。关于领海的宽度,《联合国海洋法公约》规定,每一国家有权确定其领海宽度,直至从领海基线量起不超过12海里的界限为止。我国的领海宽度为12海里。内陆国没有领海。外国飞机未经许可不得进入他国领海上空。沿海国有权制定有关领海内航行、缉私、移民、卫生等方面的法律和规章。沿海国有开发和利用领海内资源的专属权利。此外,沿海国有沿海航运及贸易权和属地优越权。

沿海国对其领海的主权须受无害通过这个国际习惯的限制。无害通过指所有国家的船舶在不损害沿海国和平、良好秩序或安全的前提下,均享有自由通过他国领海的权利。潜水艇或其他潜水器通过领海须浮出水面并展示其船旗。

(1)无害通过的要求。通过应继续不停和迅速进行。虽然包括停船和下锚,但以通常航行所附带发生的或由于不可抗力或遇难所必要的或为救助遇险或遭难的人员、船舶或飞机的目的为限。无害通过只限于船舶,不包括飞机。关于军用船舶是否享有无害通过权的问题,各国实践不一致。潜水艇和其他潜水器通过时须在海面上航行并展示其旗帜。外国核动力船舶和载运核物质或其他本质上危险或有毒物质的船舶通过时应持有国际协定为这种船舶所规定的证书并遵守国际协定所规定的特别预防措施。

(2)非无害的情况。《联合国海洋法公约》列举了12种非无害的情况:①对沿海国的主权、领土完整或政治独立进行任何武力威胁或使用武力,或以任何其他违反《联合国宪章》所体现的国际法原则的方式进行武力威胁或使用武力;②以任何种类的武器进行任何操练或演习;③任何目的在于搜集情报使沿海国的防务或安全受损害的行为;④任何目的在于影响沿海国防务或安全的宣传行为;⑤在船上起落或接载任何飞机;⑥在船上发射、降落或接载任何军事装置;⑦违反沿海国海关、财政、移民或卫生的法律和规章,上下任何商品、货币或人员;⑧违反本公约规定的任何故意和严重的污染行为;⑨任何捕鱼活动;⑩进行科学研究或测量活动;⑪任何目的在于干扰沿海国任何通讯系统或任何其他设施或设备的行为;⑫与通过没有直接关系的任何其他活动。

(3)沿海国关于无害通过的权利。沿海国可在其领海内采取必要的步骤以防止非无害的通过。包括:制定关于无害通过的法律和规章;为外国船舶指定海道或实行分道通航制;为保护国家安全的需要在其领海的特定区域内暂时停止外国船舶无害通过。

(4)沿海国关于无害通过的义务。包括:不应妨碍外国船舶无害通过;在制定法律或规章时不应对外国船舶强加要求,其实际后果等于否定或损害无害通过的权利;并应将所知的其领海内对航行有危险的任何情况公布。

【例4-6】根据《联合国海洋法公约》的规定,外国船舶在一国领海通过时必须遵守关于无害通过制度的要求,下列各种船舶的通过行为中构成有害行为的是哪些?①

A. 甲国的一艘货船无害通过另一国领海时,违反沿海有关规定卸载了部分商品

B. 乙国的检修船无害通过另一国领海时,自行决定起落了直升机

① 答案:ABCD

C. 丙国的一艘石油运输船通过另一国领海时,发生原油泄漏并严重污染了沿海国海域

D. 丁国的渔船在无害通过另一国领海时,进行了捕鱼活动

【例4-7】(2009年·卷一·31题)由于甲国海盗严重危及国际海运要道的运输安全,在甲国请求下,联合国安理会通过决议,授权他国军舰在经甲国同意的情况下,在规定期限下可以进入甲国领海打击海盗。据此决议,乙国军舰参与打击海盗活动时,进入甲国领海解救被海盗追赶的丙国商船。对此,下列哪一选项是正确的?①

A. 安理会无权作出授权外国军舰进入甲国领海打击海盗的决议

B. 外国军舰可以根据安理会决议进入任何国家的领海打击海盗

C. 安理会的决议不能使军舰进入领海打击海盗成为国际习惯法

D. 乙国军舰为解救丙国商船而进入甲国领海属于保护性管辖

2. 毗连区及有关制度。毗连区是领海以外毗连领海的一个区域,沿海国在这个区域内可以对某些事项行使必要的管制,包括:第一,防止在其领土或领海内违犯其海关、财政、移民或卫生的法律和规章;第二,惩治在其领土内违犯上述法律和规章的行为。

毗连区的内部界限是领海的外部界限,其外部界限距离领海基线不得超过24海里。按照我国1992年《领海与毗连区法》的规定,我国毗连区宽度为12海里。

毗连区不是国家领土,国家对毗连区不享有主权,只是在毗连区范围行使上述方面的管制,而且国家对于毗连区的管制不包括其上空。毗连区的其他性质取决于其所依附的海域,或为专属经济区或为公海。

(三)专属经济区和大陆架

1. 专属经济区及其法律制度。

(1)概念。专属经济区是领海以外毗邻领海的一定宽度的水域(需要宣告),根据《海洋法公约》规定,它从领海基线量起不得超过200海里。专属经济区是《联合国海洋法公约》确立的新区域。它的法律地位既不是领海也不是公海。

(2)沿海国在专属经济区内的权利和义务。主要内容为:①沿海国拥有以勘探、开发、养护和管理海床和底土及其上覆水域自然资源(不论生物或非生物资源)为目的的主权权利,以及关于在该区域内从事经济性开发和勘探,如海水、风力利用等其他活动的主权权利。②沿海国对建造和使用人工岛屿和设施、海洋科学研究、海洋环境保护事项拥有管辖权。③其他国家在这个区域享有航行和飞越、铺设海底电缆和管道的自由以及与此有关的其他合法

① 答案:C。安理会对维护国际和平与安全负有主要责任。在甲国政府提出请求后,如安理会认为该海盗行为危及国际和平与安全,则有权通过决议采取行动,A项错误。各国依联合国决议并经甲国政府同意的打击行为,应该严格限制在授权或同意的范围内,不得超出此范围,B项错误。保护性管辖权是指国家对于在其领土范围以外从事严重侵害该国或其公民重大利益行为的外国人进行管辖的权利。从国际实践看,这种管辖权的行使一般基于两个条件:(1)外国人在领土外的行为所侵害的是该国或其公民的重大利益,构成该国刑法规定之罪行或规定应处一定刑罚以上的罪行;(2)该行为根据行为地的法律同样构成应处刑罚的罪行。本题中,乙国军舰解救丙国商船的行为,不属于保护性管辖,D项错误。是否构成国际习惯法规则要根据构成国际习惯法的要素进行判断。本题中安理会通过的打击海盗的决议是一项在有关国家请求,针对一个具体事件作出的。不能认为进入他国打击海盗已经构成国际习惯法规则。C项正确。

活动的权利。④为行使上述权利，沿海国可以制定与公约规定一致的专属经济区法规。并可采取必要的措施以确保其法规得到遵守，包括登临、检查、逮捕和进行司法程序。⑤在对于外国船舶违法行为采取措施时，还应遵行以下规则：对于被扣留的船只及其船员，在其提出适当的保证书或担保后，应迅速予以释放；沿海国对于在专属经济区内仅违犯渔业法规的处罚，如有关国家间无相反的协议，不得包括监禁或任何形式的体罚；在逮捕或扣留外国船只时，沿海国应通过适当途径将所采取措施和随后进行的处罚迅速通知船旗国。

(3)其他国家在专属经济区内的权利和义务。在专属经济区内，所有国家在公约有关规定的限制下，享有航行、飞越、铺设海底电缆和管道的自由(路线经沿岸国同意)，以及与这些自由有关的海洋其他国际合法用途。其他国家在专属经济区内行使权利和履行义务时，应适当顾及沿海国的权利和义务，并应遵守沿海国按照公约规定和其他国际法规则所制定的法律和规章。

【注意】沿海国在专属经济区的权利。根据《联合国海洋法公约》规定的沿海国对于外国船舶违法行为采取措施时应遵行的规则，沿海国执法船舶可以将违法船舶带至其港内，但对于被捕的船只及其船员，在其提出适当的保证书或担保后，应迅速予以释放。

【例4-8】(2008年·卷一·78题)甲国注册的渔船"踏浪号"应乙国注册的渔船"风行号"之邀，在乙国专属经济区进行捕鱼作业时，乙国海上执法船赶来制止，随后将"踏浪号"带回乙国港口。甲乙两国都是《联合国海洋法公约》的缔约国，且两国之间没有其他相关的协议。据此，根据海洋法的有关规则，下列哪些选项是正确的?①

A. 只要"踏浪号"向乙国有关部门提交适当保证书和担保，乙国必须迅速释放该船

B. 只要"踏浪号"向乙国有关部门提交适当保证书和担保，乙国必须迅速释放该船船员

C. 如果"踏浪号"未能向乙国有关部门及时提交适当担保，乙国有权对该船船长和船员处以3个月以下的监禁

D. 乙国有义务将该事项迅速通知甲国

(4)专属经济区的法律地位。专属经济区是《联合国海洋法公约》确立的新区域，它不是本身自然存在权利，需要国家以某种形式宣布建立并说明其宽度。它的法律地位既不是领海也不是公海。沿海国对于专属经济区不拥有领土主权，只享有公约规定的某些主权权利。沿海国对在其专属经济区内建造和使用人工岛屿和设施、海洋科学研究、海洋环境保护事项拥有管辖权。

【例4-9】(2010年·卷一·31题)甲国在其宣布的专属经济区水域某暗礁上修建了一座人工岛屿。乙国拟铺设一条通过甲国专属经济区的海底电缆。根据《联合国海洋法公

---

① 答案：ABD。C项涉及对船员的监禁，这种措施是与《联合国海洋法公约》的规定相悖的。该《公约》规定：沿海国对在专属经济区内仅违犯渔业法规的处罚，如有关国家间无相反的协议，不得包括监禁或任何形式的体罚。根据《联合国海洋法公约》还规定，在专属经济区内逮捕或扣留外国船只时，沿海国应通过适当途径将采取措施和随后进行的处罚迅速通知船旗国。乙国有义务尽速将该事件通知甲国，A、B、D项正确。

约》,下列哪一选项是正确的?①

A. 甲国不能在该暗礁上修建人工岛屿

B. 甲国对建造和使用该人工岛屿拥有管辖权

C. 甲国对该人工岛屿拥有领土主权

D. 乙国不可在甲国专属经济区内铺设海底电缆

2. 大陆架及其法律制度。

(1)概念。大陆架是指其领海以外依其陆地领土的全部自然延伸(不需要宣告),扩展到大陆边外缘的海底区域的海床和底土(见图4-2)。如果从领海基线量起到大陆边外缘的距离不足200海里,则扩展至200海里;如果超过200海里,则不得超出从领海基线量起350海里,或不超出2500米等深线100海里。大陆架不是沿海国领土,但是国家在此享有某些排他性的主权权利。这些权利也规定在了1982年的《联合国海洋法公约》中。

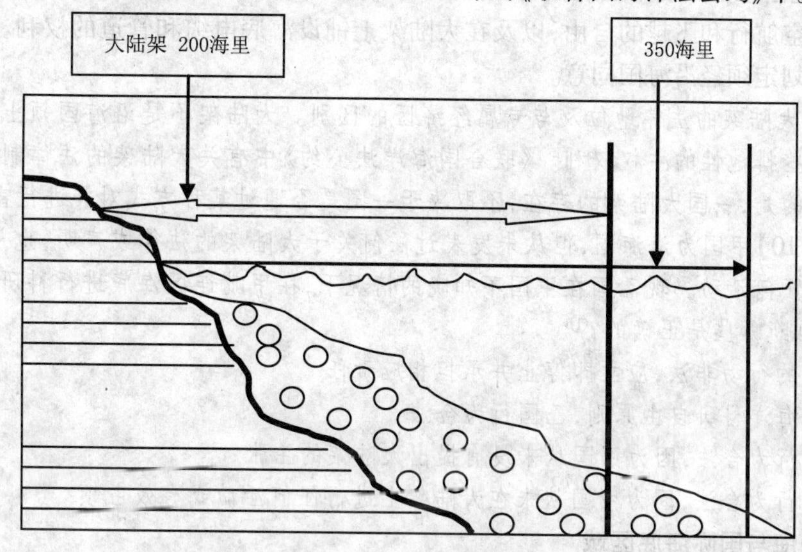

图4-2 大陆架示意图

(2)沿海国对大陆架的权利主要包括:

①沿海国有为勘探大陆架和开发其自然资源的目的,对大陆架行使主权权利。这种权利是专属性的,任何人未经沿海国明示同意,都不得从事勘探和开发其大陆架的活动。②沿海国对于大陆架的权利不取决于有效或象征性的占领或任何明文公告。③沿海国拥有其在大陆架上建造使用人工岛屿和设施的专属权利和对这些人工设施的专属管辖权。④对大陆

① 答案:B。甲国在其宣布的专属经济区水域某暗礁上有权修建人工岛屿,对建造和使用该人工岛屿拥有管辖权,但甲国对该人工岛屿没有领土主权,A、C项错误,B项正确。虽然甲国对其专属经济区拥有公约规定的某些主权权利,但其他国家在这个区域仍享有航行和飞越、铺设海底电缆和管道的自由以及与此有关的其他合法活动的权利,故乙国可以在甲国的专属经济区内铺设海底电缆,D项错误。

架的权利不影响其上覆水域或水域上空的法律地位。⑤沿海国权利行使不得对其他国家的航行和其他合法权利构成侵害或造成不当干扰。⑥所有国家有权在其他国家的大陆架上铺设电缆和管道，但其线路的划定须经沿海国同意，并应顾及现有电缆和管道，不得加以损害。⑦沿海国开发200海里以外大陆架的非生物资源，应通过国际海底管理局并缴纳一定的费用或实物，发展中国家在某些条件下可以免缴。

(3)大陆架上覆水域和水域上空的法律地位。沿海国对大陆架的权利不影响大陆架的上覆水域或水域上空的法律地位。如果沿海国宣布建立专属经济区，则200海里以内的大陆架的上覆水域和水域上空应适用专属经济区制度。若其大陆架超过从领海基线量起200海里，则200海里以外的大陆架的上覆水域和水域上空应适用公海制度。如果沿海国未建立专属经济区，则大陆架的上覆水域和水域上空也应适用公海制度。

(4)其他国家在大陆架上的权利和自由。其他国家的船舶和飞机有在大陆架的上覆水域和水域上空航行和飞越的自由，以及在大陆架上铺设海底电缆和管道的权利。但电缆和管道路线的划定须经沿海国同意。

【注意】大陆架的法律地位及与专属经济区的区别。大陆架不是沿海国领土，但是国家在此享有某些排他性的主权权利。《联合国海洋法公约》中有关大陆架的法律制度，与专属经济区不同的是，一国大陆架的存在，不取决于一国是否通过某种方式对其进行宣示。

【例4-10】甲国为沿海国，但从未发表过任何关于大陆架的法律或声明，也从未在大陆架上进行过任何活动。现乙国在甲国不知晓的情况下，在甲毗连区海底进行科研钻探活动。对此，下列判断哪些是正确的？①

A. 乙国的行动非法，应立即停止并承担相应责任

B. 根据海洋科研自由原则，乙国行为合法

C. 乙国行为合法，因为甲国从来没有提出大陆架的主张

D. 乙国行为合法，因为甲国从未在大陆架上进行任何活动或有效占领

(四)公海与国际海底区域

1. 公海及公海自由。公海指不包括在国家的专属经济区、领海或内水或群岛国的群岛水域内的全部海域。公海自由是公海活动的基本原则，公海自由具体包括：航行自由、飞越自由、铺设海底电缆和管道的自由、建造人工岛屿和设施的自由、捕鱼自由以及科学研究的自由。

为确保公海上的航行安全和建立公海管辖制度，船舶在公海上航行必须悬挂一国的旗帜，船舶具有其有权悬挂的旗帜所属国家的国籍。另一方面，船舶在公海上航行时应仅悬挂一国的旗帜，除所有权确实转移或变更登记的情形外，船舶在航程中或在停泊港内不得更换旗帜。悬挂两国或两国以上旗帜航行并视方便而换用旗帜的船舶，可视同无国籍船舶。为了解决“方便旗”问题，《海洋法公约》要求船舶和其国籍国之间必须有“真正的联系”。

---

① 答案：A

铺设海底电缆和管道不应影响他国已铺设的电缆和管道,如造成损害应承担责任。

公海的上空是自由的,飞越公海上空的航空器只受其登记国管辖。

所有国家有在公海海底建造国际法所容许的人工岛屿和其他设施的自由,但应受关于大陆架制度的限制。

各国均有权在公海进行海洋科学研究,但研究应专为和平目的,且不应对海洋其他正当用途有不当干扰。

【例4-11】(2007年·卷一·79题)甲国军舰"克罗将军号"在公海中航行时,发现远处一艘名为"斯芬克司号"的商船,悬挂甲国船旗。当"克罗将军号"驶近该船时,发现其已换挂乙国船旗。根据国际法的有关规则,下列哪些选项是错误的?①

A."斯芬克司号"被视为悬挂甲国船旗的船舶

B."斯芬克司号"被视为具有双重船旗的船舶

C."斯芬克司号"被视为无船旗船舶

D."斯芬克司号"被视为悬挂方便旗的船舶

2.公海上的管辖权。

(1)船旗国管辖。这是公海管辖的主要原则。除国际条约明文规定的例外情形外,船舶在公海上应受船旗国的专属管辖。特别是,当船舶在公海上发生碰撞或其他航行事故涉及船长或任何其他为船舶服务人员的刑事或纪律责任时,对此种人员的任何刑事诉讼或纪律程序只能向船旗国或此种人员国籍国的司法或行政当局提出。

(2)登临权。指一国的军舰、军用飞机或其他得到正式授权、有清楚标志可识别的政府船舶或飞机,对公海上的外国船舶(军舰等享有豁免权的除外),有合理根据认为其从事《海洋法公约》所列不法情况时,拥有登船检查及采取相关措施的权利。这些不法情况为:海盗;贩奴;非法广播;船舶无国籍;虽然该船悬挂外国旗或拒不展示船旗,但事实上与该军舰属于同一国籍。若嫌疑经证明无根据,被临检的船舶并未从事涉嫌行为,则对被临检船造成的损失或损害,临检国承担国际责任。

(3)紧追权。是指沿海国拥有对违反其法规并从该国管辖范围内的海域向公海行驶的外国船舶进行追逐的权利。

沿海国行使紧追权应遵循以下规则:

①紧追行为只能由军舰、军用飞机或得到正式授权且有清楚可识别标志的政府船舶或飞机从事。

②紧追可以开始于一国内水、领海、毗连区或专属经济区。由毗连区开始的紧追限于外国船舶对该区所管制事项有关法律的违背;由专属经济区开始的紧追限于船舶对与该区域权利或大陆架权利有关的法规的违反;紧追必须依法进行,包括不得违背其他国际法规则和该国的条约义务。

① 答案:ABD。注意本题为否定命题。

③紧追应在被紧追船舶的视听范围内发出视觉或听觉的停止信号后,才可开始。

④紧追可以追入公海中继续进行,直至追上并依法采取措施,但必须是连续不断的。

⑤紧追权在被紧追船舶进入其本国或第三国领海时立即终止。

【例4-12】(2012年·卷一·97)甲国A公司向乙国B公司出口一批货物,双方约定适用2010年《国际贸易术语解释通则》中CIF术语。该批货物由丙国C公司"乐安"号商船承运,运输途中船舶搁浅,为起浮抛弃了部分货物。船舶起浮后继续航行中又因恶劣天气,部分货物被海浪打入海中。到目的港后发现还有部分货物因固有缺陷而损失。

"乐安"号运送该货物的航行路线要经过丁国的领海和毗连区。根据《联合国海洋法公约》,下列选项正确的是:①

A."乐安"号可不经批准穿行丁国领海,并在其间停泊转运货物

B."乐安"号在丁国毗连区走私货物,丁国海上执法船可行使紧追权

C."乐安"号在丁国毗连区走私货物,丁国海上执法机关可出动飞机行使紧追权

D.丁国海上执法机关对"乐安"号的紧追权在其进入公海时立即终止

【例4-13】(2009年·卷一·30题)乙国军舰A发现甲国渔船在乙国领海走私,立即发出信号开始紧追,渔船随即逃跑。当A舰因机械故障被迫返航时,令乙国另一艘军舰B在渔船逃跑必经的某公海海域埋伏。A舰返航半小时后,渔船出现在B舰埋伏的海域。根据《联合国海洋法公约》及相关国际法规则,下列哪一选项是正确的?②

A.B舰不能继续A舰的紧追

B.A舰应从毗连区开始紧追,而不应从领海开始紧追

C.为了紧追成功,B舰不必发出信号即可对渔船实施紧追

D.只要B舰发出信号,即可在公海继续对渔船紧追

3.国际海底区域。国际海底区域(以下简称"区域"),是指国家管辖范围以外的海床和洋底及其底土,亦即各国大陆架以外的整个海底区域。国际海底区域及其资源适用人类共同继承财产的法律原则。对"区域"内的资源的一切权利属于全人类,由国际海底管理局代表全人类行使。

国际海底区域实行"平行开发制",即"区域"资源的开发活动既可以由国际海底管理局企业部进行,也可以由缔约国或国营企业、或在缔约国担保下的具有缔约国国籍或由这类国家或其国民有效控制的自然人或法人与管理局以协作的方式进行。具体做法是:开矿申请

---

① 答案:BC。A项错误,"乐安"号享有无害通过权,但要通过丁国的领海,必须依相关规定,和平且连续地通过,不能停泊,B项正确,"乐安"号在丁国毗连区走私货物的行为明显违反了沿海国在毗连区内的海关管理制度,丁国有权行使紧追权。C项正确,紧追行为的主体,可以为军舰、军用飞机或得到正式授权且有清楚可识别标志的政府船舶或飞机从事。D项错误,紧追权在被紧追船舶进入公海时并非立即终止,而是可以追入公海,直至追上并依法采取措施,在进入其本国或第三国领海时立即终止。

② 答案:A。紧追可以开始于领海,B项为错项;紧追不能开始于公海,D项错误。紧追应在被紧追船舶的视听范围内发出视觉或听觉的停止信号后,才可开始。C项错误。一项紧追必须是开始实施紧追的船舶和飞机连续不断地进行,不能中断。否则必须按照紧追的条件重新开始。A项正确。

者在向管理局提出开发申请时,须提出两块商业价值相等的矿址。管理局指定其中一块矿址作为"保留区",留给企业部开发,或由企业部与某个发展中国家联合开发;另一块则作为"合同区",由申请者同管理局签订合同后进行开发。

国际海底管理局是缔约国组织及控制"区域"的活动,特别是管理"区域"资源的组织,所在地位于牙买加。管理局设有大会、理事会和秘书处等三个主要机关。

【注意】国际海底区域制度。根据《联合国海洋法公约》的规定,国际海底区域及其自然资源是人类共同继承财产,任何国家不得对"区域"或其任何部分主张主权或行使主权权利。

【例4-14】甲国是《联合国海洋法公约》的缔约国,通过的卫星遥感技术,甲国在东太平洋的洋底的国际海底区域发现了一块锰矿区,甲国欲开发这块矿区。根据国际法的相关规定,下列哪一判断是正确的?①

A. 由于该区域是甲国先发现的,因此,应属于甲国所有

B. 甲国必须要把这一情况报告给国际海底管理局,并向管理局提交两块经过勘探具有同等商业价值的矿址

C. 在甲国提供了一块"保留区"后,即可独立对"合同区"进行开发

D. 甲国只要把这一情况报告给国际海底管理局后即可立即对该区域进行开发

三、国际航空法

领空是指一国领土上空一定高度的空间。从水平方向上看,一国领空止于其领土边界的上方,即领土边界线向上的延伸。领空的垂直界限,主要涉及空气空间和外层空间界限的问题。对此国际社会有多种主张,主要包括空间论和功能论。

国际航空法是调整各国在从事航空活动中所产生的各种法律关系的规则和规章制度的总体。航空法的主要渊源是条约,包括以1944年《国际民用航空公约》(又称"《芝加哥公约》")为代表的确立国际航空一般法律制度的条约,以"华沙体系"为核心的有关国际航空运输业务的条约,以及关于航空安全的条约。

1. 国际航空的基本制度。1944年在芝加哥签订的《国际民用航空公约》,规定了国际航空的基本制度,并设立了国际民用航空组织。

(1)地面国的主权。每个国家对其领土之上的空气空间享有完全的和排他的主权。其主要包括以下内容:

第一,外国航空器未经地面国许可,不得飞入或飞经其领空。与领海不同,外国航空器

① 答案:B。A项错误,应适用《联合国海洋法公约》的规定平行开发制度。C项称可以独立开发不对,应当与海底局签订合同进行开发。D项错误,根据《联合国海洋法公约》的规定,任何国家不能将"区域"内的资源据为已有。依平行开发制度,国际海底区域的开发不能由申请国单独开发。B项正确,依国际海底区域的"平行开发"制度,在区域内的一个矿区被勘探后,开发申请者向海底局提供两块价值相当的矿址,海底局选择一块作为"保留区",另一块作为"合同区",与申请者签订合同进行开发。

在他国领空不享有“无害通过权”。

第二，每个国家都有权制定航空法律和规章，并强制执行。对于未经允许而飞越其领土的民用航空器，地面国有权要求其在指定的机场降落，或给该航空器发布任何其他指令以终止侵犯。但地面国必须避免对飞行中的民用航空器使用武器，如拦截，必须不危及航空器内人员的生命和航空器的安全。

第三，保留“国内载运权”。外国民用航空器的经营人不得经营一国境内两点之间的航空运输。

第四，设置空中禁区和暂停飞行的权利。缔约国为了军事需要或公共安全的理由，可以指定其领土内某些地区的上空为禁区，禁止或限制其他缔约国的航空器飞行。

【例 4－15】（2011 年·卷一·75 题）甲国发生内战，乙国拟派民航包机将其侨民接回，飞机需要飞越丙国领空。根据国际法相关规则，下列哪些选项是正确的？①

A. 乙国飞机因接其侨民，得自行飞越丙国领空

B. 乙国飞机未经甲国许可，不得飞入甲国领空

C. 乙国飞机未经允许飞越丙国领空，丙国有权要求其在指定地点降落

D. 丙国军机有权在警告后将未经许可飞越丙国领空的乙国飞机击落

（2）航空器的国籍。公约将航空器分为民用航空器和国家航空器，公约只适用于民用航空器，而不适用于国家航空器。用于军事、海关和警察部门的航空器应被认为是国家航空器。民用航空器只能在一个国家登记，并具有登记国的国籍。航空器不得具有双重国籍，若在一个以上国家登记，其登记便没有效力。航空器受登记国的法律管辖。

（3）国际航空运输。第一，定期航班飞行。未经一国特准或其他许可并遵照此项特准或许可的条件，任何定期国际航班不得在该国领土的上空飞行或进入该国领土。

第二，不定期航班飞行。不需事先获准，有权飞入或飞经其他缔约国的领土而不降停，或作非运输业务性的降停。

2. 国际民航的损害赔偿责任。关于国际航空运输的责任问题，1929 年《统一国际航空运输某些规则的公约》（通称“《华沙公约》”）最初采用的是推定过失责任制度，即判断承运人是否应对客、货受到的损害承担责任的标准是该承运人是否尽了谨慎行事的义务，而为此举证的责任落在承运人身上。1971 年签订的《危地马拉议定书》和 1975 年签订的《蒙特利尔议定书》分别就客运和货运将推定过失责任改为客观责任，即除特定情况外，只要导致客、货受到损害的事件发生在航空运输期间，承运人就应承担责任，而不论其是否有过失。

---

① 答案：BC。国家对其领空拥有完全的和排他的主权。外国航空器进入一国领空需经该国许可并遵守领空国的有关法律。A 项错误。B 项正确。对于非法入境的外国民用航空器，国家可以行使主权，采取符合国际法有关规则的任何适当手段，包括要求其终止此类侵犯立即离境或要求其在指定地点降落等，但不得危及航空器内人员的生命和航空器的安全，避免使用武器。C 项正确。对于未经允许而飞越其领土的民用航空器，地面国有权要求其在指定的机场降落，或给该航空器发布任何其他指令以终止侵犯。但地面国必须避免对飞行中的民用航空器使用武器，如拦截，必须不危及航空器内人员的生命和航空器的安全。D 项错误。

3. 国际民航安全制度。国际民航安全制度是建立在1963年签订的《关于在航空器上犯罪和其他某些行为的公约》(简称"《东京公约》")、1970年签订的《关于制止非法劫持航空器的公约》(简称"《海牙公约》")和1971年签订的《关于制止危害民用航空安全的非法行为的公约》(简称"《蒙特利尔公约》")等文件之上的。

(1)危害国际民用航空安全的非法行为的范围。

第一,非法劫持航空器。即在飞行中的航空器内的任何人用暴力或用暴力威胁,或用任何其他恐吓方式,非法劫持或控制该航空器,或企图从事任何这种行为。

第二,危害民用航空安全的非法行为。包括:对飞行中的航空器内的人使用暴力;破坏使用中的航空器或对该航空器造成破坏,使它不能飞行或将会危及其飞行安全;在使用中的航空器内放置将会破坏该航空器或使它不能飞行或将会危及其飞行安全的装置或物质;破坏航行设备或妨害其工作;传送明知是虚假的情报,从而危及飞行中航空器的安全;使用一种装置、物质或武器在用于国际民用航空的机场内对人实施暴力行为,造成或足以造成重伤或死亡,或中断机场服务以致危及或足以危及机场安全的。

(2)空中刑事管辖权。

第一,航空器的登记国;

第二,发生犯罪的航空器的降落地国,而降落时犯罪者仍在机上;

第三,如果犯罪是在不带机组人员租用的航空器上发生的,则承租人的主要营业地国或其经常居住地国;

第四,犯罪行为发生地国;

第五,在其境内发现所称罪犯的缔约国,如不将该人引渡,则应采取必要措施以确立其对犯罪的管辖权。

(3)或引渡或起诉。在其境内发现被指称的罪犯的缔约国,如不将此人引渡,则不论罪行是否在其境内发生,应无例外地将此案件提交其主管当局以便起诉。该当局应按照本国法律以对待任何严重性质的普通罪行案件的同样方式作出决定。为了方便引渡,公约要求将有关罪行看作是包括在缔约各国间现有引渡条约中的一种可引渡的罪行,并要求缔约各国将此种罪行作为一种可引渡的罪行列入它们之间将要缔结的每一项引渡条约中。

【注意】领空主权。依领空主权原则,国家对其领空拥有完全的和排他的主权。外国航空器进入国家领空需经该国许可并遵守领空国的有关法律。对于非法入境的外国民用航空器,国家可以行使主权,采取符合国际法有关规则的任何适用手段,包括要求其终止此类侵犯立即离境或要求其在指定地点降落等,但不得危及航空器内人员的生命和航空器的安全,避免使用武器。

【例4-16】甲乙两国是关系一直紧张的邻国,甲国曾多次出动空军非法轰炸乙国境内的军事目标。一甲国注册的承担甲丙两国航班飞行的民航机一日因天气原因偏离航线,误入乙国境内。甲乙丙三国均为国际民航组织的成员国。甲乙之间没有双边的航空或航线协定。下列哪项是正确的?①

A. 乙国有权要求该民航机立即离开乙国的领空

B. 在该民航机载客不明的情况下,乙国有权对其使用武器,将其击落

C. 乙国无权要求位于其境内的该民航机在其指定安全地点降落

D. 该民航机在顾及安全的情况下可自行飞入乙国领空

【例4-17】甲国的一架民航客机飞抵乙国降落,在机舱舱门尚未打开时,被飞机上的一名甲国乘客劫持。根据关于国际民用航空安全的三个公约的有关规则,下列哪些判断是正确的?②

A. 该行为是发生在飞机的"使用"中

B. 该行为是发生在飞机的"飞行"中

C. 甲国对于该事件拥有管辖权

D. 乙国对于该事件没有管辖权,应将该乘客引渡到甲国

四、外层空间法

外层空间法是调整各国探索和利用外层空间活动的原则、规则和制度的总和。条约是外层空间法的主要渊源,包括:1967年签订的《关于各国探索和利用包括月球和其他天体在内外层空间活动的原则的条约》(简称"《外空条约》");1968年签订的《营救宇航员、送回宇航员和归还发射到外层空间的物体的协定》(简称"《营救协定》");1972年签订的《空间物体所造成损害的国际责任公约》(简称"《责任公约》");1975年签订的《关于登记射入外层空间物体的公约》(简称"《登记公约》");1979年签订的《指导各国在月球和其他天体上活动的协定》(简称"《月球协定》")等。

(一)外空活动的主要原则

根据《外空条约》的规定,国家从事外空活动应遵循下列基本原则:

1. 共同利益原则。任何国家对外层空间探索利用,都必须为全体人类谋取福利。不得损害其他国家的权利和利益。

---

① 答案:A

② 答案:BC。(1)在飞行中的航空器内用暴力或暴力威胁或其他任何胁迫方式,非法劫持或控制该航空器;对飞行中的航空器中的人实施暴力行为并且足以危及该航空器的安全。"飞行中"是指航空器从装载完毕、其外部所有舱门都已关闭时开始,直到其任一外部舱门打开准备卸货时止。(2)实施某种行为使得航空器不能飞行或危及其飞行安全,包括对使用中的航空器的破坏或损坏、在使用中的航空器内放置某种装置或物质、破坏或损害航行设施或扰乱其工作、传递明知是虚假的情报等。"使用中"指自地面或机组人员为某一飞行进行飞行前准备时起,到飞机降落后24小时内止。A项错误,B项正确。对于危害国际民用航空安全的行为,下列国家均拥有管辖权:航空器登记国;航空器降落地国,当犯罪嫌疑人仍在航空器内。C项正确。承租人的营业地国或常住地国,当航空器是不带机组的出租;嫌疑人所在国;嫌疑人国籍国或永久居所国;犯罪行为发生地国;罪行后果涉及国,包括受害人国籍国或永久居所国;后果涉及领土国;罪行危及其安全的国家;根据本国法行使管辖权的其他国家。同时,危害民航安全罪行被规定为一种可引渡的罪行,但各国没有强制引渡的义务。如没有引渡,则应在本国作为严重的普通刑事案件进行起诉。D项错误。

2. 自由探索和利用原则。外层空间对全人类开放。

3. 不得据为己有原则。任何国家不得通过主权要求、使用或占领的方法,或采取其他任何措施,将外空据为己有。这项原则包括外空不得被任何国家占有,也包括不许任何自然人或团体占有。

4. 和平利用原则。包括对外空军事化的限制和禁止。

5. 救援宇航员原则。在宇航员发生意外的情况下,各国应进行一切可能的援助,并尽快安全地将他们送回该航天器的登记国家。

6. 外空物体登记和管辖原则。外空物体的发射国家应对该物体进行登记和管辖。

7. 国际责任原则。

8. 保护空间环境原则。

9. 国际合作原则。

(二)外空活动的主要法律制度

1. 登记制度。根据《登记公约》主要包括下列内容:

(1)发射国发射空间物体应在本国登记,并向联合国秘书长报告;

(2)空间物体由两个以上国家发射,应共同决定其中的一个国家进行登记;

(3)登记国对外空物体拥有所有权和管辖权;

(4)若登记国已知道登记物体已不在轨道上存在,应尽快通知联合国秘书长。

2. 营救制度。根据《营救协定》主要包括下列内容:

(1)通知:各国在获悉或发现宇航员发生意外、遇难或紧急降落时,应立即通知其发射国及联合国秘书长;

(2)援助:对获悉或发现在一国领土内的宇航员,领土国应立即采取一切可能措施,营救宇航员并给必要帮助;

(3)送还:对于发生意外的空间物体和宇航员应送还其发射国。

3. 责任制度。根据《责任公约》主要包括下列内容:

(1)发射国对其空间物体在地球表面造成的损害,或对飞行中的飞机造成的损害承担绝对责任(外—内:绝对责任)。

(2)发射国对其空间物体在地球表面以外的地方,对于其他国家的空间物体造成损害承担过错责任(外—外:过错责任)。

(3)当发射国的空间物体在地球表面以外的地方,对另一国空间物体造成损害,并因此对第三国造成损害时:①如果是在第三国的地球表面或对飞行中的飞机造成的:前两国对第三国负绝对责任(外外—内:绝对);②如果对地球表面以外的第三国外空物体造成损害:前两国依各自的过错承担相应的责任(外外—外:过错)。

【注意1】空间物体对下列人员造成的损害不适用《责任公约》:①发射国国民;②参加发射的外国公民;③应邀留在发射区或回收区的外国公民。

【注意2】外层空间的法律地位。根据《外空条约》的规定,任何国家对外层空间,包括月球和其他天体的探索、利用和开发，都必须是为全体人类谋取福利和利益。该原则包括不得损害其他国家的权利和利益，也包括不得仅为获取自己片面私利利用外空。外层空间对全人类开放，所有国家不论其经济或科学发展水平如何，都有权在平等不受任何歧视的基础上根据国际法自由探索和利用外层空间。任何国家不得通过主权要求、使用或占领的方法，或采取其他任何措施，将外空据为己有。这项原则包括外空不得被任何国家占有，也包括不许任何自然人或团体占有。另外，根据国际法的一般原则，一国的国内法不能取代或凌驾于国际法之上。

【例4－18】(2004年·卷一·31题)月球主人公司是甲国人汤姆在甲国注册的公司，专门从事出售月球土地的生意。该公司把月球分为若干部分供购买者选购，并称通过与该公司订立"月球契约"，买方就拥有了其购买的月球特定部分的所有权。对此，根据外层空间法的有关规则，下列判断哪一项是正确的？①

A. 该类契约规定的所有权，必须得到甲国国家的特别批准方能在国际法上成立

B. 该类契约可以构成甲国国家对月球相关部分主张主权的证据

C. 即使该类契约受甲国国内法的保护，该所有权在国际法上也不能成立

D. 该类契约必须在联合国外空委员会登记，以确立购买者在国际法上的所有权

【例4－19】(2009年·卷一·98题)乙国与甲国航天企业达成协议，由其发射乙国研制的"星球一号"卫星。因发射失败卫星碎片降落到甲国境内，造成人员和财物损失。甲、乙两国均为《空间物体造成损害的国际责任公约》缔约国。下列选项正确的是：②

A. 如"星球一号"发射成功，发射国为技术保密可不向联合国办理登记

B. 因"星球一号"由甲国的非政府实体发射，甲国不承担国际责任

C. "星球一号"对甲国国民的损害不适用《责任公约》

D. 甲国和乙国对"星球一号"碎片造成的飞机损失承担绝对责任

五、国际环境保护法

(一)国际环境法的原则

国际环境法是调整各国之间为防治环境损害和保障合理利用环境资源而发生的各种关

---

① 答案：C

② 答案：CD。根据《登记公约》，国际法中关于外空物体的登记制度要求，发射国应对其发射的空间物体进行登记，同时在切实可行的范围内尽快将有关情报报告联合国秘书长。空间物体若由两个以上发射国发射，应由其共同决定其中的一个国家进行登记。外空物体的登记国对该外空物体拥有所有权和管辖控制权。因此，发射国不能以技术保密为借口拒绝登记。A项错误。根据《责任公约》对于空间物体造成损失的赔偿责任制度，作出了具体的规定。根据公约，损害赔偿应由该物体的发射国承担。这里的发射国包括：发射或促使发射空间物体的国家以及从其领土或设施发射空间物体的国家。两个或两个以上的国家共同发射空间物体时，对所造成的损害应承担共同或单独的责任。因此，对于星球一号的发射造成的损害，甲、乙两国应首先承担责任。B项错误。《责任公约》规定了两种情况下，发射国空间物体造成的损害不适用《责任公约》，一是受害人为发射国国民，二是受害人为空间物体从发射至降落的任何阶段内参加操作的或者应发射国的邀请而留在紧接预定发射或回收区的外国公民，C项正确。根据《责任公约》，发射国对其空间物体在地球表面或给飞行中的飞机造成的损害，应负有赔偿的绝对责任，D项正确。

系的有法律拘束力的原则、规则和规章制度的总体。

1. 不损害其他国家环境的原则。各国有按自己的环境政策开发其资源的主权权利,但有责任保证在其管辖或控制范围内的活动,不致损害其他国家的环境。

2. 国际环境合作原则。国家有义务进行合作以解决环境问题。影响源国有义务将迫在眉睫的损害或损害的危险通知可能对其环境产生有害影响的任何国家,而不论这种损害是由于自然灾害或人为因素造成的。各国应将可能具有重大不利越界环境影响的活动向可能受到影响的国家预先和及时地提供通知和有关资料,并应在早期阶段善意地同这些国家进行磋商。

3. 各国负有共同但有差别的保护环境的责任原则。一方面,保护全球环境是各国的共同事业;另一方面,不同发展程度的国家应当承担不同的责任,发达国家必须承担保护环境的主要责任。

4. 可持续发展原则。是指满足当代人类的需要同时又不损及后代人类满足他们自身需要的发展。为了实现可持续的发展,各国应减少和消除不能持续的生产和消费方式。

【例4-20】(2008年·卷一·34题)甲乙两国是温室气体的排放大国,甲国为发达国家,乙国为发展中国家。根据国际环境法原则和规则,下列哪一选项是正确的?①

A. 甲国必须停止排放,乙国可以继续排放,因为温室气体效应主要是由发达国家多年排放积累造成的

B. 甲国可以继续排放,乙国必须停止排放,因为乙国生产效率较低,并且对于环境治理的措施和水平远远低于甲国

C. 甲乙两国的排放必须同等地被限制,包括排放量、排放成份标准、停止排放时间等各方面

D. 甲乙两国在此问题上都承担责任,包括进行合作,但在具体排量标准,停止排放时间等方面承担的义务应有所区别

(二)国际环境保护的主要制度

1. 大气环境保护。

(1)保护臭氧层。臭氧层的耗减会使紫外线辐射增强,不仅损害人类健康,而且严重影响人类的社会经济发展。1985年《保护臭氧层公约》要求缔约国进行合作,交换有关情报,并建立缔约国会议制度。

(2)防止气候变化。1992年《气候变化框架公约》是第一个全面控制导致全球气候变暖的二氧化碳等温室气体排放、以便应对全球气候变暖给人类经济和社会带来不利影响的国际公约。它的目标是将大气中温室气体的浓度稳定在防止气候系统受到危险的人为干扰的

① 答案:D。根据"共同但有区别责任"原则,甲、乙两国虽然分属发达国家和发展中国家,但对于国际环境保护问题,都具有共同的责任。历史排放积累、目前技术水平等都不能成为免除或单独承担责任的理由。因此A、B项片面强调对方责任,都为错误选项。同时,由于甲乙两国分属发达国家和发展中国家,根据"责任的区别性",他们承担的责任应有所区别,而C项中,要求甲乙两国在各个方面承担完全同等的责任,故C项为错误选项,D项为正确选项。

水平。公约规定了五项原则:

第一,缔约国承担共同但有差别的责任,发达国家缔约方应率先对付气候变化及其不利影响。

第二,考虑发展中国家的具体要求和特殊情况。发达国家缔约方应提供新的额外资金,以支付发展中国家因履行公约义务而付出的全部费用;应采取一切实际可行的步骤,酌情促进向发展中国家转让无害环境的技术。

第三,采取预防措施,以预测、防止或尽量减少引起气候变化的原因并缓解其不利影响。

第四,促进可持续发展。

第五,开放国际经济体系,以促进所有国家,特别是发展中国家经济的持续发展。

1997 年《京都议定书》要求截止到 2012 年,发达国家的温室气体排放量要在 1990 年的基础上平均削减 5.2%。

【**总结**】三种减排折算方式对比(见表 4－1)

集团方式	只要有关国家集团达到减排总额,可以不管集团内部成员国的减排量增减
排放权交易	发达国家排放量超出其额度,可以向其他排放量低于自身额度的发达国家购买排放量
绿色交易	发达国家可以通过资助在发展中国家营造森林或转让有关绿色技术,相应地抵销其部分排放量
净排放量计算方式	可以从本国实际排放量中扣除森林所吸收的二氧化碳数量

表 4－1　减排折算方式对比表

【**注意**】三种减排折算方式对比集团方式只要有关国家集团达到减排总额,可以不管集团内部成员国的减排量增减排放权交易发达国家排放量超出其额度,可以向其他排放量低于自身额度的发达国家购买排放量绿色交易发达国家可以通过资助在发展中国家营造森林或转让有关绿色技术,相应地抵销其部分排放量。

2. 海洋环境保护。

(1)防止陆地源和大气源污染。这是海洋环境的第一大污染源,《海洋法公约》要求各国制定法律和规章,以防止、减少和控制陆地来源对海洋环境的污染;要求各国为防止、减少和控制来自或通过大气层对海洋环境的污染,制定适用于其主权下的上空和悬挂其旗帜的船只或在其国内登记的船只或飞机的法律和规章。

(2)防止船舶源污染。来自船舶的污染包括两种情况:一是在海上航行的船舶蓄意或由于疏忽而向海洋排放油类或其他有害物质所造成的污染,如排放船舶生活污水、船舶垃圾、油轮压舱水和清舱水,以及船舶散装有害液体物质的污染;二是船舶在海上航行中发生事故所造成的污染。有关国际公约包括 1954 年《国际防止海上油污公约》、1973 年《国际防止船舶污染公约》、1969 年《国际干预公海油污事故公约》和《国际油污损害民事责任公约》。

(3)防止海底开发活动源污染。《海洋法公约》要求沿海国制定法律和规章,以防止、减少和控制来自受其管辖的海底开发活动或与此有关的活动对海洋环境的污染以及来自在其管辖下的人工岛屿、设施和结构所造成的海洋环境污染。对在国际海底区域内的开发活动造成的污染,公约规定国际海底管理局应制定适当的规章和程序,以防止、减少和控制对海洋环境的污染。

(4)防止倾倒源污染。1972 年《防止倾倒废物及其他物质污染海洋的公约》是第一个也是当前唯一的专以控制海洋倾废为目的的全球性公约。公约将废物分为三类:列入公约附件一的通称"黑名单"物质,应禁止倾倒;列入附件二的通称"灰名单"物质,应事先获得特别许可证才可倾倒;未列入附件一和二的称"白名单"废物,获得一般许可即能倾倒。

《海洋法公约》规定,非经沿海国事先明示核准,不应在该国领海、专属经济区和大陆架上进行倾倒。对于发生在其领海、专属经济区和大陆架上的倾倒,由沿海国执行;对于船舶和飞机的倾倒行为,由船旗国执行;对于在其领土内或岸外码头装载废料的行为,由港口国执行。

3. 自然生态和资源保护。

(1)国际水道的保护。国际水道是指其组成部分位于不同国家的河流和湖泊。联合国国际法委员会 1997 年通过了《国际水道非航行使用法公约》,规定各水道国在使用和开发国际水道时应遵循以下原则:

第一,公平合理地利用和参与原则。水道国在使用和开发某一国际水道时,应考虑到有关水道国的利益。

第二,不造成重大损害原则。水道国在利用其境内的国际水道时,应采取一切适当措施避免对其他水道国造成重大损害。

第三,一般合作原则。各水道国应在主权平等、领土完整、互利和善意的基础上进行合作,以便实现国际水道的最大限度的利用和充分保护。在任何水道国的要求下,各水道国应就包括建立联合管理机构在内的有关国际水道的管理问题进行协商。

(2)生物多样性的保护。"生物多样性"是指所有来源的形形色色生物体。生物资源的破坏给全球带来了严重的经济和社会问题,并已构成对人类生存和发展的威胁。为此,国际社会签订了大量条约保护野生生物资源,并于 1992 年制定了《生物多样性公约》。公约的主要内容包括:

第一,各国对其生物资源拥有主权权利,但有责任保护生物多样性并以可持续的方式使用。

第二,建立保护区系统对动植物进行就地保护,并以移地保护作为辅助措施。

第三,取得遗传资源须经提供这种资源的缔约国事先知情同意,并依该国法律进行。

第四,发达国家要向发展中国家转让有关技术,但这种取得和转让不应侵犯知识产权。

第五,发达国家应提供新的额外资金,以使发展中国家能够支付他们因采取履行公约义务的措施而承负的全部附加费用。

4. 控制危险废物的越境转移。为了将危险废物的越境转移减少到最低限度,并保证在离产生地最近的地方对其进行无害环境的处置，1989 年在瑞士巴塞尔缔结的《控制危险废物越境转移及其处置公约》规定：

(1)只有在一国没有技术能力、必要设施或适当场所以对环境无害的方式处置有关废物，而他国又有需要利用该废物作为再循环或回收工业的原料的情况下才允许越境转移危险废物。

(2)出口国应将拟越境转移的危险废物的详细资料以书面形式通知进口国和过境国的主管机关，以便它们能够对这种转移的环境风险进行评估。只有在取得进口国和过境国书面同意后才可以允许危险废物越境转移。

(3)除非存在双边、多边或区域协定，缔约国不得允许向非缔约国出口或从非缔约国进口危险废物，并应把危险废物的非法运输规定为犯罪行为。

【注意】危险废物的越境转移要点：书面同意、保险保障、无害处理、不能向非缔约国移动。

【例 4-21】(2004 年·卷一·68 题)甲国白鹭公司与乙国黑鹰公司签订了一项进口化工废料到甲国的合同。该化工废料是被《控制危险废物越境转移及其处置的巴塞尔公约》列为附件中的危险废物，现位于乙国境内。甲乙两国都是公约的缔约国。根据相关的国际法规则，下列判断哪些是正确的？①

A. 乙国政府或黑鹰公司应将拟出口废料事项通知甲国政府，并得到甲国政府的书面准许，才能出口

B. 甲国政府必须证实黑鹰公司和白鹭公司对该废料已作出无害环境的处置安排，包括详尽的处置办法和相关合同，才有准许进口

C. 该种废料如果进行越境转移，必须有相关的保险或担保

D. 如果甲国退出了《巴塞尔公约》，这种废料就不得再由乙国向甲国出口

牛刀小试

1. 下列涉及国家领土的表述，根据国际法判断哪些是正确的？②

A. 内水和领海均属于一国的领水

---

① 答案：ABCD。《巴塞尔公约》对于列举在其附件中的危险废物的越境转移，规定了严格的条件。包括：(1)缔约国禁止向另一缔约国出口危险废物，除非进口国没有一般地禁止该废物的进口，并且以书面形式对某一进口向出口国表示同意。(2)出口国有理由认为拟出口的废物不会被以符合有关标准的对环境无害的方式在进口国或其他地方处理，则不得出口。(3)不得向非缔约国出口或自非缔约国进口危险废物。A、D 项正确。关于越境转移的程序和其他事项，《公约》规定：(1)出口国或者危险废物的生产者或出口者，应将拟出口的废物的越境转移以书面形式通知有关国家的主管部门。进口国应作出书面的答复。(2)出口国应当证实通知人已得到进口国的书面同意，并且进口国已证实出口者和处置者之间已订立合同，详细说明对废物的无害环境的处置办法，才能开始越境转移。(3)如果越境转移的废物不能按照合同的条件完成，如无其他合法安排，应运回出口国。(4)危险废物的任何越境转移都必须有相关的保险、保证或担保。B、C 项正确。

② 答案：AB

B. 内陆国也拥有内水

C. 内陆国也可以拥有领海

D. 任何外国船舶未经提前得到允许,不得进入一国的领海中航行

2. 添附是国际法中获得领土的一种方式,下列哪种情况构成国际法中的领土添附?①

A. 将本国首先发现的无主地进行有效管理并纳入到版图中

B. 内河入海口形成的三角洲

C. 在界河中进行人工填河使领土扩展

D. 在公海中通过人工建设而成的岛屿

3. 甲乙两国是陆地邻国。甲国边防人员在例行巡逻时,发现本国一些牧民将一座界碑擅自移动,将另一座界碑毁坏。根据国际法的有关规则和制度,下列哪些判断是正确的?②

A. 甲国巡逻人员应将被移动的界碑移回到甲国认定的界碑原处

B. 如本国的肇事者逃过边界,甲国巡逻人员可以进入乙国追拿这些肇事者

C. 甲国有义务惩办这些擅自移界碑的本国牧民

D. 甲国应尽速通知乙国,并在甲乙两国代表都在场的情况下追拿这些肇事者

4. 由于气候变暖,北极成了各国争夺的目标。甲国在北冰洋底插上了一面甲国国旗,依相关国际法,下列选项哪些是正确的?③

A. 甲国在北极插国旗的行为并不改变北极的法律地位

B. 北极应属于北极海沿岸国共有

C. 北极上的北冰洋应为公海

D. 甲国可依先占原则取得对北极的主权

5. 根据《中华人民共和国领海和毗连区法》的规定,下列选项中哪些是正确的?④

A. 我国采用直接基线

B 我国的领海宽度为 12 海里

C. 毗连区从领海基线量起为 12 海里

D. 毗连区是领海以外的一条海水带

6. 甲国货轮在乙国港口停泊期间,其一名船员在船舱内将另一名船员打伤,该二人都非甲国人,对此下列判断哪些是正确的?⑤

A. 乙国警察将立即登船处理此事件

B. 甲国船舶必须立即驶离乙国港口

C. 如果甲国船长提出要求,乙国可以对此进行管辖

---

① 答案:B

② 答案:CD

③ 答案:AC

④ 答案:ABD

⑤ 答案:CD

D.如果甲国派驻乙国的领事提出要求,乙国可以对此进行管辖

7.甲国的一个航海航空爱好者组织,准备进行一次小型飞机和赛艇的海上联合表演,计划涉及我国的领海和领海上空。对此,根据国际法的有关规则和我国的相关法律,下列哪些判断是正确的?①

A.飞机飞行表演如在我国领海上空进行,必须得到我国的允许

B.赛艇表演如果在我国领海中进行,必须得到我国的允许

C.飞机在前往表演空域途中,如果仅仅是以通过为目的,从而飞过我国的领海上空,则无须得到我国的许可

D.赛艇在前往表演海域的途中,如果仅仅是以通过为目的,从而穿越我国的领海,则无须得到我国的许可

8.先占是国际法中国家获得领土主权的一种方式。根据现代国际法的有关规则,下列哪些选项已经不能被作为先占的对象?(2006年·卷一·79题)②

A.南极地区　　B.北极地区

C.国际海底区域　　D.月球

9.《外空条约》、《营救协定》、《责任公约》、《登记公约》以及《月球协定》等一系列公约确立了外层空间活动的原则和制度。依上述公约,下列哪些是正确的?③

A.甲国靠自己的空间科研能力首先发现了一颗新的行星,并表示对该行星拥有主权

B.乙国对其独立研发的航天飞机的发射采取信息封锁措施,未进行登记,也未向联合国秘书长报告

C.丙国在其境内发现了发生意外的某国宇宙飞船与航天人员,丙国对其进行了援救

D.丁国发射的宇宙飞船与戊国发射的空间卫星在外空不慎相撞,卫星下坠时撞毁某国民航飞机,丁戊对撞毁的民航飞机进行了赔偿

---

① 答案:ABD

② 答案:ABCD

③ 答案:CD。A项错误,《外空条约》确立了外空不得据为己有的原则,对外层空间的探索和利用应为了全人类的共同利益;各国可以按照国际法自由进入外层空间;各国不得据为己有。B项错误,《登记公约》确定了登记制度属于强行的原则,要求发射当局在本国并向联合国秘书长进行登记。公约载有应向联合国秘书长进行登记的制度以及应提供的具体事项。C项正确,根据《营救协定》,各缔约国在获悉或发现外层空间发生事故时有义务立即通知发射当局和联合国秘书长。对因意外事故而降落的宇航员,降落地国应立即予以援救。对于发生意外的空间物体应送还其发射国。D项正确,《国际责任公约》确定发射国对其空间物体在地面或飞行中造成损害时发射国应负赔偿的绝对责任;如果是两个或两个以上的发射国,它们应负共同责任。

》》》第五讲

国际法上的居民

特别提示

本讲在司法考试中基本上每年有会涉及,其主要考点集中在中国国籍法的规定、引渡和庇护、中国有关引渡的规定。

考查概况

考查次数	已考考点	已考法条
3	国籍的取得	《国籍法》第4、5、6条
4	国籍的丧失	《国籍法》第9、10、11、12、14条
5	外国人的出入境	
4	外交保护	
9	引渡制度	《引渡法》第4、7、8、9、16、17、50条
4	庇护制度	
1	国际人权机构	

一、国籍

国籍是指一个人属于某一国家的国民或公民的法律资格,它表明一个人同某一特定国家之间的固定的法律联系。国籍是一个国家确定某人为其国民或公民的根据。国籍是区别本国人和外国人的依据。国籍对于国家行使管辖权具有重要意义。

(一)国籍的取得和丧失

1.国籍的取得。指一个人取得某一国家国民或公民的资格。国籍可因出生而取得国籍,又称原始国籍。在因出生取得国籍方面,各国的立法中采取的原则有血统主义、出生地主义和混合制原则三种。(1)血统主义是指一个人出生时获得国籍仅取决于其父母的国籍,而不问其出生在何地。血统主义又分为仅以父亲国籍决定的单系血统主义和双亲任一方国籍决定的双系血统主义。出于男女平等的原则,目前采用血统主义时,倾向于采用双系血统主义。(2)出生地主义是指一个人出生时获得国籍仅取决于其出生地,而不管其父母国籍情况如何。(3)混合制原则是指由出生获得国籍时,兼采血统主义和出生地主义。混合制又可分为血统主义为主、出生地主义为主和均衡两者三种实践。目前世界上绝大多数国家在国籍立法中采用混合制原则。因加入而取得国籍,又称继有国籍,包括申请入籍、由于婚姻、收养、交换领土等取得国籍。

2. 国籍的丧失。指一个人由于某种原因丧失他所具有的某一国家的国籍。包括自愿丧失国籍和非自愿丧失国籍。

【总结】《国籍法》重要法条:

第3条:不承认中国公民具有双重国籍。

第4条:父母双方或一方为中国公民,本人出生在中国,具有中国国籍。

第5条:父母双方或一方为中国公民,本人出生在外国,具有中国国籍;但父母双方或一方为中国公民并定居在外国,本人出生时即具有外国国籍的,不具有中国国籍。

第6条:父母无国籍或国籍不明,定居在中国,本人出生在中国,具有中国国籍。

第7条:外国人或无国籍人,愿意遵守中国宪法和法律,并具有下列条件之一的,可以经申请批准加入中国国籍:一、中国人的近亲属;二、定居在中国的;三、有其他正当理由。

第8条:申请加入中国国籍获得批准的,取得中国国籍;被批准加入中国国籍不得再保留外国籍。

第9条:定居外国的中国公民,自愿加入或取得外国国籍的,即自动丧失中国国籍。

第10条:中国公民具有下列条件之一的,可经申请批准退出中国国籍:一、外国人的近亲属;二、定居在外国的;三、有其他正当理由。

第11条:申请退出中国国籍获得批准的,即丧失中国国籍。

第12条:国家工作人员和现役军人,不得退出中国国籍。

第13条:曾有过中国籍的外国人,有正当理由,可申请恢复中国国籍;批准恢复中国国籍的,不得再保留外国国籍。

第14条:中国国籍的取得、丧失和恢复,除第9条规定的以外,必须办理申请手续。未满18周岁的,可由其父母或其他法定代理人代为办理申请。

第15条:受理国籍申请的机关,在国内为当地市、县公安局,在国外为中国外交代表机关和领事机关。

第16条:加入、退出和恢复中国国籍的申请,由中国公安部审批。经批准的,由公安部发给证书。

【注意】我国《国籍法》规定,国家工作人员和现役军人,不得退出中国国籍。

【例5-1】(2010年·卷一·80题)中国人王某定居美国多年,后自愿加入美国国籍,但没有办理退出中国国籍的手续。根据我国相关法律规定,下列哪些选项是正确的?①

A. 由于王某在中国境外,故须向在国外的中国外交代表机关或领事机关办理退出中国

① 答案:BD。《中华人民共和国国籍法》第9条规定:"定居外国的中国公民,自愿加入或取得外国国籍的,即自动丧失中国国籍。"本题中,王某是定居美国多年的中国人,其自愿加入美国国籍,因此自动丧失中国国籍,无须办理申请批准退出中国国籍的手续。A项错误,B、D项正确。如前所述,定居美国的王某加入美国国籍,自动丧失中国国籍,他的当前国籍为美国国籍,其并不具有双重国籍,C项错误。

国籍的手续

B. 王某无需办理退出中国国籍的手续

C. 王某具有双重国籍

D. 王某已自动退出了中国国籍

【例5-2】(2006年·卷一·32题)戴某为某省政府的处级干部。两年前,戴父在甲国定居,并获甲国国籍。2006年7月,戴父去世。根据有效遗嘱,戴某赴甲国继承了戴父在甲国的一座楼房。根据甲国法律,取得该不动产后,戴某可以获得甲国的国籍,但必须首先放弃中国国籍。于是戴某当时就在甲国填写了有关表格,声明退出中国国籍。其后,戴某返回国内继续工作。针对以上事实,根据我国《国籍法》的规定,下列哪项判断是正确的?①

A. 戴某现在已自动丧失了中国国籍

B. 戴某现在只要在中国特定媒体上刊登相关声明,即退出中国国籍

C. 戴某现在只要向中国有关部门申请退出中国国籍,就应当得到批准

D. 戴某现在不能退出中国国籍

【例5-3】(2005年·卷一·32题)中国公民陆某2001年通过其在甲国的亲戚代为申请甲国国籍,2002年获甲国批准。2004年5月陆某在中国因违法行为被刑事拘留。此时,陆某提出他是甲国公民,要求我有关部门通知甲国驻华领事。经查,根据甲国法律陆某持有的甲国护照真实有效;陆某本人到案发时从未离开中国,也从未申请退出中国国籍。根据中国国籍法有关规定,下列哪一项判断是正确的?②

A. 陆某仍是中国人

B. 陆某是中国境内的外国人

C. 陆某是中国法律承认的具有双重国籍的人

D. 陆某的国籍状态不确定

(二)国籍的冲突和解决

国籍冲突是一种不正常的国籍状态。正常的国籍状态是每个人都有且只有一个国家的国籍。

1. 国籍的积极冲突。指一个人同时具有两个或两个以上国家的国籍,前者为双重国籍,

---

① 答案:D。根据《国籍法》第9条规定:"定居外国的中国公民,自愿加入或取得外国国籍的,即自动丧失中国国籍"。第11条规定:"申请退出中国国籍获得批准的,即丧失中国国籍"。第12条规定:"国家工作人员和现役军人,不得退出中国国籍"。本题中,戴某虽然出国继承财产并加入外国国籍,但其不符合国籍法中在国外定居的条件,因此不能自动丧失中国国籍。A项错误。其他情况退出中国国籍,依照《国籍法》,需要申请获得有关部门的批准,登报不是实现退籍的法律程序,B项错误。由于戴某是国家工作人员,根据《国籍法》,属于不得退出中国国籍的情况,C项错误,D项正确。

② 答案:A。根据中国《国籍法》第9条、第10条规定,陆某作为中国公民,本人从未离开过中国,也没有申请退出中国国籍。其中国国籍没有丧失。因此,中国法律仍然把陆某作为中国人。故A项正确。其不存在国籍的不确定状态。D项错误。至于B、C项,虽然其甲国护照对于甲国法律来说是有效的,根据不同国家的法律,陆某存在拥有甲国国籍乃至双重国籍的事实,但在中国境内,根据中国的法律,中国不承认双重国籍,当与甲国没有特别约定的时候,其只能被认为是中国公民。故B、C项错误。

后者为多重国籍。产生的原因包括:由于出生、婚姻、收养、入籍、认领。其解决可以通过下列途径:(1)国内立法。这是防止和减少国籍积极冲突产生的有效办法。各国在制定国籍法时,应避免规定可能产生双重或多重国籍的条款,或从积极方面制定避免产生国籍积极冲突的条款。(2)双边条约。有关国家通过协议解决两国间业已存在的双重国籍问题。(3)国际公约。

2. 国籍的消极冲突。是指一个人不具有任何国家的国籍,又称无国籍。产生的原因包括:由于出生、婚姻、收养、被剥夺。其解决通常采取国内立法和签订国际公约两种方法。

二、外国人的法律地位

(一)外国人的概念及其法律地位

狭义的外国人是指在一国境内,不具有居留国国籍而具有其他国籍的人。而广义的外国人还包括无国籍人。双重国籍人当他位于任何一个国籍国时,居留国一般将其视为本国人,而非外国人。外国人的法律地位指的是不享有外交特权和豁免的普通外国人的法律地位。

外国人的法律地位包括两点内容:其一,外国人处于居留国的属地管辖和其国籍国的属人管辖的双重管辖之下。其二,居留国规定给予外国人何种法律地位,是其主权范围之事。但必须不能违反其所承担的条约义务;不能违反国际习惯法规则;顾及外国人本国的属人管辖权。

(二)外国人的入境、居留和出境

1. 入境。根据一般国际法,国家没有允许外国人入境的义务。实践中,外国人入境一般要经过两个步骤。(1)持有有效护照并获得入境签证。也称为"护照签证制"。护照一般是某人的国籍国法定机关颁发的用于在国外证明其身份的证件。入境签证是指入境国对申请入境的外国人给予的允许其入境或居留的许可,它由入境国法定机关以某种认证方式作出。实践中,被入境国接受的某种证明身份的证件,如国际旅行证、国际船员证、国际公务员证等,也可起到护照作用。签证手续也可以由有关国家之间的协议免去。(2)在入境口岸接受有关安全、卫生等方面的检查。国家有权作出规定,对可能危及本国安全、社会秩序或国民健康的外国人,拒绝入境。如精神病患者、某种传染病患者、有刑事犯罪前科或犯罪嫌疑的人等。

2. 居留。对于外国人的居留,各国也有权通过国内法予以规定,包括居留条件、手续、期限及其他事项。任何国家或其国民都不得主张必然有在另一国的居住权。外国人的居留应该办理申请和批准手续,在规定的地区、期限、目的和方式居留。一般将外国人的居留根据时间长短分为短期、长期和永久三种,但期间的划分标准各国法律规定各异。外国人在居留国的居留期间的权利和义务由居留国的法律规定。

3. 出境。国家一般不禁止外国人的合法出境,但可以对外国人离境规定某些条件。对于外国人的出境,一般要求其办理出境手续,依法付清捐税或债务,了结诉讼。外国人合法出境可以依法带走其私人合法财产。国家可以在特定情况下依法令外国人限期离境或将其驱逐出境,但此措施不得无端滥用。

(三)《中华人民共和国出境入境管理法》

2012年6月30日,第十一届全国人大常委会第二十七次会议审议通过了《中华人民共和国出境入境管理法》(以下简称"《出境入境管理法》"),该法于2013年7月1日起实施。《出境入境管理法》整合吸收了《中华人民共和国公民出境入境管理法》《中华人民共和国外国人入境出境管理法》及《中华人民共和国出境入境边防检查条例》等法律法规的有关内容,并明确了执法理念从强调管理向服务和管理并重转变。新法主要有以下几大变化:

1. 改革了华侨回国定居的审批制度。过去华侨想要回国定居,是向定居地的县级以上公安机关提出申请,由省级公安机关许可,现在新的法律从方便华侨的角度出发,根据新法第13条的规定,只需向定居地的县级以上侨务部门提出申请即可。

2. 华侨护照将等同身份证。华侨因定居到国外后会注销国内的户口,没有身份证,只有中国的护照,其回到国内生活及办理一些社会事务不是很方便。为解决华侨证明身份难的问题,新法第14条规定在这方面做出了相应的调整。之前的法律法规并没有明确华侨在国内可以凭本人护照证明其身份,第14条则明确,定居国外的中国公民在中国境内办理金融、教育、医疗、交通、电信、社会保险、财产登记等事务需要提供身份证明的,可以凭本人的护照证明其身份。

3. 依法可以留存出入境指纹。留存指纹等人体生物识别信息,是近年来很多国家在出入境管理领域普遍运用的新技术手段,对于甄别人员身份,提高口岸通关效率等方面具有积极作用。为此,根据新法第30条的规定,经国务院批准,公安部、外交部根据出境入境管理的需要,可以对留存出境入境人员的指纹等人体生物识别信息作出规定,确保指纹信息存储、使用安全,对公民个人信息予以保密。

4. 住宿登记。新法涉及外国人住宿登记的内容有所明确,不仅包括在旅馆住宿需要登记,根据第39条的规定,在旅馆以外的地方留宿,如市民在自己家中留宿外国人,应当在外国人入住后24小时内由外国人或留宿人,持外国人护照、留宿人户口本等材料,向居住地公安派出所办理外国人住宿登记手续。未按规定办理登记的,将给予警告,可以并处2000元以下罚款。也就是说,外国人即使是自家亲戚,留宿超过24小时的也要进行登记备案。

5. 中国公民出入境有了专用通道,考虑到近年来中国公民出入境人数的增加,新法第11条规定:"具备条件的口岸,出入境边防检查机关应当为中国公民出境入境提供专用通道等便利措施。"即今后中国公民出入境时可选择中国公民专用通道进入,无需与外国人一起排队入境。这会大大缩短中国公民通过通道所需的时间。

6. 完善中国中国永久居留制度。为完善了中国永久居留制度,吸引外国人才,新法第47条规定对中国经济社会发展作出突出贡献或者符合其他在中国境内永久居留条件的外国人,可以申请取得永久居留资格,并明确了外国人可以凭永久居留证在中国境内居留和工作，凭本人的护照和永久居留证件出境入境，使往来更便利。

7. 加大对"三非"外国人的打击力度。"三非"指的是非法入境、非法居留和非法就业。新法加大了对"三非"外国人的处罚力度，根据新法第80条规定，非法聘用外国人的，将处每非法聘用1人1万元，总额不超过10万元的罚款，有违法所得的，没收违法所得。

【例5－4】(2013年·卷一·76题)甲国公民杰克申请来中国旅游，关于其在中国出入境和居留期间的管理，下列哪些选项是正确的？①

A. 如杰克患有严重精神障碍，中国签证机关不予签发其签证

B. 如杰克入境后可能危害中国国家安全和利益，中国出入境边防检查机关可不准许其入境

C. 杰克入境后，在旅馆以外的其他住所居住或者住宿的，应当在入住后48小时内由本人或者留宿人，向居住地的公安机关办理登记

D. 如杰克在中国境内有未了结的民事案件，法院决定不准出境的，中国出入境边防检查机关有权阻止其出境

【例5－5】华侨许某准备回中国定居，定居地点选择其子所在地广东某县，并拟购买一处房产，根据《中华人民共和国出境入境管理法》，许某应向何机关申请回国定居事宜？②

A. 许某在入境前可向中国使领馆或外交部委托的其他驻外机构提出申请

B. 许某应当向中国的公安机关申请其回国定居的事宜

C. 许某的儿子可向广东某县县级以上人民政府侨务部门提出申请

D. 许某在广东某县买房必须提交身份证以证明其身份

【例5－6】甲国人玛丽为某公司的市场推广人员，希望利用其休假时间访问中国一段时间，现咨询有关事宜，根据《中华人民共和国出境入境管理法》，下列哪些回答是正确的？③

A. 玛丽应去县级以上公安机关出入境管理机构办理中国入境和停留居留的申请

---

① 答：ABD。A、B项正确，《出境入境管理法》第21条规定："外国人有下列情形之一的，不予签发签证：……(2)患有严重精神障碍、传染性肺结核病或者有可能对公共卫生造成重大危害的其他传染病的；(3)可能危害中国国家安全和利益、破坏社会公共秩序或者从事其他违法犯罪活动的……"A、B项符合该项规定。C项错误。根据第39条规定："外国人在旅馆以外的其他住所居住或者住宿的，应当在入住后24小时内由本人或者留宿人，向居住地的公安机关办理登记。"C项中的48小时应为24小时。D项正确，根据第28条规定："外国人有下列情形之一的，不准出境：……(2)有未了结的民事案件，人民法院决定不准出境的……"

② 答案：AC。根据《出境人境管理法》第13条规定："华侨在境外办理定居中国手续的，应在入境前向中国驻外使馆、领馆或者外交部委托的其他驻外机构提出申请，也可以由本人或者经由国内亲属向拟定居地的县级以上地方人民政府侨务部门提出申请。"A项正确。B项错误，同样根据第13条的规定，国内申请的机关是"县以上人民政府侨务部门"，不是公安机关。C项正确。根据第13条的规定，华侨本人在国内的亲属也可以提出申请。D项错误，根据第14条的规定，华侨可使用护照，而不是必须提交身份证。

③ 答案：B。A项错误，根据《出境入境管理法》第4条的规定，申请入境应向中国驻外使领馆，不是公安机关。居留由公安机关管理。B项正确，根据第7条的规定，经国务院批准，公安部、外交部根据出入境管理的需要，可以对留存出境入境人员的指纹等人体生物识别信息作出规定。外国政府对中国公民签发签证、出境入境管理有特别规定的，中国政府可以根据情况采取相应的对等措施。C项错误，根据第41条的规定，如非工作签证，则不能工作。D项错误，根据第22条的规定，永久居留的外国人应当是免签。

B. 甲国对中国出入境人员留存指纹等人体生物识别信息的,中国政府也可依情况采取相应的对等措施

C. 玛丽来华后,发现中国较有工作前途则可直接留下工作

D. 如玛丽最后来华工作,并因有突出贡献经申请取得了在中国的永久居留,在再次申请入境签证时可优先

(四)外国人的待遇

1. 国民待遇。国民待遇指在一定事项或范围内,国家给予其境内的外国人与其本国国民同等的待遇。一般地,国民待遇限于民商事和诉讼权利方面,而不适用于政治权利方面。此外,出于国家安全和社会利益等方面的考虑,对外国人的民商事权利也可能作出某些限制。包括:有些国家规定外国人不得从事某些职业或担任某些职务或不得从事某些方面的经营活动;有些国家对外国人的居住和旅行有某些限制等。

2. 最惠国待遇。指一国给予另一国国家或国民的待遇不低于现在或将来给予任何第三国国家或国民的待遇。最惠国待遇一般不适用于以下情况给予的优惠:自由贸易区、关税同盟、经济共同体等经济组织成员国间的优惠;邻国之间方便边民的一些优惠;基于特殊历史地理等因素而给予某些国家的优惠;发达国家对发展中国家的普遍优惠及其他在条约中明确规定不适用于最惠国待遇的情况。

3. 差别待遇。差别待遇是指一国给予外国人不同于本国人的待遇,或给予不同国家的外国人不同的待遇。前者一般是指给予外国人和外国法人的权利在有些方面小于本国国民和法人,但也包括有些时候给予外国人或法人某些方面超过本国国民或法人的待遇,如某些税收的减免。后者是指基于地理、历史、民族等因素而给予某些国家的待遇比给予其他国家的更为优惠。国际法承认上述差别待遇,但禁止基于宗教种族等原因的歧视待遇。

(五)外交保护

1. 定义和性质。外交保护或外交保护权是指一国国民在外国受到不法侵害,且依该外国法律程序得不到救济时,其国籍国可以通过外交方式要求该外国进行救济或承担责任,以保护其国民或国家的权益。

外交保护有下列性质:(1)根据国家主权原则,国家具有属人管辖权。外交保护主要是基于国家的属人管辖进行的,是国家属人管辖权的重要体现。(2)外交保护是在国家之间进行的。外交保护制度本质上是处理国家间关系的制度。(3)虽然国家就其国内法来说,有保护其公民利益的职责,其公民也可以向其国籍国请求保护,但是否向外国提出外交保护,是国家的权利。无论其国民是否作出请求,国家都可以根据有关情况作出行使或拒绝行使外交保护权的决定。(4)国家行使外交保护权要尊重外国的主权和属地管辖权,要符合国际法的有关规则和外交保护的相关条件。

2. 外交保护的条件。国家行使外交保护权一般应符合三个条件:(1)一国国民权利受到侵害是由于所在国的国家不当行为所致,也就是说,该侵害行为可以引起国家责任。如果损害仅仅涉及外国私人的行为,所在国家不存在任何直接或间接责任,则不得行使外交保护。

(2)受害人自受害行为发生起到外交保护结束的期间内,必须持续拥有保护国国籍。这称为“国籍继续原则”。此外近来在国际实践中,还提出了“国籍实际联系原则”,要求受害人和其国籍国之间具有实际的真正联系。(3)在提出外交保护之前,受害人必须用尽当地法律规定的一切可以利用的救济办法,包括行政和司法救济手段。在这些手段用尽之后仍未得到合理救济时,才可以提出外交保护。此为“用尽当地救济原则”。该原则适用于国民或法人权益的被侵害的一般情况,不适用于国家本身权益受侵害或国家之间有另外协议的情况。

3.外交保护的范围。外交保护原则上适用于一国的国家行为已经或必将侵害外国人合法权益的各种事项。实践中主要包括:(1)国民被非法逮捕或拘禁;(2)国民的财产或利益被非法剥夺;(3)国民受到歧视性待遇;(4)国民被“拒绝司法”等情况。

【例5-7】(2004年·卷一·32题)甲国公民詹某在乙国合法拥有一幢房屋。乙国某公司欲租用该房屋,被詹某拒绝。该公司遂强行占用该房屋,并将詹某打伤。根据国际法中的有关规则,下列救济方式哪一项是正确的?①

A.詹某应向乙国提出外交保护请求

B.詹某可以将此事件诉诸乙国行政及司法当局

C.詹某应向甲国驻在乙国的外交团提出外交保护的请求

D.甲国可以立即行使外交保护权

三、引渡和庇护

(一)引渡

1.引渡的概念。引渡是一国将处于本国境内的被外国指控为犯罪或已经判刑的人,应该外国的请求,送交该外国审判或处罚的一种国际司法协助行为。引渡的主体是国家,引渡是国家之间进行的。

2.引渡的几项规则。

(1)国际法中,国家没有一般的引渡义务,因此引渡需要根据有关的引渡条约进行。当他国在没有引渡条约的情况下提出引渡时,一国可以自由裁量,包括根据其有关国内法或其他因素作出决定。

(2)被引渡的对象是被请求国指控为犯罪或被其判刑的人,可能是请求国人、被请求国

---

① 答案:B。外交保护是在国家之间进行的。当一国由于其公民的权利在外国被侵害而提出外交保护时,原来一国公民与该外国之间的事件转变为两个国家之间的事件。因此向乙国提出外交保护请求应是甲国国家,而不是詹某个人。因此,A项错误。就国内法角度来说,国家有保护其公民利益的职责,公民根据其国内法的规定,一般可以向其国籍国请求保护,但驻甲国外交团是各国驻甲国的外交代表组成的,在国际法上,它不是受理个人提出外交保护的机关,C项错误。国家行使外交保护权应符合的条件包括:一国国民权利受到侵害是由于所在国的国家不当行为所致,也就是说,该侵害行为可以引起国家责任。如果损害仅仅涉及外国私人的行为,所在国家不存在任何直接或间接责任,则不得行使外交保护。且在提出外交保护之前,受害人必须用尽当地法律规定的一切可以利用的救济办法,包括行政和司法救济手段。在这些手段用尽之后仍未得到合理救济时,才可以提出外交保护。即“用尽当地救济原则”。根据上述条件,D项错误,B项正确。

人和第三国人。在国际实践中,除非有关引渡条约或国内法有特殊规定,一般各国有权拒绝引渡本国公民。

(3)可引渡的罪行,一般都列举和规定在引渡条约中,有些国家的国内引渡法也有规定。“双重犯罪原则”和“政治犯罪不引渡”是被一般接受的原则。双重犯罪原则是指被请求引渡人的行为必须是请求国和被请求国的法律都认定的犯罪。政治犯不引渡原则中,关键是对政治犯罪的认定问题。实践中,认定政治犯罪的决定权属于被请求国。国际法还明确规定了一些犯罪行为不能被视为政治犯罪,这些罪行包括:战争罪、反和平罪和反人类罪;种族灭绝或种族隔离罪行;非法劫持航空器;侵害包括外交代表在内的受国际保护人员罪行等。

(4)引渡的效果,实践中,请求国只能就其请求引渡的特定犯罪行为对被引渡人进行审判或处罚,这也称为“罪名特定原则”。如果以其他罪名进行审判或将被引渡人转引给第三国,则一般应经原引出国的同意。

【例5-8】(2012年·卷一·76)甲国公民彼得,在中国境内杀害一中国公民和一乙国在华留学生,被中国警方控制。乙国以彼得杀害本国公民为由,向中国申请引渡,中国和乙国间无引渡条约。关于引渡事项,下列哪些选项是正确的?①

A. 中国对乙国无引渡义务

B. 乙国的引渡请求应通过外交途径联系,联系机关为外交部

C. 应由中国最高法院对乙国的引渡请求进行审查,并作出裁定

D. 在收到引渡请求时,中国司法机关正在对引渡所指的犯罪进行刑事诉讼,故应当拒绝引渡

【例5-9】(2009年·卷一·32题)中国人高某在甲国探亲期间加入甲国国籍,回中国后健康不佳,也未申请退出中国国籍。后甲国因高某在该国的犯罪行为,向中国提出了引渡高某的请求,乙国针对高某在乙国实施的伤害乙国公民的行为,也向中国提出了引渡请求。依我国的相关规定,下列哪一选项是正确的?②

A. 如依中国法律和甲国法律均构成犯罪,即可准予引渡

B. 中国应按照收到引渡请求的先后确定引渡的优先顺序

① 答案:AB。A项正确,根据国际法引渡规则和《中华人民共和国引渡法》(以下简称“《引渡法》”)第3条的规定,双方如果有引渡条约,则中国有引渡义务。B项正确,根据第4条的规定,引渡请求应通过外交途径联系,联系机关为外交部。C项错误,根据第16条规定,应由最高法院指定的高院对请求国的引渡请求是否符合引渡条件进行审查并作出裁定。D项错误,根据第8条、第9条的规定,引渡条件分为应当拒绝引渡和可以拒绝引渡两种情形,在收到引渡请求时,中国司法机关对于引渡请求所指的犯罪已经作出生效判决,应当拒绝引渡;在收到引渡请求时,中国对引渡所指的犯罪具有刑事管辖权,并且对被引渡的人正在进行刑事诉讼的,属于可以拒绝引渡。本题中的情形属于可以拒绝引渡的情形,而非应当拒绝引渡的情形。

② 答案:D。根据中国《国籍法》第14条的规定:“中国国籍的取得、丧失和恢复,除第九条规定以外,必须办理申请手续。”《国籍法》第9条规定:“定居外国的中国公民,自愿加入或取得外国国籍的,即自动丧失中国国籍。”而本题中,高某并没有定居外国,因此,他不属于自动丧失中国国籍的情况,《国籍法》第3条的规定,中国不承认中国公民具有双重国籍。因此,应当认为高某仍然具有中国国籍。《引渡法》第8条规定:“外国向中华人民共和国提出的引渡请求,有下列情形之一的,应当拒绝引渡:(一)根据中华人民共和国法律,被请求引渡人具有中国国籍的……”。因此,D项正确。

C. 由于高某健康不佳，中国可以拒绝引渡

D. 中国应当拒绝引渡

【例5-10】(2005年·卷一·79题)中国公民李某(曾任某国有企业总经理)2004年携贪污的巨款逃往甲国。根据甲国法律，对李某贪污行为的最高量刑为15年。甲国与我国没有引渡条约。甲国表示，如果中国对李某被指控的犯罪有确凿的证据，并且作出对其量刑不超过15年的承诺，可以将其引渡给中国。根据我国引渡法的有关规定，下列哪些判断是正确的?①

A. 我国对于甲国上述引渡所附条件，是否做出承诺表示接受，由最高人民法院决定

B. 我国对于甲国上述引渡所附条件，是否做出承诺表示接受，由最高人民检察院提请最高人民法院做出决定

C. 如果我国决定接受甲国上述引渡条件，表示接受该条件的承诺由外交部向甲国做

D. 一旦我国做出接受上述条件的承诺并引渡成功，我国司法机关在对李某审判和量刑时，应当受该承诺的约束

(二)庇护

1. 庇护的概念。庇护是指一国对于遭到外国追诉或迫害而前来避难的外国人，准予其入境和居留，给予保护，并拒绝将其引渡给另一国的行为。庇护是国家基于领土主权而引申出的权利。决定给予哪些人庇护是国家的权利。国家通常没有必须给予庇护的义务。国家对庇护问题通常在有关的国内法中加以规定。

2. 涉及的问题。首先，国家从属地管辖权的意义上，可以自主决定庇护的条件，只要不违背其国际义务。但是，根据国际法，对从事侵略战争、种族灭绝和种族隔离、劫机、侵害外交代表等罪行以及其他被条约或习惯国际法认为是国际罪行的人，不得进行庇护。另外，庇护包括允许避难者在庇护国境内居留，对其进行保护或不对其进行相关的惩罚，也拒绝将其交给其他国家或递解出境。对尚不在庇护国领土内的避难者，庇护还包括准其入境。因此，不引渡并不等于庇护。

3. 域外庇护。指国家在其领土以外所进行的庇护活动，最常见的是指利用国家在国外的外交或领事机构馆舍，船舶或飞机等作为场所进行的类似庇护的活动。由于庇护是基于领土的行为，国际法没有肯定国家有在其领土以外从事庇护活动一般权利。所以，所谓的域外庇护，没有一般国际法的根据，而且常常带来对国际法其他规则的违背。因此，虽然某些国家之间有域外庇护的实践，但它们都是基于相互的协议或同意并规定了庇护的特定范围。另外，被给予庇护的人在庇护国通常享有外国侨民的待遇，其应当遵守庇护国的法律。并且庇护国不得准许其从事可能导致庇护国违反国际法义务的活动。

【例5-11】(2005年·卷一·31题)甲国人兰某和乙国人纳某在甲国长期从事跨国人

① 答案：AD。本题中甲国提出的条件属于量刑条件，根据《引渡法》的第50条规定："被请求国就准予引渡附加条件的，……可以由外交部代表中华人民共和国政府向被请求国作出承诺，……对于量刑的承诺，由最高人民法院决定"。因此，A、D项正确。

口和毒品贩卖活动,事发后兰某逃往乙国境内,纳某逃入乙国驻甲国领事馆中。兰某以其曾经从事过反对甲国政府的政治活动为由,要求乙国提供庇护。甲乙两国之间没有关于引渡和庇护的任何条约。根据国际法的有关规则和制度,下列哪一项判断是正确的?①

A. 由于兰某曾从事反对甲国政府的活动,因此乙国必须对兰某提供庇护

B. 由于纳某是乙国人,因此乙国领事馆有权拒绝把纳某交给甲国

C. 根据《维也纳领事关系公约》的规定,乙国领馆可以行使领事裁判权,即对纳某进行审判并做出判决后,交由甲国予以执行

D. 乙国可以对兰某的涉嫌犯罪行为在乙国法院提起诉讼,但乙国没有把兰某交给甲国审判的义务

四、国际人权法

(一)概述

1. 人权被用作一个法律概念时,是泛指与人本身有关的所有法律权利的总称。国家合作通过国际法促进和保障人权主要是二战之后形成。国际人权法是指国家之间关于尊重保护人权以及防止惩治侵害人权行为的原则和制度,它主要由一系列保护人权的条约组成。从国际法看,国际人权公约是国家缔结的,条约所规定的是国家承担的义务和遵守的规则,其主体是国家。个人不是这些条约的主体,而仅是条约所涉及人权的权利主体。

2. 人权主要通过国内法实现和体现,国家通过国际人权条约促进对人权的尊重和保护,是对国内法和国内措施的辅助。个人直接享有的法律上的权利,即法律上的人权,主要是由国内法来规定和完成的。国家履行其国际人权条约的义务的直接结果也是要通过国内法和国内措施来保护这些权利。因此,人权保护主要和最终是由一国在其主权下通过国内法来实现的。

3. 人权本身不是国际法创设的,国际法只是通过国家的合作,尊重和保护有关权利或促进其更好地实现。生存权和发展权是最基本的人权。

4. 人权领域无论是理论上还是实践中都存在许多分歧,人权的国际合作必须符合国际法的基本原则,特别是不得将一国的政治模式或价值观强加给别国,不得将人权作为干涉他国内政的工具。

(二)国际人权条约体系

1966 年联合国大会通过了《经济、社会及文化权利国际公约》和《公民权利和政治权利国际公约》,开放给各国签署和加入。这两个公约汲取了 1948 年《世界人权宣言》的主要内

① 答案:D。兰某向乙国提出庇护后,是否对其进行庇护是乙国决定的事项,是乙国的权利而不是义务,A 项错误。根据《维也纳领事关系公约》,领馆没有庇护的职务,包括对其本国公民在驻在国的违法行为不得以馆舍进行庇护,B 项错误。领事职务中没有进行刑事裁判的事项,不存在所谓的领事裁判权,C 项错误。而由于甲乙两国之间没有引渡条约,因此,乙国没有把兰某引渡给甲国的义务,而可以径自根据本国的法律对兰某提起诉讼,D 项正确。

容,并加以完善和发展。两个公约的内容涉及到了法律上人权的基本内容和国际人权保护主要方面,被认为是基本的关于人权的国际法律文件。两个公约都首先规定了自决权和自然资源的永久主权,其中《经济、社会及文化权利国际公约》主要涉及到一系列的经济社会权利,包括工作权、社会保障权、家庭权、健康权、受教育权等。它要求缔约国尽最大能力采取措施,以便使这些权利逐渐得到实现。《公民权利和政治权利国际公约》涉及了广泛的公民权利,包括生命权、免于酷刑、人身自由、公正审判、信仰自由、和平集会、选举权和被选举权等,要求缔约国尊重和保证这些权利,并为达到此目的采取必要的立法或其他措施,以实现公约所涉及的各项权利。两个公约分别建立了各自的履约机制。中国已签署了这两个公约,并已批准了《经济、社会及文化权利公约》。

(三)国际保护人权机构

1. 设立国际人权机构。

(1)根据《联合国宪章》成立的人权机构——联合国人权委员会。它是联合国系统内专门处理人权问题的机构。后来被人权理事会取代。

(2)根据人权公约设立的人权机构。如《公民和政治权利国际公约》设立的"人权事务委员会",《儿童权利公约》成立的"儿童权利委员会"等。

(3)根据联合国主要机构的决议成立的专门机关。如根据经社理事会的决议,人权委员会设立了"防止歧视和保护少数小组委员会"。

(4)区域性人权机构。如欧洲人权委员会、欧洲人权法院和美洲人权法院等。

2. 报告及审查制度。缔约国根据条约承担义务将其履约情况定期或按要求向指定机构提交报告,由该机构进行审查。

3. 缔约国来文及和解制度。《公民和政治权利国际公约》规定,各国可以随时声明接受任择条款,即承认由人权事务委员会接受并处理一缔约国对另一缔约国未履行公约义务的指控。对于接受任择条款的国家,委员会在认定用尽了当地救济之后,指派一个专门委员会进行和解。《禁止酷刑公约》和《消除一切形式种族歧视公约》也规定了类似的制度。

4. 个人申诉制度。《公民和政治权利国际公约》的任择议定书规定,凡议定书的当事国,人权事务委员会都有权接受其国民对该国侵害公约权利的指控,并在对相关材料审查后,向该个人和国家提出意见。其他一些公约也规定了类似的制度。

5. 联合国"1503"程序。1970 年联合国经社理事会通过 1503 号决议,规定了有关侵犯人权及基本自由的来文的处理程序。据此,防止歧视及保护少数小组委员会在确证是一贯和严重地侵害基本人权的情况下,不用依据条约,就可以受理个人或非政府组织的来文,并将有关情况提交人权委员会审议。由于该程序没有条约依据,因此依该程序做出的有关决议没有法律拘束力。

【例 5-12】(2008 年·卷一·31 题)为促进对人权的尊重和保护,联合国大会 2006 年通过决议,设立了一个专门负责联合国人权领域工作的大会附属机构。下列哪一个选项是正确的?①

A. 联合国人权委员会　　　　B. 联合国人权事务委员会

C. 联合国人权理事会　　　　D. 联合国人权法院

牛刀小试

1. 中国人姜某(女)与甲国人惠特尼婚后在甲国定居,后姜某在甲国生下一女。根据我国国籍法,下列哪一选项是正确的? (2007 年·卷一·31 题)②

A. 如姜某之女出生时未获其他国家国籍,可以获得中国国籍

B. 姜某之女一出生就无条件获得中国国籍

C. 如姜某之女出生时已获得甲国国籍,她也可以同时获得中国国籍

D. 姜某之女出生地在甲国,因而不能获得中国国籍

2. 甲国人彼得拟申请赴中国旅游,根据我国有关法律规定,下列哪些选项是正确的?(2009 年·卷一·80 题) ③

A. 在甲国的彼得应向中国公安部门提出入境申请

B. 受理彼得入境申请的中国有关机关没有义务必须批准彼得入境

C. 如彼得获准入境后发现适合他的工作,可以留在中国工作

D. 如彼得获准入境后前往不对外国人开放的地区旅行,必须向当地公安机关申请旅行证件

3. 甲国公民廖某在乙国投资一家服装商店,生意兴隆,引起一些从事服装经营的当地商人不满。一日,这些当地商人煽动纠集一批当地人,涌入廖某商店哄抢物品。廖某向当地警方报案。警察赶到后并未采取措施控制事态,而是袖手旁观。最终廖某商店被洗劫一空。根据国际法的有关规则,下列对此事件的哪些判断是正确的? (2006 年·卷一·77 题) ④

A. 该哄抢行为可以直接视为乙国的国家行为

B. 甲国可以立即行使外交保护权

---

① 答案:C。联合国人权机构是根据《联合国宪章》及相关决议成立的人权机构。其中典型的是 2006 年 3 月 15 日联大通过决议成立的人权理事会。人权委员会是根据宪章由经社理事会成立的联合国系统内专门处理人权问题的机构。人权理事会是大会的附属机构,直接向会员国负责。它由 47 个国家的代表组成,全面负责人权有关的各项事务,协调联合国系统内的人权活动。联合国人权理事会取代了此前设立的联合国人权委员会。C 项正确。

② 答案:A

③ 答案:BD。根据一般国际法原则,国家没有允许外国人入境的一般义务,B 项正确。根据《中华人民共和国出境入境管理法》第 25 条规定,中国政府在国外受理外国人入境、过境申请的机关,是中国的外交代表机关、领事机关和外交部授权的其他驻外机关。现彼得在国外,应向外交代表机关申请,而不是向公安部门。A 项错误。根据《出境入境管理法》第 21 条的规定,外国人前往不对外国人开放的地区旅行,必须向当地公安机关申请旅行证件。D 项正确。一般单纯来华旅游未取得居留证件或来华留学的人,未经国家劳动部门批准,不得在中国就业。《出境入境管理法》第 8 条规定,应聘或者受雇来中国工作的外国人,申请签证时,应当持有应聘或者受雇证明。彼得申请的是旅游签证,在未申请并获得专门许可前,不能在中国工作。C 项错误。

④ 答案:CD

C. 乙国中央政府有义务调查处理肇事者，并追究当地警察的渎职行为

D. 廖某应首先诉诸于乙国行政当局和司法机构，寻求救济

4. 甲国人艾某在甲国打工时因不满雇主詹某，炸毁了詹某的厂房和住所，逃至乙国。艾某的行为根据甲国刑法，有可能被判处死刑。甲乙两国之间没有任何涉及刑事司法协助方面的双边或多边条约。基于以上情况，根据国际法，下列判断何者为正确？(2004 年·卷一·89 题)①

A. 如甲国向乙国提出引渡请求，则乙国有义务将艾某引渡给甲国

B. 如艾某向乙国提出庇护请求，则乙国有义务对艾某进行庇护

C. 乙国可以既不对艾某进行庇护，也不将其引渡给甲国

D. 甲国可以在乙国法院对艾某提起刑事诉讼

5. 甲国 1999 年发生未遂军事政变，政变领导人朗曼逃到乙国。甲国法院缺席判决朗曼 10 年有期徒刑。甲乙两国之间没有相关的任何特别协议。根据国际法有关规则，下列哪一选项是正确的？(2007 年·卷一·29 题)②

A. 甲国法院判决生效后，甲国可派出军队进入乙国捉拿朗曼，执行判决

B. 乙国可以给予朗曼庇护

C. 乙国有义务给予朗曼庇护

D. 甲国法院的判决生效后，乙国有义务将朗曼逮捕并移交甲国

6. 国际人权法是有关人权保护的国际法原则、规则和制度的总称，下列有关国际人权法的表述中，正确的是哪项？③

A. 人权保护主要和最终是由一国在其主权下通过国内法来实现

B. 国际条约是国际人权法最重要的渊源，个人是这些关于人权保护的条约的主体

C. 人权保护主要是通过国际法来实现和体现的

D. 人权本身是国际法来创设的，应通过国家的合作来实现对人权的尊重和保护

---

① 答案：C

② 答案：B

③ 答案：A

》》》第六讲

外交关系与领事关系法

特别提示

本讲是司法考试的重点,其主要考点有:外交关系与领事关系的区别 、外交豁免、领事豁免。

考查概况

考查次数	已考考点
1	外交代表机关
2	外交代表的特权与豁免
1	特别使团
2	使馆的特权与豁免
6	外交人员的特权与豁免
3	领事官员的特权与豁免

一、外交关系与领事关系的联系与区别

外交关系与领事关系的联系在于:(1)两者都属于国家对外关系的范畴。(2)除另有声明外,两国间同意建立外交关系亦即同意建立领事关系,但断绝外交关系并不当然断绝领事关系;(3)外交使节可以执行领事职务,而在国家尚未建立外交关系时,领事也可执行某些外交任务;(4)二者都由一国的外交部领导;领事机构受同一派遣国在该国的外交代表领导。

两者的区别在于:(1)外交代表机构全面代表其国家与接受国中央政府进行交往,而领事机构一般与相关的地方政府进行交涉;(2)外交机构的职务范围为接受国全境,而领事机构则限于其辖区;(3)领事特权与豁免远远低于外交特权与豁免。

【例6-1】在国际法中,对于外交关系和领事关系,下列判断哪些是正确的?①

A. 一国派驻另一国的使馆,行使职务是在其首都的范围内

B. 一国派驻另一国的领馆,其行使职务是在其辖区的范围内

C. 如国家间约定,领事的某些任务也可以由外交人员来执行

D. 领事特权豁免也可以被称为外交特权豁免

① 答案:BC

二、外交关系法

(一)国家的驻外外交代表机关

一国的外交机关包括中央外交机关和外交代表机关，前者包括国家元首、政府和外交部。一国的外交代表机关通常可以分为常驻外交代表机关和临时性外交代表机关两类。传统国际法中，常驻代表机关仅指一国派驻他国的外交机关，一般称为使馆。现代国际法中，还包括一国派驻国际组织的常驻代表机关。临时性机关又称为特别使团，根据其任务又可分为事务性使团和礼节性使团两种。国际法上国家拥有派遣和接受外交代表的权利，历史上称为“使节权”。这是国家的一种权利能力或资格。同时，任何国家没有必须向某个国家派遣或必须接受某个外国的外交代表的一般义务。因此外交代表机构的设立或派遣必须经过有关双方的同意。任何国家不得单方面强迫对方与自己建立或维持某种外交关系。

1. 外交代表机关。常驻外交代表机关指一国派驻他国的使馆和派驻国际组织的常驻代表机关。使馆的建立应以双方协议进行。使馆的职务包括：(1)代表。在接受国中全面代表派遣国。(2)保护。在国际法许可的范围内，保护派遣国及其人民的各项利益。(3)交涉。代表派遣国政府与接受国政府进行各项事务的谈判和交涉。(4)调查。以一切合法手段调查接受国的各种情况，并向派遣国作出报告。(5)促进。促进派遣国和接受国之间的友好关系，发展两国政治经济文化各方面的合作。此外，使馆经约定还可以执行国际法允许的其他职务。

2. 使馆人员的组成。关于使馆人员的组成和性质，首先使馆馆长是使馆的首长，是使馆中最高级别的外交人员。馆长外的其他使馆人员包括外交人员、行政技术人员和服务人员。

(1)使馆馆长。是一国派驻另一国的使节，分为大使、公使、代办三级。其中，大使和公使是派遣国元首向接受国元首派出的使节，而代办是派遣国外交部长向接受国外交部长派遣的使节。当使馆馆长职位空缺或暂不能履行职务时，一般指定某位使馆外交人员作为临时馆长代行职务，称为“临时代办”。

代办和“临时代办”的区别：临时代办与代办是不同的职务概念。代办是正式馆长的正式级别之一，而“临时代办”是一种代行馆长职权的临时职务。

(2)外交人员。指具有外交职衔的使馆人员，包括参赞、武官、外交秘书和随员。参赞(政务、商务、文化等)是协助馆长处理外交事务的高级别外交人员；武官(陆、海、空)，是作为武装力量的代表，专门处理有关军事合作事务的人员。并非所有的国家间都互派武官。秘书是按照馆长指示办理外交事务及文书的外交官，分为一、二、三等。随员是最低一级的外交人员。

(3)行政技术人员。包括译员、工程师、行政主管、会计等。

(4)服务人员。包括司机、清洁工、修理工等。

3. 使馆人员的派遣与接受。使馆人员由派遣国任命，但使馆馆长和武官的人选应在征得接受国同意后才派遣。使馆的其他人员派遣国可直接委派,一般无须事先征求接受国同意,但如果委派接受国国籍的人或第三国国籍的人为使馆外交人员,则仍须经接受国的同意方得派遣。接受国可以拒绝接受其不同意的任何派遣国使馆人员,并无须说明理由。对于派遣国的馆长及外交人员,接受国可以随时不加解释地宣布其为"不受欢迎的人"。对于使馆的其他人员,接受国可以宣布其为"不能接受"。馆长职务的开始一般按照双方协议或有关国家的国内法进行。我国规定,使馆馆长正式递交国书的日期为其在华执行职务的开始日期。

4. 使馆人员职务的终止。使馆人员的职务因下列原因而终止:(1)派遣国通知接受国其外交代表职务业已终止;(2)接受国通知派遣国拒绝承认该外交代表为使馆人员;(3)派遣国与接受国断绝外交关系或暂时中断外交关系;(4)派遣国或接受国主体资格灭失;(5)革命产生新政府。

【例6-2】甲乙分别为A国派往B国的大使和武官,根据维也纳外交关系公约,下列哪些判断是正确的?关于外交人员的派遣,下列哪些是正确的?①

A. 大使、公使、临时代办和代办均由外交部长派出

B. 大使和武官的派出需要征得接受国的同意

C. 当甲被B国宣布为不受欢迎时,如果A国拒绝将其调回国内,则甲将继续保持其馆长身份而B国不得予以终止

D. 即使AB两国终止外交关系,甲仍然应该作为A国的外交人员在B国履行其保护本国利益的职务

5. 外交团。狭义的外交团是指驻在一国的所有外国使馆馆长组成的团体。广义的外交团则包括所有的外交人员,甚至包括其家属。外交团团长一般由接受国中到任时间最长、等级最高的使馆馆长担任。外交团的作用,主要是礼仪方面,不能从事任何政治性活动或干涉接受国内政。

6. 特别使团。临时性外交代表机关即特别使团。特别使团是一国经另一国的同意或邀请,派往该另一国,代表派遣国进行谈判或完成某项特定外交任务的临时机构。特别使团的派遣无须双方存在外交关系。派遣国的代表和外交人员原则上应具有派遣国的国籍。任命接受国的国民或第三国国民为代表或外交人员时,应征得接受国同意,并且接受国可随时撤销此项同意。特别使团也适用接受国对使馆人员的"不受欢迎的人"和"不能接受"的制度。

特别使团的职务。由派遣国与接受国协议约定。分为事务性使团和礼节性使团两种。

---

① 答案:B。A项错误,大使和公使应由元首派出。临时代办不用派出,当使馆馆长职位空缺或暂不能履行职务时,一般指定某位使馆外交人员作为临时馆长代行职务,这个临时馆长称为"临时代办",所以他不用派出。代办由外交部长派出。B项正确,派遣国派遣使馆馆长和武官之前,应先将其拟派人选通知接受国,征得接受国同意后正式派遣。C、D项错误,对于被宣布为"不受欢迎的人"或"不能接受"的使馆人员,如果在其到达接受国境内以前被宣告,则接受国可以拒绝给予其签证或拒绝其入境;如果在其入境以后被宣告,则派遣国应酌情召回该人员或终止其使馆人员的职务。否则,接受国可以拒绝承认该人员为使馆人员,甚至令其限期离境。

特别使团的特权和豁免及例外比照使馆外交人员，不同的是，特别使团的房舍不可侵犯，但在遇到火灾或其他严重的灾难而无法获得使团团长明确答复的情况下，接受国可以推定获得同意而进入房舍。公务以外使用车辆的交通肇事引起的诉讼，接受国可以管辖。

【例6-3】(2009年·卷一·79题)甲国经乙国同意，派特别使团代表甲国与乙国进行特定外交任务谈判，甲国国民贝登和丙国国民奥马均为使团成员，下列哪些选项是正确的?①

A. 甲国对奥马的任命需征得乙国同意，乙国一经同意则不可撤销此项同意

B. 甲国特别使团下榻的房舍遇到火灾而无法获得使团团长明确答复时，乙国可以推定获得同意进入房舍救火

C. 贝登在公务之外开车肇事，被受害人诉诸乙国法院。因贝登有豁免权，乙国法院无权管辖

D. 特别使团也适用对使馆人员的"不受欢迎的人"的制度

(二)外交特权与豁免

1. 使馆的特权与豁免。根据《维也纳外交关系公约》规定，使馆的特权与豁免包括：

(1)使馆馆舍不得侵犯。使馆馆舍是指供使馆使用及供使馆馆长寓所之用的建筑物或建筑物的各部分，及其所附属的土地，不论其所有权属谁。使馆馆舍不可侵犯表现在：①接受国人员非经使馆馆长许可，不得进入使馆馆舍。这表明接受国官员未经使馆馆长或其代理人同意，不得擅自进入使馆馆舍执行公务，即使是送达司法文书或遇火灾以及流行病发生，也不例外。②接受国对使馆馆舍负有特殊的保护责任，应采取一切适当步骤保护使馆馆舍免受侵入或损害，并防止一切扰乱使馆尊严和安宁的事情。③使馆馆舍及设备，以及馆舍内其他财产与使馆交通工具免受搜查、征用、扣押和强制执行。

(2)使馆财产及档案不得侵犯。使馆的档案及文件无论在何时何处，均不得侵犯。接受国任何时候都不得要求使馆交出其档案和文件，也不得对使馆的档案和文件采取搜查、查封、扣押、没收和销毁等措施，不论这些文件档案位于何处。这项特权即使两国断交、使馆馆长长期或暂时撤退、发生武装冲突时也不例外。

(3)通讯自由。包括：①接受国应允许使馆为一切公务目的的自由通讯，并予以保护。②使馆为了通讯的需要可采用一切适当方法，包括外交信差、外交邮袋及明密码电信在内。但非经接受国同意不得装置使用无线电发报机。③使馆的来往公文不得侵犯。④接受国对外交邮袋不得予以开拆或扣留。⑤外交信差在执行职务时应受到接受国的保护，享有人身不受侵犯权。但当其将负责携带的外交邮袋送交收件人后就不再享有此等豁免。⑥外交邮袋可托交预定在准许入境地点降落的商业飞机机长转递。机长应持有载明构成邮袋的邮包件数的官方文件，但机长不能视为外交信差。使馆可派遣馆员一人向飞机机长自由取得外交邮袋。

(4)使馆免纳捐税。使馆捐税免除的内容有：使馆馆舍免纳国家的、区域的和地方的捐

① 答案：BD

税,如房地产税,但此项免除不包括为使馆提供特定服务所收的费用,如水电费和清洁费等;使馆办理公务所收的规费及手续费免纳捐税;使馆的公务用品,如办公室家具、打字机、车辆等免纳关税和其他课征,但贮存、运送及类似服务费不在此列。

(5)使馆人员有行动和旅行自由。使馆人员在接受国应享有行动和旅行的自由权,他们不仅在执行公务时享有这项自由,而且私人的活动也是自由的。接受国不得对使馆人员的行动予以妨碍或干涉,不得侵犯他们的自由权。但这种自由受国际法的原则和接受国法律规定限制,如使馆人员不得擅自进入接受国法律禁止或限制进入的区域,不得进行间谍、颠覆等违法活动。

(6)使用派遣国的国家标志。使馆及其馆长有权在使馆馆舍及使馆馆长寓所以及交通工具上使用派遣国的国旗或国徽标志。

2. 外交人员的特权与豁免。根据《维也纳外交关系公约》,外交人员在接受国所享有的特权与豁免主要有:人身不可侵犯;寓所、财产和文书信件不可侵犯;司法管辖豁免;税收和海关方面的某些优惠;其他方面的特权与豁免。

(1)人身不得侵犯。包括:第一,接受国对外交人员的尊严应予以尊重,不得侮辱其人格,不得对外交人员的人身实施搜查、逮捕或拘留。但并不排除接受国对外交人员犯罪行动的防止或制止而采取措施的实施,也不排除正当防卫的实施。第二,接受国应采取适当措施保障外交人员的安全,防止任何侵犯外交人员人身、自由和尊严的行为发生。

(2)寓所、财产和文书信件不可侵犯。①外交人员的私人寓所不得侵犯并应得到保护,接受国的官员、司法人员等未经外交人员的许可不得进人。接受国亦应采取适当措施保护外交人员的寓所安全,防止和制止对其寓所的侵犯。外交人员的寓所指外交人员的住所,包括临时住所,如旅馆的房间。②接受国不得侵犯外交人员的文书、信件以及财产。一般不得命令外交人员交出文书和信件,不得对外交人员的文书和信件采取开拆、扣留、检查或查封等措施。对外交人员的财产,包括交通工具,不得实施搜查、查封、扣押、征用或强制执行。但在外交人员不得主张豁免的民事诉讼案件中,在不侵犯外交人员的人身和寓所的情况下,不排除执行处分。

(3)管辖豁免。

第一,刑事管辖绝对豁免。接受国的司法机关不得对其进行刑事审判和处罚。

第二,民事和行政管辖豁免。除下面的例外情况,接受国的法院不得对外交人员进行民事管辖,包括不进行审判和处罚,也不采取强制执行措施。在行政管辖事项上,接受国对外交人员也给予一定的豁免,如免除外交人员的户籍和婚姻登记,对其违反行政法规的行为不实行行政制裁等。外交人员的民事和行政管辖豁免的例外情况有:外交人员在接受国境内私有不动产物权的诉讼,但其代表派遣国为使馆用途置有的不动产不在此列;外交人员以私人身份并不代表派遣国而作为遗嘱执行人、遗产管理人、继承人或受赠人之继承事项的诉讼;外交人员在接受国内的公务范围以外所从事的专业或商务活动的诉讼;外交人员主动起诉而引起的与该诉讼直接有关的反诉。

第三，免除作证义务。不仅没有被迫在法律程序中作为证人出庭作证的义务，而且没有提供证词的义务。

第四，外交人员的特权和豁免可以由其派遣国明示放弃。

(4)某些方面免税和免验。包括：第一，外交人员免除一切对人对物课征的国家的、区域的或地方的捐税。第二，外交人员和与之构成同一户口的家属的私人用品免除一切关税及类似税费。第三，外交人员的私人行李免受查验。但接受国当局有重大理由推定其中有非免税物品或有接受国法律禁止的进出口物品或检疫条例加以管制的物品等情况时，可在外交人员或其代理人在场时查验。

(5)其他特权与豁免。外交人员应免于适用接受国的社会保险办法，免除一切个人劳务和各种公共服务，如兵役、担任陪审员、承担个人捐赠等义务，并免除关于征用、军事募捐及屯宿等军事义务。

3. 使馆及享有外交特权与豁免人员的义务。义务包括：(1)尊重接受国法律。外交代表及其他享有外交特权与豁免的人员，在不妨碍外交特权与豁免的情形下，应尊重接受国的法律。(2)不得干涉接受国的内政。不得介入接受国的党派斗争，不得参加或支持旨在反对接受国政府的集会、游行、示威活动等。(3)使馆馆舍不得用于与使馆职务不相符合的其他用途。不得在使馆内庇护人，也不得在使馆内关押人。(4)不应在接受国内为私人利益从事任何专业或商业活动。

【例6-4】(2008年·卷一·30题)甲乙两国1990年建立大使级外交关系，并缔结了双边的《外交特权豁免议定书》。2007年两国交恶，甲国先宣布将其驻乙国的外交代表机构由大使馆降为代办处，乙国遂宣布断绝与甲国的外交关系。之后，双方分别撤走了各自驻对方的使馆人员。对此，下列哪一选项是正确的？①

A. 甲国的行为违反国际法，应承担国家责任

B. 乙国的行为违反国际法，应承担国家责任

C. 上述《外交特权豁免议定书》终止执行

D. 甲国可以查封没收乙国使馆在甲国的财产

【例6-5】(2007年·卷一·78题)甲国人亨利持假护照入境乙国，并以政治避难为名进入丙国驻乙国的使馆。甲乙丙三国都是《维也纳外交关系公约》的缔约国，此外彼此间没

---

① 答案：C。由于外交关系的相互依赖性，在国际实践中，单纯的降级或断交常常被认为是两国进行政治斗争的一种手段，而一般不带来法律义务的违背。因此，甲国的行为是一种强烈的政治姿态，但不是国际法上的违法行为，A项错误。就乙国断绝与甲国的外交关系而言，构成国际法上的反报行为。反报行为本身也不构成对国际法违背，B项错误。断绝外交关系或领事关系，使得以此种关系为适用条约必不可少的条件的条约终止。因此该议定书将随着甲乙两国的断交而终止执行，C项正确。根据《维也纳外交关系公约》所规定的使馆的特权与豁免，使馆馆舍不得侵犯，接受国任何时候都不得要求使馆交出其档案和文件，也不得对使馆的档案和文件采取搜查、查封、扣押、没收或销毁等措施，不论这些文件档案位于何处。这项特权即使两国断交、使馆馆长长期或暂时撤退、发生武装冲突时也不例外，D项错误。

有相关的其他协议。根据国际法的有关规则,下列哪些选项是正确的?①

A. 亨利目前位于乙国领土上,其身份为非法入境者

B. 亨利目前位于丙国领土内,丙国有权对其提供庇护

C. 丙国有义务将亨利引渡给甲国

D. 丙国使馆有义务将亨利交由乙国依法处理

三、领事关系法

(一)领事机构的建立及职务

1. 领馆的组成。领馆人员包括领事官员、领事雇员及服务人员。领事官员是指被委任此职务承办领事事务的人员,包括领馆馆长在内。领馆馆长分为总领事、领事、副领事、领事代理人等四个等级。领事馆相应地称为总领事馆、领事馆、副领事馆和领事代理处。领事官员有职业的和名誉的两类。职业领事是由派遣国任命的专职从事领事事务的人员。名誉领事是执行领事职务的非专职官员,一般从接受国境内的本国侨民或接受国国民中聘任。

2. 领馆人员的派遣。领馆馆长由派遣国委派,并发给委任证书。如果接受国承认准予执行职务,就会颁发领事证书。接受国可以随时通知派遣国,宣告某一领事官员为"不受欢迎人员"或其他领馆馆员为"不能接受"。

【例6-6】甲某为A国派往B国的领事馆馆长,依维也纳领事关系公约,下列哪一判断是正确的?②

A. 甲的领事证书由A国颁发

B. 甲接到A国的任命时,即可以开始执行领事职务

C. 甲到达B国境内时,即可以开始执行领事职务

D. B国可以在甲担任领事期间,随时宣布其为不受欢迎的人

3. 领事职务:(1)在国际法允许的范围内,在接受国内保护派遣国及其国民与法人的利益。(2)增进派遣国与接受国间的商业、经济、文化及科学关系的发展,并促进两国间的友好关系。(3)以一切合法手段调查接受国商业、经济、文化及科学活动及发展情况,向派遣国政

---

① 答案:AD。甲国人亨利持假护照由甲国出境并进入了丙国驻乙国的使馆寻求使馆庇护,亨利的行为违反了甲乙两国的法律。对于甲国来说,其是非法出境的本国人,对于乙国来说,亨利是非法入境的外国人,A项正确。使馆所在地是驻在国的领土,虽然它具享有某些特权与豁免。亨利在丙国使馆寻求庇护的行为涉及国际法中的域外庇护问题。国际法上庇护是基于领土的行为,关于领土以外的庇护,没有一般国际法根据的,而且常常带来对国际法其他规则的违背,B项错误。引渡在国际法中是基于条约的义务,现甲乙丙三国之间没有相关的条约,不存在引渡的义务,C项错误。丙国使馆根据《维也纳外交关系公约》没有庇护外国人的职权,而是有义务尊重乙国的法律,故应当将亨利送出交给乙国政府处理。D项正确。

② 答案:D。A项错误,领事证书应由接受国(B国)颁发,而非A国。B、C项错误,在获接受国准许并颁发领事证书后,领馆馆长方可执行职务,而非在派遣国任命时。D项正确,接受国可宣告领事馆人员为不受欢迎的人或不能接受的人。

府报告，并向关心人士提供有关资料。(4)处理派遣国国民的护照及旅行证件事项，并向拟赴派遣国旅行的外国人士发给签证及其他适当文件。(5)向派遣国的国民与法人提供帮助和协助。(6)担任公证人、民事登记员及类似的职务，并办理某些行政事务，但这种职务以接受国法律规章没有禁止的规定为限。(7)依接受国法律规章在接受国境内的死亡继承事件中，保护派遣国国民的利益。(8)依现行协定的规定或以符合接受国法律规章的任何其他方式，转送司法文书、执行嘱托调查书、派遣国法院调查证据委托书或其他文件。(9)对派遣国国籍的船舶与航空器及其航行人员给予协助。

(二)领事特权与豁免

1. 领馆的特权与豁免。

(1)领馆馆舍不受侵犯。第一，接受国官员非经领馆馆长或其指定人员或派遣国使馆馆长同意，不得进入领馆馆舍中专供领馆工作之用的部分。但遇火灾或其灾害须迅速采取保护行动时，可以推定馆长已同意；第二，接受国负有特殊责任，采取一切适当步骤保护领馆馆舍免受侵入或损害，并防止任何扰乱领馆安宁或有损领馆尊严的事情；第三，领馆馆舍、馆舍设备以及领馆的财产与交通工具免受任何方式的征用。如接受国确有征用的必要时，应采取一切可能步骤以免妨碍领馆执行职务，并应向派遣国作出迅速、充分及有效的补偿。

(2)领馆档案及文件不得侵犯。领馆的档案和文件无论何时，亦不论位于何处，均不得侵犯。

(3)通讯自由。第一，领馆有权与派遣国政府及该国使馆和其他领馆自由通讯，接受国对此不得干扰或阻碍。但装置及使用无线电发报机须经接受国许可。第二，领馆的来往公文不受侵犯。领馆的邮袋不得予以开拆或扣留，但如有重大理由可在派遣国授权代表在场下开拆邮袋。若派遣国拒绝开拆，邮袋应退回原发送地。第三，领事信差在执行职务时，应受接受国保护，其人身不受侵犯，不受任何方式的逮捕或拘禁。

(4)行动自由。领馆人员在接受国境内有行动及旅行自由。但接受国为国家安全而禁止或限制进入的区域除外。

(5)免纳关税和捐税。但储存、运送等服务费以及因提供特定服务而应缴纳的费用不在免除之列。

(6)与派遣国国民通讯及联络的权利。领馆可以自由地与其侨民会见和通讯，并有权探视受羁押的国民。

(7)使用派遣国国旗和国徽的权利。

2. 领事官员的特权与豁免。

(1)人身自由受到一定程度的保护。接受国对领事官员不得予以逮捕或羁押，不得监禁或以其他方式拘束领事官员的人身自由，但对犯有严重罪行或司法机关已裁判执行的除外。

(2)一定程度的管辖豁免。领事官员的职务行为不受接受国的司法和行政管辖，但有例外：因领事官员并未明示或默示以派遣国代表身份而订立契约所发生的诉讼。第三者因车辆船舶或航空器在接受国内所造成的意外事故而要求损害赔偿的诉讼。领事官员主动起诉引起的与本诉直接有关的反诉。

(3)一定程度的作证义务的免除。领事官员对其执行职务所涉及的事项没有作证的义务。除此之外领事官员不得拒绝作证。但领事即使拒绝作证也不得对他施以强制或处罚。另外,要求领事作证的机关应避免妨碍领事执行职务,在可能情况下可以在领事寓所或领馆录取证言或证词。

(4)某些方面的免税和免验。领事免纳一切对个人和物的课税,包括国家的、区域的和地方的捐税,但间接税、遗产税、服务费等不在此免除之列。领事及其同户家属初到任所需物品免纳关税;领事行李免受查验,如有重大理由需要查验,应在领事或其家属在场时进行。

(5)其他。领事还被免除外侨登记、居留证、工作证及社会保险办法的适用;免除个人劳务及捐献义务等。

【例6-7】(2013年·卷一·32题)甲乙两国均为《维也纳领事关系公约》缔约国,阮某为甲国派驻乙国的领事官员。关于阮某的领事特权与豁免,下列哪一表述是正确的?①

A. 如犯有严重罪行,乙国可将其羁押

B. 不受乙国的司法和行政管辖

C. 在乙国免除作证义务

D. 在乙国免除缴纳遗产税的义务

【例6-8】(2010年·卷一·79题)甲乙二国建有外交及领事关系,均为《维也纳外交关系公约》和《维也纳领事关系公约》缔约国。乙国为举办世界杯足球赛进行城市改建,将甲国使馆区域、大使官邸、领馆区域均纳入征用规划范围。对此,乙国作出了保障外国使馆、领馆执行职务的合理安排,并对搬迁使领馆给予及时、有效、充分的补偿。根据国际法相关规则,下列哪些判断是正确的?②

A. 如甲国使馆拒不搬迁,乙国可采取强制的征用搬迁措施

---

① 答案:A。A项正确,根据《维也纳领事关系公约》第41条第1款:领事官员不得予以逮捕候审或羁押候审,但遇犯严重罪行之情形,依主管司法机关之裁判执行者不在此列。B项错误,根据《维也纳领事关系公约》第43条:领事官员或领馆雇员并未明示或默示以派遣国代表身分订约所生之诉,第三者因车辆船舶或航空机在接受国内造成意外事故而要求损害赔偿之诉均可管辖,所以领事并非完全不受司法和行政管辖,存在例外情况。C项错误,根据《维也纳领事关系公约》第44条第1款,领馆人员得被请在司法或行政程序中到场作证。除本条第三项所称之情形外,领馆雇员或服务人员不得拒绝作证。如领事官员拒绝作证,不得对其施行强制措施或处罚……领馆人员就其执行职务所涉事项,无担任作证或提供有关来往公文及文件之义务。故领馆官员具有作证的义务,仅就职权范围内才免于作证。D项错误,根据《维也纳领事关系公约》第49条规定,接受国课征的遗产税不在免纳之列。

② 答案:BC。根据《维也纳外交关系公约》的规定,使馆馆舍不可侵犯的表现之一是:使馆馆舍及设备,以及馆舍内其他财产与使馆交通工具免受搜查、征用、扣押或强制执行。本题中如甲国使馆拒不搬迁,乙国不得采取强制的征用搬迁措施,A项错误。不在使馆办公区域内的大使官邸也属于使馆馆舍,乙国也不可以采取强制征用搬迁措施,B项正确。根据《维也纳领事关系公约》,领馆馆舍的不可侵犯的表现之一是:领馆馆舍、馆舍设备以及领馆的财产与交通工具一般地应免受任何方式的征用,如接受国确有征用的必要时,应采取一切可能的步骤以免妨碍领馆执行职务,并应向派遣国作出迅速、充分及有效的补偿。本题中,乙国为举办世界杯足球赛需要进行城市改建,将甲国领馆区域纳入征用规划范围。乙国已作出了保障外国领馆执行职务的合理安排,并对搬迁领馆给予及时、有效、充分的补偿。因此,在作出上述安排和补偿的情况下,乙国可征用甲国总领馆办公区域,C项正确,D项错误。

B. 即使大使官邸不在使馆办公区域内，乙国也不可采取强制征用搬迁措施

C. 在作出上述安排和补偿的情况下，乙国可征用甲国总领馆办公区域

D. 甲国总领馆馆舍在任何情况下均应免受任何方式的征用

牛刀小试

1. 甲乙分别为A国派往B国的大使和武官，根据维也纳外交关系公约，下列哪些判断是正确的？①

A. 甲的派遣应事先征得B国同意

B. 乙的派遣应事先征得B国同意

C. 当甲被B国宣布为不受欢迎时，如果A国拒绝将其调回国内，则甲将继续保持其馆长身份而B国不得予以终止

D. 即使AB两国终止外交关系，甲仍然应该作为A国的外交人员在B国履行其保护本国利益的职务

2. 根据维也纳外交关系公约和维也纳领事关系公约，外交人员和领事人员享有广泛的特权与豁免，对此下列判断哪项是正确的？②

A. 对于不在使馆建筑内的外交人员驻所，驻在国可不经外交人员同意实施搜查

B. 外交人员在驻在国的遗产税不在免征之列

C. 外交任职超过10年的外交人员有义务在该驻在国担任有关案件的陪审员

D. 外交人员在驻在国有根据驻在国法律参加公益活动的义务

3. 杜某为甲国驻乙国使馆的三等秘书，艾某为丙国驻乙国使馆的随员。杜某在乙国首都实施抢劫，有1名乙国人在抢劫中被其杀死。艾某当时恰好目击了该抢劫杀人事件。甲乙丙三国都是《维也纳外交关系公约》的缔约国，且三国之间没有其他双边的涉及外交和领事特权与豁免方面的协定。根据国际法规则，下列判断哪项是正确的？③

A. 如杜某本人表示放弃其管辖豁免，则乙国即可以对其提起刑事诉讼，无论使馆是否同意

B. 如艾某本人表示愿意出庭作证，则乙国即可以带其到法庭作证，无论使馆是否同意

C. 乙国向甲国提出请求，要求放弃杜某的豁免，如甲国没有答复，则可以推定甲国已经同意放弃，从而对杜某提起刑事诉讼

D. 如甲国表示放弃杜某的管辖豁免，则乙国可以对杜某进行提起刑事诉讼，而不论杜某本人是否同意

4. 康某是甲国驻华使馆的官员。与康某一起生活的还有其妻、其子（26岁，已婚）和其女（15岁）。该三人均具有甲国国籍。一日，四人在某餐厅吃饭，与邻桌发生口角，引发斗殴

---

① 答案：AB

② 答案：B

③ 答案：D

并致对方重伤。警方赶到时,斗殴已结束。甲国为《维也纳外交关系公约》的缔约国,与我国没有相关的其他协议。根据国际法和我国法律的相关规定,下列哪一选项是正确的?(2007年·卷一·33题)①

A. 警方可直接对康某采取强制措施,包括立即限制其人身自由

B. 警方可直接对其妻依法采取强制措施,包括立即限制其人身自由

C. 警方可直接对其子依法采取强制措施,包括立即限制其人身自由

D. 警方不得对康家的任何人采取任何强制措施,包括立即限制其人身自由

5. 安某和皮某分别是甲国驻乙国使馆的三等秘书和随员。安某多次参加乙国群众举行的反政府集会和游行;皮某则是大量订阅乙国反对党公开出版的刊物并将有关内容向甲国报告。根据国际法的有关规则,下列判断何者为正确?(2005年·卷一·95题)②

A. 安某的行为违背了外交人员对驻在国的有关义务规定

B. 皮某的行为违背了外交人员对驻在国的有关义务规定

C. 一旦安某或皮某的行为被确定为违背了相关的义务,其外交特权与豁免即应被剥夺

D. 一旦外交人员的行为被确定为违背了相关的义务,驻在国可以宣布其为"不受欢迎的人",要求其在限定时间内离境

6. 甲某为A国派往B国的领事馆馆长,根据维也纳领事关系公约,下列哪一判断是正确的?③

A. 甲的领事证书由A国颁发

B. 甲接到A国的任命时,即可以开始执行领事职务

C. 甲到达B国境内时,即可以开始执行领事职务

D. B国可以在甲担任领事期间,随时宣布其为不受欢迎的人

---

① 答案:C。外交人员特权与豁免适用的人员范围,除外交人员本人外,与外交人员构成同一户口的家属,如系非接受国国民,亦享有与外交人员相同的特权与豁免。而我国现行法律和实践中,把享有特权与豁免的人员家属明确限定为"共同生活的配偶及未成年子女"。本案中,康某、康某的妻子和康女享有外交特权和豁免,其子不满足上述享有外交特权与豁免的条件。因此,正确的选择为C项。

② 答案:AD

③ 答案:D

第七讲 条约法

特别提示

本讲在司法考试中每年都会涉及1—2题，所占分值为年均2分。本讲内容包括条约成立的要件、条约的缔结程序、条约的效力、条约的解释、条约的保留、条约的终止和条约冲突的解决。

考查概况

考查次数	已考考点
1	条约成立的实质要件
3	条约的缔结程序
2	条约的保留
1	条约的登记
1	条约的效力
1	条约对第三国的效力
1	条约的解释
1	条约的终止

一、条约的定义和特征

1. 定义。条约是指国际法主体间依照国际法缔结的确立相互权利义务的书面协定。条约法的主要渊源是习惯法，而1969年《维也纳条约法公约》对条约规则的主要内容进行了编纂和发展。条约的分类包括造法性条约和契约性条约，双边条约和多边条约，开放性多边条约和非开放性多边条约，政治性条约、经济性条约、文化性条约等。

2. 条约的特征。(1)条约是国际法主体之间缔结的。一方不是国际法主体，或非国际法主体间签订的协议都不是条约。(2)条约为缔约方创设权利和义务。如果某一国际文件只是对缔约方共同关心的国际问题表示共同的态度或政策，并无意就具体事项规定国际法上的权利义务，就不是国际条约。(3)条约以国际法为准。条约的缔结程序和内容必须符合国际法的规则，否则条约无效。(4)条约的形式主要是书面的。但这并不排除口头条约的存在和有效性。

二、条约成立的实质要件

(一)具有缔约能力和缔约权

1. 缔约能力。缔约能力或称缔约资格,是指国家和其他国际法主体拥有的合法缔结条约的能力。而非国际法主体没有普遍地合法缔结条约的资格。

2. 缔约权。缔约权是指拥有缔约能力的主体,根据其内部的规则赋予某个机关或个人对外缔结条约的权限。一国不能以本国机关违反国内法关于缔约权限的规定而主张其所缔结的条约无效,除非这种违反国内法关于缔约权限规定的行为非常明显,且涉及根本重要的国内法规则。

(二)自由同意

根据《维也纳条约法公约》的规定,在以下情况中所表示的同意不能被认为是自由同意:(1)错误。这里所指的条约中的错误,不是指条约的文字错误,而是指与缔约时假定存在并构成一国受条约拘束的必要根据的事实或情势有关的错误。在这种情况下,该国可援引错误主张条约无效。但是,如果错误是由有关国家本身的行为所造成,或在缔约时知晓或应当知晓该错误,则不能援引该错误主张条约无效。(2)诈欺和贿赂。在谈判条约时,一方对另一方进行诈欺或贿赂谈判代表,从而违反缔约国的自由同意,则受害国可以主张条约无效。(3)强迫。包括对一国谈判代表的强迫和对国家的强迫。以强迫而缔结的条约自始无效。

(三)符合强行法规则

强行法是为了整个国际社会的整体利益而存在的,是国际社会全体公认为不能违背、并且以后只能以同等性质的规则才能变更的规则,它不能以个别国家间的条约排除适用。因此,条约在缔结时与强行规则相抵触者无效。另外,如果条约在缔结后与新产生的强行规则相抵触,则条约终止。

三、条约的缔结

(一)条约的缔结程序和方式

条约的缔结程序是指缔结条约经过的过程和履行的一定手续。条约的缔结程序一般包括:(1)约文的议定;(2)约文的认证;(3)同意受条约拘束的表示。具体所采用的缔约方式和程序取决于缔约方的约定和选择。

1. 约文的议定。

(1)谈判。是指有关缔约方为在条约的内容和形式上达成一致意见而进行的协商、交涉的过程。负责谈判的代表须具备全权证书。但在实践中,国家元首、政府首脑和外交部长谈判缔约,或使馆馆长议定派遣国和接受国之间的条约约文,或国家向国际会议或国际组织派遣的代表,议定在该会议或组织中的一个条约约文,无须出具全权证书。

(2)条约的起草。可由一方提出草案或双方共同起草。多边条约可由参加谈判的各国代表共同起草,也可通过设立专门机构起草,然后交各国代表会议讨论商定。

2. 约文的认证。约文的认证是指谈判方确认共同同意该约文是正确的和作准的,应作为当事方之间拟缔结的条约约文。一般采用下列方式:(1)草签。由谈判代表将其姓氏或姓名的首字母签于条约约文下面。草签通常用于在约文议定后须经过一段时间才签署条约的情况。(2)待核准的签署或暂签。在有关国家确认以前,它只有认证条约约文的效力;如经确认,即发生正式签署的效力。(3)签署。是指有权签署的人将其姓名签于条约约文之下。

3. 表示同意受条约的拘束。

(1)签署。一国通过签署表示同意受条约的拘束,发生于下列情况:第一,条约规定签署有这种效果;第二,各谈判国约定签署有这种效果;第三,该国在其代表的全权证书中或在谈判过程中表示该国赋予签署这种效果。

(2)批准。以批准表示同意受条约拘束,包括四种情况:第一,条约中规定须经批准;第二,各谈判国约定条约需要批准;第三,该国的代表对该条约作须经批准的签署;第四,在谈判代表的全权证书中或在谈判中有须批准的意思表示。

【注意】国家没有必须批准其所签署的条约的义务。

(3)加入。是指未对条约进行签署的国家表示同意受条约的拘束,成为条约当事方的一种方式。加入多用于开放性多边条约,可以加入的条约由条约本身规定或相关国家约定。

(4)接受和赞同。通过接受和赞同表示同意条约拘束的情况有两种:第一,没有在条约上签署的国家,用接受和赞同来表示同意受条约拘束。其效果类似于加入;第二,国家在条约上签署后,用接受和赞同表示同意受条约的拘束。实际上是一种简化了的批准手续。

【例 7-1】(2012 年·卷一·74)中国参与某项民商事司法协助多边条约的谈判并签署了该条约,下列哪些表述是正确的?①

A. 中国签署该条约后有义务批准该条约

B. 该条约须由全国人大常委会决定批准

C. 对该条约规定禁止保留的条款,中国在批准时不得保留

D. 如该条约获得批准,对于该条约与国内法有不同规定的部分,在中国国内可以直接适用,但中国声明保留的条款除外

---

① 答案:BCD。A 项错误。批准条约并非签署条约的必然结果,国家没有必须批准其所签署的条约的义务,是否批准及何时批准一项条约,由各国自行决定。B 项正确,根据《中华人民共和国缔结条约程序法》第 7 条的规定,条约和重要协定的批准由全国人民代表大会常务委员会决定,协定批准书由中华人民共和国主席签署。C 项正确,根据《维也纳条约法公约》的规定,在条约规定禁止保留的情况下不得提出保留,D 项正确;在我国,在民商事和民事诉讼领域,中国缔结的条约与国内法有不同规定的部分,在国内可以直接适用,但声明保留的条款除外。

【例7-2】(2010年·卷一·32题)中国拟与甲国就有关贸易条约进行谈判。根据我国相关法律规定,下列哪一选项是正确的?①

A. 除另有约定,中国驻甲国大使参加该条约谈判,无须出具全权证书

B. 中国驻甲国大使必须有外交部长签署的全权证书方可参与谈判

C. 该条约在任何条件下均只能以中国和甲国两国的官方文字作准

D. 该条约在缔结后应由中国驻甲国大使向联合国秘书处登记

(二)条约的保留

1. 概念。条约的保留是指一国在签署、批准、接受、赞同或加入一个条约时所作的单方声明,无论措词或名称如何,其目的在于排除或更改条约中某些规定对该国适用的法律效果。双边条约一般不发生保留问题。

2. 范围。根据《维也纳条约法公约》的规定,下列情况下禁止提出保留:第一,条约规定禁止保留。第二,条约准许特定的保留,而有关保留不在条约准许的保留范围内。第三,保留与条约的目的和宗旨不符。条约如果没有规定保留问题,并不意味着禁止保留。

3. 保留的接受。包括下列情况:(1)条约明文准许保留的,一般不需要其他缔约国事后予以接受。(2)如果从谈判国有限数目以及条约的目的和宗旨看,该条约在全体当事国的全部适用是每一当事国同意受该条约拘束的必要条件,则保留须经全体当事国接受。(3)有关条约若是一个国际组织的组织约章,则保留一般须经该组织有权机关接受。(4)不属于上述情况的,由其他缔约国决定是否接受一项保留。

4. 保留的法律效果。如图7-1所示,包括以下情况:(1)在保留国与接受保留国之间,按保留的范围,改变该保留所涉及的一些条约规定。例如1958年《领海与毗连区公约》中规定,一切船舶享有领海无害通过权,有些国家对该条提出保留,主张军舰不享有领海无害通过权,军舰通过一国领海时须事先征得沿海国同意。接受这一保留的国家与保留国之间,关于一切船舶享有领海无害通过权的规定将改为"除军舰外,一切船舶享有领海无害通过权,军舰通过一国领海须事先征得沿海国同意"。(2)在保留国与反对保留国之间,若反对保留国并不反对该条约在保留国与反对保留国之间生效,则保留所涉及的规定,在保留的范围内,不适用于该两国之间。以上述保留为例,反对该保留的国家,与保留国之间既不适用军舰享有领海无害通过权的规定,也不适用军舰通过一国领海须事先征得沿海国同意的规定。

---

① 答案:A。根据《中华人民共和国缔结条约程序法》第6条规定,在谈判、签署条约、协定时,谈判、签署与驻在国缔结条约、协定的中华人民共和国驻该国使馆馆长,无须出具全权证书,但是各方另有约定的除外。据此,本题中,在中国与甲国就有关贸易条约进行谈判时,除另有约定外,中国驻甲国大使参加该条约谈判,无须出具全权证书,A项正确,B项错误。该法第13条规定:"中华人民共和国同外国缔结的双边条约、协定,以中文和缔约另一方的官方文字写成,两种文本同等作准;必要时,可以附加使用缔约双方同意的另一种第三国文字,作为同等作准的第三种正式文本或者作为起参考作用的非正式文本;经缔约双方同意,也可以规定对条约,协定的解释发生分歧时,以该第三种文本为准。某些属于具体业务事项的协定,以及同国际组织缔结的条约、协定,经缔约双方同意或者依照有关国际组织章程的规定,也可以只使用国际上较通用的一种文字。"C项错误。该法第17条规定:"中华人民共和国缔结的条约和协定由外交部按照联合国宪章的有关规定向联合国秘书处登记。"D项错误。

(3)在未提出保留的国家之间，适用原来条约的规定。

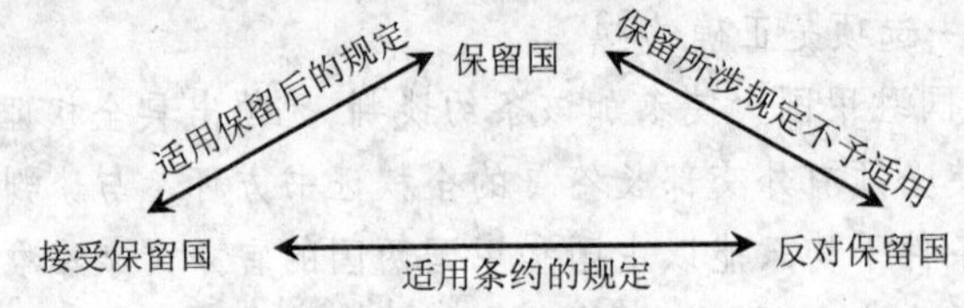

图 7－1　保留的法律效果

(三)条约的登记

根据《联合国宪章》的有关规定，联合国任何会员国所缔结的一切条约应尽速在秘书处登记，并由秘书处公布。登记的条约必须是已生效的条约。未在联合国秘书处登记的条约，不得在联合国任何机关援引。

【注意】不得援引，不是不生效。

【例 7－3】(2009 年·卷一·29 题)甲、乙、丙国同为一开放性多边条约缔约国，现丁国要求加入该条约。四国均为《维也纳条约法公约》缔约国。丁国对该条约中的一些条款提出保留。下列哪一判断是正确的?①

A. 对于丁国提出的保留，甲、乙、丙国必须接受

B. 丁国只能在该条约尚未生效时提出保留

C. 该条约对丁国生效后，丁国仍然可以提出保留

D. 丁国的加入可以在该条约生效之前或生效之后进行

四、条约的效力

(一)条约的生效

条约生效的日期和方式一般依照条约的规定，或依照各谈判国的约定。通常有：(1)条约签署后生效。(2)条约经批准或交换批准书后生效。(3)交存批准书或加入书后生效。多边条约经常规定一定数目的国家交存批准书或在交存一定数目的批准书和加入书后经一定时间生效。但也有些多边条约要求在所规定的一定数目的国家中必须包括若干具备一定条件的国家，才能生效。

---

① 答案：D。除了《维也纳条约法》特别规定的几种情况外，一般对于一国提出的条约保留，由其他缔约国自主决定是否接受该项保留。条约的保留对于保留国只能在缔结该条约时提出，不能在该条约已经对该国生效后做出。C 项错误。对于条约的保留，其他缔约国可以对于该保留予以接受和提出反对。如果提出反对，则该条约关系在保留国和提出反对的国家间出于不确定或不存在状态，需依具体的条约和保留的情况进行分析。但无论如何，其他国家没有对于保留必须接受的义务。A 项错误。实践中，条约的保留可以在条约本身生效后做出，也可以在多边条约尚未生效做出，B 项错误。D 项正确。

(二)条约的适用

1. 条约必须遵守原则。《维也纳条约法公约》规定,凡有效的条约对其各当事国有拘束力,必须由其善意履行。任何当事方都不得以任何借口,包括不得以援引其国内法规定为理由而不履行条约。缔约国不得从事违反条约目的和宗旨的任何活动,除情势发生变迁等特殊情况外,不得废弃条约规定的义务,否则就构成国际不当行为,应承担国际责任。当然,条约当事方必须遵守的应是有效条约。无效条约的规定对当事国无法律效力。

2. 条约适用范围。(1)时间范围。条约一般自生效之日起开始适用。原则上,条约没有追溯力,即不能适用于在该约生效之前已完成的事实。(2)空间范围。如果当事国没有相反的意思,条约一般适用于各该当事国的全部领土。国家可以通过某种方式限制条约对其领土的适用范围。

3. 条约的冲突。解决条约冲突的一般方法是:(1)先后就同一事项签订的两个条约的当事国完全相同时,一般适用后约优于前约的原则。(2)先后就同一事项签订的两个条约的当事国部分相同时,在同为两条约当事国之间,适用后约优于先约的原则;在同为两条约当事国与仅为其中一条约的当事国之间,适用两国均为当事国的条约。(3)适用条约本身关于解决条约冲突的规定。如《联合国宪章》规定,宪章规定的会员国的义务和会员国根据其他条约所负的义务有冲突时,宪章义务居优先地位。

【例7-4】(2005年·卷一·30题)甲国倡议并一直参与某多边国际公约的制订,甲国总统与其他各国代表一道签署了该公约的最后文本。根据该公约的规定,只有在2/3以上签字国经其国内程序予以批准并向公约保存国交存批准书后,该公约才生效。但甲国议会经过辩论,拒绝批准该公约。根据国际法的有关规则,下列哪一项判断是正确的?①

A. 甲国议会的做法违反国际法

B. 甲国政府如果不能交存批准书,将会导致其国际法上的国家责任

C. 甲国签署了该公约,所以该公约在国际法上已经对甲国产生了条约的拘束力

D. 由于甲国拒绝批准该公约,即使该公约本身在国际法上生效,其对甲国也不产生条约的拘束力

(三)条约对第三国的效力

条约的第三国是指非条约当事国的国家。一般而言,条约未经第三国同意,既不能为其创设义务,也不能创设权利。

1. 如果一个条约有意为第三国创设一项义务,必须经第三国以书面形式明示接受,才能对第三国产生义务。按照这一规则,第三国承担的条约义务实际上不是由条约直接产生的,而是第三国书面接受了这个条约所规定的义务的结果,如果第三国不以书面形式明示接受,

① 答案:D。本题中,条约规定以国家的批准作为接受拘束的方式,因此签署行为不产生条约对该国的完全的拘束力。C项错误。同时对于需要经过批准程序的已签署的条约,批准与否是该签署国的权利,国际法并不禁止国家拒绝批准其所签署的条约,A项错误。即然国家没有必须批准的义务,因此也无从引起国际法上的国家责任,B项错误。而对于一项某国家没有接受拘束的条约,即使该条约本身已经生效,也不能对该国家产生拘束力。D项正确。

第三国就可以不承担这项义务。

2. 当一个条约有意为第三国创设一项权利时,原则上仍应得到第三国的同意。但是,如果第三国没有相反的意思表示,应推断其同意接受这项权利,不必须以书面形式明示接受。

3. 条约使第三国担负义务时,该项义务一般必须经条约各当事国与该第三国的同意方得取消或变更。条约使第三国享有权利时,如果经确定原意为非经该第三国同意不得取消或变更该项权利,当事国不得随意取消或变更。

【例7-5】(2006年·卷一·33题)嘉易河是穿越甲、乙、丙三国的一条跨国河流。1982年甲、乙两国订立条约,对嘉易河的航行事项作出了规定。其中特别规定给予非该河流沿岸国的丁国船舶在嘉易河中航行的权利,且规定该项权利非经丁国同意不得取消。事后,丙国向甲、乙、丁三国发出照会,表示接受该条约中给予丁国在嘉易河上航行权的规定。甲、乙、丙、丁四国都是《维也纳条约法公约》的缔约国。对此,下列哪项判断是正确的?①

A. 甲、乙两国可以随时通过修改条约的方式取消给予丁国的上述权利

B. 丙国可以随时以照会的方式,取消其承担的上述义务

C. 丁国不得拒绝接受上述权利

D. 丁国如果没有相反的表示,可以被推定为接受了上述权利

五、条约的解释和修订

(一)条约的解释

1. 条约解释的一般规则。

(1)按照条约用语在其上下文中的通常意义解释。此外,还包括条约全体当事国之间所订立的与该条约有关的任何协定,或个别缔约国间缔结或作出的并经其他当事国接受的与该条约有关的任何文书。

(2)符合条约的目的和宗旨。解释条约要选择最符合其目的和宗旨的意义。

(3)善意解释。条约的解释不能使得一方不公正或不公平地优于另一方,也不能试图阻挠或破坏条约的履行。

---

① 答案:D。甲、乙两国缔结的条约,开放一条流经甲、乙两国的河流给丁国。对于该项条约,丙国和丁国都是第三国。根据《维也纳条约法公约》,如果一个条约有意为第三国创设一项义务,必须经第三国以书面形式明示接受,才能对第三国产生义务。现在,另一个沿岸国丙国已经正式表示接受该义务,因此,对丁国的进行河流开放对于甲乙丙三国都具有了拘束力。此外,条约赋予了丁国在该河流航行的权利。当一个条约有意为第三国创设一项权利时,原则上仍应得到第三国的同意。但是,如果第三国没有相反的表示,应推定其同意接受这项权利,不必须以书面形式明示接受。本题中,丁国已经明确接受该项权利,因此上述三国对丁国的义务已经构成,从而产生了相应的法律联系。根据《条约法公约》的规定,条约使第三国担负义务时,该项义务一般必须经条约各当事国与该第三国的同意方得取消或变更。条约使第三国享有权利时,如经确定原意为非经该第三国同意不得取消或变更该项权利,当事国不得随意取消或变更。就本题而言,未经丁国同意,上述三国不得片面修改或撤销丁国的该项权利,因此,A、B、C项错误,D项正确。

2. 条约解释的辅助规则。

(1)条约解释的补充资料。如果按照上述规则解释条约,意义仍不明确或难以解释,或所得结果显属荒谬或不合理时,可以使用解释条约的补充资料,包括条约的准备工作及缔约的情况,如谈判记录、历次草案、讨论纪要等。

(2)两种以上文字的条约的解释。第一,经两种以上文字认证作准的条约,除条约中规定或当事国协议当遇到意义分歧时应以某种约文为根据外,每种文字的约文应同样作准。第二,作准文本以外的条约译本,不能作为作准文本,仅可以在解释条约时作为参考。第三,在各种文字的作准约文中,条约的用语应被推定为有相同的意义。第四,除按规定应以某一约文为准外,在几个作准约文中发现意义有分歧,而适用以上解释规则不能消除分歧时,应采用顾及条约目的及宗旨的最能调和各约文的意义。

【例7-6】甲乙两国缔结某条约时,约定甲乙两国文字的文体同样为作准文本,并以第三种文字的文本作为参考文本。条约生效后,两国发现三个文体的某些用语有分歧:依乙国文字文本进行解释对甲国更加有利,而依据第三种语言文本进行解释,对乙国更有利。根据《维也纳条约法公约》,下列关于该条约的说法哪个是正确的?①

A. 甲乙两国应接受各自语言文本的拘束

B. 甲国可以仅根据乙国文本进行解释适用,因为该文本对其有利且为作准文本

C. 乙国可以根据第三种语言的文本进行解释适用,因为该文本为参考文本,不必考虑甲乙国语言文本

D. 由于三种文本用语有分歧,该条约无效

(二)条约的修订

条约的修订是指条约在缔结之后,缔约国在条约有效期内改变条约规定的行为。包括修正和修改两种情况:前者是指在多边条约的全体当事国之间修订条约;而后者是指在多边条约的部分当事国之间修订条约。

1. 多边条约的修正。修正多边条约的提议必须通知一切缔约国。缔约国与当事国不同,当事国是指同意受一个条约的拘束,并且该条约已对其生效的国家。缔约国则指无论条约是否对其生效,已同意受该条约拘束的国家。每一缔约国都有权参加修正该条约的任何协定的谈判和缔结。条约修正后,修正协定对于非该协定当事国的条约当事国无拘束力。对于修正协定生效后成为条约当事国的国家,如果该国没有相反的表示,应视为修正后条约的当事国。

2. 多边条约的修改。只有在多边条约本身允许修改的情况下才能修改,包括:(1)条约规定可作此种修改。(2)有关修改非为条约所禁止,并且不影响其他当事国享有条约上的权利或履行义务,也不涉及对有效实行该整个条约的目的和宗旨至关重要的规定。

---

① 答案:A

六、条约的终止和暂停施行

条约的终止是指一个有效的条约由于条约法规定的原因的出现，不再继续对当事方具有拘束力。条约的暂停施行是指由于法定原因的出现，一个有效条约所规定的权利和义务在一定时期内暂时对于当事方不具有拘束力。

(一)条约终止和暂停施行的原因

1. 条约本身规定：(1)条约有效期满并且没有延期。(2)条约规定的解除条件成立。

2. 条约当事方全体同意。

3. 单方退约。除条约明文规定允许退约，或由条约的性质可认为含有废止或退出的权利外，一般不得单方面退出条约。当事国必须提前12个月通知其退出条约的意思。

4. 条约履行完毕。条约规定的事项已履行完毕，条约即告终止。

5. 条约被代替。条约的全体当事国就同一事项先后订立两个内容不同的条约，则先订条约终止。

6. 条约履行不可能。条约缔结后，如果实施条约所必不可少的标的物永久消失或毁坏，以致不可能履行条约时，则条约终止。如果不能履行属于暂时性的，则条约暂停实施。

7. 情势变迁。情势变迁是条约必须遵守原则的一个例外。为了防止滥用，保持稳定的条约关系，情势变迁的适用必须受下列条件的限制：(1)缔约时的情势必须发生了不可预见的根本性变化；(2)缔约时的情势构成当事国同意受条约拘束的必要根据；(3)情势变迁的效果将根本改变依条约尚待履行的义务范围；(4)边界条约不适用情势变迁原则；(5)如果情势的改变是由于一个缔约国违反条约义务或其他国际义务造成的，则该国不能援引情势变迁终止有关条约。

8. 断绝外交关系或领事关系。使得以此种关系为适用条约必不可少的条件的条约终止。

9. 战争。缔约国间的政治条约、双边的商务条约终止，其他双边条约暂停施行。但关于战争方面的双边条约或多边条约不得终止。

10. 一方违约。缔约他方有权终止或暂停施行该条约。但违约必须是重大的，包括：(1)条约当事国一方非法片面终止条约；(2)违反条约规定，且这项规定是实现条约目的和宗旨所必要的。

(二)条约终止和暂停施行的程序及后果

1. 条约终止和暂停施行的程序。条约当事方之一在终止、退出或暂停施行条约时，必须将其主张书面通知该条约的其他当事方，并应说明拟对条约采取的措施及其理由。如果其他当事方在接到通知满3个月后未提出反对，则作出通知的当事国可以实行其所拟采取的措施。如果其他当事国提出反对，则该条约各当事国应通过和平方法解决争端。

2. 条约终止和暂停施行的后果。如条约无规定且当事国没有约定，一般根据以下规则进行:(1)解除各当事国继续履行条约的义务。(2)不影响各当事国在该条约终止前由于实施该条约所产生的任何权利、义务或法律情况。(3)在暂停施行期间,各当事国应避免足以阻挠条约恢复施行的行为。

【例7-7】(2008年·卷一·98题)菲德罗河是一条依次流经甲乙丙丁四国的多国河流。1966年,甲乙丙丁四国就该河流的航行事项缔结条约,规定缔约国船舶可以在四国境内的该河流中通航。2005年底,甲国新当选的政府宣布:因乙国政府未能按照条约的规定按时维修其境内航道标志,所以甲国不再受上述条约的拘束,任何外国船舶进入甲国境内的菲德罗河段,均须得到甲国政府的专门批准。自2006年起,甲国开始拦截和驱逐未经其批准而驶入甲国河段的乙丙丁国船舶,并发生多起扣船事件。对此,根据国际法的有关规则,下列表述正确的是:①

A. 由于乙国未能履行条约义务,因此,甲国有权终止该条约

B. 若乙丙丁三国一致同意,可以终止该三国与甲国间的该条约关系

C. 若乙丙丁三国一致同意,可以终止该条约

D. 甲乙两国应分别就其上述未履行义务的行为,承担同等的国家责任

牛刀小试

1. 甲乙丙三国订有贸易条约。后甲乙两国又达成了新的贸易条约,其中许多规定与三国前述条约有冲突。新约中规定,旧约被新约取代。甲乙两国均为《维也纳条约法公约》的缔约国。根据条约法,下列判断哪一项是错误的?(2004年·卷一·33题)②

A. 旧约尚未失效

B. 新约不能完全取代旧约

C. 新约须经丙国承认方能生效

D. 丙国与甲乙两国间适用旧约

2. 关于条约的签署,根据维也纳条约法公约,下列哪项判断是正确的?③

A. 条约的签署具有对约文认证的作用

B. 任何国家如果签署一项条约,则自签字起,即接受条约的拘束

---

① 答案:BC。《维也纳条约法公约》规定,条约当事国一方违约时,他方可以终止该约或暂停条约作为对方不法行为的一种对抗,必须满足必要和成比例原则,一方并不严重的违约不能导致另一方的废约。本题中,对于乙国未能及时维修航道的行为,不能构成终止条约的必要和成比例理由。甲国首先应敦促其履行义务,而不能借口废除条约。甲国以此理由提出终止条约,并单方面采取强制行动的行为,没有条约法的根据。A项错误。甲国政府片面实施强制行动,并扩展至其他缔约国,构成国际不法行为,引起国际法上的国家责任。但甲、乙两国的责任并非同等,而是应就其各自的不法行为承担相应的法律责任,D项错误。甲国政府的行为构成了《维也纳条约法公约》中所规定的重大违约情况,本题中,对于甲国的行为,乙丙丁三国有权与甲国终止条约关系,也可以选择在所有当事国之间终止条约关系,即终止该条约。B、C项正确。

② 答案:C

③ 答案:A

C. 签署一项条约的国家，有义务对该条约作出批准

D. 国家签署一项条约，必须是已经得到缔约各方的批准的条约

3. 根据维也纳条约法公约，甲乙丙三国都是一项多边条约的缔约国。当甲国对该条约的某项条款提出保留时，下列哪项判断是正确的？①

A. 如乙国接受该保留，则甲乙两国之间适用保留后的条约规定

B. 即使丙国反对该保留，在甲丙两国之间也应适用保留后的条约规定

C. 乙丙之间也应适用保留后的条约规定

D. 如乙国反对保留，而丙国接受保留，则乙丙之间该条约整体不再适用

4. 甲乙丙三国为邻国，于2004年缔结筑路条约，规定由甲国提供资金，乙国提供人员、技术并施工，在丙国境内分两期修建连接丙国与甲乙两国的公路。条约规定，该公路归丙国所有，甲乙丙三国共同使用并分享50年收益。2005年7月一期工程完成。同年9月，因百年不遇的洪水和泥石流，相关地段的地貌完全改变，二期工程已无法依约定继续进行。对此筑路条约中没有相关的约定。甲乙丙三国均为《维也纳条约法公约》的缔约国。下列表述哪些是正确的？②

A. 该条约已终止

B. 丙国无须对甲乙两国已投入的资金进行补偿

C. 上述情况表明该条约存在缔约错误，因而该条约自始无效

D. 如该条约终止执行，已竣工公路的所有权将处于不确定状态

5. 根据国际法有关规则和我国有关法律，当发生我国缔结且未作保留的条约条款与我国相关国内法规定不一致的情况时，下列哪一选项是正确的？（2007年·卷一·32题）③

A. 如条约属于民事范围，则由全国人民代表大会常务委员会确定何者优先适用

B. 如条约属于民事范围，则优先适用条约的规定

C. 如条约属于民事范围，则由法院根据具体案情，自由裁量，以公平原则确定优先适用

D. 我国缔结的任何未作保留的条约的条款与中国相关国内法的规定不一致时，都优先适用条约的规定

---

① 答案：A

② 答案：AB。根据《维也纳条约法公约》，条约缔结后，如果实施条约所必不可少的标的物永久消失或毁坏，以致不可能履行条约时，当事国可因此为理由终止或退出条约。本题中，该条约已因地貌完全改变不能履行，条约应终止，且并不涉及补偿问题。已竣工的部分条约已有约定，因此，不属于不确定状态。A、B项正确，C、D项错误。

③ 答案：B

第八讲

和平解决国际争端

特别提示

本讲在司法考试中可考性很强,其主要考点有:反报与报复的区别、政治解决争端的方式、国际法院。

考查概况

考查次数	已考考点
2	解决国际争端的传统方法
2	和平解决国际争端的政治方法
1	国际争端的仲裁解决方法
4	国际法院

一、解决国际争端的传统方法

和平解决国际争端是国际社会广泛接受和必须遵守的基本原则之一。国际争端是国际法主体之间由于政治利益或法律权利的冲突而产生的争端。由于政治利益的冲突而产生的争端为"政治性争端",由于法律权利的冲突而产生的争端为"法律性争端",其中最为典型的是由于违反条约义务而引发的争端。

传统国际法认为解决争端的方法包括强制性方法和非强制性方法两大类。

(一)强制方法

1. 反报。是指一国以同样的或类似的行为作为对某国不礼貌、不友好或不公正的行为的回答。引起反报的行为不是违反国际法的行为,通常是不礼貌、不友好或不公正的行为。

2. 报复。是指一国对另一国的国际不法行为采取相应的强制措施。

3. 平时封锁。是指一国在和平时期用海军力量封锁他国的港口和海岸,迫使他国就范的一种强制方法。

4. 干涉。是指第三国对于某两国之间争端所作的强制性干预,使争端当事国按照干涉国要求的方式解决他们之间的争端。

【注意】强制方法虽然是在和平时期使用的方法,但不是解决国际争端的和平方法。其中:反报和报复虽然不是违反国际法的行为,但也不是现代国际法所主张的行为。至于平时封锁和干涉行为都是违反国际法基本原则的行为，是现代国际法所不许可的。

（二）非强制方法

非强制方法是解决国际争端的和平方法。可分为政治解决方法和法律解决方法两大类。前者有谈判、斡旋、调停、和解及国际调查等方法，后者有仲裁和司法解决。

二、国际争端的政治方法和国际组织

（一）和平解决国际争端的政治方法

1. 谈判与协商。谈判是争端当事国就其争端直接进行交涉交换意见以求解决的方式。谈判形式多样，可以公开也可以秘密，可以口头也可以书面。协商是以前被作为谈判的一个部分和步骤，而在当代也常常被作为一个独立的方法使用。谈判一般仅限于当事国之间，协商有时也可以邀请中立国参加。谈判和协商可能达成协议，也可能破裂或无限期进行或延期。除非特别约定，一般地，谈判或协商的当事国没有达成有拘束力协议的义务。

2. 斡旋与调停。斡旋是争端以外的第三方为促成当事国进行谈判或争端解决，采取和提供某些协助活动。第三国本身不参加谈判也不提出任何解决争端的方案。调停是指第三方以调停人的身份，就争端的解决提出方案，并直接参加或主持谈判，以协助争端解决。但是调停国提出的方案本身没有拘束力，调停国对于进行调停或调停成败也不承担任何法律义务或后果。斡旋和调停一般是第三方出于善意主动进行的，也可以是应当事国一方或各方邀请进行的。争端当事方或第三方可以对有关的行动加以拒绝，但不应将这种行为视为不友好。斡旋或调停者可以是国家、组织或个人。

调停。调停是在争端当事国未能以谈判和协商解决争端的情况下由第三方提供协助以促使当事国进行谈判解决争端的方法，第三方提出的建议对争端当事国没有拘束力。虽然调停方要对争端的解决提出实质性的解决方案，但其并没有权利要求被调停方接受。如果没有特别的约定，争端当事国对调停活动随时可以予以拒绝。同时调停方对于调停成功后的结果，如果没有承担特别的义务，也不负责监督和担保实施。

【例8－1】（2005年·卷一·33题）甲、乙两国因历史遗留的宗教和民族问题，积怨甚深。2004年甲国新任领导人试图缓和两国关系，请求丙国予以调停。甲乙丙三国之间没有任何关于解决争端方法方面的专门条约。根据国际法的有关规则和实践，下列哪一项判断是正确的？①

A. 丙国在这种情况下，有义务充当调停者

B. 如果丙国进行调停，则乙国有义务参与调停活动

C. 如果丙国进行调停，对于调停的结果，一般不负有监督和担保的义务

D. 如果丙国进行调停，则甲国必须接受调停结果

---

① 答案：C

3. 调查与和解。调查与和解是解决因事实不清而无法解决的争端的一种方法。通常由争议双方通过协议成立国际调查委员会和和解委员会。两者的区别在于:调查委员会的职责限于查明事实,而和解委员会在查明事实之后进一步提出解决争端的建议。

(1)调查是指在涉及事实性问题争端中,有关当事方同意将有关事实真相的调查交由第三方进行,以解决争端。调查需要争端当事方对采用调查方式订立专门协议,成立调查委员会,并就委员会的调查内容、组成、期限、权限等方面作出约定。调查委员会的任务限于查明事实,向各当事国提交调查结果报告,不对争端的是非曲直作出判定。报告的拘束力性质由当事国所订的协议决定,一般地,各国不必然承担对报告承认的义务。

(2)和解又称调解,是指争端当事国通过协议或其他商定的方式,将争端提交一个委员会;该委员会在对争端进行调查和评价,包括与当事国间的不断讨论后,提出包括事实澄清、解决建议在内的报告;并在此基础上促成争端当事国达成进一步的协议,最后解决其争端。委员会可以是临时的,也可以是常设的。一般地,提交和解、接受和解报告及在委员会促成下达成最后解决协议,都是当事国自愿的行为,除非有特别规定或约定,对每个过程各国都没有必须进行的义务。

(二)国际组织与国际争端的解决

1. 联合国大会。(1)大会在解决国际争端方面具有广泛的讨论和建议的权力。(2)对于联合国会员国、安理会和已声明就该项争端接受宪章义务的非会员国所提出的有关维持国际和平与安全的任何问题,均可进行讨论,并向争端当事国或安理会提出建议。(3)大会还可召开特别会议和紧急特别会议,以讨论紧急问题。(4)对于足以危及国际和平与安全的情势,大会得提请安理会注意。(4)大会对和平解决国际争端所提出的建议或所通过的决议,不具有法律拘束力。

2. 安全理事会。安理会对维持国际和平与安全负主要责任:(1)调查。安理会有权对任何争端或情势进行调查,以断定该项争端或情势的继续存在是否足以危及国际和平与安全。(2)建议。对于足以危及国际和平与安全的争端或情势,安理会在任何阶段都可以建议适当程序或调整方法。(3)执行行动。当争端发展到威胁和平、破坏和平或存在侵略行为时,安理会有权根据《宪章》规定采取行动:包括建议维持国际和平的临时办法、采取武力以外的办法以实施决议,以及在必要时采取武力行动,以维持及恢复国际和平与安全。

3. 秘书长。秘书长应密切注视各地潜在的冲突或争端,提请联合国有关机关和各国重视;直接与争端当事国进行讨论及磋商,参与谈判、调停、斡旋、和解等活动;在安理会或大会的授权下统率维持和平部队。

三、国际争端的法律解决方法

法律解决方法指争端当事国采用法律程序解决它们之间的争端。与政治方法相比,法律方法是一种最后的解决方法,采用法律程序之后,一般就不再诉诸其他程序了。

（一）仲裁

1. 仲裁的一般规则。

（1）仲裁协定。是仲裁的法律依据，有两种：一种是专门为把争端交付仲裁而签订的仲裁协定，称为“临时仲裁协定”；另一种是在一般条约中所包含的“仲裁条款”，缔约方约定今后发生的某类争端交付仲裁解决。临时仲裁协定应写明提交仲裁的具体争端和请求裁决的主要问题；仲裁员的选派和仲裁庭的组织；仲裁庭的程序规则及所适用的法律以及仲裁费用等内容。仲裁庭必须按照仲裁协定的规定组织和进行活动，任何违背仲裁协定的行为都会被认为是越权行为而导致裁决无效。

（2）仲裁适用的法律。除非仲裁协定有特别规定，国际仲裁一般适用国际法。在当事国同意的情况下，还可适用“公允及善良原则”来裁断争端。

（3）仲裁庭的组织。仲裁庭可以由一名独任仲裁员组成，但通常由3—5名仲裁员组成。仲裁员由当事国选派。双方各派同等数目的仲裁员，再由这些仲裁员选派一个第三国国民担任首席仲裁员。

2. 国际常设仲裁法院。1900年在荷兰海牙成立，由两个机构组成：一个是“常设行政理事会”，另一个是“国际事务局”。国际事务局是常设仲裁法院的书记处，保存一份“仲裁员名单”。常设行政理事会由各缔约国驻荷兰的外交代表和荷兰外交大臣组成，负责监督事务局的工作，决定仲裁法院的行政问题。当缔约国需要利用此机制进行仲裁时，把仲裁协定提交仲裁法院，然后从名单中各选出若干名仲裁员，再由这些仲裁员选出一名首席仲裁员组成仲裁法庭进行仲裁。1994年联合国大会接纳常设仲裁法院为其观察员。

（二）法院方式

1. 国际法院。国际法院是联合国的主要司法机关，1946年在海牙成立。

（1）法院的组织。由15名法官组成，其中不得有两人为同一国家的国民。法官由大会与安理会分别独立进行选举，候选人只有同时在这两个机关中获得绝对多数票时才能当选。选举时应注意使全体法官确能代表世界各大文化和各主要法系。

法官任期9年，可以连选连任。法官是专职的，不得担任任何政治或行政职务，也不得从事任何其他职业性的活动。对涉及法官本国的案件，该法官有参加审理的权利，不适用回避制度。根据《国际法院规约》第10条，不适用回避制度是有例外的，如法官曾为当事国一方的代理人、律师，或辅佐人、或以国内法院或国际法院或调查委员会委员、或以其他资格参加任何案件者，不得参与该案件之裁决。在法院受理的案件中，如一方当事国有本国国籍的法官，他方当事国有权选派一人作为法官参与该案的审判；如双方当事国都没有本国国籍的法官，则双方都可选派一名法官参与该案的审判。这种临时选派的法官称为“专案法官”。他们在参与裁判中同其他法官具有完全平等的地位。

法院设书记处，包括书记官长、副书记官长和其他工作人员。书记处工作人员在执行职务时代表法院，并对法院负责。

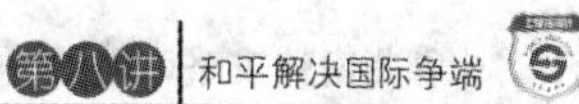

【例8-2】(2013年·卷一·34题)关于联合国国际法院的表述,下列哪一选项是正确的?①

A. 联合国常任理事国对国际法院法官的选举不具有否决权

B. 国际法院法官对涉及其国籍国的案件,不适用回避制度,即使其就任法官前曾参与该案件

C. 国际法院判决对案件当事国具有法律拘束力,构成国际法的渊源

D. 国际法院作出的咨询意见具有法律拘束力

(2)法院的管辖权。法院在行使诉讼管辖权时,涉及到"对人管辖"和"对事管辖"两个方面:

其一,对人管辖。国际法院的对人管辖是指谁可以作为国际法院的诉讼当事方。根据法院规约,有3类国家可以作为国际法院的诉讼当事国:①联合国的会员国;②非联合国的会员国但为《国际法院规约》的当事国;③既非联合国的会员国也非《国际法院规约》的当事国,但根据安理会决定的条件,预先向国际法院书记处交存一份声明,表示愿意接受国际法院管辖、保证执行法院判决及履行相关其他义务的国家。作为诉讼当事国,这3类国家的地位是相同的。国际组织、法人或个人都不能成为国际法院的诉讼当事国。

其二,对事管辖。国际法院的对事管辖是指什么事项能够成为国际法院的管辖对象。根据法院规约,国际法院管辖案件的范围有三个方面,或者说国际法院的对事管辖权可由以下方式建立:①自愿管辖。对于任何争端,当事国都可以在争端发生后,达成协议,将争端提交国际法院。法院根据当事国各方的同意进行管辖。②协定管辖。在现行条约或协定中,规定各方同意将有关的争端提交国际法院解决。提交法院的争端及范围等可以通过在条约中设立专门条款,也可以在订立条约的同时,再订立专门的协定加以规定。③任意强制管辖。《国际法院规约》的当事国,可以通过发表声明,就具有下列性质之一的争端,对于接受同样义务的任何其他当事国,接受法院的管辖为当然具有强制性,而不需要再有特别的协定。这些争端是:对于条约的解释、违反国际义务的任何事实、违反国际义务而产生的赔偿的性质和范围等。这里"任择"是指当事国自愿选择是否作出声明;一旦作出声明,在声明接受的范围内,国际法院就具有了强制的管辖权,而不需其他协定。

(3)适用的法律。适用的法律包括:国际条约;国际习惯;文明各国所承认的一般法律原则;作为确定法律原则补充资料的司法判例及权威最高之公法学家的学说。如当事国同意,国际法院也可以适用"公允及善良"原则。

(4)程序。第一,起诉。有两种方式:一是以提交请求书起诉;二是以提交特别协定起

① 答案:A。A项正确,根据《国际法院规约》第10条的规定,法官的选举常任理事国不存在否决权。B项错误,根据《国际法院规约》第10条的规定,不适用回避制度是有例外的,如法官曾为当事国一方的代理人、律师、或辅佐人、或以国内法院或国际法院或调查委员会委员、或以其他资格参加任何案件者,不得参与该案件之裁决。C项错误,根据《国际法院规约》第38条的规定,国际法院判决不是国际法的渊源。D项错误,国际法院的咨询意见,仅是国际法院对某一问题发表的看法,对当事国只具有参考价值,而没有拘束力。

诉。第二，书面程序和口头程序。书面程序包括当事国递交诉状、辩诉状、答辩状和复辩状。口头程序包括进行口头辩论，法院对双方当事国的证人、鉴定人、代理人、律师及辅助人进行讯问。第三，评议及宣判。法庭辩论终结后，法官即退席讨论判决。判决须由出席开庭的法官表决并以过半数票决定。如票数相等，院长可投决定票。

(5)判决。国际法院的判决是终局判决，不得上诉。当事国若不服判决，可向法院请求解释或申请复核。当事国有义务遵守和执行判决。遇有一方当事国不履行法院判决时，他方得向安理会申诉，安理会得作成建议或决定所应采取的办法以执行判决。

2. 国际海洋法法庭。国际海洋法法庭是《海洋法公约》为解决有关海洋方面的争端而创设的一个常设性国际司法机构，1996 年在德国汉堡成立，同年取得联合国大会观察员地位。

(1)法庭的组织。由独立法官 21 人组成，其中不得有二人为同一国家的国民。法官的选举应以无记名投票进行，得票最多并获得出席并参加表决的缔约国 2/3 多数票的候选人当选。法官任期 9 年，可连选连任。法庭应任命书记官长和其他必要的工作人员。法官不得执行任何政治或行政职务，或对任何与勘探和开发海洋或海底资源或与海洋或海底的其他商业用途有关的任何企业的任何业务有积极联系或有财务利益，不得充任任何案件的代理人、律师或辩护人。法官于执行法庭职务时享有外交特权和豁免。

(2)法庭的管辖权。第一，诉讼当事方。包括公约缔约国和国际海底管理局以及平行开发合同的自然人、法人。第二，争端范围。①按照《海洋法公约》向其提交的一切争端和申请。②依据将管辖权授予法庭的其他国际协定中具体规定的一切申请。③如果同公约所包括的主题事项有关的现行有效条约的所有缔约国同意，有关这种条约的解释或适用争端也可按照这种协定提交法庭。除了行使公约规定的诉讼管辖权，如果与公约目的有关的国际协定专门规定了向法庭提交发表咨询意见的请求，那么法庭可以就某一法律问题发表咨询意见。

【注意 1】该庭不排除国际法院对海洋争端的管辖，当事国可自愿选择将争端交哪个机构审理。

【注意 2】国际法院。根据《国际法院规约》，国际法院的判决须在法院开庭宣读，并自宣布之日起对各当事国发生拘束力。同时，国际法院的判决是终局性的。判决一经作出，即对本案及本案当事国产生拘束力，当事国必须履行。如有一方拒不履行判决，他方得向安理会提出申诉，安理会可以作出有关建议或决定采取措施执行判决。当事国对判决的意义或范围发生争执时，可以请求国际法院作出解释。当事国在判决作出后，如发现能够影响判决的、决定性的、且在诉讼过程中不可能获知的新事实，可申请法院复核判决，复核程序与诉讼程序相同。申请复核至迟应于新事实发现后的 6 个月内，并在判决之日起不超过 10 年内提出。

【例 8-3】(2011 年·卷一·34)甲乙两国协议将其边界领土争端提交联合国国际法院。国际法院作出判决后，甲国拒不履行判决确定的义务。根据《国际法院规约》，关于乙国,下列哪一说法是正确的?[①]

A. 可申请国际法院指令甲国国内法院强制执行

B. 可申请由国际法院强制执行

C. 可向联合国安理会提出申诉,请求由安理会作出建议或决定采取措施执行判决

D. 可向联大法律委员会提出申诉,由法律委员会决定采取行动执行判决

牛刀小试

1. 甲国蕉农长期将产品出口乙国。现乙国颁布法令,禁止甲国的香蕉进口。甲国在要求乙国撤销该禁令未果后,宣布对乙国出口到甲国的化工产品加征300%的进口关税。甲乙两国间没有涉及香蕉、化工产品贸易或一般贸易规则的双边或多边条约。对此,下列判断哪个是正确的?[②]

A. 乙国的上述做法违背其承担的国际法上的义务

B. 甲国的上述关税措施违背其承担的国际法上的义务

C. 甲国采取的措施属于国际法上的反报措施

D. 甲国采取的措施属于国际法上的报复措施

2. 在解决国际争端和维护国际安全方面,根据联合国宪章,下列哪些判断是正确的?[③]

A. 安理会可以对争端的解决提出建议

B. 安理会可以通过派出维和部队的决议,该决议对所有会员国具有拘束力

C. 安理会可以通过采取武力行动的决议,虽然该决议对会员国没有法律拘束力

D. 秘书长在争端解决中,应持中立态度,避免任何调停和斡旋活动

3. 国际法院对于所受理的案件须适用国际法院规约的规定和相关的程序规则。对此,下列哪项判断是正确的?[④]

A. 当一个案件被提交到法院时,具有当事国国籍的法官必须回避

B. 国际法院只受理国家作为当事人的诉讼案件

C. 国际法院受理当事国和政府间国际组织提交的诉讼案件

D. 国际法院对于任何联合国会员国之间的案件都拥有任意强制性管辖权

4. 联合国驻甲国(联合国会员国)的某机构于某年以联合国的名义,与甲国政府签订协议购买了一批公用车辆。后双方产生纠纷。根据《联合国宪章》和有关国际法规则,下列哪

---

① 答案:C。国际社会没有超越国家之上的强制机构,国际法的强制力是通过国家本身单独或集体的行动来实现的,而不能指令国内法院强制执行,A项错误。根据《国际法院规约》,国际法院的判决是终局性的。判决一经作出,即对本案及本案当事国产生拘束力,当事国必须履行。但国际法院本身没有强制执行的权利,B项错误。根据《联合国宪章》及《国际法院规约》的有关规定,如有一方拒不履行判决,他方得向安理会提出申诉,安理会可以作出有关建议或决定采取措施执行判决。C项正确,D项错误。

② 答案:C

③ 答案:AB

④ 答案:B

一选项是正确的？[①]

A. 联合国大会有权就该项纠纷请求国际法院发表咨询意见，不论甲国是否同意

B. 甲国有权就该项纠纷请求国际法院发表咨询意见

C. 上述购买行为属于商业行为，联合国机构不能从事该行为

D. 联合国大会有权就该项纠纷向国际法院提起针对甲国的诉讼

① 答案：A

第九讲

战争与武装冲突法

特别提示

本讲在司法考试中作一般了解,其主要考点有:战争的开始与结束、对作战手段的方法的限制、对战争受难者的保护。

考查概况

考查次数	已考考点
1	战争与武装冲突法的范围
2	战争开始的法律后果
1	战争的结束
2	对作战手段和方法的限制
3	对战争受难者的保护
1	惩罚战争犯罪的主要国际司法实践

一、战争与战争法

(一)国际法上战争的概念

战争是国家之间武装冲突所导致的法律状态。战争主要是国家之间的行为,也包括国际法其他主体之间所进行的武装冲突和相关状态。战争一般以存在武装冲突的事实为突出的表现,但并非所有的武装冲突都是国际法上的战争。战争是国家之间的一种法律状态。

(二)战争与武装冲突法

战争法是调整交战国之间,交战国与中立国和其他非交战国之间关系以及规范战争中交战方行为的规则和制度的总体。包括以下几个部分:

1. 关于战争的开始和结束,以及在此期间交战国之间、交战国与中立国或非交战国之间法律关系的原则、规则和规章制度。

2. 关于作战中的规则,即关于武器、其他作战手段和作战方法以及保护平民、交战人员和战争受难者的原则、规则和规章制度。(1)关于规范作战手段和方法的条约和惯例,称为"海牙体系";(2)关于保护平民和战争受难者的条约和习惯规则,称为"日内瓦体系"。

3. "二战"后还制订了一些有关制裁和惩处发动战争和违反战争法规责任者的规则。

关于宣战、媾和、中立之外的大部分战争法规也适用于非战争的武装冲突中，因此，现在一般倾向于将战争法称为“战争与武装冲突法”。

二、战争状态和战时中止

（一）战争的开始

1. 战争开始的含义。战争的开始意味着交战国之间的关系从和平状态进入敌对的战争状态。传统国际法认为战争的开始必须通过宣战，但并未形成习惯规则。

2. 战争开始的法律后果。

（1）外交和领事关系断绝。交战国关闭其在敌国的使、领馆。接受国有义务尊重馆舍财产和档案安全。交战国的外交代表和领事官员有返回其派遣国的权利。

（2）条约关系发生变化。第一，政治性条约立即废除。第二，经济性条约停止实施。第三，领土和边界条约一般应继续维持。第四，双方共同参加的多边条约在双方之间停止实施。第五，关于战争和中立的条约自动发生作用。

（3）经贸往来禁止。

（4）交战国人民及其财产带有敌性。第一，对敌产的影响。交战国对于其境内的敌国国家财产，除属于使馆的财产档案等外，可予没收；对占领区内属军事性的敌国动产可以征用；对不动产可以使用；具有军事性的不动产，可于必要时予以破坏；对于其境内的敌国人民的私产可予以限制。第二，对敌国公民的影响。交战国对其境内的敌国公民可实行各种限制，如进行敌侨登记，强制集中居住等。

3. 非战争武装冲突的开始及其后果。非战争的武装冲突没有正式开始的宣告程序。冲突各方一般继续保持外交关系和领事关系，同时，一般也不发生战争所引起的其他法律效果。

【例 9－1】（2008 年·卷一·79 题）甲乙两国由于边界纠纷引发武装冲突，进而彼此宣布对方为敌国。目前乙国军队已突入甲国境内，占领了甲国边境的桑诺地区。根据与武装冲突相关的国际法规则，下列哪些选项符合国际法？①

A. 甲国对位于其境内的乙国国家财产，包括属于乙国驻甲国使馆的财产，不可予以没收

B. 甲国对位于其境内的乙国国民的私有财产，予以没收

C. 乙国对桑诺地区的甲国公民的私有财产，予以没收

---

① 答案：D（司法部公布答案为 AD）。首先确定国际法上的战争状态是否存在。这里以交战各方是否存在“交战意思”作为决定性因素。本题双方已经互相宣布对方为敌国，可以证明甲乙两国间已处于法律上的战争状态。那么交战国对于其境内的敌国国家财产可予没收，但是属于使馆的财产档案等除外。故 A 项错误。对于敌国国民的私产，无论是否位于其境内或占领区内，都不得予以没收。交战国对于其境内的敌国国民的私产可予以限制，如禁止转移、冻结或征用，但不得没收；而对占领区内的敌国国民之私产仅可以对可供军事需要的财产可征用，而不能以任何方式干涉或没收。故 B、C 项错误。战争状态对于敌国公民的影响：交战国对其境内的敌国公民可实行各种限制，如进行敌侨登记，强制集中居住等。但就战争许可范围内，应尽可能地减免对敌国公民人身、财产和尊荣上的限制和强制。故 D 项正确。

D. 乙国强令位于其境内的甲国公民在规定时间内进行敌侨登记

(二)战争的结束

1. 敌对行动的停止。(1)停战。是根据交战方之间签订的协议而停止军事行动。停战可以是全面的,也可以是局部的;可以有确定的期限,也可以不定期限。(2)无条件投降。是指战败国只能按照战胜国规定的条件而自己不得附加任何其他条件的投降。(3)停火与休战。是目前经常使用的停止军事行动的方式。

2. 战争状态的结束。(1)缔结和平条约。是结束战争状态的最通常的方式。(2)联合声明。(3)单方面宣布结束战争。指由战胜国单方面宣布结束战争状态。

3. 战争结束的法律后果。交战国之间的战争状态结束后,两国的关系恢复为正常的和平关系。相应的,战争法规则终止适用,在其国家关系中,恢复适用国际法中的平时法部分。

【注意】战争状态的结束。结束战争状态的方式通常有以下三种:(1) 缔结和平条约。缔结和平条约是结束战争状态的最通常的方式。和平条约一般都规定了与交战国相关的全部未决事项。和平条约的缔结和生效,意味着战争状态的结束,从而一切基于战争状态而采取的作战行为不再被允许,双方不得再行攻击、征用或没收等行为。(2) 联合声明。交战国双方以发表联合声明的方式结束战争状态。(3) 单方面宣布结束战争。指由战胜国单方面宣布结束战争状态。而停战、停火以及战败一方宣布无条件投降等行为仅表明战时敌对行动的停止,并不意味着法律上战争状态的结束。

【例9-2】甲乙两国经过5年的战争后,甲国宣布战败并无条件向乙国投降。根据国际法的有关规则,下列何者选项中的所列情况的出现,被认为意味着甲乙两国战争状态在法律上正式结束?①

A. 甲国的无条件投降　　B. 在甲国投降后,乙国宣布战争结束

C. 甲乙两国共同宣布战争结束　　D. 甲乙两国缔结和平条约

(三)战时中立

战时中立指在战争时期,非交战国选择不参与战争、保持对交战双方不偏不倚的法律地位。战时中立不同于永久中立。战时中立是临时的,开始于非交战国声明其选择中立地位,或其事实上已经开始的中立行为;结束于战争的结束,或中立国宣布放弃中立地位参战。

永久中立地位是根据国际条约确立的,有关国家在平时和战时都必须履行其永久中立国的义务,不得任意选择或放弃该地位。传统国际法上的中立规则受到《联合国宪章》所确立的集体安全制度的制约。根据《联合国宪章》,联合国会员国在维护国际和平与安全方面,承担了根据安理会决定采取集体协助行动的义务。此时,国家选择中立的权利受到了制约。

中立制度的主要内容包括:

1. 不作为。中立国不得直接或间接地向任何交战国提供军事支持或帮助,而交战国不得在中立国领土或其管辖区域内从事战争行为。

① 答案:BCD

2. 防止。中立国有义务防止交战国在其领土或其管辖范围内利用其资源准备从事敌对行动以及战争相关的行动,防止交战国在其领土或其管辖区域内装备船舰或增加船舰武装。而交战国有义务采取措施,防止其境内或其管辖区域内的中立国使节及国民遭受虐待,以及中立国人民的合法权益受到侵犯。

3. 容忍。中立国须容忍交战国根据战争法对其国家和人民采取的有关措施,包括对其有关船舶的临检,对其从事非中立义务的船舶的拿捕审判、处罚或非常征用。而交战国须容忍中立国与他方交战国保持正常的外交和商务关系。

三、对作战手段的限制和对战时平民及战争受难者的保护

(一)对作战手段和方法的限制

作战手段是指所使用的武器,而方法则包括如何使用武器及其他作战方法。战争与武装冲突法从人道的角度出发,对作战手段和方法规定了若干限制。

1. 限制作战手段和方法的基本原则。(1)"条约无规定"不解除当事国义务。根据"马顿斯条款",在国际协定未规定的情况下,平民和战斗员仍然受来源于既定习惯、人道原则和公众良心要求的国际法原则的保护。(2)"军事必要"不解除当事国义务。交战各方必须遵守战争法规所加诸它的义务,不得以"军事必要"来对抗和破坏战争法义务。(3)区别对待。在战争或武装冲突中必须区别对待平民与武装部队、战斗员与非战斗员、有战斗能力的战斗员与战争受难者、民用目标与军事目标等。

2. 对作战手段和方法限制的主要内容。(1)禁止极度残酷的武器,有毒、化学和生物武器。(2)禁止不分皂白的战争手段和作战方法。(3)禁止改变环境的作战手段和方法。(4)禁止背信弃义的战争手段和作战方法。以下行为构成背信弃义的情况:第一,假装有在休战旗下谈判或投降的意图;第二,假装因伤或因病而无能力;第三,假装具有平民、非战斗员的身份;第四,使用联合国或中立国家或其他非冲突各方的国家的记号、标志或制服而假装享有被保护的地位。

(二)对战争受难者的保护

1. 对平民的保护。(1)对于在战争或武装冲突发生时,位于交战国境内的敌国平民一般应允许离境,对继续居留者应给予人道主义的待遇。(2)对于占领区内的敌国平民,占领当局只能在国际法许可的范围内行使军事管辖权,并对平民应给予人道主义的待遇。

2. 对伤病员的待遇。敌我伤病员在一切情况下应无区别地予以人道的待遇和照顾,不得基于性别、种族、国籍、宗教、政治意见或其他类似标准而有所歧视。对其生命的任何危害或对其人身的暴行均应严格禁止。尤其不得加以谋杀或消灭、施以酷刑或供生物学的试验;不得故意不给予医疗救助及照顾;也不得造成使其冒传染病风险的情况。当冲突一方被迫放弃伤者、病者于敌人时,在军事考虑许可范围内,应留下一部分医疗人员与器材。

3. 对战俘的待遇。(1)交战方应将战俘拘留所设在比较安全的地带。(2)不得将战俘扣为人质,禁止对战俘施以暴行或恫吓及公众好奇的烦扰;不得对战俘实行报复,进行人身残害或肢体残伤,或供任何医学或科学实验;不得侮辱战俘的人格和尊严。(3)战俘应保有其被俘时所享有的民事权利。(4)对战俘的衣、食、住要能维持其健康水平。(5)尊重战俘的风俗习惯和宗教信仰,允许他们从事宗教、文化和体育活动。(6)战俘享有司法保障,受审时享有辩护权,还享有上诉权。(7)战事停止后,战俘应即予以释放并遣返,不得迟延。

【例9-3】(2009年·卷一·78题)甲乙两国因边境冲突引发战争,甲国军队俘获数十名乙国战俘。关于战俘待遇,根据《日内瓦公约》,下列哪些选项是正确的?①

A. 乙国战俘应保有其被俘时所享有的民事权利

B. 战事停止后,甲国可依乙国战俘的情形决定遣返或关押

C. 甲国不得将乙国战俘扣为人质

D. 甲国为了使甲国一地区免受乙国军事攻击可在该地区安置乙国战俘

【例9-4】(2004年·卷一·90题)甲乙两国在其交界处发现一处跨国界的油气田,两国谈判共同开发未果。当甲国在其境内对该油田独自进行开发时,乙国派军队进入甲国该地区,引发了两国间的大规模武装冲突。甲国是1949年日内瓦四个公约的缔约国,乙国不是。根据国际法的有关规则,下列判断何者为错误?②

A. 由于战场在甲国领土,甲国军队对乙国军队的作战不受战争法规则的拘束

B. 由于甲国作战是行使自卫权,甲国军队对乙国军队的作战不受战争法规则的拘束

C. 由于乙国不是日内瓦四公约的缔约国,甲国军队对乙国军队的作战不受该四个公约的约束

D. 由于乙国不是日内瓦四公约的缔约国,乙国没有遵守战争法规则的法律义务

【例9-5】(2007年·卷一·77题)国际人道法中的区分对象原则(区分军事与非军事

---

① 答案:AC。本题要求对于《日内瓦第三公约》中关于战俘自其被俘至其丧失战俘身份前应享受规定的合法待遇和相关权利有系统的掌握。首先,交战方应将战俘拘留所设在比较安全的地带。无论何时都不得把战俘送往或拘留在战斗地带或炮火所及的地方,也不得为使某地点或某地区免受军事攻击而在这些地区安置战俘。因此D项错误。战事停止后、战俘应即予以释放并遣返,不得迟延。B项错误。同时,战俘应保有其被俘时所享有的民事权利。战俘的个人财物除武器、马匹、军事装备和军事文件以外的自用物品一律归其个人所有;战俘的金钱和贵重物品可由拘留国保存,但不得没收。不得将战俘扣为人质,禁止对战俘施以暴行或恫吓及公众好奇的烦扰;不得对战俘实行报复,进行人身残害或肢体残伤,或供任何医学或科学实验;不得侮辱战俘的人格和尊严。因此A、C项正确。

② 答案:ABCD。战争法是调整交战国之间,交战国与中立国和其他非交战国之间的关系以及规范战争中交战方行为的规则和制度的总体。战争法规则中多数是国际习惯法规则,并经过了国际社会的官方大规模编纂。特别是,对作战手段的限制规则以及对人员的保护规则。这部分内容不但在法律上的战争状态中适用,而且一般也被适用于非战争的武装冲突中。对于国家间的战争或武装冲突,战争法的一般规则对有关各方同等适用,不存在由于战争性质或作战区域的不同而排除战争法规则的适用。因此,本题中甲国不能免受战争法规则的拘束。A、B项错误。具体到作为战争法组成部分的日内瓦四公约,首先,为了最大限度地保护战争受难者,公约对本身的适用作出了明确的规定,规定不仅对于发生在缔约国之间的战争或武装冲突中,对于缔约国具有拘束力,而且在交战国中有非缔约国的情况下,对于缔约国也具有拘束力。最后,《日内瓦公约》仅仅是战争法规则的一部分,并且其中许多是对习惯国际法的编纂,因此,接受一般战争法规则的拘束并不以是否是公约的缔约国作为条件,因此,C、D项错误。

目标，区分战斗员与平民）是一项已经确立的国际习惯法原则，也体现在《1977 年日内瓦四公约第一附加议定书》中。甲乙丙三国中，甲国是该议定书的缔约国，乙国不是，丙国曾是该议定书的缔约国，后退出该议定书。根据国际法的有关原理和规则，下列哪些选项是错误的？①

A. 该原则对甲国具有法律拘束力，但对乙国没有法律拘束力

B. 丙国退出该议定书后，该议定书对丙国不再具有法律拘束力

C. 丙国退出该议定书后，该原则对丙国不再具有法律拘束力

D. 该原则对于甲乙丙三国都具有法律拘束力

四、战争犯罪

（一）战争犯罪的概念

战争犯罪是指违反国际法基本原则，策划、发动侵略战争，破坏和平，违反战争法规和惯例，违反人道主义准则的各种犯罪行为。包括以下三类：

1. 破坏和平罪。是指计划、准备、发动侵略战争或违反条约或保证的战争，或参与为实现任何上述行为的共同计划或同谋。

2. 战争罪。是指违反战争法规与惯例的行为，包括但并不限于对在所占领土内的平民之谋杀、虐待，为使其从事奴隶劳役、或任何其他目的的放逐，对战俘或海上人员之谋杀或虐待，杀害人质，劫掠公私财产，任意破坏城市、集镇或乡村，或从事非根据军事需要之破坏。

3. 反人道罪。指在战争发生前或战争进行中，对平民进行谋杀、灭绝、奴化、放逐及其他非人道行为。

1998 年《国际刑事法院规约》对上述各项罪名的具体范围作了进一步的详细规定。

（二）惩罚战争犯罪的主要国际司法实践

1. 纽伦堡审判和东京审判。

（1）纽伦堡审判。是指根据 1945 年《控诉和惩处欧洲轴心国主要战犯的协定》及其附件《欧洲国际军事法庭宪章》成立的欧洲军事法庭，对“二战”中的德国主要战犯所进行的审判。法庭于 1945 年 11 月至 1946 年 10 月在纽伦堡先后对 22 名被告进行了审理和宣判。

（2）东京审判。是指 1946 年根据《远东国际军事法庭宪章》设置的远东国际军事法庭，

---

① 答案：AC。本题考查国际人道法中的区分对象原则的适用，注意“议定书”和“原则”适用的区别。从题面给出的内容来看，可以确立以下基本事实，（1）国际人道法中的区分对象原则（区分军事与非军事目标，区分战斗员与平民）是一项已经确立的国际习惯法原则；（2）区分对象原则（区分军事与非军事目标，区分战斗员与平民）同时也规定在《1977 年日内瓦四公约第一附加议定书》中。（3）甲国是议定书的缔约国，乙国不是，丙国曾经是缔约国但现在退出。根据上述事实，考查和区分该原则本身和上述议定书对甲、乙、丙三国的不同的拘束力。从条约法角度，上述议定书仅对于缔约国具有拘束力。乙、丙两国都非议定书的缔约国，因此该议定书对于该两国没有拘束力。故 B 项正确，所以被排除选择。但是，区分原则本身兼具习惯国际法规则的性质，因而具有普遍的拘束力，即对于甲、乙、丙三国都具有拘束力，故 D 项正确，因此也被排除选择。因此，A、C 项错误，是本题答案。

对“二战”中的日本战犯进行的审判。法庭自1946年5月至1948年11月先后对25名被告进行了审理和判决。

2. 联合国前南刑事法庭。前南法庭全称是“起诉应对1991年以来前南斯拉夫境内所犯的严重违反国际人道主义法行为负责的人的国际法庭”。它是根据联合国安理会的决议,于1993年在海牙成立的。作为安理会的一个具有司法性质的附属机关,前南国际法庭于1994年11月首次开庭,目前已经审结了一些案件。

3. 联合国卢旺达国际法庭。联合国卢旺达法庭也是根据联合国安理会的决议于1994年设立的。目前该法庭的审判工作正在进行中。

4. 国际刑事法院。1998年7月,在罗马举行的建立国际刑事法院外交大会上,通过了《国际刑事法院罗马规约》。该规约已于2002年7月生效。根据该规约的规定,国际刑事法院已于2002年7月成立。国际刑事法院所在地为荷兰海牙。

【例9-6】国际社会的实践中,涉及对于战争罪行的个人责任进行追究的国际司法机构是哪些?①

A. 联合国前南斯拉夫刑事法庭

B. 联合国国际法院

C. 国际刑事法院

D. 远东国际军事法庭

牛刀小试

1. 甲国以乙国拥有并扩散大规模杀伤性武器为由,对乙国发动战争。根据国际法上战争法的规定,战争开始以后引起的法律后果有哪几项?②

A. 两国的外交关系和领事关系断绝

B. 交战国和非交战国为当事国的有关卫生、医药的多边条约,不因战争开始而终止

C. 交战国人民之间的贸易和商务往来是被禁止的,包括废除已履行的契约和已结算的债务

D. 交战国对在海上遇到敌国执行医院任务的船舶可以拿捕没收

2. 甲乙两国发生战争。根据国际法,下列哪些判断是正确的?③

---

① 答案:ACD。国际社会成立的涉及惩罚战争犯罪的国际司法机构有:(1)纽伦堡欧洲国际军事法庭和东京远东国际军事法庭。(2)联合国前南刑事法庭。(3)联合国卢旺达法庭是。(4)国际刑事法院。联合国国际法院作为联合国的六大机构之一,其功能用于解决国家间的争端,其管辖权范围一般不涉及对战争犯罪的个人责任追究。B项错误。

② 答案:AB。A项正确,国际法上,战争开始,外交和领事关系断绝。B项正确,交战国和非交战国为当事国的有关卫生、医药的多边条约,不因战争开始而终止,但其中与交战行为相冲突的条款,可中止执行,待到战争结束后再恢复执行。所以,B项正确。交战国人民之间的贸易和商务往来是被禁止的,但已履行的契约和已结算的债务并不废除。所以,C项错误。交战国对在海上遇到敌国的公私船舶及货物,可予以拿捕没收,但对从事探险、科学、宗教或慈善以及执行医院任务的船舶除外,D项错误。

③ 答案:CD

A. 甲国为了消灭藏匿于乙国平民中的乙国军队，可以摧毁所有相关的平民目标

B. 如果藏匿于乙国平民中的乙国军队对甲国军队发动袭击，甲国选择某些甲国平民进行报复

C. 甲国军队不得通过在身体上和精神上对乙国平民施加压力，强迫提供情报

D. 甲国军队不得对乙国平民实行集体刑罚和扣为人质

3. 武器是战争的重要构成要素。在现代国际法上，下列武器类型中哪一种武器本身尚未被战争法规则明确地直接禁止？（2005 年·卷一·34 题）①

A. 核武器

B. 生物武器

C. 毒气化学类武器

D. 射入人体后爆炸的达姆弹

4. 甲国与乙国在一场武装冲突中，各自俘获了数百名对方的战俘。甲、乙两国都是 1949 年关于对战时平民和战争受难者保护的四个《日内瓦公约》的缔约国。根据《日内瓦公约》中的有关规则，下列哪种行为不违背国际法？（2006 年·卷一·34 题）②

A. 甲国拒绝战俘与其家庭通信或收发信件

B. 甲国把乙国的战俘作为战利品在电视中展示

C. 乙国没收了甲国战俘的所有贵重物品，上缴乙国国库

D. 乙国对被俘的甲国军官和甲国士兵给予不同的生活待遇

---

① 答案：A。本题涉及战争法中的禁止使用具有过分伤害力和滥杀滥伤作用的武器。具有过分伤害力和滥杀滥伤作用的武器，有时又被称为“野蛮或残酷的方法和手段”。这类武器有毒气、化学和生物武器。具体包括：(1)极度残酷的武器。达姆弹在此之列，此外能够射出大量碎片、小箭、小针之类的集束炸弹或此类地雷以及燃烧武器等也包括在内，D 项错误。(2)有毒、化学和生物武器，B、C 项错误。关于核武器。虽然从理论上讲，其无疑应该属于被禁止的武器和方法之列，但目前的国际法还未对核武器的禁止作出全面明确的规定。因此，核武器是本身尚未被战争法规则明确全面禁止的武器，A 项正确。

② 答案：D。根据《日内瓦第三公约》，战俘自其被俘至其丧失战俘身份前应享受规定的合法待遇和相关权利。其中包括：不得将战俘扣为人质，禁止对战俘施以暴行或恫吓及公众好奇的烦扰；不得侮辱战俘的人格和尊严；战俘应保有其被俘时所享有的民事权利。战俘的个人财物除武器、马匹、军事装备和军事文件以外的自用物品一律归其个人所有；战俘的金钱和贵重物品可由拘留国保存，但不得没收；准许战俘与其家庭通讯和收寄邮件；不得歧视。战俘除因其军职等级、性别、健康、年龄及职业资格外，一律享有平等待遇。不得因种族、民族、宗教、国籍或政治观点不同加以歧视。综上所述，A、B、C 项与上述规定相违背，是错误选项，D 项正确。

第二编　国际私法

»»»第一讲
国际私法概述

特别提示

本讲作一般性了解即可,其主要考点有:国际私法规范、国际私法的渊源。

一、国际私法的调整对象和调整方法

国际私法是调整涉外民商事法律关系的法律部门,其最有特色的规范是冲突规范,此类规范的调整的方式表现为间接调整,在此基础上又形成了一系列的制度,如识别、反致、转致、法律规避和外国法的查明等。其规范及调整方法的特殊性往往使没有接触过国际私法的学生感到难于把握。而实际上,只要了解该门学科的规律,把握国际私法并不难。

(一)调整对象

国际私法是调整涉外民商事法律关系的法律部门。国际私法的调整对象是具有涉外因素的民商事法律关系。"具有涉外因素"指在主体或客体或民商事关系中具有涉外因素,具体表现如下:

1. 主体的一方或双方是外国自然人或法人,或无国籍人或外国国家。

2. 客体具有涉外因素,如一中国人要求继承另一中国人在英国的一笔房产,虽然两个主体均为中国人,但要继承的客体在国外,也是有涉外因素。

3. 民商事关系的产生、变更或消灭的事实发生在外国。如一中国人在法国因车祸死亡后,生前留有遗嘱,涉及其在中国的财产继承,该关系的主体均为中国人,客体被继承的财产也在中国,但被继承人死亡的事实却发生在国外,因此也属于具有涉外因素的法律关系。

"民商事法律关系"指广义的民商事法律关系,广义的民商事法律关系指平等主体之间的财产关系或与财产有关的人身关系,包括物权关系、债权关系、知识产权关系、婚姻家庭关系、继承关系、公司法关系、海商法关系、票据法关系、破产法关系、保险法关系等。

【例1-1】下列哪项属于国际私法调整的范围?①

A. 外国人民事法律地位问题　　B. 法律冲突问题

C. 国际民事诉讼程序问题和仲裁程序问题　　D. 国家对产品的进出口管制

(二)调整方法

① 答案:ABC

国际私法的调整方法主要有两类：

1. 间接调整的方法，即冲突法调整的方法，是不直接对国际民商事法律关系当事人之间的实体权利与义务进行直接的规定，而是在国内立法或国际条约中规定某类国际民商事法律关系受何种法律调整的方法。间接调整的方法是考试的重点部分。

2. 直接调整的方法，指采用直接规定当事人权利与义务的实体规范来调整国际民商事法律关系的方法，即采用统一实体规范的方法调整。

二、国际私法的规范和渊源

（一）国际私法的规范

1. 外国人民商事法律地位的规范。它关于外国人在内国法律上享有民商事权利和承担义务的资格和状况的规范。外国人民商事法律地位的规范是国际私法产生的前提。

2. 冲突规范。它是规定某一涉外民商事法律关系应适用何国实体法的规范。冲突规范是一种间接规范，它是国际私法特有的规范，也是国际私法的重要组成部分，因此是考试的重点部分。

3. 国际统一实体私法规范。它是直接调整国际民商事关系的国际统一实体法。统一实体规范晚于冲突规范出现，国际私法考试一般不涉及统一实体规范的具体内容。

4. 国际民商事争议解决规范。国际民商事争议解决规范属于程序规范，由于此类规范在国内法及国际法上还没有形成一个独立的法律部门，因此仍在国际私法中加以研究。

（二）国际私法的渊源

1. 国内渊源。主要包括国内立法、国内判例和司法解释。国内立法在成文法国家中是国际私法主要的渊源，如《民法通则》，2010年颁布的《中华人民共和国涉外民事关系法律适用法》（以下简称《涉外民事关系法律适用法》）。

★《涉外民事关系法律适用法》

《涉外民事关系法律适用法》在“一般规定”部分明确了几点：

（1）涉外民事关系适用的法律，依照本法确定。（第2条）

（2）其他法律对涉外民事关系法律适用另有特别规定的，依照其规定。（第2条）

（3）本法和其他法律对涉外民事关系法律适用没有规定的，适用与该涉外民事关系有最密切联系的法律。（第2条）

（4）当事人依照法律规定可以明示选择涉外民事关系适用的法律。（第3条）

（5）直接适用，规定中国法律对涉外民事关系有强制性规定的，直接适用该强制性规定。（第4条）

【注意】该法的颁布使以前有关民事关系的规定与该法不符的适用该法，但该法没有规定的，以前的法律仍然适用，包括1988年4月2日发布的《最高人民法院关于贯彻执行〈中华人民共和国民法通则〉若干问题的意见（试行）》（以下简称《民法通则意见》）等。

【注意】《涉外民事关系法律适用法解释》

在《涉外民事关系法律适用法》颁布实施后，最高人民法院又出台了《关于适用〈中华人民共和国涉外民事关系法律适用法〉若干问题的解释(一)》(以下简称《涉外民事关系法律适用法解释》),该司法解释涉及以下几个主要问题:

(1)涉外民事关系的认定:根据《涉外民事关系法律适用法解释》第1条,民事关系的主体、客体、法律事实中有一项具有涉外因素即可涉外民事关系,最后一款还兜底规定了可以认定的其他情形。

【例1-2】根据《中华人民共和国涉外民事关系法律适用法》若干问题的解释(一)下列哪些是正确的?①

A. 中国人甲和中国人乙在韩国发生的侵权争议属于"涉外民事关系",应适用《中华人民共和国涉外民事关系法律适用法》解决法律适用问题

B. 涉外民事关系法律适用法实施以前发生的涉外民事关系,适用当时的法律

C. 对同一法律关系,《票据法》有规定的,适用《票据法》的规定

D. 当事人在合同中不能援引尚未对中华人民共和国生效的国际条约

(2)新旧法的适用:根据第2条的规定,《涉外民事关系法律适用法》实施以前发生的涉外民事关系,人民法院应依该涉外民事关系发生时的有关法律规定确定应当适用的法律;当时法律没有规定的,可以参照《涉外民事关系法律适用法》的规定确定。

(3)特别法优先:根据第3条的规定,《涉外民事关系法律适用法》与其他法律对同一涉外民事关系法律适用规定不一致的,适用《涉外民事关系法律适用法》的规定,但《票据法》、《海商法》、《民用航空法》等商事领域法律的特别规定以及知识产权领域法律的特别规定除外。即特别法优先适用。

(4)条约优先:根据第4条的规定,涉外民事关系的法律适用涉及适用国际条约的,条约优先适用,但知识产权领域的国际条约已经转化或者需要转化为国内法律的除外。

(5)惯例的适用:根据第5条的规定,涉外民事关系的法律适用涉及适用国际惯例的,可以适用国际惯例。

(6)意思自治:《涉外民事关系法律适用法解释》有四点涉及意思自治,其一,明确未规定则不能选择法律:根据第6条的规定,中国法律没有明确规定当事人可以选择涉外民事关系适用的法律,当事人选择适用法律的,人民法院应认定该选择无效。其二,无实际联系也可以选择,根据第7条的规定,一方当事人以双方协议选择的法律与系争的涉外民事关系没

---

① 答案:ABC。A项正确,根据《适用解释》第1条的规定,主体、客体、法律事实中有一项涉及涉外即为"涉外民事法律关系",本选项的法律事实发生在境外。B项正确,根据第2条规定:" 涉外民事关系法律适用法实施以前发生的涉外民事关系,人民法院应当根据该涉外民事关系发生时的有关法律规定确定应当适用的法律;当时法律没有规定的,可以参照涉外民事关系法律适用法的规定确定。"C项正确,根据第3条的规定,特别法优先适用。D项错误,根据第9条的规定,当事人在合同中援引尚未对中国生效的国际条约的,人民法院可以根据该国际条约的内容确定当事人之间的权利义务,但违反中国社会公共利益或中国法律、行政法规强制性规定的除外。

有实际联系为由主张选择无效的，人民法院不予支持。其三，选择的时间，根据第8条的规定，当事人在一审法庭辩论终结前协议选择或者变更选择适用的法律的，人民法院应予准许。其四，可选择公约，根据第9条的规定，当事人在合同中援引尚未对中华人民共和国生效的国际条约的，人民法院可依该国际条约的内容确定当事人之间的权利义务，但违反中国社会公共利益或中国法律、行政法规强制性规定的除外。

(7)先决问题：根据《涉外民事关系法律适用法解释》第12条的规定，涉外民事争议的解决须以另一涉外民事关系的确认为前提时，人民法院应当根据该先决问题自身的性质确定其应当适用的法律。

(8)分别适用：根据《涉外民事关系法律适用法解释》第13条的规定，案件涉及两个或者两个以上的涉外民事关系时，人民法院应当分别确定应当适用的法律。

【注意】国内判例主要在普通法国家中作为国际私法的渊源，在中国，判例不是法律的渊源。司法解释指国家最高司法机关依法律的授权对司法实践中具体适用法律的问题进行的解释。此类解释由于对其他法院的审判活动具有约束力，因此，在我国实际上已成为了一种国际私法的渊源。

2. 国际渊源。国际渊源主要包括国际条约和国际惯例。国际条约从内容上分可概括为四个方面，即规定外国人民事法律地位的条约，统一冲突规范、统一实体规范、国际民事诉讼和国际商事仲裁程序公约。国际惯例既包括冲突法领域的惯例，也包括实体法领域的惯例。法律范畴的国际惯例依法律规范的性质可分为强制性的国际惯例和任意性的国际惯例，强制性的惯例当事人必须遵守，如“国家及其财产豁免原则”这一惯例即属于强制性的惯例，任意性的惯例只有在当事人选择适用时才对其有约束力。

牛刀小试

1. 下列社会关系，属于国际私法调整的有哪几项？①

A. 中国籍李某与中国国籍王某的婚姻关系

B. 中国籍许某继承其父死后遗留在美国的房产的继承关系

C. 两个中国登记的船舶在日本港口相撞产生的侵权关系

D. 一国公司告另一国公司侵犯其商标权

2. 下列规范中，属于间接调整方法的法律规范是哪一项？②

A. 我国《民法通则》规定：不动产继承适用不动产所在地法律

B. 1980年《联合国国际货物销售合同公约》

C. 我国《民事诉讼法》第5条规定：外国人、无国籍人、外国企业和组织在我国法院起诉、应诉，同中华人民共和国公民、法人和其他组织有同等的诉讼权利义务

D.《国际贸易术语解释通则(2010)》

---

① 答案：BCD

② 答案：A

第二讲
国际私法的主体

特别提示

本讲是司法考试的重点,其主要考点有:自然人国籍、居所、住所,法人登记地、住所、国籍,注意2010年新通过的《法律适用法》关于该部分的规定。

考查概况

考查次数	已考考点	已考法条
2	自然人国籍冲突的解决	《民通意见》第182条
2	自然人住所冲突的解决	《民通意见》第183条
1	法人的登记	《民通意见》第184条
1	法人国籍的确定	《民通意见》第184条

一、自然人

国际私法研究自然人国籍、住所、居所的冲突问题可概括为三个方面:首先,在调整对象上,自然人的国籍是确定某一民商事法律关系是否具有主体上的涉外因素的判断依据。其次,当冲突规范有关某类涉外民商事关系的规定是采用本国法来调整时,当事人国籍、住所、居所的确定即关系到当事人属人法的适用问题。再次,国籍、住所、居所往往也是在确定管辖权时的依据之一。

(一)自然人的国籍冲突及属人法的确定

自然人国籍的冲突及其解决主要包括下列的内容:

1. 自然人国籍的积极冲突及属人法的确定。自然人的国籍冲突分为积极的冲突和消极的冲突。一个人具有两个或两个以上的国籍的情况称为国籍的积极冲突。对于国籍积极冲突的解决国际上通常的做法是:(1)当其中之一为内国国籍时,以内国国籍为准。(2)当均为外国国籍时,各国有不同的做法,主要是:①以当事人最后取得的国籍为准;②以当事人住所或惯常居所所在国国籍为准;③以与当事人有最密切联系的国籍为准。也有的国家不区别内国国籍和外国国籍,只以与当事人有最密切联系的国籍为准。

【注意】根据《涉外民事关系法律适用法》第19条的规定,自然人具有两个以上国籍的,适用有经常居所的国籍国法律;在所有国籍国均无经常居所的,适用与其有最密切联系的国籍国法律。自然人无国籍或者国籍不明的，适用其经常居所地法律。

此项《涉外民事关系法律适用法》关于国籍冲突的解决可总结下列几点：(1)积极冲突：采取有条件选择，适用经常居所的国籍国法；无经常居所的，适用最密切联系的国籍国法。(2)消极冲突：适用经常居所的国籍国法。

【例2-1】大卫是甲国人，同时具有乙国国籍，其原始住所在甲国，经常居所在乙国。后因在丙国为票据行为所引起的票据纠纷在我国涉诉。为了确定大卫之票据行为的效力，我国法院首先要确定他是否具有民事行为能力。按照我国《票据法》的规定，票据债务人的民事行为能力适用其本国法。大卫同时具有甲国国籍和乙国国籍，我国法院应如何确定其本国法？①

A. 以大卫有住所的甲国法律为其本国法

B. 以票据行为地丙国的法律为其本国法

C. 以大卫有经常居所的乙国法律为其本国法

D. 以与大卫有最密切联系的国家的法律为其本国法

2. 自然人国籍的消极冲突的解决。在当事人无国籍或其国籍不明确的情况下，如何确定当事人的本国法呢？一般主张以当事人住所所在国的法律为其本国法，如果当事人无住所或其住所不能确定时，以其居所所在国的法律为其本国法。例如，1898年《日本法例》第27条第2款规定，无国籍人，以其住所地法为本国法；不知其住所时，依其居所地法。如其居所亦不能确定，有的国家规定适用法院地法；有的国家则要求当事人归化法院地国国籍，这实际上也是要求适用法院地法。此外，有的国家法律直接规定以当事人惯常居所所在国的法律为其属人法，1978年《奥地利联邦国际私法法规》第9条第2款就是这样规定的。

《民法通则意见》第181条规定，无国籍人的民事行为能力，一般适用其定居国法律；如未定居的，适用其住所地国法律。这意味着在当事人无国籍的情况下，在确定其民事行为能力方面，首先以其定居国法为其属人法；无定居国的，则以其住所地国法代替之。

(二)自然人的居所、住所冲突及属人法的确定

1. 居所。居所的要件比住所宽松，只需要有居住的事实即可。《涉外民事关系法律适用法解释》在属人法问题上采用了经常居所地法主义，该法以经常居所地作为确定人的身份、能力、婚姻家庭、继承等民事关系的准据法时的主要连结点。根据《涉外民事关系法律适用法解释》第20条的规定，自然人经常居所地不明的，适用其现在居所地法律。

关于经常居所地的认定，根据《涉外民事关系法律适用法解释》第15条，自然人在涉外民事关系产生或者变更、终止时已经连续居住一年以上且作为其生活中心的地方，人民法院

① 答案C。本题涉及国籍冲突的解决，以及票据行为能力的法律适用。根据《涉外民事关系法律适用法解释》第19条的规定，自然人具有两个以上国籍的，适用有经常居所的国籍国法律；在所有国籍国均无经常居所的，适用与其有最密切联系的国籍国法律。C项正确，注意新规定与旧规定的区别，《民法通则意见》第182条是以其有住所或者与其有最密切联系的国家的法律为其本国法。新规定在国籍冲突的解决上采取的是有条件的选择，大卫有经常居所的，适用经常居所的国籍国法律，只有没有经常居所的，才涉及最密切联系的国籍国法律的适用。

可以认定为涉外民事关系法律适用法规定的自然人的经常居所地,但就医、劳务派遣、公务等情形除外。

根据《涉外民事关系法律适用法解释》第16条的规定,人民法院应当将法人的设立登记地认定为涉外民事关系法律适用法规定的法人的登记地。

【例2-2】(2013年·卷一·37题)张某居住在深圳,2008年3月被深圳某公司劳务派遣到马来西亚工作,2010年6月回深圳,转而受雇于香港某公司,其间每周一到周五在香港上班,周五晚上回深圳与家人团聚。2012年1月,张某离职到北京治病,2013年6月回深圳,现居该地。根据《涉外民事关系法律适用法》(不考虑该法生效日期的因素)和司法解释,关于张某经常居所地的认定,下列哪一表述是正确的?①

A. 2010年5月,在马来西亚

B. 2011年12月,在香港

C. 2013年4月,在北京

D. 2008年3月至今,一直在深圳

2. 住所。自然人的住所指一个人久住的处所。一个住所的确立需具备两个条件,即主观上当事人应有久住的意思,客观上当事人应有久住的事实。由于《涉外民事关系法律适用法》在属人法问题上采用了经常居所地法主义。住所的概念会主要适用于在适用外国法时住所的认定,鉴于新的《涉外民事关系法律适用法》在住所冲突的解决上并没有规定,在需要解决住所冲突时还应当适用《民法通则》及相关解释的规定,根据我国《民法通则》第15条的规定,公民以他的户籍所在地的居住地为住所,经常居住地与住所不一致的,经常居住地视为住所。在住所积极冲突时,根据《民法通则意见》第183条的规定,当事人有几个住所的,以与产生纠纷的民事关系有最密切联系的住所为住所。在住所消极冲突时,根据《民法通则意见》第183条的规定,当事人的住所不明或不能确定的,以其经常居住地为住所。

【例2-3】阿根廷人马里奥与中国女子李某结婚,马里奥在美国、加拿大、阿根庭均有住所,在与李某发生纠纷时,马里奥住在北京的某饭店。中国法院在受理涉及两人的婚姻纠纷时需要适用马里奥的经常居所地法律,但法院无从查明其经常居所。请问我国法院应依何国法律?②

A. 美国法律　　B. 加拿大法律

C. 阿根廷法律　　D. 中国法律

【例2-4】(2005年·卷一·40题)甲具有美国国籍,在加拿大有其原始住所。现甲在

① 答案:D。根据《涉外民事关系法律适用法解释》第15条,自然人在涉外民事关系产生或者变更、终止时已经连续居住一年以上且作为其生活中心的地方,人民法院可以认定为涉外民事关系法律适用法规定的自然人的经常居所地,但就医、劳务派遣、公务等情形除外。本题中,张某居住在深圳,虽因为工作和治病变动住所,但依上述规定,就医、劳务派遣、公务等情形连续居住1年以上的不视为经常居所地,因此,张某的经常居所地一直在深圳,D项正确。

② 答案:D。根据《涉外民事关系法律适用法》第20条的规定,自然人经常居所地不明的,适用其现在居所地法律。马里奥的经常居所无从查明,但其现在的居所是北京某饭店,因此,本题应适用中国法律。D项正确。

英国及中国均有住所。甲家人常住英国，甲为生意常年往返于中国和英国。甲在中国住所居住期间，与他人发生民事纠纷而诉至中国法院。依中国有关法律及司法解释，法院应以何地为甲的住所？①

A. 甲的原始住所，即在加拿大国的住所

B. 甲常住地的住所，即在英国的住所

C. 与产生该纠纷有最密切联系的住所，即在中国的住所

D. 同时以其英国和中国的住所为住所

二、法人

（一）《涉外民事关系法律适用法》对法人属人法的规定

在法人属人法的确定上，《法律适用法》采用了登记地主义。根据《法律适用法》第14条的规定，法人及其分支机构的民事权利能力、民事行为能力、组织机构、股东权利义务等事项，适用登记地法律。法人的主营业地与登记地不一致的，可以适用主营业地法律。法人的经常居所地，为其主营业地。又根据《涉外民事关系法律适用法解释》第16条，人民法院应当将法人的设立登记地认定为涉外民事关系法律适用法规定的法人的登记地。

《涉外民事关系法律适用法》只涉及了主营业地与登记地不一致的情况，并没有涉及法人有几个营业所应如何处理，根据《民法通则意见》第185条的规定，当事人有两个以上营业所的，应以与产生纠纷的民事关系有最密切联系的营业所为准。

【例2-5】在中国登记的法人H，其章程中规定的住所地在甲国，其主要办事机构所在地在乙国。现在中国法院审理涉及该公司股东权利的争议。请问根据我国《涉外民事关系法律适用法》的规定，法院应适用何国法律？②

A. 甲国法律　　B. 乙国法律

C. 当事人选择的法律　　D. 中国法律

【例2-6】（2006年·卷一·35题）甲公司在德国注册成立，在中国进行商业活动时与中国的乙公司发生商务纠纷并诉诸中国法院。法院经审理查明：甲公司的控股股东为英国人，甲公司在德国、英国和中国均有营业所。依照我国有关法律及司法解释，法院应如何选择确定本案甲公司营业所？③

A. 以其德国营业所为准

---

① 答案：C。根据《民通意见》第183条的规定，当事人有几个住所的，以与产生纠纷的民事关系有最密切联系的住所为住所。C项正确。

② 答案：D。根据《法律适用法》第14条的规定，法人及其分支机构的民事权利能力、民事行为能力、组织机构、股东权利义务等事项，适用登记地法律。H在中国登记，故本案答案应为D项。

③ 答案：C。《民通意见》第185规定："当事人有二个以上营业所的，应以与产生纠纷的民事关系有最密切联系的营业所为准；当事人没有营业所的，以其住所或者经常居住地为准。"C项正确。

B. 以其英国营业所为准

C. 以其中国营业所为准

D. 以当事人共同选择的营业所为准

(二)法人国籍的确定

关于法人国籍的确定国际上有几种不同的主张,主要有:

1. 成员国籍说,即以控制法人的自然人的国籍来确定法人的国籍。

2. 设立地说,即以法人的登记地国来确定法人的国籍。

3. 住所地说,即以法人的住所来确定法人的国籍,但对于什么是法人的住所尚存在不同的观点。一种观点认为经营管理和经济活动中心是法人的住所。

4. 准据法说,即法人的国籍应以法人设立时所依据的法律来确定。

我国主张以法人的登记地来确定法人的国籍。根据《民法通则意见》第 184 条的规定,外国法人以其注册登记地国家的法律为其本国法,法人的民事行为能力依其本国法确定。依我国《公司法》第 192 条,外国公司指依外国法律在中国境外设立的公司。

(三)法人住所的确定

一些国家采用法人的住所地法作为法人的属人法。还有的国家依住所来确定法人的国籍。关于法人住所的确定,国际上主要有下列不同主张:主事务所所在地说、营业中心所在地说、章程指定住所说、主要办事机构所在地说。我国立法采用以主要办事机构所在地为法人住所的主张。根据《民法通则》第 39 条的规定,法人以它的主要办事机构所在地为住所。《公司法》第 10 条规定:"公司以其主要办事机构所在地为住所。"如法人有几个办事机构,则以对涉及民商事纠纷起决策作用的主要办事机构的所在地为其住所。

【例 2-7】在甲国登记的法人 H,其章程中规定的住所地在乙国,其主要办事机构所在地在丙国。现在中国法院审理涉及在中国业务的案件。请问根据我国《民法通则》及《公司法》的规定,法院应以哪里作为该法人 H 的住所?①

A. 其在甲国的登记地

B. 其在乙国章程规定的住所地

C. 其在丙国的主要办事机构所在地

D. 其在中国的营业地

(四)法人的营业所

法人所从事经营活动的场所是法人的营业所。依最高法院的《民通意见》第 185 条的规定,当事人有两个以上营业所的,应以与产生纠纷的民事关系有最密切联系的营业所为准;当事人没有营业所的,以其住所或者经常居住地为准。

---

① 答案:C。根据《民法通则》第 39 条及《公司法》第 10 条的规定,法人以它的主要办事机构所在地为住所,因此本题法院应以丙国的主要办事机构所在地为法人 H 的住所。故本题答案应为 C 项。

(五)外国法人的认可

外国法人的认可指内国对外国法人的法律人格的认可。外国法人的认可并非重新赋予其法律人格，而是关于已依有关外国法有效成立的外国法人在内国法律上是否允许从事商事活动的问题。有关外国法人的认可，国际上有几种不同的做法：

1. 一般认可，即外国法人依内国法的一般规定，只要办理了必要的登记和注册手续，即有资格在内国从事商事活动。西方国家多采用此种对外国法人的认可方式。

2. 概括认可，即通过国家间的条约相互承认对方的法人在本国的商事活动。此种对外国法人认可的方式多用于经济联系密切的国家之间。

3. 特别认可，即外国法人必须经过本国有关机构的批准程序或特别注册，方可在内国进行商事活动。我国目前主要采取此种对外国法人认可的方式。外国法人在中国从事民商事活动应得到中国主管机关的认可，例如，根据《中华人民共和国国务院关于管理外国企业常驻代表机构的暂行规定》第2条的规定，外国企业确有需要在中国设立常驻代表机构的，必须提出申请，经过批准，办理登记手续。未经批准登记的，不得开展常驻业务活动。《公司法》也有相同的规定。

三、国家

国家是国际民商事法律关系的特殊主体，其特殊性主要表现在国家首先是主权者，这决定了国家参与国际民商事活动的有限性，其次，国家在进行国际民商事活动时是以主权者与当事者的双重身份出现的，因此，国家及其财产在参与国际民商事活动时享有豁免权。

(一)国家及其财产的豁免权

国家及其财产的豁免权指国家及其财产在国际交往中享受未经其同意免受他国的管辖及执行措施的权利。国家及其财产的豁免权主要包括司法管辖的豁免、行政豁免、税收豁免等。就国际民商事法律关系而言，主要涉及司法管辖的豁免、诉讼程序的豁免和执行的豁免问题。司法管辖的豁免指未经一国的同意，不得在另一国法院对该国提起民事诉讼或以该国的财产作为民事诉讼的标的。诉讼程序的豁免指即使一国放弃了司法管辖的豁免，参与了在他国法院的民事诉讼，他国法院未经该国同意，仍不能对其采用诉讼保全措施。执行的豁免指即使一国既放弃了管辖的豁免，又放弃了程序的豁免，但仍不能对其财产进行执行程序。

(二)绝对豁免与限制豁免

在国家及其财产豁免上，有绝对豁免与限制豁免的争论。绝对豁免认为一个国家的行为除非其放弃豁免权，则不论其行为的性质如何，均应享有绝对的豁免权。限制豁免则将一国的活动分为主权行为和非主权行为，主权行为在他国享有豁免，非主权行为在他国不享有豁免。

(三)中国的实践

目前我国尚无有关国家豁免权的专门立法,但在我国缔结与参加的国际条约中涉及了有关的问题。我国在国家及其财产的豁免上的态度可概括为:(1)坚持国家及其财产豁免是国际法上的一项原则,反对一国单方面采取的限制豁免措施。(2)凡以国家名义从事的活动,除非国家自愿放弃,均享有豁免权。(3)对于国家企业的活动,由于其是具有独立法律人格的经济实体,因此不享有豁免。(4)赞成通过国际协议来消除各国在国家及其财产豁免问题上的分歧。(5)外国国家无视国际法,任意侵犯中国的国家及其财产豁免权的,中国可以对该外国国家采取相应的报复措施。(6)中国到外国法院出庭抗辩该外国法院的管辖权,不视为接受该外国法院的管辖。

四、国际组织

国际组织参与国际经济活动的前提是它必须具有一定的法律人格。国际组织是国际私法的特殊主体,其职能和活动范围必须严格依有关条约和组织章程的规定。

国际组织作为国际民商事法律关系的主体有如下特点:(1)国际组织参加国际民商事活动是以其本身的名义进行的。由于国际组织本身具有独立的法律人格,因而它参加民商事活动是以自己的名义进行的,而不牵涉组成国际组织的各个成员。国际组织的成员对国际组织的债务不负连带责任。(2)国际组织所从事的民商事活动是执行其职务及实现其宗旨所必需的民商事活动,这也就是说,国际组织所从事的民商事活动一般应与其职能和宗旨有关。《联合国宪章》第104条规定,本组织于每一会员国之领土内,应享受于执行其职务及达成其宗旨所必需之法律行为能力。这条规定所指的"法律行为能力"的范围当然应理解为包括联合国从事民商事活动的法律行为能力。但这条规定讲得很清楚,联合国的法律行为能力是执行其职务及达成其宗旨所必需的法律行为能力,而不是从事一切活动的法律行为能力。(3)国际组织与国家不同,它是若干成员特别是国家为了达到一定的共同目标而创立的国际性组织,它作为国际民商事法律关系的主体资格是由成员之间缔结条约、协议或共同制定组织章程而确立的。因此,国际组织的职能和活动范围必须严格按照有关条约和组织章程的规定。(4)上述特点决定了国际组织所能参与的国际民商事活动的范围极其有限,不可能如同自然人和法人一样可以广泛参与国际民商事活动,只能是国际私法的特殊主体。(5)政府间国际组织由于行使职能的需要,在国际上享有一定的特权与豁免。这种特权与豁免也适用于参与国际民商事活动的国际组织。

五、外国人的民商事法律地位

外国人具有民商事法律地位是指外国人在内国法律上享有民商事权利及承担民商事义务的资格。各国在实践中形成的关于外国人的民商事法律地位的制度有多种,主要包括国民待遇、最惠国待遇和优惠待遇。该部分主要掌握国民待遇与最惠国待遇及其区别。

(一)国民待遇

国际私法中的国民待遇指在民商事权利方面,内国给予外国人与本国人相同的待遇。民商事权利主要指财产权、亲权、诉讼权等方面。例如,依我国《民法通则》第 8 条第 2 款规定:"本法关于公民的规定适用于在中华人民共和国领域内的外国人、无国籍人,法律另有规定的除外。"

(二)最惠国待遇

国际私法中的最惠国待遇指在民商事权利方面,授予国给予外国人的待遇,不低于授予国已给予或将给予任何第三国国民的待遇。我国主要在贸易领域、投资领域等通过条约的形式给予外国人最惠国待遇。最惠国待遇与国民待遇的主要区别是,国民待遇强调的是外国人的待遇与本国人基本相同,而最惠国待遇是外国人之间基本相同。

(三)优惠待遇

优惠待遇指一国给予外国人在特定事项方面优惠于本国人的待遇。一国给予外国自然人和法人以优惠待遇,一般通过两种方式加以规定:一是通过国内立法加以规定,这是最通常的方式;二是通过缔结国际条约加以规定。

牛刀小试

1. 中国某法院受理的一涉外案件中,涉及约克本国法的适用问题,约克具有英国籍,还具有加拿大国籍,他的经常居所在加拿大,他在美国及加拿大都有一定的业务。请问中国法院应以哪国的法律?(2009 年·卷一·99 题)①

A. 中国法　　B. 英国法

C. 美国法　　D. 加拿大法

2. 甲国籍人罗伯逊与家人久居乙国,其原始住所在甲国。罗伯逊在乙国和丙国均有生意和住所,不时去丙国照看生意,并与在丙国居住的父母小住。近年来,由于罗伯逊在中国的生意越来越好,因而长期居住于在北京某饭店包租的 578 号房间。关于罗伯逊住所的认定,下列选项正确的是:②

A. 因罗伯逊的住所不能确定,应以其长期居住地北京某饭店 578 号房间为其住所

B. 因罗伯逊的家人主要居住于乙国,应以乙国的住所为其住所

C. 因涉及丙国的纠纷,应以罗伯逊在丙国的住所为其住所

---

① 答案:D。根据《涉外民事关系法律适用法》第 19 条的规定,自然人具有两个以上国籍的,适用有经常居所的国籍国法律;在所有国籍国均无经常居所的,适用与其有最密切联系的国籍国法律。本题中,约克在加拿大有经常居所,因此,应适用加拿大法律。故本题答案为 D 项。

② 答案:C。本题涉及在住所冲突的情况下住所的认定。根据《民法通则意见》第 183 条,当事人有几个住所的,以与产生纠纷的民事关系有最密切联系的住所为住所。本题中,罗伯逊在丙国的住所虽然只是小住,但由于本题涉及的是在丙国的纠纷,因此,C 项"应以罗伯逊在丙国的住所为其住所"是正确的。

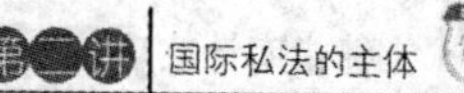

D. 应以罗伯逊在甲国的原始住所为其住所

3. 在甲国登记的环球公司经常居所地在中国,该公司在中国和甲国都有营业,根据《法律适用法》,下列哪些选项是正确的?①

A. 环球公司的民事行为能力应当适用甲国法律

B. 环球公司的组织机构可以适用中国法律

C. 环球公司的主营业地是中国,因为该公司的经常居所地在中国

D. 环球公司的主营业地是甲国,因为该公司在甲国即有营业地又是公司登记地

① 答案:BC。《涉外民事关系法律适用法》采用了登记地主义。根据《涉外民事关系法律适用法》第14条的规定,法人及其分支机构的民事权利能力、民事行为能力、组织机构、股东权利义务等事项,适用登记地法律。法人的主营业地与登记地不一致的,可以适用主营业地法律。法人的经常居所地,为其主营业地。A项错误、B项正确,因为环球公司的登记地与主营业地不一致,根据《涉外民事关系法律适用法》的规定,既可以适用登记地法,也可以适用主营业地法。C项符合第14条的规定,该公司的经常居所地在中国,经常居所地即为主营业地,虽然甲国也有营业地,但不是该公司的经常居所地。

》》》第三讲

冲突规范和准据法

特别提示

本讲也是司法考试的重点，其主要考点有：区别冲突规则的类型，注意《法律适用法》的规定、准据法的确定。

考查概况

考查次数	已考考点	已考法条
1	冲突规范的连接点	
2	冲突规范的类型	
1	准据法的特点	
1	合同准据法	《民法通则》第145条
1	法定继承的准据法	《民法通则》第149条

一、冲突规范的定义、特点和结构

（一）定义和特点

冲突规范是指明某一民商事法律关系应适用何国法来调整的规范。我国《民法通则》第八章的内容均为冲突规范。冲突规范具有与一般的法律规范不同的特点，其特点主要表现在：(1)冲突规范是一种间接规范。(2)冲突规范是一种法律适用规范。冲突规范既不同于实体法，也不同于程序法。冲突规范是一种调整实体关系但其调整方式又与实体法不同的法律适用规范。(3)冲突规范是一种有特殊结构的规范。冲突规范是一种间接规范，其间接性规定了此种规范具有独特的结构，冲突规范由范围、系属和连结点组成。

【例3－1】下列选项中哪些法律规定属于冲突规范？①

A. 不动产的所有权，适用不动产所在地法律

B. 中华人民共和国民法调整平等主体的公民之间、法人之间、公民和法人之间的财产关系和人身关系

C. 当事人可以协议选择委托代理适用的法律

① 答案：AC

D. 中国已婚的公民,夫妻双方在国外但未定居,一方向人民法院起诉离婚的,应由原告或被告原住所地人民法院管辖

(二)冲突规范的结构(见图3-1)

1. 范围是冲突规范所要调整的民商事法律关系或要解决的法律问题。

2. 系属是冲突规范所调整的民商事法律关系或要解决的法律问题所应适用的法律。

3. 连结点是将范围与系属连结在一起的标志点。

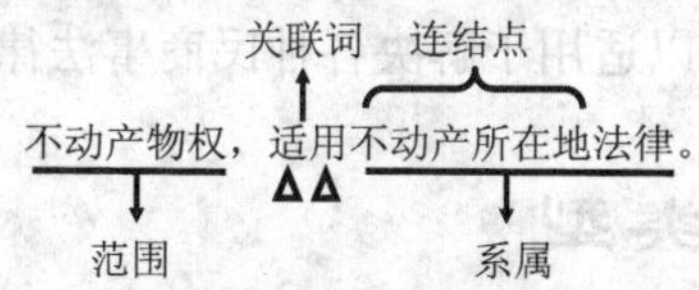

图3-1 冲突规范的结构

上例"不动产物权"是范围,"不动产所在地法"是系属,"不动产所在地"是连结点。

连结点有动态连结点与静态连结点之分,静态连结点指固定不变的连结点,如不动产所在地、婚姻举行地、合同缔结地、侵权行为地等。动态连结点指可变的连结点,如国籍、住所、居所、动产所在地等。连结点还有客观连结点与主观连结点之分,客观连结点是客观存在的,如国籍、住所、居所、行为地、法院地、物之所在地等。主观连结点是指当事人的主观意思,如当事人的选择,这个连结点主要适用于合同关系法律适用的确定。

【例3-2】下列选项哪些属于冲突规范中的静态连结点?①

A. 经常居所地　　B. 侵权行为地

C. 合同缔结地　　D. 动产所在地

(三)系属公式

系属公式即为公式化或固定化的系属,又称冲突原则。常用的系属公式主要有:

1. 属人法。属人法是以当事人的国籍、住所或居所为连结点确定的法律。属人法主要有本国法和住所地法两类。属人法在自然人方面主要适用于解决与当事人人身、能力、亲属等方面有关的法律适用问题。在法人方面主要用于解决法人的权利能力和解散等方面的法律适用问题。2010年《涉外民事关系法律适用法》在属人法问题上,采取了经常居所地法主义。

2. 物之所在地法。物之所在地法指以法律关系的客体或标的物的所在地为连结点的属系公式。该系属主要用于解决有关物权的法律冲突。

3. 行为地法。行为地法指以当事人的行为作为连结点的属系公式。该系属主要用于与各类法律行为有关的法律冲突。由于法律行为是多种多样的,该系属又派生出下列系属:合同缔结地法、合同履行地法、侵权行为地法、婚姻缔结地法等。

4. 法院地法。指以法院所在地为连结点的属系公式。该系属主要用于解决与诉讼程序

① 答案:BC。发生在过去的行为地往往属于"静态连结点"。

有关的法律冲突。

5. 旗国法。指船舶或飞机注册国的法律。主要适用于解决船舶及飞机有关的法律适用问题。

6. 当事人选择的法律。指以当事人双方的自主协议来确定应适用的法律的系属公式。主要用于解决涉外合同的法律适用问题。

7. 最密切联系的法律。指与涉外民商事法律关系有最密切联系的国家的法律。这是近代发展起来的一个系属公式，可以适用于解决各种民商事法律关系中的法律适用问题。

二、冲突规范的类型

冲突规范主要有四种类型，即单边冲突规范、双边冲突规范、重叠适用的冲突规范和选择适用的冲突规范。

（一）单边冲突规范

单边冲突规范指直接规定适用内国法或外国法的规范。例如，根据 1804 年《法国民法典》第 3 条的规定："不动产，即使属于外国人所有，仍适用法国法。"

单边冲突规范直接指明适用内国法的情况较多。单边冲突规范的系属部分常常出现一个国家的名字，如上例，系属出现"法国"字样。当然，也有没有一个国家名字，直接指明适用外国法的情况。

（二）双边冲突规范

双边冲突规范指其系属没有直接规定适用内国法还是外国法，而是提供一个可以推定的系属，再通过该系属及民商事法律关系的具体情况来确定应适用的法律适用规范。例如《法律适用法》第 36 条规定："不动产物权，适用不动产所在地法律。"

上述系属部分"不动产所在地法律"必须依民商事法律关系的具体情况才能确定，如不动产位于中国，则应适用中国法律，如不动产位于英国，则应适用英国法律。同一条冲突规定，依不同的具体情况，可以导向内国法的适用，也可以导向外国法的适用，因此，称为"双边冲突规范"。双边冲突规范是最常用的一种冲突规范，也是最基本的一种冲突规范。下述的重叠适用的冲突规范及选择适用的冲突规范均是从双边冲突规范派生出来的冲突规范。

（三）重叠适用的冲突规范

重叠适用的冲突规范指有两个或两个以上的系属，且必须同时适用的法律适用规范。例如，根据 1902 年的海牙《离婚及分居法律冲突与管辖权冲突公约》第 2 条第 1 款的规定："离婚的请求非依夫妻的本国法和法院地法均有离婚理由的，不得提出。"依上例，离婚的理由必须同时满足丈夫的本国法、妻子的本国法及法院地法的规定。此类冲突规范的特点是有两个系属，且两个系属之间用的是"和"或"及"等词连接。

（四）选择适用的冲突规范

选择适用的冲突规范是指有两个或两个以上的系属，但需选择之一适用的法律适用规范。选择适用的冲突规范又可分为有条件的选择适用冲突规范和无条件的选择适用冲突规范。例如,根据《涉外民事关系法律适用法》第32条规定:"遗嘱方式,符合遗嘱人立遗嘱时或者死亡时经常居所地法律、国籍国法律或者遗嘱行为地法律的,遗嘱均为成立。"该条属于无条件选择适用冲突规范。该规定系属部分在适用时不分先后,可任意选择之一适用。再如,根据《涉外民事关系法律适用法》第43条规定:"劳动合同,适用劳动者工作地法律;难以确定劳动者工作地的,适用用人单位主营业地法律劳务派遣,可以适用劳务派出地法律。"该条规定属于有条件的选择适用冲突规范,其系属部分要求在适用时有顺序的要求,只有顺序在前的规范无法适用时,才选择适用顺序在后的法律。

近年来从国际私法的立法实践看,在国际私法冲突规范的种类上出现了大量采用选择冲突规范和双边冲突规范的趋势。

【例3-3】根据《涉外民事关系法律适用法》第29条,扶养适用一方当事人经常居所地法律、国籍国法律或者主要财产所在地法律中有利于保护被扶养人权益的法律。这属于下列哪种冲突规范?①

A.选择性冲突规范　　B.单边冲突规范

C.双边冲突规范　　D.重叠适用的冲突规范

【例3-4】根据1804年的《法国民法典》第3条的规定:不动产,即使属于外国人所有,仍适用法国法。这是什么种类的冲突规范?②

A.选择性冲突规范　　B.单边冲突规范

C.双边冲突规范　　D.重叠适用的冲突规范

三、准据法及其确定

(一)准据法的概念及特点

准据法指冲突规范指明的用以确定国际民商事法律关系的当事人具体权利和义务的实体法。例如,对于"合同方式适用合同缔结地法",这一冲突规范,如合同的缔结地是美国,准据法即为美国的实体法,如合同缔结地为中国,准据法即为中国的实体法。

准据法的特点主要有:(1)准据法必须是通过冲突规范所指引的法律。各国的民商事法律经冲突规范的援引后,适用于具体的涉外民商事关系。(2)准据法是可以具体确定国际民商事法律关系的当事人权利义务的实体法。例如,根据《涉外民事关系法律适用法》第44条规定:"侵权责任,适用侵权行为地法律,但当事人有共同经常居所地的,适用共同经常居住地法律。侵权行为发生后,当事人协议选择适用法律的,按照其协议。"如某涉外侵权行为的发生及损害地在日本,则日本法即为适用于本案的准据法。(3)准据法是须结合所调整的国

① 答案:A

② 答案:B

际民商事法律事实的具体情况方能确定的法律。

【例3-5】(2010年·卷一·33题)关于冲突规范和准据法，下列哪一判断是错误的？①

A. 冲突规范与实体规范相似

B. 当事人的属人法包括当事人的本国法和住所地法

C. 当事人的本国法指的是当事人国籍所属国的法律

D. 准据法是经冲突规范指引、能够具体确定国际民事法律关系当事人权利义务的实体法

(二)准据法的确定

准据法的确定涉及区际法律冲突、人际法律冲突和时际法律冲突问题。

1. 区际法律冲突。区际法律冲突指在一国之内不同地区法律制度之间的冲突。区际法律冲突主要出现在多法域的国家中，例如，在美国这种联邦制的国家中，除了在某些方面有统一的联邦法以外，各州还有各州的一套不同法律。在区际法律冲突的解决上，依我国《法律适用法》第6条的规定，涉外民事关系适用外国法律，该国不同区域实施不同法律的，适用与该涉外民事关系有最密切联系区域的法律。

2. 人际法律冲突。人际法律冲突指在一国之内不同种族、民族、宗教、部落等成员之间适用的不同法律之间的冲突。对于人际法律冲突时的准据法确定问题我国没有明确的法律规定。根据《涉外民事关系法律适用法》第2条第2款规定："本法和其他法律对涉外民事关系法律适用没有规定的，适用与该涉外民事关系有最密切联系的法律。"因此，应适用与当事人有最密切联系的法律来确定准据法。

3. 时际法律冲突。时际法律冲突指准据法所属国的新法与旧法之间的冲突。对于时际法律冲突的解决首先应根据新法对其是否有溯及力的规定来确定应适用的法律，对于新法生效前的国际民商事法律关系，如果新法规定其有溯及力则应适用新法，如果新法规定其没有溯及力则应适用旧法。如果新法对溯及力的问题没有规定，则应依法律不溯及既往的原则确定适用的法律，即对于新法生效前发生的国际民商事法律关系仍应适用旧法。以我国在处理新旧合同法的立法实践为例，1999年《最高人民法院关于适用〈中华人民共和国合同法〉若干问题的解释(一)》在处理新旧法的适用上主要采用了下列的原则：(1)不溯及既往，即新案用新法，旧案用旧法；(2)未决事项，新法优于旧法适用；(3)尽量有效原则，即法院在确认合同效力时，对合同法实施以前成立的合同，适用当时的法律无效而适用新合同法有效的，则用新合同法；(4)中央法律优于地方法规；(5)再审适用旧法。又根据2013年《最高人民法院关于适用〈中华人民共和国涉外民事关系法律适用法〉若干问题的解释(一)》第2条的规定，涉外民事关系法律适用法实施以前发生的涉外民事关系，人民法院应当根据该涉外民事关系发生时的有关法律规定确定应当适用的法律；当时法律没有规定的，可以参照涉外民事关系法律适用法的规定确定。

---

① 答案：A

【例3-6】甲国籍人玛丽与约克协议离婚,双方协议适用甲国法律,但甲国是由许多州组成的国家,各州的法律又有不同,涉及两个离婚的案件在中国审理时,有关协议离婚依中国《法律适用法》的规定应适用什么法律?①

A. 根据甲国的区际冲突规范的规定

B. 适用与婚姻关系最密切联系区域的法律

C. 适用法院地法律

D. 适用与原告有最密切联系区域的法律

牛刀小试

1. 根据中国《涉外民事关系法律适用法》第28条规定,收养的条件和手续,适用收养人和被收养人经常居所地法律。这属于下列哪种类型的冲突规范?②

A. 选择性冲突规范

B. 单边冲突规范

C. 双边冲突规范

D. 重叠适用的冲突规范

2. 下列哪几项属于准据法的特征?③

A. 准据法必须是通过程序规范指引的法律

B. 准据法是可以具体确定国际民商事法律关系的当事人权利义务的实体法

C. 准据法是冲突规范所援引的外国的冲突规范

D. 准据法是须结合所调整的国际民商事法律事实的具体情况方能确定的法律

---

① 答案:B。根据中国《涉外民事关系法律适用法》第26条规定,协议离婚,当事人可以协议选择适用一方当事人经常居所地法律或者国籍国法律。当事人没有选择的,适用共同经常居所地法律;没有共同经常居所地的,适用共同国籍国法律;没有共同国籍的,适用办理离婚手续机构所在地法律。本题中,当事人已经选择了甲国法律,但甲国是有区际法律冲突的国家,根据《涉外民事关系法律适用法》第6条的规定,涉外民事关系适用外国法律,该国不同区域实施不同法律的,适用与该涉外民事关系有最密切联系区域的法律。因此,B项正确。

② 答案:D

③ 答案:BD。A项错误,准据法须要通过"冲突规范"的指引,而非"程序规范"。B项正确。C项错误,准据法是"实体法",包括外国的实体法,而非"外国的冲突规范"。D项正确。

》》》第四讲

适用冲突规范的制度

特别提示

本讲在司法考试中几乎每年必考，考生注意《涉外民事法律关系法律适用法》的规定：包括定性适用法院地法、中国不接受反致、外国法的查明、公共秩序保留不再排除国际惯例直接适用的规定。

考查概况

考查次数	已考考点	已考法条
1	定性	《法律适用法》第 8 条
2	反致	
4	外国法的查明	《民通意见》第 193 条 《法律适用法》第 10 条
1	公共秩序保留	《民通通则》第 150 条 《法律适用法》第 5 条
2	法律规避	《民通意见》第 194 条

一、定性

(一)定性的概念

定性，又称“识别”，指在适用冲突规范时，将待解决的事实情况或有关问题归入一定的法律范畴的过程。某一事实通过定性被归入不同的法律范畴会导致不同的法律适用结果。例如，冲突规范规定，动产适用当事人住所地法。不动产适用物之所在地法。如将森林中的动物归入动产则导致当事人住所地法的适用，而如将其归入不动产则导致动物所在地，即森林所在地法的适用。

在定性中还有一个二级定性的问题，二级定性就是对外国法的解释，即对冲突规范所指定的外国法的性质和内容作出解释的问题。与二级定性相对应，上述定性又被称为一级定性，两者的区别在于，一级定性发生在准据法确定之前，而二级定性发生在准据法确定之后。以前曾经有过有关二级定性的案子，主要是西方国家在审理涉及社会主义国家国有化的案子中对于被国有化的不动产，当西方国家的法院依其冲突规范的指引应适用不动产所在地法,即社会主义国家的国有化法令时,又对国有化法令进行解释,认为其属于"刑法规定",因而拒绝适用。

(二)定性的依据

对于定性的依据是有争论的,主要包括:(1)法院地法定性说,即依法院所在地的法律对待解决的法律事实进行归类。(2)准据法定性说,认为应依适用于争议的准据法来进行定性。(3)分析与比较法说,认为应以分析和比较研究的方法形成普遍性的概念,并用普遍的概念进行定性,从而使定性逐渐达到统一。

我国在"定性"的依据上采用了法院地法说,根据《涉外民事关系法律适用法》第8条,涉外民事关系的定性,适用法院地法律。

【例4-1】甲国认为蜂房属于不动产,中国认为蜂房属于动产,一涉及在甲国的蜂房的涉外继承案在某中国法院审理,根据中国《涉外民事关系法律适用法》,下列哪项是正确的?①

A. 法院应将蜂房定性为不动产,因为蜂房在甲国,甲国认为蜂房是不动产

B. 应由当事人协商确定蜂房是不动产,还是动产

C. 应依中国法律对蜂房进行定性

D. 应依被继承人死亡时的住所地法对蜂房进行定性

二、反致

(一)反致的概念及种类

反致指针对某一国际民商事法律关系,甲国依本国的冲突规范指引以乙国的法律为准据法,而乙国的冲突规范又规定应适用甲国的法律作为准据法,甲国法院最后适用了本国的法律的情况。例如,甲国人A死亡,A的住所在乙国,有关A的继承一案在甲国法院审理,依甲国的冲突规范,继承适用被继承人住所地法,而依乙国的冲突规范,继承适用被继承人的本国法。甲国采用反致。

【注意】反致有广义与狭义之分,狭义的反致只包括上述的情况,广义的反致则包括反致、转致、间接反致。转致指对某一国际民商事法律关系,甲国法院依其本国的冲突规范应适用乙国的法律,而依乙国的冲突规范,又应适用丙国的法律,最后甲国法院适用了丙国法律的情况。例如:A在甲国死亡,有关其继承案在甲国法院审理,A的住所在乙国,A为丙国人。甲国的冲突规范规定,继承适用被继承人的住所地法,乙国的冲突规范规定继承适用被继承人的本国法。

间接反致指对某一国际民商事法律关系,甲国法院依其本国的冲突规范应适用乙国的法律,而依乙国的冲突规范,又应适用丙国的法律,而依丙国的冲突规范又应适用甲国的法

① 答案:C

律，最后甲国法院适用了本国的法律的情况。

（二）反致的产生

反致的产生主要有两个原因，一是对于同一国际民商事法律关系，法院地国与有关国家规定了不同的系属，二是法院将其冲突规范指向的外国法理解为包括了该国的实体规范和冲突规范，如果只理解为指向的是外国的实体法就不会产生反致问题。直接适用实体法不会出现反致问题，只有在适用被指引的国家的冲突规范的情况下，才会出现反致的问题。

（三）中国有关反致的规定

以前我国在立法上没有关于反致的专门规定，司法解释在处理合同争议上采取了不接受"反致"的做法。根据《涉外民事关系法律适用法》第9条规定："涉外民事关系适用的外国法律，不包括该国的法律适用法。"根据该条规定，在法律适用上，直接指向的是外国的实体法，不包括冲突规则，表明我国不接受"反致"。

【例4-2】中国籍人李某原始住所在甲国，经常居所在乙国。现李某去世而未立遗嘱。李某生前在中国有投资股权和银行存款。乙国关于法定继承的冲突规范规定：法定继承适用被继承人本国法律。现李某的丙国籍的儿子和女儿为继承李某在华的股权和存款发生争议，并诉诸中国法院。依照我国相关法律，下列关于本案的法律适用哪项是正确的？①

A. 应适用乙国法律，因为李某经常居所在乙国

B. 应适用甲国法律，因为李某原始住所在甲国

C. 应适用丙国法律，因为李某的儿子和女儿均具有丙国国籍

D. 应适用中国法律，因乙国冲突规定规定法定继承适用被继承人本国法律

三、外国法的查明

外国法的查明指一国法院依本国冲突规范指引适用外国法时，对该外国法内容的确定。根据《涉外民事关系法律适用法》第10条规定："涉外民事关系适用的外国法律，由人民法院、仲裁机构或者行政机关查明。当事人选择适用外国法律的，应当提供该国法律。不能查明外国法律或者该国法律没有规定的，适用中华人民共和国法律。"

不能查外国法的情形：根据《涉外民事关系法律适用法解释》第17条的规定，人民法院通过由当事人提供、已对中华人民共和国生效的国际条约规定的途径、中外法律专家提供等合理途径仍不能获得外国法律的，可以认定为不能查明外国法律。

【例4-3】（2013年·卷一·36题）根据《涉外民事关系法律适用法》和司法解释，关于

---

① 答案：A。根据《涉外民事关系法律适用法》第31条规定："法定继承，适用被继承人死亡时经常居住地法律，但不动产法定继承，适用不动产所在地法律。"李某死亡时的经常居所地是乙国，又根据第9条的规定，涉外民事关系适用的外国法律，不包括该国的法律适用法，即中国不适用反致，应当适用乙国法律，A项正确。

外国法律的查明问题,下列哪一表述是正确的?①

A. 行政机关无查明外国法律的义务

B. 查明过程中,法院应当听取各方当事人对应当适用的外国法律的内容及其理解与适用的意见

C. 无法通过中外法律专家提供的方式获得外国法律的,法院应认定为不能查明

D. 不能查明的,应视为相关当事人的诉讼请求无法律依据

四、公共秩序保留

公共秩序保留指当一国依内国冲突规范的指引应适用外国法时,如该外国法的规定与内国的公共秩序相抵触时,可排除该外国法的适用的制度。《涉外民事关系法律适用法》第5条对公共秩序保留进行了规定:"外国法律的适用将损害中华人民共和国社会公共利益的,适用中华人民共和国法律。"

在国际惯例的适用上,中国《民法通则》第150条规定,当适用的法律为"国际惯例"时,如其适用违背我国社会公共利益,可予以排除。国际商事惯例是在长期的国际商业交往实践中形成的国际通行做法,它为国际社会普遍接受和采纳,因而各国立法均未见有以公共秩序排除国际商事惯例适用的规定。新的《涉外民事关系法律适用法》在此点上进行了修改,该法第5条规定,外国法律的适用将损害中华人民共和国社会公共利益的,适用中华人民共和国法律。即公共秩序排除适用的只有"外国法律",不再包括国际惯例。

【注意】《法律适用法》公共秩序保留排除的法律不包括国际惯例。

【例4-4】关于公共秩序保留,依中国《法律适用法》,下列哪些选项是正确的?②

A. 外国法律和国际惯例的适用损害中国社会公共利益的,可以排除适用

B. 外国法律的适用损害中国社会公共利益的,可以排除适用

C. 我国法律以"公共利益"表述公共秩序

D. 以公共秩序保留排除外国法的适用后,应适用中国法

---

① 答案:B。A项错误,根据《涉外民事关系法律适用法》第10条的规定,涉外民事关系适用的外国法律,由人民法院、仲裁机构或者行政机关查明。因此,行政机关有权查明。B项正确,根据《涉外民事关系适用法解释》第18条的规定,人民法院应当听取各方当事人对应当适用的外国法律的内容及其理解与适用的意见,当事人对该外国法律的内容及其理解与适用均无异议的,人民法院可以予以确认;当事人有异议的,由人民法院审查认定。C项错误,根据《涉外民事关系适用法解释》第17条的规定,人民法院通过由当事人提供、已对中华人民共和国生效的国际条约规定的途径、中外法律专家提供等合理途径仍不能获得外国法律的,可以认定为不能查明外国法律。因此,需要通过当事人提供、已对中华人民共和国生效的国际条约规定的途径、中外法律专家提供等合理途径仍不能获得外国法律的,才可以认定不能查明外国法律。D项错误,根据《涉外民事关系法律适用法》第10条的规定,不能查明外国法律或者该国法律没有规定的,适用中国法律。而不是视为当事人的诉讼无法律依据。

② 答案:BCD。《涉外民事关系法律适用法》第5条对公共秩序保留进行了规定:"外国法律的适用将损害中华人民共和国社会公共利益的,适用中华人民共和国法律。"A项不正确,该法规定公共秩序排除的不包括国际惯例。

五、法律规避

(一)法律规避的定义及效力

法律规避指国际民商事法律关系的当事人故意制造某动态连结点,以避开依法院地国冲突规范的指引本应适用的对自己不利的准据法,而使对自己有利的法律得以适用的行为。关于法律规避的效力,多数国家认为其是非法的,不承认其效力。对于法律规避的对象有不同的主张,一种主张认为,法律规避只包括规避本国的法律。另一种主张认为,法律规避既包括规避本国法,又包括规避外国法。

(二)法律规避的构成要件

构成法律规避行为主要有四个方面的要件:(1)在主观上要有当事人规避法律的故意;(2)在对象上当事人是规避本应适用的法律;(3)在方式上是通过人为地制造或改变连结因素;(4)在结果上当事人规避行为已完成。

(三)我国的规定

根据《涉外民事关系法律适用法解释》第11条规定:"一方当事人故意制造涉外民事关系的连结点,规避中华人民共和国法律、行政法规的强制性规定的,人民法院应认定为不发生适用外国法律的效力。"可以看出,在法律规避的对象上,我国只包括了规避我国的强制性或禁止性规范,而不是任何法律。《涉外民事关系法律适用法》没有使用"规避"这个词,而是对强制性的法律采用了"直接适用"的方式。根据该法第4条规定:"中华人民共和国法律对涉外民事关系有强制性规定的,直接适用该强制性规定。"根据《涉外民事关系法律适用法解释》第10条规定:"下列情形之一,涉及中华人民共和国社会公共利益、当事人不能通过约定排除适用、无需通过冲突规范指引而直接适用于涉外民事关系的法律、行政法规的规定,人民法院应当认定为涉外民事关系法律适用法第四条规定的强制性规定:(一)涉及劳动者权益保护的;(二)涉及食品或公共卫生安全的;(三)涉及环境安全的;(四)涉及外汇管制等金融安全的;(五)涉及反垄断、反倾销的;(六)应当认定为强制性规定的其他情形。"

【例4-5】(2013年·卷一·35题)中国甲公司与德国乙公司进行一项商事交易,约定适用英国法律。后双方发生争议,甲公司在中国法院提起诉讼。关于该案的法律适用问题,下列哪一选项是错误的?①

A. 如案件涉及食品安全问题,该问题应适用中国法

B. 如案件涉及外汇管制问题,该问题应适用中国法

C. 应直接适用的法律限于民事性质的实体法

① 答案:C。A、B项内容正确,根据《涉外民事关系法律适用法解释》第10条,涉及食品和卫生安全的问题,应该适用中国法。涉及外汇管制等金融安全的问题,应该适用中国法所以。C项内容错误,直接适用不限于民事性质的实体法,商事性质的实体法同样适用。D项内容正确,根据《涉外民事关系法律适用法》第4条,中华人民共和国法律对涉外民事关系有强制性规定的,直接适用该强制性规定。即无需再通过冲突规范的指引。本题为否定命题,答案为C项。

D. 法院在确定应当直接适用的中国法律时,无需再通过冲突规范的指引

牛刀小试

1. 16 岁甲国女子要与 20 岁乙国男子结婚,依甲国法律 18 岁为成年,18 岁以下女子结婚需要父母同意。依法院地法律,结婚的条件适用当事人住所地法律,结婚的手续适用婚姻缔结地法律。关于未成年人结婚需要父母同意的问题是属于结婚的条件,还是属于结婚的手续,下列哪一选项是正确的?①

A. 先决问题　　B. 定性问题

C. 反致　　D. 法律规避

2. 中国公民王某在甲国逗留期间,驾车正常行驶时被该国某公司雇员驾驶的卡车撞翻,身受重伤。王某回国后,向该公司在中国的分支机构所在地法院起诉,要求该公司赔偿其损失。根据我国《涉外民事关系法律适用法》,侵权责任适用侵权行为地法律,但当事人有共同经常居所地的,适用共同经常居所地法律。侵权行为发生后,当事人协议选择适用法律的,按照其协议。此案双方当事人既无共同经常居所,也没有协议选择适用的法律。据此,本案的侵权责任应适用侵权行为地法,即甲国法,关于如何查明甲国法,下列哪些选项是正确的?②

A. 应由王某提供甲国法律

B. 应由法院查明甲国法律

C. 无法查明甲国法律的,应适用中国法律

D. 经各种途径仍不能查明甲国有关法律时,法院应当依照公平原则裁判

3. 世界各国都将公共秩序保留作为捍卫本国根本利益的一项重要法律制度。关于这一制度,下列哪项判断是错误的?(2006 年 · 卷一 · 39 题)③

A. 我国的公共秩序保留制度仅在适用外国法律将违反我国社会公共利益的情况下才可以适用,其结果为排除相关外国法律的适用

B. 在英美普通法系国家中,"公共秩序"的概念一般表述为"公共政策"

C. 公共秩序保留制度已经为国际条约所规定

D. 我国法律中常常采用"社会公共利益"来表述"公共秩序"的概念

---

① 答案:B。应当属于定性,即定性问题。

② 答案:BC

③ 答案:A。本题为否定命题。A 项是答案,因为公共秩序保留制度不仅在确定准据法时可以适用,而且在其他问题上也可以适用。比如《民事诉讼法》第 282 条规定,在外国判决的承认和执行问题上,也可以适用公共秩序保留制度。英美法称"公共秩序"为"公共政策"(public policy,直译为"公共政策"),故 B 项是正确的表述。公共秩序保留制度已经为国际条约所采纳,譬如 1928 年的《布斯塔曼特法典》和 1980 年的《关于合同义务法律适用的公约》,故不应选择 C 项。我国法律中经常使用"社会公共利益"来表述公共秩序,故 D 项亦不应选择。

4. 下列关于法律规避的说法中哪些是正确的?①

A. 当事人有规避法律的故意

B. 当事人是通过变更静态连结点而实现规避法律的

C. 当事人规避我国强行法的行为无效

D. 当事人规避外国法的行为无效

---

① 答案:AC。A项正确,法律规避要求当事人有故意。B项错误,法律规避行为的当事人是依靠动态连结点来进行法律规避的,而不是静态连结点。动态联结点指可变的连结点,如国籍、住所、居所、动产所在地等。动态连结点为当事人规避法律提供了可能。而静态连结点是固定的,当事人没有变化的余地,如对于婚姻举行地这一静态连结点,该地点从婚姻举行时就固定了,在婚姻存续期间不可能再进行一次合法有效的婚姻登记。C项正确,根据《涉外民事关系法律适用法》第4条规定:"中华人民共和国法律对涉外民事关系有强制性规定的,直接适用该强制性规定。"也就是说,中国的强行法是不能规避的。D项错误,我国法律只针对不能规避中国的强制性规定,并未规定规避外国法也无效。

第五讲

国际民商事法律适用

特别提示

本讲的内容相当于国际私法的分论部分,应当重点掌握我国有关各类民商事法律关系的法律适用的规定,特别应注意这部分新《涉外民事关系法律适用法》的规定,以及《涉外民事关系法律适用法解释》的规定。

考查概况

考查次数	已考考点	已考法条
1	涉外时效的法律适用	《民通意见》第195条 《涉外民事关系法律适用法》第7条
4	自然人行为能力的法律适用	《民法通则》第143条 《民通意见》第179、180条 《涉外民事关系法律适用法》第11-13、20条
4	涉外结婚的法律适用	《民法通则》第147条 《涉外民事关系法律适用法》第21、22条
2	涉外离婚的法律适用	《民通意见》第188条 《涉外民事关系法律适用法》第26、27条
3	涉外扶养的法律适用	《民法通则》第148条 《涉外民事关系法律适用法》第29条
2	涉外收养的法律适用	《外国人在中华人民共和国收养子女登记办法》第3条 《涉外民事关系法律适用法》第28条
3	涉外监护的法律适用	《民通意见》第190条 《涉外民事关系法律适用法》第30条
5	涉外继承的法律适用	《民法通则》第149条 《民通意见》第191条 《涉外民事关系法律适用法》第31-35条
2	物权的法律适用	《民法通则》第144条 《涉外民事关系法律适用法》第36-40条

续表

考查次数	已考考点	已考法条
8	合同之债的法律适用	《民法通则》第145条 《最高人民法院关于审理涉外民事或商事合同纠纷案件法律适用若干问题的规定》第5条 《涉外民事关系法律适用法》第41-43条
2	侵权责任的法律适用	《民法通则》第146条 《涉外民事关系法律适用法》第44条
1	无因管理的法律适用	《涉外民事关系法律适用法》第47条
4	票据关系的法律适用	《票据法》第96-99条
8	海事关系的法律适用	《海商法》第268-275条
2	民用航空关系的法律适用	《民用航空法》第185-189条

一、时效

关于时效的法律适用，国际上是有争议的，有的主张依法院地法，有的主张依确定民事法律关系的准据法。《涉外民事关系法律适用法》第7条规定："诉讼时效，适用相关涉外民事关系应当适用的法律。"

【例5-1】甲乙均为俄罗斯公民。甲定居中国，乙定居韩国，双方在汉城订立了一借贷合同，其中约定有关该合同的争议由中国法院管辖，英国法律为合同准据法。后双方因执行该合同发生争议而诉至我国法院。关于该合同争议的诉讼时效所应适用的法律，依我国相关法律，下列哪一个选项是正确的？①

A. 当事人双方都是俄罗斯公民，该合同争议的诉讼时效应适用俄罗斯法律

B. 当事人在汉城订立合同，该合同争议的诉讼时效应适用韩国法律

C. 当事人选择英国法为合同准据法，该合同争议的诉讼时效应适用英国法律

D. 当事人选择由我国法院管辖，该合同争议的诉讼时效应适用我国法律

二、民事主体

（一）自然人权利能力的法律适用：经常居所地法律

自然人的权利能力是各国民法规定的享受权利和承担义务的能力或资格。关于权利能力的法律适用，我国主要采用了以"经常居所地"为连结点的法律适用原则，根据《涉外民事关系法律适用法》第11条："自然人的民事权利能力，适用经常居所地法律。"

---

① 答案：C。关于时效的法律适用，根据《涉外民事关系法律适用法》第7条："诉讼时效，适用相关涉外民事关系应当适用的法律。"本题确定民事法律关系的准据法是当事人选择的英国法，因此，诉讼时效也应适用英国法律。

权利能力始于“出生”,终于“死亡”,但各国对“出生”和“死亡”的理解不同。对此,《涉外民事关系法律适用法》第13条规定:“宣告失踪或者宣告死亡,适用自然人经常居所地法律。”

可以看出,上述主要采用了“经常居所地法”的系属,如果自然人的经常居所地不明的,《涉外民事关系法律适用法》第20条给予了明确的规定:“依照本法适用经常居所地法律,自然人经常居所地不明的,适用其现在居所地法律。”

【例5-2】中国人李某的丈夫甲国籍人约某久居北京,约某在一次户外活动中失踪,依我国有关法律,下列哪些选项是正确的?①

A. 约某的权利能力应适用甲国法

B. 李某的权利能力应适用中国法

C. 约某宣告失踪应适用中国法

D. 如约某的经常居所地不明,应适用其现在居所地法律

(二)自然人行为能力的法律适用:经常居所地法律

自然人的行为能力指法律确认自然人通过自己的行为从事民事活动,缔结民事关系,取得民事权利和承担民事义务的能力。各国法律都规定取得行为能力的条件包括:必须达到法定年龄;必须心智健全,能承担自己行为的法律后果。对于自然人行为能力的法律适用,根据《涉外民事关系法律适用法》第12条第1款规定:“自然人的民事行为能力,适用经常居所地法律。”根据该条第2款规定:“自然人从事民事活动,依照经常居所地法律为无民事行为能力,依照行为地法律为有民事行为能力的,适用行为地法律,但涉及婚姻家庭、继承的除外。”

【例5-3】具有甲乙两个国籍的玛丽与中国人李某订立了一买卖合同,关于玛丽的行为能力,下列哪些选项是正确的?②

A. 玛丽的行为能力适用与玛丽有最密切联系的国籍国法

B. 玛丽的行为能力适用其住所地法

C. 玛丽的行为能力适用其经常居所地法律

D. 根据玛丽的经常居所地法律无民事行为能力,根据行为地法律有民事行为能力,适用行为地法律

(三)法人权利能力和行为能力的法律适用

法人的权利能力指法人作为民事权利主体,享有民事权利和承担民事义务的资格。法人的行为能力指法人以自己的意思,通过自身的行为取得民事权利并承担民事义务的能力。根据《涉外民事关系法律适用法》第14条第1款规定:“法人及其分支机构的民事权利能力、

---

① 答案:BCD。根据《涉外民事关系法律适用法》第11条规定:“自然人的民事权利能力,适用经常居所地法律。”约某和李某久居北京,其经常居所地应在中国,A项错误,不应适用甲国法。B项正确。根据《涉外民事关系法律适用法》第13条规定:“宣告失踪或者宣告死亡,适用自然人经常居所地法律。”本题应适用中国法,C项正确。又根据第20条规定:“……自然人经常居所地不明的,适用其现在居所地法律。”D项正确。

② 答案:CD

民事行为能力、组织机构、股东权利义务等事项，适用登记地法律。"第 2 款又规定："法人的主营业地与登记地不一致的，可以适用主营业地法律。法人的经常居所地，为其主营业地。"该规定采用了登记地的原则，注意当主营业地与登记地不一致时，是"可以"适用主营业地法律，不是"必须"，属于选择性的冲突规范。

根据《民法通则意见》第 184 条的规定："外国法人以其注册登记国家的法律为其本国法，法人的民事行为能力依其本国法确定。外国法人在我国领域内进行的民事活动，必须符合我国的法律规定。"该条规定与上述《涉外民事关系法律适用法》的规定结合看，外国法人在我国的民事行为，还应重叠适用登记地法和中国法。外国法人受其属人法和行为地法双重限制是国际上通行的做法。

【例 5-4】环宇公司在甲国登记，其主营业地在乙国，根据我国相关法律，下列哪些选项是正确的？①

A. 环宇公司的组织机构应适用甲国法

B. 环宇公司在中国的民事行为应符合甲国法和中国法

C. 环宇公司的民事权利可以适用乙国法

D. 环宇公司在章程中规定的住所地为其主营业地

三、人格权、代理和信托的法律适用

（一）人格权：经常居所地

关于人格权，根据《涉外民事关系法律适用法》第 15 条规定："人格权的内容，适用权利人经常居所地法律。"

【例 5-5】（2011 年·卷一·78 题）甲国人特里长期居于乙国，丙国人王某长期居于中国，两人在北京经营相互竞争的同种产品。特里不时在互联网上发布不利于王某的消息，王某在中国法院起诉特里侵犯其名誉权、肖像权和姓名权。关于该案的法律适用，根据我国相关法律规定，下列哪些选项是错误的？②

A. 名誉权的内容应适用中国法律，因为权利人的经常居住地在中国

B. 肖像权的侵害适用甲国法律，因为侵权人是甲国人

C. 姓名权的侵害适用乙国法律，因为侵权人的经常居所地在乙国

---

① 答案：ABC。根据《涉外民事关系法律适用法》第 14 条第 1 款规定，法人及其分支机构的民事权利能力、民事行为能力、组织机构、股东权利义务等事项，适用登记地法律。环宇公司的登记地是甲国，因此 A 项正确。根据《民法通则意见》第 184 条，外国法人在我国领域内进行的民事活动，必须符合我国的法律规定。B 项正确。根据《涉外民事关系法律适用法》第 14 条第 2 款规定，法人的主营业地与登记地不一致的，可以适用主营业地法律。法人的经常居所地，为其主营业地。环宇公司的主营业地在乙国，C 项正确。法律没有规定章程规定的住所地是主营业地，D 项错误。

② 答案：BCD。本题为否定命题。A 项内容正确，根据《涉外民事关系法律适用法》第 15 条规定："人格权的内容，适用权利人经常居所地法律。"又根据《涉外民事关系法律适用法》第 46 条规定："通过网络或者采用其他方式侵害姓名权、肖像权、名誉权、隐私权等人格权的，适用被侵权人经常居所地法律。"故 B、C、D 项内容不正确，为本题答案。

D. 网络侵权应当适用丙国法律,因为被侵权人是丙国人

(二)代理:行为地、协议选择

关于代理,根据《涉外民事关系法律适用法》第16条第1款规定:“代理适用代理行为地法律,但被代理人与代理人的民事关系,适用代理关系发生地法律。”第2款又规定:“当事人可以协议选择委托代理适用的法律。”

(三)信托:协议选择、财产所在地、信托关系发生地

关于信托,根据《涉外民事关系法律适用法》第17条规定:“当事人可以协议选择信托适用的法律。当事人没有选择的,适用信托财产所在地法律或者信托关系发生地法律。”从该条规定可以看出,意思自治是优先的,当事人没有选择,采取了财产所在地法或信托关系发生地法的选择性冲突规范。

【例5-6】甲国人洛克来上海后,委托中国人王某代理其办理在中国的广告业务,双方没有就该委托选择适用的法律,业务收入归入洛克在乙国的一信托基金,该信托当事人约定适用乙国法律。洛克认为王某在办理某项广告中侵犯了其人格权,两人之间的争议在中国某法院审理,依中国的相关法律,下列哪些是正确的?①

A. 洛克人格权的内容适用其经常居所地法律

B. 洛克与王某之间的民事关系适用甲国法律

C. 涉及洛克信托基金的争议应适用乙国法律

D. 洛克与王某之间的民事关系适用中国法律

四、家庭关系的法律适用

家庭关系主要包括结婚、夫妻关系、父母子女关系、收养、扶养、监护等几个方面。《涉外民事关系法律适用法》在家庭关系上的规定基本均为选择适用的冲突规范,在有条件的选择上,基本上都是经常居所地法优先选择适用、国籍国法律次之。

(一)结婚的法律适用

结婚的要件包括实质要件和形式要件,实质要件包括结婚必须具备的条件和必须排除的条件,形式要件主要指缔结婚姻的形式,如民事登记方式等。

---

① 答案:ACD。根据《涉外民事关系法律适用法》第15条规定:“人格权的内容,适用权利人经常居所地法律。”A项正确。根据第16条规定:“代理适用代理行为地法律,但被代理人与代理人的民事关系,适用代理关系发生地法律。”B项错误,D项正确。洛克和王某之间的民事关系应适用代理关系发生地法,两者的代理关系发生在上海,因此,应适用中国法。根据第17条规定:“当事人可以协议选择信托适用的法律。当事人没有选择的,适用信托财产所在地法律或者信托关系发生地法律。”从该条规定可以看出,意思自治是优先的,当事人没有选择,采取了财产所在地法或信托关系发生地法的选择性冲突规范。本题的信托当事人适用乙国法,因此,C项正确。

关于结婚的实质要件，根据《涉外民事关系法律适用法》第 21 条规定："结婚条件，适用当事人共同经常居所地法律；没有共同经常居所地的，适用共同国籍国法律；没有共同国籍，在一方当事人经常居所地或者国籍国缔结婚姻的，适用婚姻缔结地法律。"该条规定采取了有条件选择的冲突规范。适用连结点的先后顺序是共同经常居所地、共同国籍国、婚姻缔结地。

关于结婚的形式要件，根据《涉外民事关系法律适用法》第 22 条规定："结婚手续，符合婚姻缔结地法律、一方当事人经常居所地法律或者国籍国法律的，均为有效。"该条采取了无条件选择的冲突规范，结婚的手续符合上述哪一种系属均为有效。连结点与结婚的条件相同，但是没有适用的先后顺序，只要符合一处的法律即可。

【例 5 - 7】甲国人柯某与刚从乙国来的乙国人施某在北京某机构从事外语教学工作，施某随柯某回甲国后两人以符合乙国法律的手续结了婚，之后又回北京工作，数年后，两人因离婚后的财产分割诉诸中国某法院。依中国相关法律，下列哪些是正确的？①

A. 柯某与施某结婚的条件适用甲国法

B. 两人应根据双方国籍国法规定的手续结婚

C. 两人结婚的条件应适用双方协议选择的法律

D. 两人结婚的手续只符合乙法律即应当是有效的

(二)夫妻关系的法律适用

夫妻关系包括夫妻人身关系和夫妻财产关系。夫妻人身关系包括姓氏权、同居义务、忠贞及扶助义务、住所决定权、从事职业和社会活动的权利、夫妻之间的代理权等。关于夫妻人身关系，根据《涉外民事关系法律适用法》第 23 条规定："夫妻人身关系，适用共同经常居所地法律；没有共同经常居所地的，适用共同国籍国法律。"

夫妻财产关系指具有合法婚姻关系的男女双方对家庭财产的权利和义务，主要涉及财产的归属、管理、处分和债务承担等内容。关于夫妻财产权，根据《涉外民事关系法律适用法》第 24 条规定："夫妻财产关系，当事人可以协议选择适用一方当事人经常居所地法律、国籍国法律或者主要财产所在地法律。当事人没有选择的，适用共同经常居所地法律；没有共同经常居所地的，适用共同国籍国法律。"该规定的特点是有条件的选择规定，首先是尊重当事人的意思自治，但这里的意思自治须在一定范围内选择，即在一方经常居所地、国籍国、主要财产所在地中选择。

---

① 答案：AD。根据《涉外民事关系法律适用法》第 21 条规定："结婚条件，适用当事人共同经常居所地法律；没有共同经常居所地的，适用共同国籍国法律；没共同国籍，在一方当事人经常居所地或者国籍国缔结婚姻的，适用婚姻缔结地法律。"结婚时双方没有共同经常居所地，也没有共同国籍国，甲国是两人的婚姻缔结地，因此，结婚条件应适用甲国法，A 项正确。根据第 22 条规定："结婚手续，符合婚姻缔结地法律、一方当事人经常居所地法律或者国籍国法律的，均为有效。"结婚的手续符合一个即可，不需要符合双方的国籍国法，C 项错误，D 项正确。

【例5-8】甲国人兰某与甲国人希某在中国结婚,并居住在天津购买的一处房中,关于两人夫妻关系的法律适用,依我国相关法律,下列哪些选项是正确的?①

A. 两人夫妻人身关系应适用共同国籍国法,即甲国法律

B. 两人夫妻人身关系应适用中国法律

C. 两人可无限制地协议选择适用于夫妻财产关系的法律

D. 两人对财产关系的法律适用没有选择的,适用中国法律

(三)父母子女关系的法律适用

父母子女关系又称亲子关系,包括人身关系和财产关系。根据《涉外民事关系法律适用法》第25条规定:"父母子女人身、财产关系,适用共同经常居所地法律;没有共同经常居所地的,适用一方当事人经常居所地法律或者国籍国法律中有利于保护弱者权益的法律。"

不要将父母子女人身关系和财产关系的法律适用与夫妻关系的混淆。父母子女关系的人身和财产关系的法律适用是一样的,均是有条件的选择。

【例5-9】关于父母子女关系的法律适用,根据我国相关法律,下列哪些选项是正确的?②

A. 父母子女财产关系应适用双方选择的法律

B.《涉外民事关系法律适用法》对父母子女人身关系和财产关系的法律适用进行了不同的规定

C.《涉外民事关系法律适用法》在父母子女关系上倾向于适用保护弱者权益的法律

D. 父母子女关系首先适用共同经常居所地法律

(四)离婚的法律适用及管辖权问题

1. 离婚的法律适用

离婚包括协议离婚和诉讼离婚。关于协议离婚,根据《涉外民事关系法律适用法》第26条规定:"协议离婚,当事人可以协议选择适用一方当事人经常居所地法律或者国籍国法律。当事人没有选择的,适用共同经常居所地法律;没有共同经常居所地的,适用共同国籍国法律;没有共同国籍的,适用办理离婚手续机构所在地法律。"关于诉讼离婚,根据第27条规定:"诉讼离婚,适用法院地法律。"

又根据《民法通则意见》第188条的规定,我国法院受理的涉外离婚案件,离婚以及因离

---

① 答案:BD。关于人身关系,根据《涉外民事关系法律适用法》第23条规定:"适用共同经常居所地法,无共同居所的,适用共同国籍国法律。"本题中,两人已在天津买了一处住房,有了共同居所地,因此,人身关系应适用中国法,A项错误,B项正确。关于财产关系,根据第24条的规定,当事人的选择范围是有限制的,只能是在一方当事人经常居所地、国籍国、主要财产所在地的法律中选择。C项错误。当事人没有选择的,适用共同经常居所地法律,当事人住在天津,因此,财产关系应适用中国法,D项正确。

② 答案:CD。注意父母子女关系与夫妻关系不同,父母子女的财产关系的法律适用是没有意思自治的。A项错误。《涉外民事关系法律适用法》在父母子女的人身关系和财产关系上适用的法律是一样的。《涉外民事关系法律适用法》第25条规定了适用有利于保护弱者权益的法律。C项正确。第25条的规定为有条件选择,第一个选择适用就是共同经常居所地法律,D项正确。

婚而引起的财产分割，适用我国法律。认定其婚姻是否有效，适用婚姻缔结地法律。

【例 5-10】两甲国人在中国准备离婚，两人的共同经常居所在乙国，关于法律适用，依中国相关法律，下列哪些是正确的？①

A. 两人如协议离婚，可依意思自治原则无限制地选择适用的法律

B. 如两人选择去中国某法院离婚，应当适用中国法律

C. 如两人协议离婚，但没有选择适用的法律，应适用乙国法律

D. 两人协议离婚应协议选择适用共同经常居所地或国籍国法律

2. 涉外离婚的管辖权问题

管辖权对离婚案件的影响往往较大，根据我国《民事诉讼法》第 21 条及第 22 条的规定，对于被告在中国有住所或居所的离婚案件，我国法院有管辖权；对于被告不在中国境内居住的离婚案件，如原告在中国境内有住所或居所的，则原告住所地或居所地法院也有管辖权。又根据最高人民法院《关于适用〈中华人民共和国民事诉讼法〉若干问题的意见》的规定，我国法院在下列情况下具有管辖权：

(1) 中国公民双方在国外但未定居，一方向人民法院起诉离婚的，应由原告或被告原住所地人民法院管辖。

(2) 中国公民一方定居国外，一方居住在国内，无论哪一方向人民法院起诉离婚，国内一方住所地人民法院均有管辖权。如国外一方在居住国法院起诉，国内一方向人民法院起诉的，受诉人民法院有管辖权。

(3) 在国内结婚定居国外的华侨，如定居国法院以离婚诉讼须由婚姻缔结地法院或国籍国法院管辖为由不予受理的，双方回国向人民法院提出离婚诉讼的，可由结婚登记地或一方在国内最后居所地人民法院管辖。

(4) 在国外结婚并定居的华侨，如定居国法院以当事人的国籍为由拒绝受理离婚诉讼，双方回国向人民法院提出离婚诉讼的，由一方原住所地或在国内最后住所地人民法院管辖。

【例 5-11】(2005 年·卷一·38 题)中国籍公民张某与华侨李某在某国相识后结婚并定居该国。10 年后张某在定居国起诉离婚，但该国法院以当事人双方均具有中国国籍为由拒绝受理该案。张某遂向自己在中国的最后居住地法院起诉。依我国法律及相关司法解

---

① 答案：BC。根据《涉外民事关系法律适用法》第 26 条规定："协议离婚，当事人可以协议选择适用一方当事人经常居所地法律或者国籍国法律。当事人没有选择的，适用共同经常居所地法律；没有共同经常居所地的，适用共同国籍国法律；没有共同国籍的，适用办理离婚手续机构所在地法律。"A 项错误，当事人的选择是有范围限制的。根据第 27 条规定："诉讼离婚，适用法院地法律。"两人去中国法院离婚，应适用法院地法，即中国法，B 项正确。同样根据第 26 条规定，两人协议离婚，但没有选择法律，应适用两人共同经常居所地法，即乙国法律，C 项正确。同样根据第 26 条的规定，两人的选择是一方的经常居所地或国籍国，而不是共同的经常居所地或国籍国法律。D 项错误。

释,下列哪一个选项是正确的?①

A. 因双方在定居国结婚,不应受理

B. 因双方已定居国外10年,不应受理

C. 该中国法院有权受理

D. 告知双方先订立选择中国法院管辖的书面协议

五、扶养、收养与监护的法律适用

(一)收养的法律适用

关于收养,根据《涉外民事关系法律适用法》第28条规定:"收养的条件和手续,适用收养人和被收养人经常居所地法律。收养的效力,适用收养时收养人经常居所地法律。收养关系的解除,适用收养时被收养人经常居所地法律或者法院地法律。"可见,在收养的条件和手续上,重叠适用收养人和被收养人经常居所地法律。

【例5-12】(2012年·卷一·36题)某甲国公民经常居住地在甲国,在中国收养了长期居住于北京的中国儿童,并将其带回甲国生活。根据中国关于收养关系法律适用的规定,下列哪一选项是正确的?②

A. 收养的条件和手续应同时符合甲国法和中国法

B. 收养的条件和手续符合中国法即可

C. 收养效力纠纷诉至中国法院的,应适用中国法

D. 收养关系解除的纠纷诉至中国法院的,应适用甲国法

(二)扶养的法律适用

关于扶养,根据《涉外民事关系法律适用法》第29条规定:"扶养,适用一方当事人经常居所地法律、国籍国法律或者主要财产所在地法律中有利于保护被扶养人权益的法律。"该条规定采取了选择性的冲突规范,并强调要选择对被扶养人权益保护有利的法律。又根据《民法通则意见》第189条的规定,扶养包括父母对子女的抚养关系、夫妻之间的扶养关系和子女对父母的赡养关系。

【例5-13】刘某赴美国留学毕业后在投资银行就业,并已定居美国,其主要财产包括房产、现金、股票等均在美国,刘某之父为刘某对其赡养的争议诉诸中国某法院,依中国相关法

---

① 答案:C。我国《民事诉讼法》和《最高法院关于适用〈中华人民共和国民事诉讼法〉若干问题的意见》的规定,双方在国外结婚并定居国外的华侨,如定居国法院以离婚诉讼须由国籍所属国法院管辖为由不予受理时,当事人向人民法院提出离婚诉讼的,由一方原住所地或在国内的最后居住地人民法院管辖。对于张某在我国法院的诉讼,我国法院可以受理,张某的最后居住地法院有权管辖,C项正确。

② 答案:A。A项正确,B项错误,根据《涉外民事关系法律适用法》第28条的规定,收养的条件和手续,重叠适用收养人经常居所地法律和被收养人经常居所地法律,本题中即适用甲国法和中国法。C项错误。对于收养的效力,适用收养时收养人经常居所地法律,即甲国法。D项错误,收养关系的解除,可以适用收养时被收养人经常居所地法律或者法院地法律,本题中即适用中国法。

律，下列哪些选项是正确的？①

A. 中国没有关于赡养的规定

B. 如美国法对刘某之父更有利，则适用美国法律

C. 只能适用刘某之父经常居所地法律，即中国法律

D. 只能适用财产所在地法律

（三）监护的法律适用

关于监护，根据《涉外民事关系法律适用法》第 30 条规定："监护，适用一方当事人经常居所地法律或者国籍国法律中有利于保护被监护人权益的法律。"该条规定也体现了有更有利于保护弱方权益的精神。

【例 5－14】中国籍 15 岁少年吴某随父赴甲国读书。其父在甲国为吴某购买住房后，因生意原因返回中国，临行前安排乙国籍好友李某监护吴某在甲国期间学习生活。现有关吴某的监护问题在中国某法院涉诉。关于本案的法律适用，下列哪一选项是正确的？②

A. 只能适用甲国法律，因吴某在甲国有经常居所

B. 只能适用中国法律，因吴某为中国籍

C. 应适用乙国法律，因监护人李某为乙国籍

D. 应适用甲国法或中国法中有利于保护吴某权益的法律

六、继承的法律适用

（一）法定继承的法律适用

在法定继承方面，有区别制和同一制之分，区别制指将遗产分为动产和不动产，分别采用不同的法律适用原则。同一制则指不将遗产区分为动产与不动产，而是将遗产作为一个整体适用同一的准据法。我国在法定继承的法律适用上采用的是区别制。关于法定继承，根据《涉外民事关系法律适用法》第 31 条规定："法定继承，适用被继承人死亡时经常居所地法律，但不动产法定继承，适用不动产所在地法律。"

【例 5－15】侨居甲国的中国公民田某在乙国旅行时遇车祸身亡，未留有遗嘱。其生前在丙国某银行寄存有价值 10 万美元的股票、珠宝一批，在中国遗留有价值 200 万人民币的房产一处。田某在中国的父母要求继承这批股票和珠宝。我国与甲乙丙三国均无有关遗产

---

① 答案：B。根据《民法通则意见》第 189 条的规定，扶养包括父母对子女的抚养关系、夫妻之间的扶养关系和子女对父母的赡养关系。该解释表明扶养包括子女对父母的赡养关系。A 项错误。根据《涉外民事关系法律适用法》第 29 条规定："扶养，适用一方当事人经常居所地法律、国籍国法律或者主要财产所在地法律中有利于保护被扶养人权益的法律。"B 项正确，C、D 项都限定"只能"适用某法律不正确。

② 答案：D。根据《涉外民事关系法律适用法》第 30 条规定："监护，适用一方当事人经常居所地法律或者国籍国法律中有利于保护被监护人权益的法律。"A 项和 B 项都说"只能"适用不正确，C 项没有依据，也不正确。D 项符合第 30 条的规定，是正确答案。

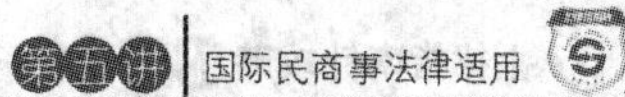

继承的特别协议。依我国法律,前述股票和珠宝的继承应适用哪一国的法律?①

A. 中国法　　B. 甲国法

C. 乙国法　　D. 丙国法

(二)遗嘱继承的法律适用

遗嘱涉及遗嘱方式、遗嘱效力、遗产管辖等问题。关于遗嘱方式,根据《涉外民事关系法律适用法》第32条规定:"遗嘱方式,符合遗嘱人立遗嘱时或者死亡时经常居所地法律、国籍国法律或者遗嘱行为地法律的,遗嘱均为成立。"该规定反映了20世纪60年代以来遗嘱方式准据法的扩大趋势,表明一个遗嘱很难因其方式被宣告为无效。关于遗嘱效力,《涉外民事关系法律适用法》第33条规定:"遗嘱效力,适用遗嘱人立遗嘱时或者死亡时经常居所地法律或者国籍国法律。"关于遗产管理,根据第34条规定:"遗产管理等事项,适用遗产所在地法律。"

【例5-16】关于遗嘱继承的法律适用,根据中国的《涉外民事关系法律适用法》下列哪些是正确的?②

A. 遗嘱方式必须符合遗嘱人立遗嘱时经常居所地法律

B. 在遗嘱效力上,《涉外民事关系法律适用法》采取了有条件选择的冲突规范

C. 遗产管理适用遗产所在地法律

D. 遗嘱方式符合立遗嘱人死亡时经常成所地法律的,遗嘱成立

(三)无人继承财产的法律适用

无人继承财产指继承已经开始,但在法定期限内,没有人接受继承或受领遗产。关于无人继承遗产的归属,根据《涉外民事关系法律适用法》第35条规定:"无人继承遗产的归属,适用被继承人死亡时遗产所在地法律。"又根据《民法通则意见》第191条的规定:"在我国境内死亡的外国人,遗留在我国境内的财产如果无人继承又无人受遗赠的,依照我国法律处理,两国缔结或者参加的国际条约另有规定的除外。"

【例5-17】甲国人琼斯在我国工作期间不幸病故。琼斯在我国境内遗留有价值300万元人民币的财产,但未留遗嘱,亦无继承人。在这种情况下,琼斯遗留在我国的财产应依据什么法律处理?③

---

① 答案:B。根据《涉外民事关系法律适用法》第31条规定:"法定继承,适用被继承人死亡时经常居所地法律,但不动产法定继承,适用不动产所在地法律。"本案只问了股票和珠宝的继承应适用何国法律,股票和珠宝属动产,因此,根据我国《涉外民事关系法律适用法》的规定,应当适用田某的最后经常居所地法,本题田某死亡时侨居甲国,其最后经常所地在甲国,因此,本题应适用甲国法。

② 答案:CD。根据《涉外民事关系法律适用法》第32条规定:"遗嘱方式,符合遗嘱人立遗嘱时或者死亡时经常居所地法律、国籍国法律或者遗嘱行为地法律的,遗嘱均为成立。"A项错误,D项正确。根据第33条规定:"遗嘱效力,适用遗嘱人立遗嘱时或者死亡时经常居所地法律或者国籍国法律。"该规定是一种无条件的选择,B项错误。根据第34条规定:"遗产管理等事项,适用遗产所在地法律。"C项正确。

③ 答案:C。根据《涉外民事关系法律适用法》第35条规定:"无人继承遗产的归属,适用被继承人死亡时遗产所在地法律。"琼斯死亡时未留遗嘱,亦无继承人,其在我国境内遗留的价值300万元人民币的财产成为无人继承财产,依上述法律,应适用我国法律处理。

A. 根据甲国法处理

B. 根据涉外继承的准据法处理

C. 根据中国法律处理，因琼斯的遗产所在地是中国

D. 交甲国驻华使领馆依甲国法处理

七、物权的法律适用

在解决不同国家之间有关物权的法律规定冲突的问题上，国际上普遍采用物之所在地法作为解决物权关系法律冲突的基本原则。对此，《涉外民事关系法律适用法》根据不同情况进行了规定。

（一）关于不动产

《涉外民事关系法律适用法》第36条规定："不动产物权，适用不动产所在地法律。"

（二）关于动产物权

根据第37条规定："当事人可以协议选择动产物权适用的法律。当事人没有选择的，适用法律事实发生时动产所在地法律。"

（三）关于运输中的物品

根据第38条规定："当事人可以协议选择运输中动产物权发生变更适用的法律。当事人没有选择的，适用运输目的地法律。"

（四）关于有价证券

根据第39条规定："有价证券，适用有价证券权利实现地法律或者其他与该有价证券有最密切联系的法律。"

（五）关于质权

根据第40条规定："权利质权，适用质权设立地法律。"

有关船舶和飞机物权的法律适用问题适用《海商法》和《民用航空法》的相关规定。

【例5-18】关于物权的法律适用，根据《涉外民事关系法律适用法》，下列哪些选项是正确的？①

A. 动产物权适用动产所在地法律

B. 权利质权适用质权实现地法律

C. 运输中动产物权，当事人没有选择的，适用物之所在地法律

---

① 答案：D。根据第37条规定："当事人可以协议选择动产物权适用的法律。当事人没有选择的，适用法律事实发生时动产所在地法律。"A项把动产与不动产法律适用混淆了，不动产物权根据第36条的规定，是适用不动产所在地法律，A项错误。根据第40条规定："权利质权，适用质权设立地法律。"B项错误。根据第38条规定："当事人可以协议选择运输中动产物权发生变更适用的法律。当事人没有选择的，适用运输目的地法律。"C项称"物之所在地法律"是不对的。关于有价证券，根据第39条规定："有价证券，适用有价证券权利实现地法律或者其他与该有价证券有最密切联系的法律。"D项正确。

D. 有价证券适用有价证券权利实现地法律

八、债权的法律适用

(一)合同之债的法律适用

合同之债的法律适用问题有广义与狭义之分,广义的指涉及合同所有方面的法律适用问题,狭义的仅指直接确定合同当事人的权利与义务关系的法律适用问题。在确定合同准据的问题上有两对基本理论,即分割论与单一论,主观论与客观论。分割论主张在合同的不同方面适用不同的法律,且对于不同性质的合同适用不同的法律。而单一论主张对整个合同适用同一的法律,且对不同性质的合同不分类型,统一适用其准据法。主观论主张当事人有权选择适用于合同的法律。理由是当事人有权依自己的意志协议创设权利与义务,同样也应有权选择适用于合同的法律。客观论则主张合同的准据法应依合同与某国有最密切联系的客观标志来确定,因为合同的有效成立及其效力是与一定的场所密切相关的。

1.《涉外民事关系法律适用法》的规定。根据《涉外民事关系法律适用法》第 41 条规定:"当事人可以协议选择合同适用的法律。当事人没有选择的,适用履行义务最能体现该合同特征的一方当事人经常居所地法律或者其他与该合同有最密切联系的法律。"该条规定包括下列几个层次:

第一个层次:当事人意思自治。该条规定首先确立了在合同领域当事人意思自治原则,即当事人可以选择处理合同争议所适用的法律。又依该法第 3 条的规定,当事人的选择必须是"明示"的。

第二个层次:经常居所地或最密切联系的法律。该条规定在当事人没有选择时,适用履行义务最能体现该合同特征的一方当事人经常居所地法律或与该合同有最密切联系的法律。该规定属于选择性的冲突规范,前半句又是"特征履行"与"经常居住地"的结合。"特征履行说"主张按照合同的特征性履行来确定合同的准据法,即要求法院根据合同的特殊性质,以某一方当事人履行的义务最能体现合同的本质特性来决定合同的准据法,该条约定将"最能体现该合同特征"的落脚点落在了"该方当事人的经常居所地"上。后半句则是"最密切联系"原则的体现,两者都是对"意思自治原则"的补充。

2.《民法通则》的规定。关于国际条约和国际惯例的法律适用,《涉外民事关系法律适用法》没有规定,应根据《民法通则》的规定。关于国际条约,《民法通则》采取了条约优先原则,根据《民法通则》第 142 条第 2 款的规定,中华人民共和国缔结或参加的国际条约同中华人民共和国的民事法律有不同规定的,适用国际条约的规定。但中华人民共和国声明保留的条款除外。我国的《海商法》及《民用航空法》也作了类似的规定。

关于国际惯例,《民法通则》采取了惯例补缺原则。根据《民法通则》第 142 条第 3 款的规定,中华人民共和国法律和中华人民共和国缔结或者参加的国际条约没有规定的,可以适用国际惯例。我国的《海商法》及《民用航空法》也作了类似的规定。

【注意】《民法通则》此处采用的措辞是“可以”，而不是“应该”或“必须”。

3. 司法解释的规定。2007 年最高人民法院《关于审理涉外民事或商事合同纠纷案件法律适用若干问题的规定》（以下简称《涉外民商事法律问题的规定》）对相关问题进行了司法解释。《涉外民商事法律问题的规定》还明确，涉及香港特别行政区、澳门特别行政区的民事或商事合同的法律适用，参照本规定。该司法解释与《涉外民事关系法律适用法》不冲突的地方仍然适用。《涉外民商事法律问题的规定》基本内容如下：

(1) 意思自治原则。

首先，关于法律选择的方式，根据《涉外民商事法律问题的规定》第 3 条，当事人选择或者变更选择合同争议应适用的法律，应当以“明示”的方式进行。

其次，关于选择的时间，《涉外民商事法律问题的规定》第 4 条明确当事人选择或者变更选择合同争议应适用的法律的时间点为“一审法庭辩论终结前”。此外，我国司法实践中经常遇到这样的情形，即当事人之间并没有预先对法律适用进行选择，原告起诉时依据的法律为某国法律，而被告对法律适用未提出异议，亦以某国法律进行答辩。对此，《涉外民商事法律问题的规定》第 4 条第 2 款明确规定，应认定当事人已经对法律适用做出选择。

再次，排除当事人意思自治的情形。根据《涉外民商事法律问题的规定》，在中国领域内履行的下列合同，适用中国法律：

①中外合资经营企业合同；

②中外合作经营企业合同；

③中外合作勘探、开发自然资源合同；

④中外合资经营企业、中外合作经营企业、外商独资企业股份转让合同；

⑤外国自然人、法人或者其他组织承包经营在中国领域内设立的中外合资经营企业、中外合作经营企业的合同；

⑥外国自然人、法人或者其他组织购买中国领域内的非外商投资企业股东的股权的合同；

⑦外国自然人、法人或者其他组织认购中国领域内的非外商投资有限责任公司或者股份有限公司增资的合同；

⑧外国自然人、法人或者其他组织购买中国领域内的非外商投资企业资产的合同；

⑨中国法律、行政法规规定应适用中国法律的其他合同。

【注意】值得注意的是：最高人民法院关于适用《中华人民共和国涉外民事关系法律适用法》若干问题的解释（一）对意思自治又有新的解释，根据第 6 条规定：“中华人民共和国法律没有明确规定当事人可以选择涉外民事关系适用的法律，当事人选择适用法律的，人民法院应认定该选择无效。”即没明确规定的则当事人不能选择适用的法律。又根据第 7 条规定：“一方当事人以双方协议选择的法律与系争的涉外民事关系没有实际联系为由主张选择无效的，人民法院不予支持。”即当事人选择的法律可与涉外民事关系没有实际联系。

(2) 最密切联系原则。在最密切联系原则的具体运用过程中，2007 年的《涉外民商事法律问题的规定》采用了“特征履行”的方法来确定合同争议所适用的法律。我国立法虽然没有明确规定使用何种方法,但在理论界和司法实践中普遍认为我们使用的是大陆法系国家的“特征履行”方法。《涉外民商事法律问题的规定》明确规定了应以“特征履行”来确定合同的准据法。即法院应根据最密切联系原则确定合同争议应适用的法律时,应根据合同的特殊性质,以及某一方当事人履行的义务最能体现合同的本质特性等因素,确定与合同有最密切联系的国家或者地区的法律作为合同的准据法。

《涉外民商事法律问题的规定》第5条进一步明确了17种合同争议应适用法律的具体情形:

①买卖合同,适用合同订立时卖方住所地法,如果合同是在买方住所地谈判并订立的,或者合同明确规定卖方须在买方住所地履行交货义务的,适用买方住所地法;

②来料加工、来件装配以及其他各种加工承揽合同,适用加工承揽人住所地法;

③成套设备供应合同,适用设备安装地法;

④不动产买卖、租凭或者抵押合同,适用不动产所在地法;

⑤动产租赁合同,适用出租人住所地法;

⑥动产质押合同,适用质权人住所地法;

⑦借款合同,适用贷款人住所地法;

⑧保险合同,适用保险人住所地法;

⑨融资租赁合同,适用承租人住所地法;

⑩建设工程合同,适用建设工程所在地法;

仓储、保管合同,适用仓储、保管人住所地法;

保证合同,适用保证人住所地法;

委托合同,适用受托人住所地法;

债券的发行、销售和转让合同,分别适用债券发行地法、债券销售地法和债券转让地法;

拍卖合同,适用拍卖举行地法;

行纪合同,适用行纪人住所地法;

居间合同,适用居间人住所地法。

2007年《涉外民商事法律问题的规定》同时规定,如果上述合同明显与另一国家或者地区有更密切联系的,适用该另一国家或者地区的法律。

(3)法律规避

根据《涉外民商事法律问题的规定》第6条的规定,当事人规避中华人民共和国法律、行政法规的强制性规定的行为,不发生适用外国法律的效力,该合同争议应当适用中华人民共和国法律。

(4)公共秩序保留

根据《涉外民商事法律问题的规定》第7条的规定,适用外国法律违反中华人民共和国社会公共利益的,该外国法律不予适用,而应当适用中华人民共和国法律。

(5)外国法的查明

根据《涉外民商事法律问题的规定》第9条的规定:"当事人选择或者变更选择合同争议应适用的法律为外国法律时,由当事人提供或者证明该外国法律的相关内容。"人民法院根据最密切联系原则确定合同争议应适用的法律为外国法律时,可以依职权查明该外国法律,亦可以要求当事人提供或者证明该外国法律的内容。当事人和人民法院通过适当的途径均不能查明外国法律的内容的,人民法院可以适用中华人民共和国法律。

【例5-19】关于合同之债的法律适用,根据《涉外民事关系法律适用法》的规定,下列哪些选项是正确的?[①]

A. 当事人可以协议选择合同适用的法律

B. 当事人没有选择的,只能适用与合同有最密切联系的法律

C. 当事人没有选择的,可以适用履行义务最能体现该合同特征的一方当事人经常居所地法律

D. 当事人的选择应当是明示的

【例5-20】(2008年·卷一·37题)中国豫达公司向甲国来科公司出售一批成套设备,该设备将安装在乙国。合同约定有关的纠纷将由被告一方法院管辖,但未约定合同的准据法。后双方因履约发生争议,来科公司在中国法院起诉豫达公司。根据最高人民法院《关于审理涉外民事或商事合同纠纷案件法律适用若干问题的规定》,关于我国法院在该案中应推定适用的法律,下列哪一选项是正确的?[②]

A. 中国法,因豫达公司为设备供应方

B. 甲国法,因来科公司为该批设备的买方

C. 乙国法,因乙国为该批设备的安装地

D.《国际商事合同通则》,因该通则确定的规则具有更广泛的国际性

【例5-21】(2009年·卷一·34题)中国某航空公司从甲国公司融资租赁一架飞机。双方合同约定适用甲国法律,由乙国银行提供贷款,由住所位于丙国的丙国公司担保。合同以英文作成,但贷款合同和保证合同对法律适用均没有约定。履行中发生争议,诉诸中国法

---

① 答案:ACD。根据《涉外民事关系法律适用法》第41条规定:"当事人可以协议选择合同适用的法律。当事人没有选择的,适用履行义务最能体现该合同特征的一方当事人经常居所地法律或者其他与该合同有最密切联系的法律。"A项正确。B项错误,因为该条规定在当事人没有选择的情况下,履行义务最能体现该合同特征的一方当事人经常居所地法律或者其他与该合同有最密切联系的法律选择适用的,不是只能适用最密切联系的法律。C项正确。又根据该法第3条的规定,当事人的选择必须是"明示"的,D项正确。

② 答案:C。根据《涉外民商事法律问题的规定》,第5条第2款第(3)项的规定,成套设备供应合同,适用设备安装地法。因乙国为该设备的安装地点,故应适用乙国法,C项正确,其余的选项错误。

院。依据我国相关法律规定,下列哪一选项是正确的?①

A. 飞机融资租赁合同应适用甲国法律

B. 飞机融资租赁合同应适用承租人住所地法律

C. 贷款合同应认为当事人默示选择适用英国法

D. 保证合同应适用中国某航空公司的住所地法

(二)消费者合同的法律适用

消费合同涉及消费者权益的保护,根据《涉外民事关系法律适用法》第42条规定:"消费者合同,适用消费者经常居所地法律;消费者选择适用商品、服务提供地法律或者经营者在消费者经常居所地没有从事相关经营活动的,适用商品、服务提供地法律。"该条规定从保护消费者权益出发,采取了"以消费者一方的经常居所地法为主,以商品、服务提供地法为辅"的方式确定法律的适用。后者的适用是有条件的,即消费者选择或在消费者经常居所地没有从事相关经营活动的。

【例5-22】关于消费合同的法律适用,根据《涉外民事关系法律适用法》的规定,下列哪些选项是正确的?②

A. 消费者合同应当适用当事人意思自治原则

B. 消费者合同应首先适用消费者经常居所地法律

C. 可适用出售产品的经营者选择适用的商品、服务提供地法律

D. 经营者在消费者经常居所地没有从事相关经营活动的,适用商品、服务提供地法律

(三)劳动合同的法律适用

劳动合同涉及劳动者权益的保护。根据《涉外民事关系法律适用法》第43条规定:"劳动合同,适用劳动者工作地法律;难以确定劳动者工作地的,适用用人单位主营业地法律。劳务派遣,可以适用劳务派出地法律。"该规定有两个部分,对于劳动合同,首先适用劳动者工作地法,无法确定时再适用用人单位主营业地法。对于劳务派遣,采用的是选择性的冲突规范,"可以"适用劳务派出地法,也"可以"适用前面的"劳动者工作地法律"。

【例5-23】李某受雇于外资大成公司,该企业的主营业地在北京。后因大成公司将李某派遣至甲国工作产生纠纷,诉诸中国某法院,有关该争议的相关法律适用,下列哪些选项

① 答案:A。根据《涉外民商事法律问题的规定》第3条的规定,当事人选择或者变更选择合同争议应适用的法律,应当以明示的方式进行。A项正确,因为本题融资租赁合同的当事人明示意思自治选择了甲国法律。B项错误,在当事人没有选择适用的法律时,在确定最密切联系的法律适用时,根据最高法院的司法解释,适用承租人的住所地法律,而本题当事人已选择了,这条规定就不适用了。C项错误,本题的贷款合同以英文作成,但并不能因此推定贷款合同的当事人选择了英国法,根据《涉外民商事法律问题的规定》第3条的规定,当事人的选择法律时应当是明示的。D项错误,根据《涉外民商事法律问题的规定》第5条的规定,在当事人没有选择的情况下,保证合同应适用保证人的住所地法,在本题中应是丙国法律,D项是被保证人中国某航空公司的住所地法律,是错误的。

② 答案:BD。根据《涉外民事关系法律适用法》第42条规定:"消费者合同,适用消费者经常居所地法律;消费者选择适用商品、服务提供地法律或者经营者在消费者经常居所地没有从事相关经营活动的,适用商品、服务提供地法律。"A项错误,从保护消费者利益出发,消费者合同没有适用意思自治原则。依上述规定,B项正确。C项不正确,应当是消费者选择时可以适用商品、服务提供地法律,而不是"经营者"选择时。依最后一句话的规定,D项正确。

是正确的?①

A. 李某与大成公司的劳动合同应适用李某工作地法律

B. 如李某的工作地难以确定,应适用中国法律

C. 李某派遣至甲国工作应适用中国法律

D. 李某派遣至甲国工作应适用工作地法律,即甲国法律

(四)侵权责任的法律适用

关于侵权责任的法律适用,根据《涉外民事关系法律适用法》第44条规定:“侵权责任,适用侵权行为地法律,但当事人有共同经常居所地的,适用共同经常居所地法律。侵权行为发生后,当事人协议选择适用法律的,按照其协议。”该条约定有三层含义:(1)侵权责任法律适用的基本原则是“侵权行为地法”。(2)当事人有共同经常居所地的,适用共同经常居所地法。(3)将意思自治引入侵权责任的法律适用,规定在侵权行为发生后,当事人可以协议选择适用的法律。《涉外民事关系法律适用法》第51条明确规定,《民法通则》第146条有关侵权行为法律适用的规定与本法的规定不一致的,适用本法。关于侵权行为地的确定,根据《民法通则意见》第187条的规定,侵权行为地包括侵权行为实施地和侵权结果发生地;如果两者不一致,由人民法院选择适用。

【例5-24】甲国留学生L某与甲国留学生M某在华留学期间因打架使M受重伤住院。后M向中国法院起诉要求L赔偿对其的损害。中国法院对该案的处理应适用何国的法律?②

A. 应当适用中国法,因两人在华留学有共同经常居所

B. 应当适用甲国法,因为两人均为甲国籍

C. 中国法与甲国法应重叠适用

D. 如重伤发生后,两人协议选择了适用的法律,可依其协议

(五)产品责任的法律适用

关于产品责任的法律适用,根据《涉外民事关系法律适用法》第45条规定:“产品责任,适用被侵权人经常居所地法律;被侵权人选择适用侵权人主营业地法律、损害发生地法律的,或者侵权人在被侵权人经常居所地没有从事相关经营活动的,适用侵权人主营业地法律或者损害发生地法律。”与上述消费合同的法律适用一样,产品责任的法律适用从保护消费者的利益出发,采用了“以被侵权人经常居所地法为主,以侵权人主营业地或损害发生地法

---

① 答案:ABC。根据《涉外民事关系法律适用法》第43条规定:“劳动合同,适用劳动者工作地法律;难以确定劳动者工作地的,适用用人单位主营业地法律。劳务派遣,可以适用劳务派出地法律。”A、B项正确,如李某的工作地难以确定,用人单位主营业地是在北京,因此,应适用中国法律。对于劳务派遣,应适用派出地法律,李某是从中国派出的,因此,应适用中国法律,而不是工作地法律。C项正确,D项错误。

② 答案:AD。根据《涉外民事关系法律适用法》第33条规定:“侵权责任,适用侵权行为地法律,但当事人有共同经常居所地的,适用共同经常居所地法律。侵权行为发生后,当事人协议选择适用法律的,按照其协议。”A项正确,因两人均在中国有经常居所。B项错误,第33条规定没有涉及国籍国法的适用。C项错误,第33条没有涉及重叠适用。D项正确,第33条允许侵权行为发生后,双方协议选择适用的法律。

为辅”的方法确定法律适用。后者的适用是有条件的,即在被侵权人选择,或侵权人在被侵权人经常居所地没有从事相关经营活动时才适用。

【例5-25】中国人李某去日本旅游期间购买的产品造成了对其家人的伤害,该产品生产公司的主营业地位于东京。有关争议诉诸中国某法院,根据《涉外民事关系法律适用法》的规定,下列哪些选项是正确的?①

A. 产品责任适用中国法律,因中国是被侵权人的经常居所地

B. 产品责任适用日本法律,因日本为侵权人的经常居所地

C. 李某选择适用日本法律的,适用日本法律

D. 如该日本侵权人在中国没有从事相关经营活动的,则只能适用日本法律

(六)网络人格权的法律适用

与网络人格权有关权益的保护,根据《涉外民事关系法律适用法》第46条规定:“通过网络或者采用其他方式侵害姓名权、肖像权、名誉权、隐私权等人格权的,适用被侵权人经常居所地法律。”

【例5-26】甲国人利某常住乙国并在乙国工作,在中国旅游期间上网时发现,某网页中有涉及他的不良照片,利某于是与网站联系要求删除,但该网站未予理睬。于是利某将涉及网络侵犯其肖像权的该争议诉诸中国某法院。根据中国相关立法,下列哪些选项是正确的?②

A. 涉及网络侵犯利某肖像权的该争议应适用中国法律

B. 涉及网络侵犯利某肖像权的该争议应适用甲国法律

C. 涉及网络侵犯利某肖像权的该争议应适用乙国法律

D. 该网络侵权争议应适用双方协议选择的法律

(七)不当得利和无因管理的法律适用

关于不当得利和无因管理的法律适用,根据《涉外民事关系法律适用法》第47条规定:“不当得利、无因管理,适用当事人协议选择适用的法律。当事人没有选择的,适用当事人共同经常居所地法律;没有共同经常居所地的,适用不当得利、无因管理发生地法律。”

【例5-27】关于不当得利和无因管理的法律适用,根据《涉外民事关系法律适用法》的

---

① 答案:AC。根据《涉外民事关系法律适用法》第45条规定:“产品责任,适用被侵权人经常居所地法律;被侵权人选择适用侵权人主营业地法律、损害发生地法律的,或者侵权人在被侵权人经常居所地没有从事相关经营活动的,适用侵权人主营业地法律或者损害发生地法律。”A项正确,因为中国是李某的经常居所地。B项错误,第45条并没有规定适用侵权人的经常居所地法律。C项正确,第45条允许被侵权人选择适用侵权人主营业地法律。D项错误,该公司在中国没有从事相关经营活动的,根据第45条是可以适用侵权人主营业地法律,或损害发生地法律,即应当是可以适用日本法,也可以适用损害发生地的中国法律,所以D项称只能适用日本法律是错的。

② 答案:C。根据《涉外民事关系法律适用法》第46条规定:“通过网络或者采用其他方式侵害姓名权、肖像权、名誉权、隐私权等人格权的,适用被侵权人经常居所地法律。”利某来中国只是旅游,没有经常居所地,其经常居所地在乙国,因此,C项为正确答案。

规定，下列选项哪些是正确的？①

A. 不当得利、无因管理，适用当事人协议选择适用的法律

B. 当事人没有选择的，适用当事人共同国籍国法律

C. 当事人没有选择的，适用当事人共同经常居所地法律

D. 没有共同经常居所地的，适用法院地法律

九、知识产权的法律适用

(一)关于知识产权的归属和内容

根据《涉外民事关系法律适用法》第48条的规定，适用被请求保护地法律。

(二)关于知识产权的转让和许可使用

根据《涉外民事关系法律适用法》第49条规定："当事人可以协议选择知识产权转让和许可使用适用的法律。当事人没有选择的，适用本法对合同的有关规定。"

(三)关于侵权责任

根据《涉外民事关系法律适用法》第50条的规定，知识产权的侵权责任，适用被请求保护地法律，当事人也可以在侵权行为发生后协议选择适用法院地法律。

【例5-28】甲国人柯某在中国发现乙国人马某侵犯了其专利权，但马某认为该专利是依据了转让许可协议的，有关争议在中国某法院审理，根据《涉外民事关系法律适用法》，下列哪些选项是正确的？②

A. 该专利权的归属应适用中国法律

B. 该专利权的归属应适用甲国法律

C. 该专利权的转让协议应适用当事人选择的法律

D. 该专利权的侵权责任适用中国法律

十、商事关系的法律适用

(一)票据关系的法律适用

有关票据关系的法律适用主要规定在我国《票据法》中，主要内容概括如下：

---

① 答案：AC。根据《涉外民事关系法律适用法》第47条规定："不当得利、无因管理，适用当事人协议选择适用的法律。当事人没有选择的，适用当事人共同经常居所地法律；没有共同经常居所地的，适用不当得利、无因管理发生地法律。"A项正确。B项错误，该条没有规定适用"共同国籍国法律"。C项正确。D项错误。

② 答案：ACD。根据《涉外民事关系法律适用法》第48条的规定，知识产权的归属和内容适用被请求保护地法律。该题的被请求保护地是中国，A项正确，B项错误。根据该法第49条的规定，当事人可以协议选择知识产权转让和许可使用适用的法律。当事人没有选择的，适用本法对合同的有关规定。C项正确。根据该法第50条的规定，知识产权的侵权责任，适用被请求保护地法律，当事人也可在侵权行为发生后协议选择适用法院地法律。中国是被请求保护地，D项正确。

1. 票据当事人能力的法律适用

根据《票据法》第 97 条的规定,票据债务人的民事行为能力,依照其本国法律为无民事行为能力或者限制民事行为能力而依照行为地法律为完全民事行为能力,适用行为地法律。

2. 票据记载事项的法律适用

根据《票据法》第 98 条的规定,汇票、支票出票时的记载事项,适用出票地法律,经当事人协议,也可以适用付款地法律。

3. 票据行为的法律适用

票据行为包括出票、背书、承兑、提示、拒付、付款、追索等行为。根据《票据法》第 99 条的规定,票据的背书、承兑、付款和保证行为,适用行为地法律。根据《票据法》第 101 条的规定,票据的提示期限、拒绝证明的方式、出具拒绝证明的期限,适用付款地法。根据《票据法》第 100 条的规定,票据追索权的行使期限,适用出票地法。

4. 票据丧失时权利保全的法律适用

根据《票据法》第 102 条的规定,票据丧失时,失票人请求保全票据权利的程序适用付款地法律。

【例 5-29】(2006 年·卷一·41 题)甲公司在中国签发一张以德国乙公司为受益人、以德国丙银行为付款人的汇票。乙公司在德国将该汇票背书转让给西班牙丁公司,丁公司向丙银行提示承兑时被拒绝。依照我国《票据法》,关于此案的法律适用,下列哪一表述是正确的?①

A. 甲公司是否有签发该票据的能力应依德国法

B. 该汇票的背书争议应适用西班牙法

C. 该汇票出票时的记载事项适用中国法

D. 丙银行拒绝承兑后,该汇票追索权的行使期限适用德国法

【例 5-30】(2009 年·卷一·35 题)中国人罗得向希姆借了一笔款。罗得在乙国给希姆开具一张 5 万美元的支票,其记载的付款人是罗得开立账户的丙国银行。后丙国银行拒绝向持有支票的希姆付款。因甲国战乱,希姆和罗得移居中国经商并有了住所,希姆遂在中国某法院起诉罗得,要求其支付 5 万美元。关于此案的法律适用,下列哪一选项是正确的?②

---

① 答案:C。A 项错误,《票据法》第 96 条只规定了确定票据债务人民事行为能力的准据法规则,而甲公司通常不是该票据的债务人;本题没有说明甲公司的国籍,也不能确定甲公司与德国之间的关系,因此难以确定它签发票据的能力应当适用德国的法律。关于汇票背书的争议,根据《票据法》第 98 条的规定,应适用行为地法。背书行为发生在德国,B 项错误。《票据法》第 97 条规定:"汇票、本票出票时的记载事项,适用出票地法律。"本题汇票是在中国签发的,出票时的记载事项应适用中国法,C 项正确。《票据法》第 99 条规定:"票据追索权的行使期限,适用出票地法律。"因该汇票在中国出票,故 D 项错误。

② 答案:C。《票据法》没有关于当事人意思自治的规定,A 项错误。根据该法第 99 条的规定,票据追索权的行使期限,适用出票地法,本题罗得在乙国给希姆开具一张 5 万美元的支票,出票地为乙国,应为乙国法,而不是甲国法律,B 项错误。根据《票据法》第 97 条的规定:"支票出票时的记载事项,适用出票地法律,罗得是在乙国出票的,应适用乙国法。C 项正确。根据《票据法》第 96 条的规定:"票据债务人的民事行为能力,适用其本国法律。"本题票据上记载的付款人丙国银行拒绝付款,罗得为债务人。罗得为甲国人,应适用甲国法律,D 项错误。

A. 该支票的追索应适用当事人选择的法律

B. 该支票追索权的行使期限应适用甲国法律

C. 该支票的记载事项适用乙国法律

D. 该支票记载的付款人是丙国银行，罗得的行为能力应适用丙国法

（二）海事关系的法律适用

《海商法》有关海事关系法律适用的规定可概括如下：

1.《民法通则》一般法律适用原则的采用。《海商法》作为民法特别法在法律适用上也采用《民法通则》的一般原则，即意思自治原则、最密切联系原则、条约优先原则和国际惯例补缺原则。

（1）意思自治原则和最密切联系原则。根据《海商法》第269条的规定："合同当事人可以选择适用的法律，法律另有规定的除外。当事人没有选择的，适用与合同有最密切联系的国家的法律。"

（2）条约优先原则。根据《海商法》第268条第1款的规定："中华人民共和国缔结或参加的国际条约同本法有不同规定的，适用国际条约的规定，但是中华人民共和国声明保留的除外。"

（3）国际惯例补缺原则。根据《海商法》第268条的规定："中华人民共和国法律和中华人民共和国缔结或参加的条约没有规定的，可以适用国际惯例。"

2. 船舶物权的法律适用

（1）关于船舶所有权，根据《海商法》第270条的规定："船舶所有权的取得、转让和消灭，适用船旗国法律。"由于船舶一般处于运动状态中，以物之所在地法作为确定船舶所有权的法律适用原则并不现实，因此，以船旗国法作为船舶所有权的准据法。船旗国法即船舶登记地国的法律，由于船舶登记为哪国国籍即须悬挂哪国国旗，因此，登记地国又称为船旗国。

（2）关于船舶抵押权，根据《海商法》第271条的规定："船舶抵押权适用船旗国法律，但对于光船租赁以前或光船租赁期间设立的船舶抵押权，适用原船舶登记国的法律。"在光船租赁的情况下，有些国家允许通过光船租赁转换一个新国籍，即转变为租入国的国籍，因此，在此种情况下，不是适用新的国籍国法，而是适用原登记国的法律，以保证法律关系的稳定性。

（3）关于船舶优先权。《海商法》第272条的规定："船舶优先权，适用受理案件的法院所在地国的法律。"我国《海商法》第21条的规定："船舶优先权，是指海事请求人依照本法第22条的规定，向船舶所有人、光船承租人、船舶经营人提出海事请求，对产生该海事请求的船舶具有优先受偿的权利。"由于船舶优先权的实现必须经过法律程序，因此其法律适用问题采用了受理案件的法院所在地法的原则。

3. 侵权行为的法律适用。根据《海商法》第273条第1款的规定："船舶碰撞的损害赔偿，适用侵权行为地法。但碰撞双方为同一国籍的船舶时，不论碰撞发生于何地，碰撞船间的损害赔偿适用船旗国法律。"该法第273条第2款规定："船舶在公海上发生碰撞的损害赔

偿,适用受理案件的法院所在地法律。”

4. 海事赔偿责任限制的法律适用。《海商法》第275条规定:“海事赔偿责任限制,适用受理案件的法院所在地的法律。”

5. 共同海损的法律适用。

《海商法》第274条的规定:“共同海损理算,适用理算地法。”理算地一般是目的港,但有时在中途港也会进行共同海损的理算,因此,理算地可能是目的港,也可能是中途港。

【例5-31】(2004年·卷一·71题)根据我国《海商法》关于船舶物权问题的规定,下列表述哪些是正确的?①

A. 船舶抵押权适用抵押地法律

B. 船舶优先权适用受理案件的法院所在地法律

C. 船舶所有权的取得、转让和消灭适用行为地法律

D. 船舶在光船租赁期间设立船舶抵押权的,适用原船舶登记国法律

【例5-32】(2004年·卷一·38题)一艘悬挂巴拿马国旗并由一巴西海运公司经营的海船,运送一批属一家日本公司的货物从日本到中国,在韩国附近海域发生意外。为了安全完成本航程,该海船驶入韩国某港口避难,发生共同海损,后在中国某港口进行理算。该共同海损理算应适用什么法律?②

A. 船旗国法律

B. 共同海损发生地法律

C. 巴西的法律

D. 理算地法律

【例5-33】(2007年·卷一·37题)巴拿马籍货轮“安达号”承运一批运往中国的货物,中途停靠韩国。“安达号”在韩国停靠卸载同船装运的其他货物时与利比里亚籍“百利号”相碰。“安达号”受损但能继续航行,并得知“百利号”最后的目的港也是中国港口。“安达号”继续航行至中国港口卸货并在中国某海事法院起诉“百利号”,要求其赔偿碰撞损失。依照我国法律,该法院处理该争议应适用下列哪一国法律?③

A. 中国法律,因为本案两船国籍不同,应适用法院地法处理争议

B. 巴拿马法律,因为它是本案原告船舶的国籍国

① 答案:BD。根据《海商法》的第271条的规定,船舶抵押权适用船旗国法律,A项错误。根据第272条,船舶优先权,适用受理案件的法院所在地法律。B项正确。根据第270条的规定,船舶所有权的取得、转让和消灭,适用船旗国法律。C项称适用行为地法律,因此不正确。根据第271条的规定,船舶在光船租赁以前或光船租赁期间,设立船舶抵押权的,适用原船舶登记国的法律。D项正确。

② 答案:D。根据《海商法》第274条的规定,共同海损理算,适用理算地法律。本案共同海损的发生地是韩国,理算地是中国,D项正确。

③ 答案:D。根据《海商法》第273条第1款的规定,船舶碰撞的损害赔偿适用侵权行为地法,同一国籍的船舶,不论碰撞发生于何地,船舶碰撞之间的损害赔偿适用船旗国法。本案碰撞发生在韩国,且两船国籍不同,因此,应适用侵权行为地的韩国法。D项正确。

C. 利比里亚法律，因为它是本案被告船舶的国籍国

D. 韩国法律，因为韩国是侵权行为地

【例 5-34】(2006 年·卷一·40 题)中国 X 公司与美国 Y 公司订立一项出口电器合同，约定有关该合同争议的解决适用《美国统一商法典》。X 公司负责安排巴拿马籍货轮运输，并约定适用《海牙规则》。该批货物在中国港口装船时因操作失误使码头装卸设备与船舶发生了碰撞，导致船舶与部分货物的损失。依照我国有关法律，下列哪一选项是正确的？①

A. 该案应由中国该港口辖区中级人民法院管辖

B. 该案应由中国该港口辖区海事法院管辖

C. 出口合同的双方选择适用《美国统一商法典》的约定是无效的

D. 运输合同应当适用中国法

【例 5-35】(2006 年·卷一·82 题)依照我国《海商法》相关规定，下列哪些诉讼应适用受理案件的法院所在地法律？②

A. 我国法院受理的关于海事赔偿责任限制的诉讼

B. 我国法院受理的关于船舶优先权的诉讼

C. 同一国籍的船舶在公海上发生碰撞而在我国法院进行的诉讼

D. 不同国籍的外国船舶在公海上发生的碰撞而在我国法院进行的诉讼

【例 5-36】(2009 年·卷一·83 题)甲国贸易公司航次承租乙国籍货轮“锦绣”号将一批货物从甲国运往中国，运输合同载有适用甲国法律的条款。“锦绣”号停靠丙国某港时与丁国籍轮“金象”号相撞，有关货损和碰撞案在中国法院审理。关于该案的法律适用，下列哪些选项是正确的？③

A. 有关航次租船运输合同的争议应适用与合同有最密切联系的法律

---

① 答案：B。《民事诉讼法》第 33 条规定：“因港口作业中发生纠纷提起的诉讼，由港口所在地人民法院管辖。”《海事诉讼特别程序法》第 7 条规定：“因沿海港口作业纠纷提起的诉讼，由港口所在地海事法院管辖。”由于后一法律相对《民事诉讼法》来说应视为特别法，因此，按照特别法优先于普通法适用的原则，应适用特别法的规定。A 项错误，B 项正确。出口合同属于涉外商事合同，其所应适用的准据法允许当事人自行约定。美国的《统一商法典》是一部示范法。当事人选择该示范法的规则，可以视为是将其中的规则并入了当事人之间的合同，这属于缔约自由的范畴，我国法律对此没有限制，C 项错误。本案例中的运输合同应视为一项涉外合同，其当事人可以约定该合同的准据法或其他的适用规则，不必非得适用中国法。《海牙规则》是海上货物运输领域内的一项重要的国际公约。虽然中国没有加入该公约，但在当事人选择适用《海牙规则》的情况下，如果要求本案的运输合同“应当”适用中国法是不准确的表述，D 项错误。

② 答案：ABD。根据《海商法》的规定，A、B、D 项都要适用法院地法律，是因为这两类诉讼与法院地有较大的利益关系。C 项的表述不符合我国法律。应适用船旗国法律。

③ 答案：BD。《海商法》第 269 条的规定：“合同当事人可以选择合同适用的法律，法律另有规定的除外。合同当事人没有选择的，适用与合同有最密切联系的国家的法律。”本题中的航次租船合同，当事人已选择了甲国法律，因此，不适用最密切联系的法律。A 项称“应适用与合同有最密切联系的法律”是不正确的。B 项正确。根据《海商法》第 273 条第 1 款的规定：“船舶碰撞的损害赔偿，适用侵权行为地法律。”本题的侵权行为地为丙国，两船舶国籍又不同，不属于双方国籍相同适用共同国籍国法的情况。本题碰撞不是发生在公海，也不属于适用法院地法律的情况。C 项称“适用法院地法”是混淆了两船国籍不同，发生在公海和一国海域的不同情况，C 项错误。D 项正确，因为“丙国”是“侵权行为地”。

B. 有关航次租船运输合同的争议应适用甲国法律

C. 因为"锦绣"号与"金象"号的国籍不同,两轮的碰撞纠纷应适用法院地法解决

D."锦绣"号与"金象"号的碰撞应适用丙国法律

(三)民用航空关系的法律适用

1.《民法通则》一般法律适用原则的采用。《民用航空法》作为民法特别法,在法律适用上也采用《民法通则》的一般原则,即意思自治原则、最密切联系原则、条约优先原则和国际惯例补缺原则。根据《民用航空法》第188条的规定:"民用航空运输合同当事人可以选择合同适用的法律,法律另有规定的除外。当事人没有选择的,适用与合同有最密切联系的国家的法律。"根据《民用航空法》第184条第1款的规定,中华人民共和国缔结或参加的国际条约同本法有不同规定的,适用国际条约的规定,但是中华人民共和国声明保留的除外。"根据《民用航空法》第184条的规定:"中华人民共和国法律和中华人民共和国缔结或参加的条约没有规定的,可以适用国际惯例。"

2. 民用航空器物权的法律适用

(1)关于所有权。《民用航空法》第185条规定:"民用航空器所有权的取得、转让和消灭,适用民用航空器国籍登记国法律。"

(2)关于抵押权。《民用航空法》第186条规定:"民用航空器抵押权适用民用航空器国籍登记国法律。"

(3)关于民用航空器的优先权。《民用航空法》第187条规定:"民用航空器优先权适用受理案件的法院所在地国的法律。"

3. 侵权行为的法律适用。根据《民用航空器法》第189条第1款的规定:"民用航空器对地面第三人的损害赔偿适用侵权行为地法律。"该法第189条第2款规定:"民用航空器在公海上空对水面第三人的损害赔偿适用受理案件的法院所在地法律。"

【例5-37】(2004年·卷一·37题)根据我国《民用航空法》的规定,民用航空器的转让、抵押,应当适用哪国法律?①

A. 民用航空器转让、抵押地国法律

B. 民用航空器所在地国法律

C. 民用航空器国籍登记国法律

D. 受理案件的法院所在地国法律

【例5-38】(2005年·卷一·39题)新加坡民用航空公司一架客机飞往印度尼西亚途中,因机上物体坠落使在公海上捕鱼的越南渔船受损。后该渔船开往中国港口修理,并就该飞机造成的损害赔偿诉诸我国法院。对于该案,根据《中华人民共和国民用航空法》,法院应

---

① 答案:C。根据《民用航空法》第185条规定:"民用航空器所有权的取得、转让和消灭,适用民用航空器国籍登记地法律。"C项正确。

适用下列哪个国家的法律?①

A. 新加坡法律 B. 印度尼西亚法律

C. 越南法律 D. 中国法律

牛刀小试

1. 关于自然人行为能力的法律适用,下列哪些选项是正确的?②

A. 自然人的行为能力适用当事人本国法

B. 自然人的行为能力适用当事人的住所地法

C. 自然人的行为能力适用经常居所地法律

D. 依经常居所地法律无民事行为能力,依行为地法有民事行为能力,适用行为地法律

2. 甲国人约克来北京后,委托中国人刘某代理其办理在中国的演出业务,双方没有就委托选择适用的法律,业务收入归入约克在乙国的一信托基金,该信托当事人约定适用乙国法律。两人之间因约克的肖像权产生人格权争议,还在代理等多方面产生争议,依中国的相关法律,下列哪些是正确的?③

A. 约克人格权的内容适用其经常居所地法律

B. 约克与刘某之间的民事关系适用甲国法律

C. 涉及约克信托基金的争议应适用乙国法律

D. 约克与刘某之间的民事关系适用中国法律

3. 中国人李某定居甲国,后移居乙国,数年后死于癌症,未留遗嘱。李某在中国、乙国分别有住房和存款,李某养子和李某妻子的遗产之争在中国法院审理。关于该遗产继承案的法律适用,根据我国相关法律,下列哪些选项是正确的?④

A. 李某动产的继承应适用甲国法

B. 李某动产的继承应适用乙国法

C. 李某动产的继承应适用中国法

---

① 答案:D。根据《民用航空器法》第189条第2款规定:"民用航空器在公海上空对水面第三人的损害赔偿适用受理案件的法院所在地法律。"因本题的受理法院为中国法院,因此应当适用中国法处理,D项正确。

② 答案:CD

③ 答案:ACD。根据《法律适用法》第15条规定:"人格权的内容,适用权利人经常居所地法律。"A项正确。根据该法第16条的规定:"代理适用代理行为地法律,但被代理人与代理人的民事关系,适用代理关系发生地法律。"B项错误,D项正确,约克和刘某之间的民事关系应适用代理关系发生地法,两者的代理关系发生在上海,应适用中国法。根据该法第17条规定:"当事人可以协议选择信托适用的法律。当事人没有选择的,适用信托财产所在地法律或者信托关系发生地法律。"从该条规定可以看出,意思自治是优先的,当事人未选择意思自治的,采取财产所在地法或信托关系发生地法的选择性冲突规范。本题的信托当事人适用乙国法,C项正确。

④ 答案:BD。根据《法律适用法》第31条规定:"法定继承,适用被继承人死亡时经常居所地法律,但不动产法定继承,适用不动产所在地法律。"李某定居甲国,后移居乙国,数年后死于癌症,可见其死亡时的经常居所地在乙国。因此对李某的遗产的法定继承,动产即他的全部存款适用他死亡时的经常居所地法即乙国法;不动产即他的全部住房则适用不动产所在法,在中国的住房适用中国法,在乙国的住房适用乙国法。B、D项正确。

D.李某所购房屋的继承应适用房屋所在国的法律

4.在国际私法中,应当适用于某一合同的实体法被称为该合同的准据法。关于合同准据法的确定,下列何种表述是正确的?①

A.我国所有的法律都允许涉外合同的当事人自行约定合同准据法

B.合同的当事人没有选择适用于合同的准据法时,我国法院可以适用与该合同有最密切联系的国家的法律

C.关于对合同当事人的行为能力与合同的有效性应分别适用不同国家法律的主张,称为确定合同准据法的分割论

D.当事人未选择的,适用履行义务最能体现该合同特征的一方当事人经常居所地法

5.甲国人A和B同受雇于香港某公司并派往上海工作,二人均在上海有经常居所。某日,他们同乘邮船度假,途经公海时,二人发生口角,A顺手抓起B的旅行箱向B掷去,造成旅行箱内的贵重仪器被毁坏。轮船抵达上海后,B向我国法院提起诉讼,要求A承担赔偿责任。我国法院可以适用下列何种法律?②

A.甲国法　B.香港法　C.乙国法　D.中国法

6.甲国某公司拟认购中国境内一家股份有限公司的增资股份,该股份有限公司股东均为中国公民。根据我国相关法律规定,关于该认购增资合同的法律适用和管辖,下列哪一选项是正确的?(2010年·卷一·34题)③

A.双方可以采用明示方式自由约定该合同所适用的法律

B.该合同只能适用中国法律

C.如出现争议,双方在一审法庭辩论终结前还可就法律适用进行选择

D.双方当事人只能选择中国仲裁机构仲裁

7.在中国法院审理的某票据纠纷中,与该票据相关的法律行为发生在中国,该票据付款人为甲国某州居民里斯。关于里斯行为能力的法律适用,根据我国相关法律规定,下列哪一

---

① 答案:BCD。根据《法律适用法》第41条规定:"当事人可以协议选择合同适用的法律。当事人没有选择的,适用履行义务最能体现该合同特征的一方当事人经常居所地法律或者其他与该合同有最密切联系的法律。"A项错误,因为有些法律要求强制性的适用,不允许当事人自由选择,如中外合资经营企业合同和中外合作企业合同只能适用中国法。B项正确,符合第41条的规定。关于确定合同准据法的分割论是指对于合同的不同方面或不同问题(如各当事人的缔约能力、合同的履行、违约救济等)适用不同的法律,而不统一适用一个法律,C项表述符合这一概念,C项正确。D项符合第41条的规定,正确。

② 答案:D。根据《法律适用法》第33条规定:"侵权责任,适用侵权行为地法律,但当事人有共同经常居所地的,适用共同经常居所地法律。侵权行为发生后,当事人协议选择适用法律的,按照其协议。"该侵权行为发生于公海,但当事人在上海均有经常居所,因此,应适用中国法。D项正确。

③ 答案:B。根据《法律适用法》第41条规定:"当事人可以协议选择合同适用的法律。当事人没有选择的,适用履行义务最能体现该合同特征的一方当事人经常居所地法律或者其他与该合同有最密切联系的法律。"《最高人民法院关于审理涉外民事或商事合同纠纷案件法律适用若干问题的规定》第8条规定:"在中华人民共和国领域内履行的下列合同,适用中华人民共和国法律:……(七)外国自然人、法人或者其他组织认购中华人民共和国领域内的非外商投资有限责任公司或者股份有限公司增资的合同;……"故本题中,该认购增资合同只能适用中国法律,当事人不能对处理该合同争议所适用的法律进行选择,只有B项正确。

判断是正确的？①

A. 应适用与该票据纠纷有最密切联系的法律

B. 应适用里斯住所地的法律

C. 如依据中国法，里斯具有完全行为能力，则应认定其具有完全行为能力

D. 如关于里斯行为能力的准据法无法查明，则应驳回起诉

8. 甲国公司与乙国航运公司订立海上运输合同，由丙国籍船舶"德洋"号运输一批货物，有关"德洋"号的争议现在中国法院审理。根据我国相关法律规定，下列哪一选项是正确的？(2010年·卷一·35题)②

A. 该海上运输合同应适用船旗国法律

B. 有关"德洋"号抵押权的受偿顺序应适用法院地法律

C. 有关"德洋"号船舶优先权的争议应适用丙国法律

D. 除法律另有规定外，甲国公司与乙国航运公司可选择适用于海上运输合同的法律

9. 某批中国货物由甲国货轮"盛京"号运送，提单中写明有关运输争议适用中国《海商法》。"盛京"号在公海航行时与乙国货轮"万寿"号相撞。两轮先后到达中国某港口后，"盛京"号船舶所有人在中国海事法院申请扣押了"万寿"号，并向法院起诉要求"万寿"号赔偿依其过失比例造成的碰撞损失。根据中国相关法律规定，下列选项正确的是：(2010年·卷一·99题)③

A. 碰撞损害赔偿应重叠适用两个船旗国的法律

B. "万寿"号与"盛京"号的碰撞争议应适用甲国法律

C. "万寿"号与"盛京"号的碰撞争议应适用中国法律

D. "盛京"号运输货物的合同应适用中国《海商法》

---

① 答案：C。《票据法》第96条规定："票据债务人的民事行为能力，适用其本国法律。票据债务人的民事行为能力，依照其本国法律为无民事行为能力或者为限制民事行为能力而依照行为地法律为完全民事行为能力的，适用行为地法律。"本题票据付款人里斯是甲国某州居民，行为地是中国，但题中并未告知里斯的国籍。因此根据前述法律规定，他的民事行为能力，应适用其本国法。但如果里斯依照本国法律为无民事行为能力或者为限制民事行为能力，而依照行为地中国法律为完全民事行为能力，则应适用行为地中国法律，认定其为完全民事行为能力。故A、B项错误，C项正确。《最高人民法院关于审理涉外民事或商事合同纠纷案件法律适用若干问题的规定》第9条规定："当事人和人民法院通过适当的途径均不能查明外国法律的内容的，人民法院可以适用中华人民共和国法律。"而不是驳回起诉，D项错误。

② 答案：D。我国《海商法》第269条规定："合同当事人可以选择合同适用的法律，法律另有规定的除外。合同当事人没有选择的，适用与合同有最密切联系的国家的法律。"故A项错误，D项正确。《海商法》第271条规定："船舶抵押权适用船旗国法律。船舶在光船租赁以前或者光船租赁期间，设立船舶抵押权的，适用原船舶登记国的法律。"本题中，"德洋"号的船旗国是丙国，因此有关"德洋"号抵押权的受偿顺序应适用船旗国法丙国法，B项错误。《海商法》第272条规定："船舶优先权，适用受理案件的法院所在地法律。"本题中，有关"德洋"号的争议由中国法院审理，因此有关"德洋"号的船舶优先权争议应适用法院地法中国法，C项错误。

③ 答案：CD。《海商法》第273条规定："船舶碰撞的损害赔偿，适用侵权行为地法律。船舶在公海上发生碰撞的损害赔偿，适用受理案件的法院所在地法律。同一国籍的船舶，不论碰撞发生于何地，碰撞船舶之间的损害赔偿适用船旗国法律。"本题"万寿"号与"盛京"号分别是乙国货轮与甲国货轮，碰撞发生在公海，因此它们之间的碰撞损害赔偿应适用法院地法，即中国法律，A、B项错误，C项正确。《海商法》第269条规定："合同当事人可以选择合同适用的法律，……"，"盛京"号运送货物的提单中写明有关运输争议适用中国《海商法》，D项正确。

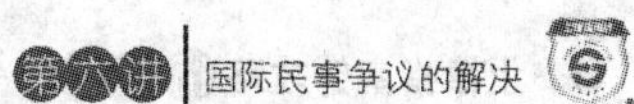

》》》第六讲

国际民事争议的解决

特别提示

本讲是司法考试的高频考点,平均每年考查2道题。其重要考点有:关于仲裁的司法解释、仲裁裁决的认可与执行、司法协助等。

考查概况

考查次数	已考考点	已考法条
2	仲裁机构	
5	涉外仲裁协议的效力和法律适用	《仲裁法》第20条 《最高人民法院关于适用〈中华人民共和国仲裁法〉若干问题的解释》第3-6、16条
1	涉外仲裁程序	
2	涉外仲裁裁决的撤销	《仲裁法》第58、70条 《民事诉讼法》第273、274条
5	外国人的民事诉讼地位	《民事诉讼法》第261-263条
2	专属管辖	《民事诉讼法》第266条
1	集中管辖	《最高人民法院关于涉外民商事案件诉讼管辖若干问题的规定》
1	司法豁免	《关于人民法院受理涉及特权与豁免的民事案件有关问题的通知》
1	外资非正常撤离中国的诉讼	商务部、外交部、公安部、司法部联合印发《外资非正常撤离中国相关利益方跨国追究与诉讼工作指引》
8	司法协助	《民事诉讼法》第276条 《关于涉外民事或商事案件司法文书送达问题若干规定》
1	域外取证	《民事诉讼法》第277条 《关于从国外调取民事或商事证据公约》
7	法院判决的承认与执行	《民事诉讼法》第280-282条 《关于人民法院受理申请承认外国法院离婚判决案件有关问题的规定》

一、国际商事仲裁

(一)仲裁机构

依国际商事仲裁机构组织形式的不同,可将其分为临时仲裁庭和常设仲裁机构两类。

1. 临时仲裁庭。

临时仲裁庭是指依当事人之间的仲裁协议,在争议发生后,由双方当事人在法律规定或允许的范围内,各自推选仲裁员组成的仲裁庭。该仲裁庭仅负责审理本案。在作出仲裁裁决后仲裁庭即告解散。临时仲裁庭一般无固定的组织、地点、仲裁规则及人员。我国1994年《仲裁法》未对临时仲裁作出规定。

2. 常设仲裁机构。

常设仲裁机构是依法成立的,有固定名称、固定的人员、固定的办事机构、组织章程、行政管理规则,解决国际民商事争议的仲裁组织。常设仲裁机构有三类,即国际性常设仲裁机构、国内常设仲裁机构和专业性常设仲裁机构。

目前我国涉外仲裁机构与国内仲裁机构在受案范围上已没有区别,均可受理国际、涉外和国内的案件。但受理涉外仲裁历史最长,在国际上影响较大的是中国国际经济贸易仲裁委员会(中国国际商会仲裁院)和中国海事仲裁委员会。

(二)仲裁协议

1. 仲裁协议。

是指双方当事人同意将他们之间将可能发生的或已经发生的争议交付仲裁的协议。国际商事仲裁的立法和实践一般要求仲裁协议采用书面形式。仲裁协议可以分为三种形式,即合同中的仲裁条款、仲裁协议书和其他有关仲裁的特别约定。合同中的仲裁条款具有独立性的特点,即当合同无效时,合同中的仲裁条款依然有效。

2. 仲裁协议的内容。

一般应包括提交仲裁的争议事项、仲裁地点、仲裁机构或仲裁庭的组成、仲裁程序规则及仲裁裁决的效力等。

3. 仲裁协议的效力。

主要体现在下列几个方面:(1)仲裁协议对当事人具有约束力,当事人应承担不向法院起诉的义务。且任何一方不得自行变更、撤销已成立的有效的仲裁协议。(2)仲裁协议是仲裁庭受理案件的依据,仲裁机构的受案范围也同样受仲裁协议的限制。(3)仲裁协议具有排除法院管辖权的效力。(4)仲裁协议具有强制执行的法律效力。

【例6-1】中国大成公司与法国柯基公司订立了向中国进口货物的买卖合同,并订有在中国国际经济贸易仲裁委员会仲裁的仲裁条款。在该合同的履行过程中,双方发生争议,法国柯基公司于是在法国向某法国法院提起以中国大成公司为被告的诉讼。对此中国大成公司提出了异议。根据相关规定,下列选项哪些是正确的?①

A. 法国柯基公司不应向法国法院提起对中国公司的诉讼,因为其有不向法院提起诉讼的义务

B. 法国法院应终止诉讼程序,因为仲裁协议具有排除法院管辖权的效力

C. 法国柯基公司可以向法国法院提起对中国公司的诉讼

D. 有关争议应提交中国国际经济贸易仲裁委员会仲裁

(三)仲裁程序

仲裁程序指国际民商事案件一方当事人提起仲裁到仲裁裁决得到执行的整个过程中有关仲裁活动所必须遵守的程序及规则。仲裁程序一般依双方当事人选择的仲裁规则,主要包括仲裁申请的提出和受理、仲裁员的选定、仲裁庭的组成、仲裁案件的审理、仲裁裁决的作出及执行等内容。本部分内容在司法考试中一般不涉及。

(四)《最高人民法院关于适用〈中华人民共和国仲裁法〉若干问题的解释》

2005 年 12 月 26 日最高人民法院审判委员会通过了《最高人民法院关于适用〈中华人民共和国仲裁法〉若干问题的解释》(以下简称《仲裁法解释》)自 2006 年 9 月 8 日起施行。该司法解释就仲裁协议的效力、仲裁协议的书面形式等问题进行了规定。有关规定可归纳如下:

1. 关于仲裁协议的"其他书面形式"

《仲裁法解释》第 1 条进行了宽松的解释,对《仲裁法》第 16 条规定的"其他书面形式"的仲裁协议进行了明确,规定包括以合同书、信件和数据电文(包括电报、电传、传真、电子数据交换和电子邮件)等形式达成的请求仲裁的协议。

2. 关于概括约定的仲裁事项的范围

《仲裁法解释》第 2 条规定,当事人概括约定仲裁事项为合同争议的,基于合同成立、效力、变更、转让、履行、违约责任、解释、解除等产生的纠纷都可以认定为仲裁事项。

3. 关于仲裁机构约定不明确的处理

根据《仲裁法解释》第 3 条规定:"仲裁协议约定的仲裁机构名称不准确,但能够确定具体的仲裁机构的,应当认定选定了仲裁机构。"根据《仲裁法解释》第 4 条规定:"仲裁协议仅约定纠纷适用的仲裁规则的,视为未约定仲裁机构,但当事人达成补充协议或者按照约定的仲裁规则能够确定仲裁机构的除外。"此条规定确认了贸易仲裁规则中"约定了仲裁规则即约定了仲裁委员会"的规定的效力。根据《仲裁法解释》第 5 条规定:"仲裁协议约定两个以上仲裁机构的,当事人可以协议选择其中的一个仲裁机构申请仲裁;当事人不能就仲裁机构选择达成一致的,仲裁协议无效。"根据《仲裁法解释》第 6 条规定:"仲裁协议约定由某地的仲裁机构仲裁且该地仅有一个仲裁机构的,该仲裁机构视为约定的仲裁机构。该地有两个

① 答案:ABD。A 项正确,当事人签订了仲裁协议后即承担了不向法院起诉的义务。B 项正确,因为仲裁协议具有排除法院管辖权的效力。C 不正确。D 项正确,因为中国国际经济贸仲裁委员会是双方选择的仲裁机构。

以上仲裁机构的，当事人可以协议选择其中的一个仲裁机构申请仲裁；当事人不能就仲裁机构选择达成一致的，仲裁协议无效。”

4. 关于约定可仲裁可诉讼的处理

根据《仲裁法解释》第 7 条规定：“当事人约定争议可以向仲裁机构申请仲裁，也可以向人民法院起诉的，仲裁协议无效。”但一方向仲裁机构申请仲裁，另一方未在《仲裁法》第 20 条第 2 款规定期间内提出异议的除外。

5. 关于主体变化对仲裁协议效力的影响

《仲裁法解释》第 8 条规定了对继受人的效力，规定当事人订立仲裁协议后合并、分立的，仲裁协议对其权利义务的继受人有效。当事人订立仲裁协议后死亡的，仲裁协议对承继其仲裁事项中的权利义务的继承人有效。上述规定，当事人订立仲裁协议时另有约定的除外。第 9 条规定了对受让人的效力，规定债权债务全部或者部分转让的，仲裁协议对受让人有效，但当事人另有约定、在受让债权债务时受让人明确反对或者不知有单独仲裁协议的除外。

6. 关于仲裁协议的独立性

《仲裁法解释》第 10 条规定：“合同成立后未生效或者被撤销的，仲裁协议效力的认定适用《仲裁法》第 19 条第 1 款的规定。”当事人在订立合同时就争议达成仲裁协议的，合同未成立不影响仲裁协议的效力。

7. 关于适用其他仲裁条款

《仲裁法解释》第 11 条明确了涉外合同适用国际条约中仲裁规定的有效性，规定合同约定解决争议适用其他合同、文件中的有效仲裁条款的，发生合同争议时，当事人应当按照该仲裁条款提请仲裁。涉外合同应当适用的有关国际条约中有仲裁规定的，发生合同争议时，当事人应当按照国际条约中的仲裁规定提请仲裁。

8. 关于确认仲裁效力的管辖权问题

《仲裁法解释》第 12 条规定了三类情况：其一，由仲裁协议约定的仲裁机构所在地的中级人民法院管辖；仲裁协议约定的仲裁机构不明确的，由仲裁协议签订地或者被申请人住所地的中级人民法院管辖。其二，涉外仲裁协议效力的案件，由仲裁协议约定的仲裁机构所在地、仲裁协议签订地、申请人或者被申请人住所地的中级人民法院管辖。其三，涉及海事海商纠纷仲裁协议效力的案件，由仲裁协议约定的仲裁机构所在地、仲裁协议签订地、申请人或者被申请人住所地的海事法院管辖；上述地点没有海事法院的，由就近的海事法院管辖。此条规定了仲裁机构所在地法院为确认涉外仲裁协议效力的首选管辖法院，保障了人民法院为确认仲裁协议效力的管辖法院。

9. 保护仲裁机构确认仲裁协议效力的权力

《仲裁法解释》第 13 条规定，当事人在仲裁庭首次开庭前没有对仲裁协议的效力提出异议，而后向人民法院申请确认仲裁协议无效的，人民法院不予受理。此外，仲裁机构对仲裁协议的效力作出决定后，当事人向人民法院申请确认仲裁协议效力或者申请撤销仲裁机构的决定的,人民法院不予受理。此外的保护仲裁机构确认仲裁协议效力的权力体现,提倡当事人诚信原则。

10. 关于法律适用问题

《仲裁法解释》第16条的规定与《法律适用法》不同,仲裁协议的法律适用应当适用《法律适用法》第18条的规定,当事人可以协议选择仲裁协议适用的法律。当事人没有选择的,适用仲裁机构所在地法律或者仲裁地法律。又根据《适用解释》第14条的规定,当事人没有选择涉外仲裁协议适用的法律,也没有约定仲裁机构或者仲裁地,或者约定不明的,人民法院可以适用中国法律认定该仲裁协议的效力。

11. 关于撤销仲裁裁决的问题

《仲裁法解释》第17条规定,当事人以不属于《仲裁法》第58条或者《民事诉讼法》第274条规定的事由申请撤销仲裁裁决的,人民法院不予支持。此条是不得以法律规定以外的理由申请撤销仲裁裁决的体现。《仲裁法解释》第19条涉及超裁撤销的问题,规定当事人以仲裁裁决事项超出仲裁协议范围为由申请撤销仲裁裁决,经审查属实的,人民法院应当撤销仲裁裁决中的超裁部分。但超裁部分与其他裁决事项不可分的,人民法院应当撤销仲裁裁决。此条确立了超裁的仲裁裁决可以分割的部分可以部分撤销的原则。《仲裁法解释》第24条涉及撤销仲裁的审理,规定当事人申请撤销仲裁裁决的案件,人民法院应当组成合议庭审理,并询问当事人。《仲裁法解释》第25条涉及撤销程序与执行的关系,规定人民法院受理当事人撤销仲裁裁决的申请后,另一方当事人申请执行同一仲裁裁决的,受理执行申请的人民法院应当在受理后裁定中止执行。

12. 关于重新仲裁的问题

《仲裁法解释》第21条规定,当事人申请撤销国内仲裁裁决的案件属于下列情形之一的,人民法院可以依照《仲裁法》第61条的规定通知仲裁庭在一定期限内重新仲裁:(1)仲裁裁决所根据的证据是伪造的;(2)对方当事人隐瞒了足以影响公正裁决的证据的。人民法院应当在通知中说明要求重新仲裁的具体理由。《仲裁法解释》第22条规定了重新仲裁与撤销程序的关系,规定仲裁庭在人民法院指定的期限内开始重新仲裁的,人民法院应当裁定终结撤销程序;未开始重新仲裁的,人民法院应当裁定恢复撤销程序。《仲裁法解释》第23条规定了对重新仲裁不服的处理,规定当事人对重新仲裁裁决不服的,可以在重新仲裁裁决书送达之日起6个月内依据《仲裁法》第58条规定向人民法院申请撤销。

13. 关于执行阶段出现的问题

《仲裁法解释》第26条和第27条第1款规定了两类不予支持的情况。根据第26条规定,当事人向人民法院申请撤销仲裁裁决被驳回后,又在执行程序中以相同理由提出不予执行抗辩的,人民法院不予支持。根据第27条规定,当事人在仲裁程序中未对仲裁协议的效力提出异议,在仲裁裁决做出后以仲裁协议无效为由主张撤销仲裁裁决或者提出不予执行抗辩的,人民法院不予支持。第27条第2款规定了法院应予支持的情况,当事人在仲裁程序中对仲裁协议的效力提出异议,在仲裁裁决作出后又以此为由主张撤销仲裁裁决或者提出不予执行抗辩，经审查符合《仲裁法》第58条或者《民事诉讼法》第237条、第274条规定的，人民法院应予支持。

14. 解释鼓励以调解/和解方式解决争议

《仲裁法解释》第28条规定："当事人请求不予执行仲裁调解书或者根据当事人之间的和解协议作出的仲裁裁决书，人民法院不予支持。"

【例6-2】中国甲公司与德国乙公司订立仲裁协议，约定由某地仲裁机构仲裁，但约定的仲裁机构名称不准确。根据2006年实施的《最高人民法院关于适用〈中华人民共和国仲裁法〉若干问题的解释》，下列哪些选项是正确的？①

A. 仲裁机构名称不准确，但能确定具体的仲裁机构的，应视为选定了仲裁机构

B. 如仲裁协议约定的仲裁地仅有一个仲裁机构，该仲裁机构应视为约定的仲裁机构

C. 如仲裁协议约定的仲裁地有两个仲裁机构，成立较早的仲裁机构应视为约定的仲裁机构

D. 仲裁协议仅约定纠纷适用的仲裁规则的均被视为未约定仲裁机构

【例6-3】中国甲公司与法国乙公司订立的仲裁协议出现了争议，双方就仲裁协议应适用什么法律的问题，向中国律师咨询意见，你作为律师，依中国相关法律，判断下列何为正确？②

A. 双方当事人可以协议选择仲裁协议适用的法律

B. 当事人没有选择的，只能适用仲裁地法

C. 当事人没有选择的，应先适用仲裁机构所在地法，没有仲裁机构的，适用仲裁地法

D. 当事人没有选择的，适用仲裁机构所在地法或仲裁地法

（五）仲裁裁决的承认与执行

1. 1958年《纽约公约》。1958年《纽约公约》（全称《承认及执行外国仲裁裁决公约》）是国际上有关国际商事仲裁的重要公约，我国于1986年加入了该公约，该公约于1987年4月22日对我国生效。我国在加入《纽约公约》时作了两项保留，即互惠保留和商事保留。互惠保留指我国只承认和执行在缔约国领土内作出的仲裁裁决。商事保留指我国只承认和执行针对契约性和非契约性商事法律关系引起的争议所作出的裁决。根据最高人民法院于1987年发布的《关于执行我国加入的〈承认及执行外国仲裁裁决公约〉的通知》的解释，契约

---

① 答案：AB。A项正确，根据《仲裁法解释》第3条的规定，仲裁机构名称不准确，但能确定具体的仲裁机构的，应视为选定了仲裁机构。根据《仲裁法解释》第6条的规定，当仲裁协议约定的仲裁地只有一个仲裁机构时，推定该机构为当事人约定的仲裁机构，因此，B项正确。C项以成立先后为判断依据显然没有道理，也不符合《仲裁法解释》的规定，因此是错误的。D项错误，根据《仲裁法解释》第4条的规定，仲裁协议仅约定纠纷适用的仲裁规则的，视为未约定仲裁机构，但当事人达成补充协议或者按照约定的仲裁规则能够确定仲裁机构的除外。因此，D项用"均"来表示未约定仲裁机构是错误的。

② 答案：AD。根据《涉外民事关系法律适用法》第18条的规定："当事人可以协议选择仲裁协议适用的法律。当事人没有选择的，适用仲裁机构所在地法律或者仲裁地法律。"A项正确。B、C项错误，D项正确，因为第18条的规定，在当事人没有选择的情况下，适用仲裁机构所在地法或仲裁地法。

性和非契约性商事法律关系是指合同、侵权或依有关法律规定而产生的经济上的权利义务关系。我国与缔约国之间仲裁裁决的承认与执行应当依据《纽约公约》,公约的主要内容如下:

(1)缔约国相互承认仲裁裁决具有约束力,且应依承认与执行地的程序规定予以执行。

(2)拒绝承认与执行外国仲裁裁决的情形为:缺乏有效的仲裁条款或仲裁协议;签订仲裁协议的当事人没有行为能力;被执行人未收到有关指派仲裁员的通知,或未能获得申辩的机会;裁决处理的事项超出了仲裁协议的范围;仲裁庭的组成或仲裁程序与当事人之间的协议不符;仲裁裁决尚未发生法律效力或由作出裁决的国家或主管机关撤销或停止执行;依仲裁地的法律,争议事项不可以用仲裁的方式解决(如婚姻、收养等);承认和执行该裁决违反承认与执行地国的公共政策。

2. 中国仲裁裁决在中国的强制执行。关于申请强制执行中国仲裁裁决的管辖法院,根据《民事诉讼法》第274条、《仲裁法》第70条及第71条,及最高人民法院有关的司法解释,对于败诉一方不能自动履行的仲裁裁决,胜诉一方可以向败诉方住所地或财产所在地的中级人民法院申请强制执行。

中国仲裁裁决有下列情形之一的,法院审查核实后裁定不予执行:(1)当事人在合同中没有订有仲裁条款或者事后没有达成书面仲裁协议的;(2)被申请人没有得到指定仲裁员或者进行仲裁程序的通知,或者由于其他不属于被申请人负责的原因未能陈述意见的;(3)仲裁庭的组成或者仲裁程序与仲裁规则不符的;(4)裁决的事项不属于仲裁协议的范围或者仲裁机构无权仲裁的;(5)裁决违背社会公共利益的。

对不予执行涉外仲裁裁决及拒绝承认和执行外国仲裁裁决,根据1995年《最高人民法院关于人民法院处理与涉外仲裁及外国仲裁事项有关问题的通知》,首先,在受理上,凡涉外、涉港澳台经济、海事海商纠纷案件,当事人在合同中订有仲裁条款的,在受理前应报高级法院审查,高院同意受理,应报最高人民法院,在最高院答复前,可暂不予受理。凡不予执行我国的涉外仲裁或拒绝承认和执行外国的仲裁裁决的,应报高级人民法院审查,如高级人民法院同意的,应将审查意见报最高人民法院,待最高人民法院答复后,方可裁定不予执行或拒绝承认和执行。

对于撤销我国的涉外仲裁裁决,根据1998年《最高人民法院关于人民法院撤销涉外仲裁裁决有关事项的通知》,也应报辖区所属高级人民法院审查,高级人民法院同意的,应将审查意见报最高人民法院。待最高人民法院答复后,方可裁定撤销裁决或通知仲裁庭重新仲裁。

3. 中国仲裁机构的裁决在外国的承认与执行。关于我国仲裁机构的仲裁裁决在外国申请执行的问题,根据《民事诉讼法》第280条第2款和《仲裁法》第72条的规定,如果被执行人或其财产不在中国领域内,应当由当事人直接向有管辖权的外国法院申请承认与执行。

在申请承认与执行的条件与程序方面,我国是《纽约公约》的参加国,因此与缔约国之间的仲裁裁决承认与执行问题应根据《纽约公约》办理。对于与我国没有条约关系的国家之间的承认与执行问题，则应根据互惠原则按执行地国法律规定的条件及程序办理。

4. 外国仲裁裁决在中国的强制执行。关于强制执行外国仲裁裁决的管辖法院，根据《民事诉讼法》第 283 条的规定，应当由当事人直接向被执行人住所地或财产所在地的中级人民法院申请，由法院依中国缔结或参加的国际条约或依互惠原则办理。

【例 6-4】(2013 年·卷一·38 题)法国某公司依 1958 年联合国《承认与执行外国仲裁裁决公约》，请求中国法院承认与执行一项国际商会国际仲裁院的裁决。依据该公约及中国相关司法解释，下列哪一表述是正确的？①

A. 法院应依职权主动审查该仲裁过程中是否存在仲裁程序与仲裁协议不符的情况

B. 该公约第 5 条规定的拒绝承认与执行外国仲裁裁决的理由是穷尽性的

C. 如该裁决内含有对仲裁协议范围以外事项的决定，法院应拒绝承认执行该裁决

D. 如该裁决所解决的争议属于侵权性质，法院应拒绝承认执行该裁决

二、国际民事诉讼

(一)外国人的民事诉讼地位

我国在外国人的民事诉讼地位上采用的是以对等为条件的国民待遇原则。根据《民事诉讼法》第 5 条第 1 款的规定，外国人、无国籍人、外国企业和组织在中国法院起诉和应诉，同中国公民、法人和其他组织有同等的诉讼权利义务。该条第 2 款又规定，外国法院对我国公民、法人和其他组织的民事诉讼权利加以限制的，我国法院对该国公民、法人和组织的民事诉讼权利实行对等原则。

在诉讼代理上，根据最高人民法院关于适用《民诉意见》第 308 条的规定，涉外民事诉讼中的外籍当事人，可以委托本国人为诉讼代理人，也可以委托本国律师以非律师身份担任诉讼代理人；外国驻华使、领馆官员，受本国公民的委托，可以以个人名义担任诉讼代理人，但在诉讼中不享有外交特权和豁免权。

【例 6-5】金某为韩国人，现在我国某市中级人民法院因民事纠纷涉诉。下列哪些人可以成为金某的诉讼代理人？②

---

① 答案：B。A 项错误，根据《民事诉讼法》第 274 条，对于仲裁程序不符合仲裁协议的，需要由被申请人提出证据证明法院才予以审查，法院不主动进行审查。B 项正确，《承认与执行外国仲裁裁决公约》第 5 条第 2 款的规定，拒绝承认与执行外国仲裁裁决的情形是穷尽性的。C 项错误，根据《承认与执行外国仲裁裁决公约》第 5 条(1)③项规定，超出仲裁协议范围的事项，法院应拒绝执行该裁决，但是，对于仲裁协议范围以内的事项的决定，如果可以和对于仲裁协议范围以外的事项的决定分开，那么，这一部分的决定仍然可予以承认和执行。D 项错误，根据《最高人民法院关于执行我国加入的(承认及执行外国仲裁裁决公约)的通知》第 2 条，我国加入该公约时所作的商事保留声明，我国仅对按照我国法律属于契约性和非契约性商事法律关系所引起的争议适用该公约。"契约性和非契约性商事法律关系"指由于合同、侵权或者根据有关法律规定而产生的经济上的权利义务关系，不包括外国投资者与东道国政府之间的争端。因此，对于该侵权性质的裁决法院也应当执行。

② 答案：ACD。根据《民诉意见》第 308 条规定，金某本国的律师也可以担任金某的诉讼代理人，但不能以律师的身份。因此，B 项错误，其他各项根据《民诉意见》第 308 条规定是允许的，A、C、D 项正确。

A. 韩国公民

B. 以律师身份接受金某委托的韩国律师

C. 中国律师

D. 中国公民

(二)国际民事案件管辖权

我国涉外民事案件的管辖权主要采用下列原则:

1. 地域管辖

(1)普通地域管辖。普通地域管辖即以住所、居所、临时所在地为联系因素确定的管辖。在涉外民事案件的管辖权上,我国采用原告就被告的原则,只要涉外民事案件中的被告住所或居所在中国,中国法院即有管辖权。但对于不在中国境内居住的人提起的身份关系的诉讼,可由原告住所地或经常居住地的中国法院管辖。

(2)特别地域管辖。特别地域管辖主要涉及对在我国领域内没有住所的被告提起的有关合同或财产权益的纠纷的管辖。根据《民事诉讼法》第265条的规定,因合同纠纷或者其他财产权益纠纷,对在中国领域内没有住所的被告提起的诉讼,如果合同在中国领域内签订或履行,或诉讼标的物在中国领域内,或被告在中国领域内有可供扣押的财产,或被告在中国领域内设有代表机构,可以由合同签订地、合同履行地、诉讼标的物所在地,可供扣押财产所在地、侵权行为地或代表机构住所地人民法院管辖。

(3)《中华人民共和国海事诉讼特别程序法》中的地域管辖。在《民事诉讼法》一般地域管辖规定的基础上,《中华人民共和国海事诉讼特别程序法》(以下简称《海事诉讼法》)对海事诉讼中的地域管辖进行了补充规定:

①因海事侵权行为提起的诉讼,除依照《民事诉讼法》第28条至第30条的规定以外,还可以由船籍港所在地海事法院管辖;

②因海上运输合同纠纷提起的诉讼,除依照《民事诉讼法》第27条的规定以外,还可以由转运港所在地海事法院管辖;

③因海船租用合同纠纷提起的诉讼,由交船港、还船港、船籍港所在地、被告住所地海事法院管辖;

④因海上保赔合同纠纷提起的诉讼,由保赔标的物所在地、事故发生地、被告住所地海事法院管辖;

⑤因海船的船员劳务合同纠纷提起的诉讼,由原告住所地、合同签订地、船员登船港或者离船港所在地、被告住所地海事法院管辖;

⑥因海事担保纠纷提起的诉讼,由担保物所在地、被告住所地海事法院管辖;因船舶抵押纠纷提起的诉讼,还可以由船籍港所在地海事法院管辖;

⑦因海船的船舶所有权、占有权、使用权、优先权纠纷提起的诉讼,由船舶所在地、船籍港所在地、被告住所地海事法院管辖。

2. 专属管辖

(1)《民事诉讼法》中的专属管辖。根据《民事诉讼法》第33条及266条的规定，下列管辖属于专属管辖：①因不动产纠纷提起的诉讼，由不动产所在地人民法院管辖；②因港口作业中发生纠纷提起的诉讼，由港口所在地人民法院管辖；③因继承遗产纠纷提起的诉讼，由被继承人死亡时住所地或主要遗产所在地人民法院管辖。④因在中国履行的中外合资经营企业合同、中外合作经营企业合同、中外合作勘探开发自然资源合同发生的纠纷提起的诉讼，中国法院有专属管辖权。

(2)《海事诉讼法》中的专属管辖。关于海事诉讼，根据《海事诉讼法》的规定，以下案件，由特定海事法院专属管辖：①因沿海港口作业纠纷提起的诉讼，由港口所在地海事法院专属管辖；②因船舶排放、泄漏、倾倒油类或者其他有害物质，海上生产、作业或者拆船、修船作业造成海域污染损害提起的诉讼，由污染发生地、损害结果地或者采取预防污染措施地海事法院管辖；③因在我国领域和有管辖权的海域履行的海洋勘探开发合同纠纷提起的诉讼，由合同履行地海事法院管辖。

【例6-6】英国布莱公司与我国华英公司签订合同在我国共同投资建立中外合资经营企业。如果布莱公司与华英公司就此合同发生争议，并在英国提起诉讼。依中国法律，下列表述中哪种说法是正确的？[①]

A. 可以在英国诉讼

B. 必须在中国诉讼

C. 如果双方当事人在合同中选择英国管辖，我国法院就没有管辖权

D. 如果双方当事人在合同中选择第三国管辖，我国法院就没有管辖权

3. 协议管辖。

(1)《民事诉讼法》中的协议管辖。协议管辖分为明示协议管辖和默示协议管辖。在新修订的民事诉讼法中，对国内与涉外案件的协议管辖进行统一规定。《民事诉讼法》第34条规定："合同或者其他财产权益纠纷的当事人可以书面协议选择被告住所地、合同履行地、合同签订地、原告住所地、标的物所在地等与争议有实际联系的地点的人民法院管辖，但不得违反本法对级别管辖和专属管辖的规定。"又依我国《民事诉讼法》第127条的规定："人民法院受理案件后，当事人对管辖权有异议的，应当在提交答辩状期间提出。人民法院对当事人提出的异议，应当审查。异议成立的，裁定将案件移送有管辖权的人民法院；异议不成立的，裁定驳回。当事人未提出管辖异议，并应诉答辩的，视为受诉人民法院有管辖权，但违反级别管辖和专属管辖规定的除外。"

(2)《海事诉讼法》中的协议管辖。《海事诉讼法》第8条规定的协议管辖不要求争议与其选择的海事法院有实际联系，这种不要求当事人的选择与争议有实际联系的特殊协议管辖被认为是对《民事诉讼法》的一个突破。特殊协议管辖优先于一般的地域管辖。但海事请

① 答案：B。尽管我国《民事诉讼法》允许涉及合同争议的当事人选择可以用书面协议选择与争议有实际联系的地点的法院管辖。但第266条又规定中外合资经营企业合同属于中国法院专属管辖，B项正确。

求保全、海事强制令、海事证据保全等不受当事人之间关于该海事请求的诉讼管辖协议或仲裁协议的约束。

4. 集中管辖。为了提高审判的质量,将涉外案件的审理集中至审理力量较强的中级法院和基层法院管辖,最高人民法院于2001年12月25日发布了《关于涉外民商事案件诉讼管辖若干问题的规定》,其主要内容为:

(1)第一审涉外民商事案件由下列人民法院管辖:国务院批准设立的经济技术开发区人民法院;省会、自治区首府、直辖市所在地的中级人民法院;经济特区、计划单列市中级人民法院;高级人民法院。前述中级人民法院的区域管辖范围由所在地的中级人民法院确定。

(2)对国务院批准设立的经济技术开发区人民法院所作的第一审判决、裁定不服的,其第二审由所在地中级人民法院管辖。

(3)该规定适用于下列案件:涉外合同和侵权纠纷案件;信用证纠纷案件;申请撤销、承认与强制执行国际仲裁裁决的案件;审查有关涉外民商事仲裁条款效力的案件;申请承认和强制执行外国法院民商事判决、裁定的案件。

(4)发生在与外国接壤的边境省份的边境贸易纠纷案件,涉外房地产案件和涉外知识产权案件,不适用该规定。

(5)涉及我国香港、澳门特别行政区和台湾地区当事人的民商事纠纷案件的管辖,参照该规定处理。

(6)高级人民法院应当对涉外民商事案件的管辖实施监督,凡越权受理涉外民商事案件的,应当通知或者裁定将案件移送有管辖权的人民法院审理。

【例6-7】2002年实施的《最高人民法院关于涉外民商事案件诉讼管辖若干问题的规定》明确了涉外民商事案件的集中管辖,也规定了例外的情况。下列哪几项不适用涉外案件的集中管辖?①

A. 涉外房地产案件　　B. 边境贸易纠纷案件

C. 强制执行国际仲裁裁决案件　　D. 信用证纠纷案件

5. 报告制度

根据2007年5月22日《最高人民法院关于人民法院受理涉及特权与豁免的民事案件有关问题的通知》,凡以在中国享有特权与豁免的主体为被告、第三人向人民法院起诉的民事案件,人民法院应在决定受理之前,报请本辖区高级人民法院审查;高级人民法院同意受理的,应当将其审查意见报最高人民法院。在最高人民法院答复前,一律暂不受理。

【例6-8】根据《关于人民法院受理涉及特权与豁免的民事案件有关问题的通知》,我国法院受理对在我国享有特权与豁免的主体起诉的民事案件,须报请最高人民法院批准。为

① 答案:AB。根据最高人民法院于2002年颁布实施的《关于涉外民商事案件诉讼管辖若干问题的规定》第3条,强制执行国际仲裁裁决案件和信用证纠纷案件属于进行集中管辖的涉外案件。根据第4条,涉外房地产案件和边境贸易纠纷案件不适用集中管辖。

此，下列表述哪些是正确的？①

A. 报告制度适用于在我国享有特权与豁免的主体为民事案件中的第三人时的情况

B. 若在我国享有特权与豁免的主体在我国从事商业活动，则对其作为被告的民事案件的受理无须适用上述报告制度

C. 受理以外国驻华使馆的外交官作为原告的民事案件不适用上述报告制度

D. 受理以临时来华的联合国官员作为被告的民事案件不适用上述报告制度

6. 外资非正常撤离中国的诉讼。2008 年 12 月，为妥善解决外资非正常撤离后的相关问题，消除各种消极影响，预防此类事件的再度发生，商务部、外交部、公安部、司法部联合印发了《外资非正常撤离中国相关利益方跨国追究与诉讼工作指引》（以下称简《指引》）。根据《指引》，外资非正常撤离事件发生后，中方当事人要及时申请民商事或刑事案件立案。根据案件具体情况，按照签订的司法协助条约向外方提出司法协助请求。不履行正常清算义务给债权人造成损失的，作为股东、控股股东和董事以及公司实际控制人的外国企业或个人仍应承担相应民事责任，对公司债务承担连带清偿责任。极少数恶意逃避欠缴，税额巨大，涉嫌犯罪的嫌疑人员，应提出引渡请求或刑事诉讼移转请求。

（三）司法协助

司法协助指根据国际条约或互惠原则，一国法院或其他主管机关接受另一国法院或其他主管机关或当事人的请求，代为履行或协议实施一定的司法行为。司法协助包括文书的送达、调查取证、承认与执行外国法院判决和外国仲裁裁决及进行其他诉讼行为等内容。

1. 域外送达。

关于域外送达的途径，人民法院对在中华人民共和国领域内没有住所的当事人送达诉讼文书，根据新修订的《民事诉讼法》第 267 条的规定主要有下列九种方式：(1)依照受送达人所在国与中华人民共和国缔结或者共同参加的国际条约中规定的方式送达；(2)通过外交途径送达；(3)对具有中华人民共和国国籍的受送达人，可以委托中华人民共和国驻受送达人所在国的使领馆代为送达；(4)向受送达人委托的有权代其接受送达的诉讼代理人送达；(5)向受送达人在中华人民共和国领域内设立的代表机构或者有权接受送达的分支机构、业务代办人送达；(6)邮寄送达；(7)采用传真、电子邮件等能够确认受送达人收悉的方式送达；(8)公告送达；(9)留置送达。根据 2002 年 6 月 22 日最高人民法院《关于向外国公司送达司法文书能否向其驻华代表机构送达并适用留置送达问题的批复》规定，如受送达人为外国公司，人民法院可以根据《民事诉讼法》第 267 条第（五）项的规定向受送达人在中国领域内设立的代表机构送达诉讼文书，而不必依海牙送达公约向国外送达。且根据《民事诉讼

---

① 答案：AC。根据 2007 年《关于人民法院受理涉及特权与豁免的民事案件有关问题的通知》的规定，对以上述人员为被告及第三人的案件建立了报告制度，A 项正确。B 项内容也需要适用报批程序，B 项错误。在我国享有特权与豁免的主体如果作为原告在我国人民法院起诉，则视为其主动接受我法院的管辖，并且放弃对与本诉直接有关之反诉的豁免权利，此种管辖符合国际法规则，无须再按照要求上报，C 项正确。D 项错误，即使被告是临时来华的联合国官员，对其作为被告的有关的民事案件的受理仍须适用该报告制度。

法》第259条及第86条的规定,人民法院向外国公司的驻华代表机构送达诉讼文书时,可以适用留置送达的方式。

【注意】新修订的《民事诉讼法》关于域外送达方式有两处修改:(1)增加一项"采用传真、电子邮件等能够确认受送达人收悉的方式送达";(2)邮寄送达和公告送达的期间由之前规定的六个月改为三个月。

对于外国法院向在我国境内的当事人送达法律文书,根据《民事诉讼法》第277条的规定,可以采取下列途径:(1)有条约规定的,依条约的规定;(2)无条约的,通过外交途径;(3)外国驻华使领馆可以向该国公民送达法律文书,但不得违反我国的法律,不得采取强制措施。

关于域外送达,最高人民法院于2006年8月发布了《关于涉外民事或商事案件司法文书送达问题若干规定》的司法解释(以下简称《涉外民商事文书送达问题的规定》)。该规定对涉外民事或商事案件司法文书送达中带有普遍性的问题进行了规定,有关内容归纳如下:

(1) 适用范围。《涉外民商事文书送达问题的规定》适用于人民法院受理的涉外民事或商事案件需向我国领域内没有住所的受送达人送达司法文书的情形。《涉外民商事文书送达问题的规定》适用的案件范围包括人民法院审理的涉外民事或商事案件,既包括传统的涉外民事案件,如涉外的婚姻家庭、劳动争议等案件,也包括当事人在经济贸易活动中发生的涉外合同、侵权等商事案件。该规定还采用了"司法文书"的概念,该定义的外延比"诉讼文书"更为广泛,并可与我国签订的有关公约与司法协助协定使用的概念相一致。该规定适用的文书范围包括起诉状副本、上诉状副本、反诉状副本、答辩状副本、传票、判决书、调解书、裁定书、支付令、决定书、通知书、证明书、送达回证以及其他司法文书。

(2) 送达方式。第一,对于在我国境内没有住所的受送达人在我国领域内出现时的送达。该规定第3条规定,作为受送达人的外国自然人或者企业、其他组织的法定代表人、主要负责人在我国领域内出现时,人民法院可以向其直接送达。第二,该规定第4条明确了"有权接受送达的诉讼代理人"的含义,即"除受送达人在授权委托书中明确表明其诉讼代理人为《民事诉讼法》第267条第(四)项规定的有权代其接受送达的诉讼代理人,人民法院可以向该诉讼代理人送达"。第三,该规定第5条规定了送达的对象,规定受送达人在我国领域内设立有代表机构的,人民法院向受送达人送达司法文,可以送达给其代表机构。而对于受送达人的分支机构和业务代办人,规定强调只有经过受送达人的授权,人民法院才可以向其分支机构和业务代办人送达。第四,该规定第6条涉及适用《海牙送达公约》及双边司法协助协定的送达。如受送达人所在国既与我国签订有司法协助协定,同时其所在国又是《海牙送达公约》的成员国,则根据特别优于一般的原则,相关司法文书的送达应当依司法协助协定的规定办理。第五,该规定第10条规定了送达的具体方式,规定除本规定上述送达方式外,人民法院可以通过传真、电子邮件等能够确认收悉的其他适当方式向受送达人送达。"适当"意味着该送达方式不能违反受送达人所在国的禁止性规定。

(3)是否送达的认定。认定主要包括不能送达的认定和合法送达的认定两个方面。

《涉外民商事文书送达问题的规定》第7条是关于不能送达的认定。该条对不能适用公约、协定、外交途径以及邮寄方式送达作出了规定，即自我国有关机关将司法文书转递受送达人所在国有关机关之日起满6个月，如果未能收到送达与否的证明文件，且根据各种情况不足以认定已经送达的，视为不能用该种方式送达。

《涉外民商事文书送达问题的规定》第13条是关于合法送达的认定。该条对受送达人未履行签收手续时，是否合法送达规定了两种可视为送达的情形：一是受送达人书面向人民法院提及了所送达司法文书的内容；二是受送达人已经按照所送达司法文书的内容履行。

【例6-9】（2013年·卷一·39题）中国某法院审理一起涉外民事纠纷，需要向作为被告的外国某公司进行送达。根据《关于向国外送达民事或商事司法文书和司法外文书公约》（《海牙送达公约》）、中国法律和司法解释，关于该案件的涉外送达，法院的下列哪一做法是正确的？①

A. 应首先按照《海牙送达公约》规定的方式进行送达

B. 不得对被告采用邮寄送达方式

C. 可通过中国驻被告所在国使领馆向被告进行送达

D. 可通过电子邮件方式向被告送达

【例6-10】某中国企业因与在境外设立的外国公司的争议向我国法院提起诉讼。根据最高人民法院2006年《涉外民事或商事案件司法文书送达问题若干规则》的规定，对于该外国公司不在中国境内的情况，我国法院可以向下列哪几类在中国境内的机构或人员进行留置送达？②

A. 可向该公司设在中国的任何分支机构送达

B. 可向该公司设在中国的任何代表机构送达

C. 如该公司的法定代表人位于中国境内时，法院可向其送达

D. 可向该公司在中国授权的业务代办人送达

2. 域外取证

关于域外取证，根据我国《民事诉讼法》第276条的规定，我国人民法院和外国法院，可以根据国际条约或互惠原则，相互请求代为调查取证。此外，外国驻我国使领馆可以向其本

① 答案：D。A项错误，根据《涉外民商事文书送达问题的规定》第6条的规定，如果受送达人所在国既与我国签订有司法协助协议，同时其所在国又是《海牙送达公约》的成员国，则根据特别优于一般的原则，相关司法文书的送达应当依照司法协定的规定办理。B项错误，根据《海牙送达公约》第10条的规定，如送达目的地国不表异议，本公约不妨碍：(1)通过邮寄途径直接向身在国外的人送交司法文书的自由……因此，可以邮寄送达。C项错误，国内法院将需要在国外送达的诉讼文书委托给国内驻该国的外交代表或领事代为送达的，对象一般只能是本国国民，不能是驻在国或第三国的国民，并不得采取强制措施。D项正确，根据《涉外民商事案件文书送达若干问题的规定》第10条的规定，可以采用电子邮件等方式向受送达人送达。

② 答案：BCD。根据最高人民法院2006年《涉外民商事文书送达问题若干规则》第12条的规定，人民法院向受送达人在中华人民共和国领域内的法定代表人、主要负责人、诉讼代理人、代表机构以及有权接受送达的分支机构、业务代办人送达司法文书，可以适用留置送达的方式，B、C项正确。A项错误，分支机构必须是有权接受送达的，因此不是对任何分支机构和业务代办人都可以向其留置。D项的业务代办人是经乙公司授权的，可以向其留置，D项正确。

国公民送达文书和调查取证,但不得违反我国的法律,并不得采取强制措施。未经我国主管机关的准许,任何其他外国机关或个人不得在我国领域内送达文书和调查取证。

关于域外取证的效力,2001年最高法院通过的《关于民事诉讼证据的若干规定》进行了规定,根据该规定,对于域外取得的证据,应经所在国公证机关证明,并经中国驻该国使领馆认证或履行中国与该所在国订立的有关条约中规定的证明手续。对于在港澳台取得的证据,应当履行相关证明手续。有关书证为外文的应当附有中文译本。

【例6-11】我国某法院审理了涉外诉讼案件,需要从甲国调取某些证据。甲国是《关于从国外调取民事或商事证据公约》的缔约国。依该公约,下列哪些选项是正确的?①

A.中方当事人的诉讼代理人可依上述公约请求甲国法院调取所需的证据

B.应以请求书的方式提出调取证据的请求

C.应通过我国外交部转交甲国的中央机关转交调取证据的请求书

D.中国驻甲国的领事代表在其执行职务的区域内,可以在不采取强制措施的情况下向中国籍当事人取证

(三)法院判决的承认与执行

1.承认和执行法院判决

我国《民事诉讼法》第280条规定的是我国法院的判决需要到外国执行的情况,根据该条规定,当事人可以直接向有管辖权的外国法院提出申请,也可由我国的人民法院依条约或互惠请求外国法院承认与执行。第281条规定了外国法院判决在中国承认与执行的途径:①由当事人直接向我国有管辖权的法院申请承认和执行;②由外国法院依照该国与我国签订的条约的规定,或按照互惠原则,请求人民法院承认与执行。

第282条规定了承认和执行外国法院判决的条件、方式、法律适用以及拒绝承认和执行的条件:①该国与我国存在条约关系或互惠关系;②该判决在请求国已发生法律效力;③不违背中国的社会公共秩序。对于经审查不符合上述条件的外国判决,将拒绝承认与执行。

2.受理承认外国法院离婚判决申请。

1999年最高人民法院通过了《关于人民法院受理申请承认外国法院离婚判决案件有关问题的规定》,主要内容如下:

(1)中国公民向人民法院申请承认外国法院离婚判决,人民法院不应以其未在国内缔结

---

① 答案:BD。根据《海牙取证公约》第1条的规定,每一缔约国的司法机关可以根据该国的法律规定,通过请求书的方式,请求另一缔约国主管机关调取证据。基于这项规定,只有缔约国的司法机关有权做出请求,而当事人的诉讼代理人是没有资格依照该公约请求外国法院调取所需的证据的。因此A项是错误的。公约中多条都规定了有关取证的请求应当通过请求书的方式提出。因此,B项正确。根据公约第1条及第2条关于每一缔约国应指定一个中央机构负责接受来自另一缔约国司法机构的请求书的相关规定,公约仅在请求国的司法机关和被请求国的中央机关之间建立提出请求和接受请求的通道。C项是关于请求书应通过我国外交部转交甲国的中央机关的表述与该公约的规定不一致,是错误答案。D项涉及领事取证制度,该制度出现在《维也纳领事关系公约》第5条的规定中,已成为一项被普遍接受的制度。而根据公约第15条的相关规定,我国驻甲国的领事代表可以向居住在当地的中国公民取证,但不得采取强制性措施。D项正确。

婚姻关系而拒绝受理；中国公民申请承认外国法院在其缺席情况下作出的离婚判决，应同时向人民法院提交作出该判决的外国法院已合法传唤其出庭的有关证明文件。

(2)外国公民向人民法院申请承认外国法院离婚判决，如果其离婚的原配偶是中国公民的，人民法院应予受理；如果其离婚的原配偶是外国公民的，人民法院不予受理，但可告知其直接向婚姻登记机关申请再婚登记。

(3)当事人向人民法院申请承认外国法院离婚调解书效力的，人民法院应予受理，并根据《关于中国公民申请承认外国法院离婚判决程序问题的规定》进行审查，作出承认或不予承认的裁定。

3. 承认外国离婚判决效力。

根据1990年最高人民法院《关于中国当事人向人民法院申请承认外国法院离婚判决效力问题的批复》和1991年最高人民法院《关于中国公民申请承认外国法院离婚判决程序问题的规定》：

(1)受理的法院：应由中国一方当事人持外国法院作出的离婚判决书，向人民法院申请承认其效力，由申请人住所地中级人民法院受理，申请人住所地与经常居住地不一致的，由经常居住地中级人民法院受理，申请人不在国内的，由申请人原国内住所地中级人民法院受理。

(2)外国法院的离婚判决有下列情形之一的，不予承认：判决尚未发生法律效力；作出判决的外国法院对案件没有管辖权；判决是在被告缺席且未得到合法传唤情况下作出的；该当事人之间的离婚案件，我国法院正在审理或已作出判决，或者第三国法院对该当事人之间作出的离婚案件判决已为我国法院所承认；判决违反我国法律的其他原则或危害我国国家主权、安全和社会公共利益。

(3)《关于中国公民申请承认外国法院离婚判决程序问题的规定》的适用范围：该规定适用于与有关国家没有协议的情况下，有协议的则依协议申请承认。此外，外国法院离婚判决中的夫妻财产分割、生活费负担、子女抚养方面判决的承认与执行，不适用该规定。

【例6-12】约某与王某缔结了一个在甲国和中国履行的合同。履约过程中发生争议，约某向甲国法院起诉王某并获得胜诉判决。王某败诉后就同一案件向我国法院提起诉讼。约某以该案件已经甲国法院判决生效为由对中国法院提出管辖权异议。根据我国法律、司法解释以及我国缔结的相关条约，下列哪一选项是正确的？①

A. 约某的主张构成对中国法院就同一案件实体问题行使管辖权的有效异议

B. 中国法院对王某的起诉没有管辖权

① 答案：C。《民事诉讼法》中的“一事不再理”原则仅在我国国内有效，除我国缔结或参加的国际条约另有规定外，外国法院的生效判决并不影响我国法院对同一争议的实体问题行使管辖权，并作出我国法院的判决。A、B项错误。D项涉及的问题与国际私法和国际公法均有关系。当今国际社会中，没有一个国家对涉外民商事案件的管辖权不受任何限制，典型的例子是外交豁免，因此说我国法院对涉外民事诉讼案件的管辖权不受任何限制，是不符合国际法以及我国已经制定的法律的，D项错误。C项正确。

C. 中国法院可以受理王某的起诉

D. 中国法院对涉外民事诉讼案件的管辖权不受任何限制

【例6-13】外国公民甲某与旅居该国的中国籍乙某结婚,后因感情疏离,甲某向该国法院起诉离婚并获得对其有利的判决,包括解除夫妻关系,以及夫妻财产分割和子女抚养等内容。该外国与中国之间没有司法协助协定。乙某向中国法院申请承认该离婚判决。根据我国法律和司法解释,下列哪一选项是正确的?①

A. 中国法院应根据《最高人民法院关于中国公民申请承认外国法院离婚判决程序问题的规定》决定是否承认该判决中解除夫妻身份关系的内容

B. 中国法院应依前项司法解释决定是否执行该判决中解除夫妻身份关系之外的内容

C. 若甲某的申请被驳回,她就无权再提出承认该判决的申请,但可另行向中国法院起诉离婚

D. 中国法院不应受理乙某的离婚起诉

【例6-14】现有一法国法院的判决在我国欲得到承认与执行,根据我国《民事诉讼法》的规定必须符合下列哪些条件,法国法院的判决才能得到我国法院的承认与执行?②

A. 法国法院适用了我国冲突规范所规定的准据法

B. 法国法院判决的承认和执行不会损害我国的公共秩序

C. 法国法院判决已经发生法律效力

D. 法国与我国缔结或参加了国际条约或有互惠关系

牛刀小试

1. 中国A公司与德国B公司因双方合同中仲裁条款的效力问题在我国涉诉。双方在合同中约定仲裁机构为位于巴黎的国际商会仲裁院,仲裁地为斯德哥尔摩,但对该仲裁条款应适用的法律未作约定。根据《涉外民事关系法律适用法》,关于仲裁协议的法律适用,下列哪些选项是正确的?③

① 答案:ACD。根据《最高人民法院关于中国公民申请承认外国法院离婚判决程序问题的规定》(以下简称《规定》)第2条规定:"外国法院离婚判决中的夫妻财产分割、生活费负担、子女抚养方面判决的承认执行,不适用该规定。"因此,承认外国法院关于离婚的判决实质上就是指对该判决中关于夫妻身份关系的裁判内容的承认。该规定就是围绕承认外国离婚判决中关于夫妻身份关系的部分所作出的。所以,A项正确。B项错误。根据该规定第22条,申请人的申请被驳回后,不得再提出申请,但可以另行向人民法院起诉离婚,C项正确。D项正确,因为中国法院受理了甲某关于承认外国法院离婚判决的申请后,依据该规定第19条的相关规定,法院将不再受理乙某关于离婚的起诉。

② 答案:BCD。根据《民事诉讼法》第282条的规定,承认和执行外国法院判决的条件可概括为:该国与我国存在条约关系或互惠关系;该判决在请求国已发生法律效力;判决不违背中国的社会公共秩序。法律对外国法院是否适用了我国冲突规范所规定的准据法并没有要求,且一国法院决定其审理的案件的准据法是依其本国国际私法规范的规定,而不是依执行地国的冲突规范的规定。B、C、D项正确。

③ 答案:AB。根据《涉外民事关系法律适用法》第18条的规定:"当事人可以协议选择仲裁协议适用的法律。当事人没有选择的,适用仲裁机构所在地法律或者仲裁地法律。"本题当事人没有选择,根据第18条的规定,可以适用仲裁机构所在地,即法国法律,也可以适用仲裁地,即瑞典法律。A、B项正确。

A. 可以适用瑞典的法律　　B. 可以适用法国的法律

C. 可以适用中国的法律　　D. 可以适用德国的法律

2. 下列关于《中华人民共和国海事诉讼特别法》的表述哪些是正确的?①

A.《海事诉讼法》与《民事诉讼法》规定不一致时,《民事诉讼法》应当优先适用

B. 根据《海事诉讼法》,因港口作业中发生纠纷提起的诉讼,由港口所在地普通法院管辖

C. 尽管污染发生在公海,采取预防污染措施地海事法院也可对其进行管辖

D. 因在我国领域和有管辖权的海域履行的海洋勘探开发合同纠纷提起的诉讼,由合同履行地海事法院管辖

3. 国际海上运输合同的当事人在合同中选定我国某法院作为解决可能发生的纠纷的法院。关于当事人对管辖法院的选择,根据《中华人民共和国民事诉讼法》及《海事特别程序法》的有关规定,下列哪些选项是正确的? ②

A. 该协议不得违反我国有关级别管辖和专属管辖的规定

B. 当事人可以在纠纷发生前协议选择我国法院管辖

C. 如与该合同纠纷有实际联系的地点不在我国领域内,我国法院无权依该协议对纠纷进行管辖

D. 涉外合同或涉外财产权益纠纷的当事人可以选择管辖法院

4. 我国人民法院对下列各项在我国境内没有住所的被告提起的合同或其他财产权益纠纷的诉讼,可依法行使管辖权的有哪几项?③

A. 被告在我国境内设有代表机构

---

① 答案:CD。《民事诉讼法》为一般法,《海事诉讼法》为特别法,特别法优于一般法的规定,A 项错误。关于专属管辖,根据《民事诉讼法》因港口作业中发生纠纷提起的诉讼,由港口所在地人民法院管辖,而根据《海事诉讼法》应由港口所在地海事法院专属管辖, B 项错误。关于海域污染的案件,可以由采取预防污染措施地海事法院管辖,此种情况根据《民事诉讼法》的地域管辖不能确立管辖权,而根据《海事诉讼法》,只要是采取预防污染措施地在海事法院的辖区内,海事法院即可管辖,C 项正确。根据《海事诉讼法》,因在我国领域和有管辖权的海域履行的海洋勘探开发合同纠纷提起的诉讼,由合同履行地海事法院管辖,D 项正确。

② 答案:ABD。《民事诉讼法》第 34 条规定:"合同或者其他财产权益纠纷的当事人可以书面协议选择被告住所地、合同履行地、合同签订地、原告住所地、标的物所在地等与争议有实际联系的地点的人民法院管辖,但不得违反本法对级别管辖和专属管辖的规定。" A 项正确。B 涉及选择时间(纠纷发生前选择)对协议有效性的影响问题,虽然在法律规定的具体文字中没有直接提及,但可以推定当事人常常是在订立运输合同时约定管辖法院,是针对未来可能发生的争议约定的条款,故 B 项正确,C 项错误。根据《海事诉讼法》第 8 条规定:"海事纠纷的当事人都是外国人、无国籍人、外国企业或者组织,当事人书面协议选择中华人民共和国海事法院管辖的,即使与纠纷有实际联系的地点不在中华人民共和国领域内,中华人民共和国海事法院对该纠纷也具有管辖权。"在纠纷与我国有无实际联系的问题上,也可以管辖,D 项符合《民事诉讼法》的规定,正确。

③ 答案:ABD。根据《民事诉讼法》第 265 条的规定,因合同纠纷或其他财产权益纠纷,对在中国领域内没有住所的被告提起的诉讼,如果合同在中国领域内签订或履行,或诉讼标的物在中国领域内,或被告在中国领域内有可供扣押的财产,或被告在中国领域内设有代表机构,可由合同签订地、合同履行地、诉讼标的物所在地、可扣押财产所在地、侵权行为地或代表机构所在地人民法院管辖。上述各选项中只有被告现正在我国旅游不符合第 265 条的规定,本题答案应为 A、B、D 项。

B. 被告在我国境内有可供扣押的财产

C. 被告现正在我国旅游

D. 合同是在我国签订的

5. 中国籍人李某与中国籍人王某于1974年结婚。1980年李某与王某先后赴法国留学,后双方分居。1990年李某在法国法院提起离婚诉讼。1991年法国法院判决解除李某与王某之间的婚姻关系。李某回国后向中国法院申请,要求承认法国法院的判决。下列选项哪些可以作为承认法国法院判决效力的条件?①

A. 法国与我国存在此方面的条约关系或有互惠关系

B. 承认法国判决不损害我国的主权、国家安全和社会公共利益

C. 判决已发生法律效力

D. 判决必须是关于民商争议的判决

6. 韩资企业甲工艺品厂投资者韩国籍人朴某在春节前回国过年,但过年后再也没有回来,欠了工人工钱和他的厂房租赁费。相关工人和出租人向有管辖权的中国某法院提起了诉讼。根据2008年《外资非正常撤离中国相关利益方跨国追究与诉讼工作指引》,下列哪几个选项是正确的?②

A. 朴某应对上述债务承担责任

B. 如该企业和朴某在中国无可供执行的财产,胜诉方可依据中国和相应国家签订的《民商事司法协助条约》的相关规定或依韩国法律,请求韩国有管辖权的法院承认和执行中国法院的生效判决

C. 因朴某已离开中国,中国法院对此案无管辖权

D. 可以朴某欠工人工资和租赁费一事向韩国提出引渡

---

① 答案:ABCD。根据《民事诉讼法》第282条的规定,外国法院的判决在我国承认与执行必须符合的条件可概括为:判决作出国与中国存在国际条约或互惠;判决的承认与执行不损害我国的主权、安全、社会公共利益;判决已经发生法律效力。因此,上述A、B、C项均为法国法院判决在我国承认应符合的条件,且承认与执行外国法院判决是指对外国法院的民商事判决,而非涉及民商事以外事项的判决。A、B、C、D项正确。

② 答案:AB。根据《外资非正常撤离中国相关利益方跨国追究与诉讼工作指引》第3条的规定,不履行正常清算义务给债权人造成损失的,根据最高法院《关于适用〈中华人民共和国公司法〉若干问题的规定(二)》的最新规定,作为有限责任公司的股东、股份有限公司的控股股东和董事以及公司实际控制人的外国企业或个人仍应承担相应民事责任,对公司债务承担连带清偿责任,A项正确。根据第4条的规定,中方当事人提起的民事诉讼在我国法院胜诉后,如败诉的外国当事人在中国无可供执行的财产,胜诉方可依据中国和相应国家签订的《民商事司法协助条约》的相关规定或依据败诉方在国外的财产所在地的法律,请求外国有管辖权的法院承认和执行中国法院的生效判决、裁定。B项正确。根据第2条的规定,外资非正常撤离事件发生后,中方当事人要及时向有关司法主管部门(法院或侦查机关)申请民商事或刑事案件立案。C项错误。根据第6条的规定,对极少数恶意逃避欠缴,税额巨大,涉嫌犯罪的嫌疑人员,国家有关主管部门在立案后,可视具体案情通过条约规定的中央机关或外交渠道向犯罪嫌疑人逃往国提出引渡请求或刑事诉讼移转请求,以最大程度地确保犯罪嫌疑人受到法律追究。D项错误。

第七讲

区际司法协助

特别提示

本讲在司法考试中的地位非常突出，重点在于考查我国的相关司法实践，因此命题者对与司法实践紧密相联的新增司法解释十分关注，每年必考。如《内地与香港特别行政区法院相互认可和执行当事人协议管辖的民商事案件判决的安排》和《关于涉台民事诉讼文书送达的若干规定》进行了考查。对于其他一些重要考点，如区际送达取证、区际仲裁裁决的认可与执行、区际判决的认可与执行。

考查概况

考查次数	已考考点	已考法条
3	内地与台湾的送达	《最高人民法院关于涉台民事诉讼文书送达的若干规定》第2、3、5条
2	内地与香港之间法院判决的认可与执行	《最高人民法院关于内地与香港特别行政区法院相互委托送达民商事司法文书的安排》第3、5、6、15条
5	内地与澳门判决的认可与执行	《最高人民法院关于内地与澳门特别行政区关于相互认可和执行民商事判决的安排》第5、14、20条
5	内地与台湾地区判决的认可与执行	《最高人民法院关于人民法院认可台湾地区有关法院民事判决的规定》第9、12、15、17条
2	内地与澳门仲裁认可与执行	《最高人民法院关于内地与澳门特别行政区相互认可和执行仲裁裁决的安排》第2、3条

一、区际送达和取证

主要涉及1998年《最高人民法院关于内地与香港特别行政区法院相互委托送达民商事司法文书的安排》（以下简称1998年《内地与香港送达安排》）、2001年《最高人民法院关于内地与澳门特别行政区就民商事案件相互委托送达司法文书和调取证据的安排》（以下简称2001年《内地与澳门送达和取证安排》）、2008年《最高人民法院关于涉台民事诉讼文书送达的若干规定》（以下简称2008年《涉台送达规定》）、2009年《最高人民法院关于涉港澳民商事案件司法文书送达问题若干规定》（以下简称2009年《涉港澳送达规定》）。

(一)内地与香港的送达

1. 机构

根据《内地与香港送达安排》,双方委托送达司法文书,均须通过各高级人民法院和香港特别行政区高等法院进行。最高人民法院司法文书可以直接委托香港特别行政区高等法院送达。

2. 司法文书

《内地与香港送达安排》中所指的司法文书,在内地指:起诉状副本、上诉状副本、授权委托书、传票、判决书、调解书、裁定书、决定书、通知书、证明书、送达回证;在香港包括:起诉状副本、上诉状副本、传票、状词、誓章、判案书、判决书、裁决书、通知书、法庭命令、送达证明。上述委托送达的司法文书以互换司法文书样本为准。

3. 送达的方式

委托方请求送达司法文书须出具盖有其印章的委托书,并在委托书中说明委托机关的名称、受送达人的姓名或者名称、详细地址及案件的性质。委托书应使用中文,未使用中文的,应提供中文译本。文件应一式两份。

4. 送达依据的法律

两地文书的送达应根据受委托方所在地法律规定的程序进行。

5. 责任与费用

受委托方对委托方委托送达的司法文书的内容和后果不负法律责任。委托送达司法文书费用互免。但委托方在委托书申请求以特定送达方式送达所产生的费用,由委托方负担。

(二)内地与澳门的送达与取证

1. 送达

(1)机构。根据《内地与澳门送达与调取证据的安排》,双方委托送达司法文书,均须通过各高级人民法院和澳门特别行政区终审法院进行。最高人民法院与澳门特别行政区终审法院可以直接相互委托送达。

(2)司法文书。《内地与澳门送达与调取证据的安排》中所指的司法文书在内地指:起诉状副本、上诉状副本、授权委托书、传票、判决书、调解书、裁定书、决定书、通知书、证明书、送达回证;在澳门包括:起诉状复本、答辩状复本、反诉状复本、上诉状复本、陈述书、申辩书、声明异议书、反驳书、申请书、撤诉书、认诺书、和解书、财产目录、财产分割表、和解建议书、债权人协议书、传唤书、通知书、法官批示、命令状、法庭许可令状、判决书、合议庭裁判书、送达证明书以及其他司法文书和所附相关文件。

(3)送达的方式。委托方请求送达司法文书须出具盖有其印章的委托书,并在委托书中说明委托机关的名称、受送达人的姓名或者名称、详细地址及案件的性质。委托书应使用中文,未使用中文的,应提供中文译本。文件应一式两份。

(4)送达依据的法律。受委托方法院应当根据本辖区法律规定执行委托事项。

(5)费用。委托送达司法文书费用或税项互免。但委托方在委托书申请以特殊方式送达的，由委托方负担所产生的费用。

2. 取证

(1)机构。根据《内地与澳门送达与调取证据的安排》，双方委托调查取证，均须通过各高级人民法院和澳门特别行政区终审法院进行。最高人民法院与澳门特别行政区终审法院可以直接相互委托调取证据。

(2)取证的范围。委托方法院请求调取的证据只能是用于与诉讼有关的证据。代为调取证据的范围包括：代为询问当事人、证人和鉴定人，代为进行鉴定和司法勘验，调取其他与诉讼有关的证据。

(3)期限。完成受托事项的期限，送达文书最迟不得超过自收到委托书之日起2个月，调取证据最迟不得超过自收到委托书之日起3个月。

(4)送达依据的法律。受委托方法院应当根据本辖区法律规定执行委托事项。

(5)费用。委托调查取证的费用或税项互免。但委托方在委托书申请以特殊方式调取证据的，由委托方负担所产生的费用。

【例7-1】(2005年·卷一·82题)内地某中级人民法院在审理一民事案件过程中，需从澳门调取证据。依据《最高人民法院关于内地与澳门特别行政区法院就民商事案件相互委托送达司法文书和调取证据的安排》，下列哪些说法是正确的?①

A. 该中级人民法院可直接委托澳门的有关法院调取证据

B. 澳门受托法院可以该民事案件属于其专属管辖为由拒绝执行受托事项

C. 受托法院完成调取证据的期限最迟不得超过自收到委托书之日起3个月

D. 最高人民法院与澳门特别行政区终审法院可以直接委托调取证据

(三)2009年《涉港澳送达规定》

1. 适用范围

向住所地在香港、澳门的受送达人送达司法文书，适用本规定。

2. 司法文书

本规定适用的文书很广，包括起诉状副本、上诉状副本、反诉状副本、答辩状副本、传票、判决书、调解书、裁定书、支付令、决定书、通知书、证明书、送达回证等与诉讼相关的文书。

3. 内地受送达人

受送达人(自然人或企业、其他组织的法定代表人、主要负责人)在内地的(以前不明确，在内地无住所的，一出现即可送达)，人民法院可直接向其送达。(不用再根据《内地与香港送达安排》与《内地与澳门送达和取证安排》的规定通过高院送了。)

---

① 答案：CD。A项错误，根据《最高人民法院关于内地与澳门特别行政区法院就民商事案件相互委托送达司法文书和调取证据的安排》的规定，只有最高人民法院与澳门特别行政区终审法院之间才可以直接委托调取证据。因此，D项正确。B项错误，根据第8条的规定，受委托方法院收到委托书后，不得以其本辖区法律规定对委托方法院审理的该民商事案件享有专属管辖权为由，不予执行受托事项。C项正确，根据第5条的规定，完成受托事项的期限，送达文书最迟不得超过自收到委托书之日起两个月，调取证据最迟不得超过自收到委托书之日起3个月。

4. 诉讼代理人送达

除受送达人在授权委托书中明确表明其诉讼代理人无权代为接收,法院可以向该诉讼代理人送达。

5. 受送达人在内地设立有代表机构的,人民法院可以直接向该代表机构送达

受送达人在内地设立有分支机构或者业务代办人并授权其接受送达的,法院可以直接向该分支机构或业务代办人送达。

6. 人民法院向在内地没有住所的受送达人送达的,可根据 1998 年《内地与香港送达安排》或者 2001 年《内地与澳门送达和取证安排》送达。

根据《内地与香港送达安排》与《与澳门送达和取证安排》的规定送达的,自高院或最高院将文书递送香港高等法院或澳门终审法院之日起满 3 个月,如未能收到送达与否的证明文件且不存在本规定第 12 条规定情形的,视为不能适用上述安排中规定的方式送达。(即有了不能"两安排"时间规定)

7. 邮寄送达

(邮件上签收,视为送达;邮寄满 3 个月,有视为送达情况,视为送达;3 个月无视为送达情况,视为未送达)

8. 其他方式送达

人民法院可以通过传真、电子邮件等能够确认收悉的其他适当方式向受送达人送达。(法定送达方式扩大)

9. 公告送达

人民法院不能按照上述方式送达的,可以公告送达。(自公告之日起满 3 个月即视为送达)

10. 除公告送达方式外,人民法院可以同时采取多种法定方式向受送达人送达

采取多种方式送达的,应当根据最先实现送达的方式确定送达日期。(这是公告以外的多种方式送达确定送达的日期)

11. 留置送达

人民法院向在内地的受送达人或者受送达人的法定代表人、主要负责人、诉讼代理人、代表机构以及有权接受送达的分支机构、业务代办人送达司法文书,可以适用留置送达的方式。(应向有权签收的人送达,只有在被拒绝接受送达后,才能留置送达)

12. 视为送达

提及、履行、其他。(如不签收,但书面提出延期,视为送达)

【例7-2】人民法院受理的一涉港民事案件需要向在内地没有住所的香港当事人送达文书，依相关规定，下列哪一选项是正确的？[①]

A. 当该香港人赴深圳出差时，法院应通过高院向该人送达

B. 受送达人在授权委托书中明确表明其诉讼代理人无权代为接收有关司法文书，则不能向其送达

C. 受送达人在香港下落不明的，可以采取公告送达，3个月没有音信的视为不能以此种方面送达

D. 采用公告送达等多种方式送达的，应当根据最先实现送达的方式确定送达日期

(四)内地与台湾的送达

根据2008年《涉台送达规定》，具体内容如下：

1. 适用范围及本文

人民法院向住所地在台湾地区的当事人送达，及人民法院接受台湾地区有关法院的委托代为向住所地在大陆的当事人送达民事诉讼文书，适用本规定。民事诉讼文书包括：起诉状副本、上诉状副本、反诉状副本、答辩状副本、授权委托书、传票、判决书、调解书、裁定书、支付令、决定书、通知书、证明书、送达回证以及与民事诉讼有关的其他文书。

2. 送达方式

(1)受送达人居住在大陆的，直接送达。(受送达人是自然人，本人不在的，可以交其同住成年家属签收；受送达人是法人或者其他组织的，应当由法人的法定代表人、其他组织的主要负责人或者该法人、组织负责收件的人签收；受送达人不在大陆居住，但送达时在大陆的，可以直接送达)

(2)受送达人在大陆有诉讼代理人的，向诉讼代理人送达。(受送达人在授权委托书中明确表明其诉讼代理人无权代为接收的除外)

(3)受送达人有指定代收人的，向代收人送达。

(4)受送达人在大陆有代表机构、分支机构、业务代办人的，向其代表机构或者经受送达人明确授权接受送达的分支机构、业务代办人送达。

(5)受送达人在台湾地区的地址明确的，可以邮寄送达。(采用此方式，应当附有送达回证。受送达人未在送达回证上签收但在邮件回执上签收的，视为送达，签收日期为送达日期。自邮寄之日起满3个月，如果未能收到送达与否的证明文件，且根据各种情况不足以认

---

① 答案：B。A项错误，根据2009年《最高人民法院关于涉港澳民商事案件司法文书送达问题若干规定》第3条的规定，作为受送达人的自然人或者企业、其他组织的法定代表人、主要负责人在内地的，人民法院可以直接向该自然人或者法定代表人、主要负责人送达，而不需要再通过1999年的安排那样必须通过"高院"向对方送达了。B项正确，根据第4条，除受送达人在授权委托书中明确表明其诉讼代理人无权代为接收有关司法文书外，其委托的诉讼代理人为有权代其接受送达的诉讼代理人，人民法院可以向该诉讼代理人送达。C项错误，根据第9条的规定，人民法院不能依照本规定上述方式送达的，可以公告送达。公告内容应当在内地和受送达人住所地公开发行的报刊上刊登，自公告之日起满3个月即视为送达。D项错误，根据第10条，除公告送达方式外，人民法院可以同时采取多种法定方式向受送达人送达。采取多种方式送达的，应当根据最先实现送达的方式确定送达日期。

定已经送达的,视为未送达)

(6)有明确的传真号码、电子信箱地址的,可以通过传真、电子邮件方式向受送达人送达。(采用此方式,应当注明人民法院的传真号码或者电子信箱地址,并要求受送达人在收到传真件或者电子邮件后及时予以回复。以能够确认受送达人收悉的日期为送达日期)

(7)按照两岸认可的其他途径送达。(采此方式送达,应当由有关的高级人民法院出具盖有本院印章的委托函。委托函应当写明案件各方当事人的姓名或者名称、案由、案号;受送达人姓名或者名称、受送达人的详细地址以及需送达的文书种类)采用上述方式不能送达或者台湾地区的当事人下落不明的,公告送达。(公告内容应当在境内外公开发行的报刊或者权威网站上刊登。公告送达的,自公告之日起满3个月,即视为送达)采用本项规定第(1)、(2)、(3)、(4)项方式送达的,由受送达人、诉讼代理人或者有权接受送达的人在送达回证上签收或者盖章,即为送达;拒绝签收或者盖章的,可以依法留置送达。

3. 委托

人民法院按照两岸认可的有关途径代为送达台湾地区法院的民事诉讼文书的,应当有台湾地区有关法院的委托函。

4. 期限

法院收到台湾地区有关法院的委托函后,经审查符合条件的,应当在收到委托函之日起两个月内完成送达。民事诉讼文书中确定的出庭日期或者其他期限逾期的,受托人民法院亦应予送达。

5. 法律责任

法院对台湾地区有关法院委托送达的民事诉讼文书的内容和后果不负法律责任。

【例7-3】(2009年·卷一·82题)大陆甲公司与台湾地区乙公司签订了向台湾出口家具的合同,双方在合同履行中产生纠纷,乙公司拒绝向甲公司付款。甲公司在大陆将争议诉诸法院。关于向台湾当事人送达文书,下列哪些选项是正确的?①

A. 可向乙公司在大陆的任何业务代办人送达

B. 如乙公司的相关当事人在台湾下落不明的,可采用公告送达

C. 邮寄送达的,如乙公司未在送达回证上签收而只是在邮件回执上签收,可视为送达

D. 邮寄送达未能收到送达与否的证明文件,满3个月即可视为已送达

---

① 答案:BC。根据最高人民法院《关于涉台民事诉讼文书送达的若干规定》。根据该《规定》第2条第(四)项的规定,受送达人在大陆有代表机构、分支机构、业务代办人的,向其代表机构或者经受送达人明确授权接受送达的分支机构、业务代办人送达,而不是任何业务代办人,因此,A项错误。B项涉及公告送达,根据《规定》第3条最后一款,采用上述方式不能送达或者台湾地区的当事人下落不明的,公告送达。B项正确。C项和D项涉及邮寄送达,根据《规定》第5条,以邮寄送达的,如受送达人未在送达回证上签收但在邮件回执上签收的,视为送达,C项正确。根据第5条第2款,自邮寄之日起满3个月,如果未能收到送达与否的证明文件,且根据各种情况不足以认定已经送达的,视为未送达,D项称"可视为送达"是不正确的。

二、区际法院判决的认可与执行

(一)内地与香港

内地与香港之间法院判决的认可与执行并没有全面的规定，2008年《最高人民法院关于内地与香港相互认可和执行当事人协议管辖的民商事案件判决的安排》自2008年8月1日起生效。其主要适用于内地法院和香港法院在具有书面管辖协议的民商事案件中作出的须支付款项的具有执行力的终审判决，当事人可依安排向内地法院或者香港法院申请认可和执行。"安排"所称判决，在内地包括判决书、裁定书、调解书、支付令，在香港特别行政区包括判决书、命令和诉讼费评定证明书。其主要内容如下：

1.具有执行力的终审判决。

在内地是指：(1)最高人民法院的判决；(2)高级人民法院、中级人民法院以及经授权管辖第一审涉外、涉港澳台民商事案件的基层人民法院(名单附后)依法不准上诉或者已经超过法定期限没有上诉的第一审判决，第二审判决和依照审判监督程序由上一级人民法院提审后做出的生效判决。在香港是指终审法院、高等法院上诉法庭及原讼法庭和区域法院做出的生效判决。

2.书面管辖协议。

这是指当事人为解决与特定法律关系有关的已经发生或者可能发生的争议。自本"安排"生效之日起，以书面形式明确约定内地人民法院或者香港特别行政区法院具有唯一管辖权的协议。"特定法律关系"指当事人之间的民商事合同，不包括雇用合同以及自然人因个人消费、家庭事宜或者其他非商业目的而作为协议一方的合同。"书面形式"是指合同书、信件和数据电文(包括电报、电传、传真、电子数据交换和电子邮件)等。除非合同另有规定，合同中的管辖协议条款独立存在，合同的变更、解除、终止或者无效，不影响管辖协议条款的效力。

3.管辖法院。

在内地管辖法院为被申请人住所地、经常居住地或者财产所在地的中级法院，在香港为高等法院。被申请人住所地、经常居住地或者财产所在地在内地不同的中级法院的，申请人应当选择向其中一个人民法院提出认可和执行的申请，不得分别向两个或者两个以上法院提出申请。被申请人的住所地、经常居住地或者财产所在地，既在内地又在香港的，申请人可以同时分别向两地法院提出申请，两地法院分别执行判决的总额，不得超过判决确定的数额。已经部分或者全部执行判决的法院应当根据对方法院的要求提供已执行判决的情况。

4.申请文件。

应提交下列申请文件：(1)请求认可和执行的申请书；(2)判决书副本；(3)作出终审判决的法院出具的证明书；(4)身份证明材料。申请人应当提交证明无误的中文译本。执行地法院对于本条所规定的法院出具的证明书，无须另行要求公证。

5. 适用的程序。

依据执行地法律的规定,本"安排"另有规定的除外。

6. 执行的期间。

申请人申请认可和执行的期间为二年。

7. 不予认可和执行的情况。

(1)根据当事人协议选择的原审法院地的法律,管辖协议无效,但选择法院已经判定该管辖协议为有效的除外;(2)判决已获完全履行;(3)根据执行地的法律,执行地法院对该案享有专属管辖权;(4)根据原审法院地的法律,未曾出庭的败诉一方当事人未经合法传唤或者虽经合法传唤但未获依法律规定的答辩时间的。但原审法院根据其法律或者有关规定公告送达的,不属于上述情形;(5)判决是以欺诈方法取得的;(6) 执行地法院就相同诉讼请求作出判决,或者外国、境外地区法院就相同诉讼请求作出判决,或者有关仲裁机构作出仲裁裁决,已经为执行地法院所认可或者执行的。违反社会公共利益或公共政策的,不予认可和执行。

8. 中止和终止。

对于香港法院作出的判决,判决确定的债务人已经提出上诉,或者上诉程序尚未完结的,内地法院审查核实后,可以中止认可和执行程序。经上诉,维持全部或者部分原判决的,恢复认可和执行程序;完全改变原判决的,终止认可和执行程序。

9. 认可和执行的效力。

根据本"安排"而获认可的判决与执行地法院的判决效力相同。当事人对认可和执行与否的裁定不服的,在内地可以向上一级人民法院申请复议,在香港可根据其法律规定提出上诉。在法院受理当事人申请认可和执行判决期间,当事人根据相同事实再行提起诉讼的,法院不予受理。已获认可和执行的判决,当事人根据相同事实再行提起诉讼的,法院不予受理。对于根据本安排第 9 条不予认可和执行的判决,申请人不得再行提起认可和执行的申请,但是可以按照执行地的法律依相同案件事实向执行地法院提起诉讼。法院受理认可和执行判决的申请之前或者之后,可以按照执行地法律关于财产保全或者禁制资产转移的规定,根据申请人的申请,对被申请人的财产采取保全或强制措施。

10. 相关费用。

当事人向有关法院申请执行判决,应当根据执行地有关诉讼收费的法律和规定交纳执行费或者法院费用。

11. 法院名单

安排还附有截至 2006 年 5 月 31 日,内地经授权管辖第一审涉外、涉港澳台民商事案件的基层人民法院名单。

【例 7-4】(2009 年 · 卷一 · 39 题)香港甲公司与内地乙公司订立供货合同,约定由香港法院管辖。后双方因是否解除该合同及赔偿问题诉诸香港法院,法院判乙公司败诉。依相关规定，下列哪一选项是正确的？①

A. 如该合同被解除，则香港法院管辖的协议也随之无效

B. 如乙公司在内地两省均有财产，甲公司可向两省的有关法院申请认可和执行

C. 如甲公司向内地法院申请认可和执行判决，免除执行费用

D. 如甲公司向内地法院提交的文件无中文文本，应当提交证明无误的中文译本

（二）内地与澳门

2006年2月最高人民法院通过了《内地与澳门特别行政区关于相互认可和执行民商事判决的安排》（以下简称《安排》），该《安排》适用于两地民商事案件，包括劳动民事案件的认可与执行，但不包括行政案件。《安排》所称"判决"，在内地包括判决、裁定、决定、调解书、支付令；在澳门特别行政区包括裁判、判决、确认和解的裁定、法官的决定或者批示。

1. 管辖法院。

有权受理认可与执行的法院，在内地一方是被申请人住所地、经常居住地或者财产所在地的中级人民法院。两个或者两个以上中级人民法院均有管辖权的，申请人应当选择向其中一个中级人民法院提出申请。澳门一方有权受理认可判决申请的法院为中级法院，有权执行的法院为初级法院。被申请人在内地和澳门特别行政区均有可供执行财产的，申请人可以向一地法院提出执行申请。申请人向一地法院提出执行申请的同时，可以向另一地法院申请查封、扣押或者冻结被执行人的财产。两地法院执行财产的总额，不得超过依据判决和法律规定所确定的数额。

2. 文书语言。

认可或执行申请书应当用中文制作。法院判决书、所附司法文书及其相关文件未用中文制作的，应当提供中文译本。

3. 不予认可的情况。

不予认可的情况包括：(1)根据被请求方的法律，判决所确认的事项属被请求方法院专属管辖；(2)在被请求方法院已存在相同诉讼，该诉讼先于待认可判决的诉讼提起，且被请求方法院具有管辖权；(3)被请求方法院已认可或者执行被请求方法院以外的法院或仲裁机构就相同诉讼作出的判决或仲裁裁决；(4)根据判决作出地的法律规定，败诉的当事人未得到合法传唤，或者无诉讼行为能力人未依法得到代理；(5)根据判决作出地的法律规定，申请认可和执行的判决尚未发生法律效力，或者因再审被裁定中止执行；(6)在内地认可和执行判

---

① 答案：D。根据最高人民法院《关于内地与香港特别行政区法院相互认可和执行当事人协议管辖的民商事案件判决的安排》（以下简称《安排》）。根据《安排》的第3条，A项错误，该条最后一款规定，除非合同另有规定，合同中的管辖协议条款独立存在，合同的变更、解除、终止或者无效，不影响管辖协议条款的效力。B项错误，第5条规定被申请人住所地、经常居住地或者财产所在地在内地不同的中级人民法院辖区的，申请人应当选择向其中一个人民法院提出认可和执行的申请，不得分别向两个或者两个以上人民法院提出申请。B项称甲公司可向内地两省有关法院提出申请认可和执行是错误的。根据《安排》第15条的规定，当事人向有关法院申请执行判决，应当根据执行地有关诉讼收费的法律和规定交纳执行费或者法院费用。C项称可以免除执行费用是错误的。根据第6条的规定，向内地人民法院提交的文件没有中文文本的，申请人应当提交证明无误的中文译本，D项符合该规定，正确。

决将违反内地法律的基本原则或者社会公共利益;在澳门特别行政区认可和执行判决将违反澳门特别行政区法律的基本原则或者公共秩序。

4. 裁定。

被请求方法院应当尽快审查认可和执行的请求,并作出裁定。当事人对认可与否的裁定不服的,在内地可以向上一级人民法院提请复议,在澳门特别行政区可以根据其法律规定提起上诉;对执行中作出的裁定不服的,可以根据被请求方法律的规定,向上级法院寻求救济。

5. 处理。

在被请求方法院受理认可和执行判决的申请期间,或者判决已获认可和执行,当事人再行提起相同诉讼的,被请求方法院不予受理。对于不予认可的判决,申请人不得再行提起认可和执行的申请。但根据被请求方的法律,被请求方法院有管辖权的,当事人可以就相同案件事实向当地法院另行提起诉讼。在不予认可的情形消除后,申请人可以再行提起认可和执行的申请。

根据该《安排》,在该《安排》生效前提出的认可和执行请求,不适用该《安排》。两地法院自1999年12月20日以后至《安排》生效前作出的判决,当事人未向对方法院申请认可和执行,或者对方法院拒绝受理的,仍可以于该《安排》生效后提出申请。

【例7-5】(2007年·卷一·36题)李某在内地某法院取得一项涉及王某的具有给付内容的生效民事判决。王某的主要财产在澳门,在内地也有少量可供执行的财产。根据《最高人民法院关于内地与澳门特别行政区相互认可和执行民商事判决的安排》,下列哪一选项是正确的?[①]

A. 李某有权同时向内地与澳门有管辖权的法院申请执行

B. 李某向澳门法院提出执行申请的同时,可以向内地法院申请查封、扣押或者冻结王某的财产

C. 如澳门法院受理执行申请,它不能仅执行该判决中的部分请求

D. 该判决的执行应适用内地法律

① 答案:B。根据《最高人民法院关于内地与澳门特别行政区相互认可和执行民商事判决的安排》,A项涉及一个原则,判决债权人有权得到判决所确定的全部数额的赔偿,但不得取得高于其根据判决所应得到的赔偿额。A项中李某的做法虽然符合执行管辖的原则,但如两地同时加以执行,可能导致李某获得超过判决胜诉金额的执行结果,不符合上述原则,A、C项错误,因为被执行人在内地或澳门中的一地常常没有足够的可供执行的财产,但这并不妨碍对判决中部分请求的执行。《安排》的目的之一正是使判决不能在内地与澳门其中一地得到完全执行时,可以就未被执行的部分向另一地法院提出申请。D项错误,因为冲突法的一般规则为"程序问题适用法院地法",即判决的执行应适用执行法院所在地的法律,这也正是《安排》的规定。如果在澳门执行判决,当然不应适用内地的程序法。B项正确,因为根据冲突法规则,每个具有涉外因素或国际因素的案件都会涉及三种司法管辖权,即对争议实体问题的管辖权(裁判权)、对判决承认与执行的管辖权,以及采取程序(包括临时保全)措施的管辖权。这三种管辖权会由不同的法院行使,它们可以彼此分开和独立行使。《安排》的规定与此原则相一致。

(三)内地与台湾

1. 涉台案件的法律适用。

关于涉台案件的法律适用,根据最高人民法院2010年关于《关于审理涉台民商事案件法律适用问题的规定》第1条,人民法院审理涉台民商事案件,应当适用法律和司法解释的有关规定。

根据法律和司法解释中选择适用法律的规则,确定适用台湾地区民事法律的,人民法院予以适用。关于诉讼地位,根据该规定第2条,台湾地区当事人在人民法院参与民事诉讼,与大陆当事人有同等的诉讼权利和义务,其合法权益受法律平等保护。关于公共利益保留,根据第3条,确定适用有关法律违反国家法律的基本原则或者社会公共利益的,不予适用。

2. 1998年的规定。

在两岸三地法院判决的相互认可与执行上,主要有1998年5月26日实施的最高人民法院《关于人民法院认可台湾地区有关法院民事判决的规定》(以下简称《认可台湾地区判决的规定》)。该规定同样适用于申请认可台湾地区仲裁机构作出的仲裁裁决。

(1)期限。对于台湾地区法院的民事判决,当事人的住所地、经常居住地或者被执行财产所在地在内地的,当事人可以在判决发生效力后1年内(注意此点在2009年补充规定中延长为2年),依上述规定向人民法院申请认可。

(2)受理的法院。执行的申请由申请人住所地、经常居住地或者被执行财产所在地中级人民法院受理。

(3)申请与受理。申请人应提交要求执行判决的申请书,并附有不违反一个中国原则的台湾地区有关法院民事判决书正本或经证明无误的副本、证明文件。申请书应记明申请人姓名等基本情况,当事人受传唤和应诉情况及证明文件,请求和理由及其他需要说明的情况。人民法院经审查,应在收到申请书7日内受理。对不符合上述规定的,不予受理,并在7日内通知申请人。

(4)不予认可的情况。对于台湾地区的民事判决,有下列情形之一的,人民法院可以裁定不予认可:①申请人认可的民事判决的效力未确定的;②申请人认可的民事判决,是在被告缺席又未经合法传唤或者在被告无诉讼行为能力又未得到适当代理的情况下作出的;③案件系人民法院专属管辖的;④案件的双方当事人订有仲裁协议的;⑤案件系人民法院已作出判决,或者外国、境外地区法院作出判决或境外仲裁机构作出仲裁裁决已为人民法院所承认的;⑥申请认可的民事判决具有违反国家法律的基本原则,或者损害社会公共利益情形的。

(5)相同诉讼问题的处理。经人民法院审查申请后,对于台湾地区有关法院民事判决不具有上述不予认可的情形的,裁定认可其效力。裁决被认可后,对当事人就同一案件事实起诉的,人民法院不予受理。案件虽经台湾地区有关法院判决,但当事人未申请认可,而就同一事实向人民法院起诉的,应予受理。对人民法院不予受理的案件,申请人不得再提出申请,但可就同一案件事实向人民法院提起诉讼。

在人民法院作出民事判决前,一方当事人申请认可台湾地区有关法院就同一案件事实作出的判决的,应当中止诉讼。经审查符合认可条件的,予以认可并终结诉讼。对不符合认可条件的,则恢复诉讼。

【例7-6】(2009年·卷一·81题)李某与王某在台湾地区因民事纠纷涉诉,被告王某败诉,李某向王某在福建的财产所在地的中级法院申请认可该台湾地区的民事判决。下列哪些选项可以成为中级法院拒绝认可该民事判决的理由?①

A. 案件为人民法院专属管辖

B. 人民法院已承认了某外国法院就相同案件作出的判决

C. 双方没有关于司法管辖的协议

D. 王某在本案中缺席且未给予合法传唤

3. 2009年的《补充规定》。

为了更好地解决认可台湾地区有关法院民事判决的相关问题,维护当事人的合法权益,最高人民法院于2009年对1998年的规定进行了补充,发布了2009年《最高人民法院关于人民法院认可台湾地区有关法院民事判决的补充规定》(以下简称《补充规定》)。

(1)规定台湾判决的同等效力。有台湾同胞误认为台湾判决的效力低于人民法院的判决。为此,《补充规定》规定,经法院裁定认可的台湾判决,与人民法院作出的生效判决具有同等效力。申请人依裁定向法院申请执行的,法院应受理。申请人同时提出认可和执行台湾判决的,人民法院应按规定对认可申请进行审查。

(2)适用的范围。申请认可的台湾民事判决,包括对商事、知识产权、海事等民事纠纷案件作出的判决。申请认可台湾地区有关法院民事裁定、调解书、支付令,以及台湾地区仲裁机构裁决的,适用《关于人民法院认可台湾地区有关法院民事判决的规定》和本《补充规定》。

(3)管辖冲突的解决。申请人向两个以上有管辖权的中级人民法院申请认可的,由最先立案的中级人民法院管辖。申请人向被执行财产所在地中级法院申请认可的,应当提供被执行财产存在的相关证据,以防止认可后财产不在大陆。

(4)申请人申请认可台湾地区有关法院民事判决,应当提供相关证据,以证明该判决真实并且效力已确定。

(5)申请人提出认可台湾地区有关法院民事判决的申请时,或在案件受理后、人民法院作出裁定前,可提出财产保全申请。申请人申请财产保全的,应向人民法院提供有效的担

① 答案:ABD。根据1998年最高人民法院《关于人民法院认可台湾地区有关法院民事判决的规定》(以下简称《规定》)。第9条(三)的规定,案件系人民法院专属管辖的,人民法院可裁定不予认可。因此,A项是内地法院可以拒绝认可的理由。根据《补充规定》第9条(五)的规定,人民法院已承认了某外国法院就相同案件作出的判决不予认可台湾地区的裁决。B项也属于内地法院可以拒绝认可的理由。C项不是拒绝认可的理由,双方没有司法管辖的协议不属于不予认可的情形。D项属于拒绝的理由,根据《规定》第9条(二)的规定,申请认可的民事判决,是在被告缺席又未经合法传唤或者在被告无诉讼能力又未得到适当代理的情况下作出的,人民法院可以裁定不予认可,因此,A、B、D项正确。

保。不提供担保或担保不符合条件的，驳回其申请。

(6)具有下列情形之一的，人民法院应当及时解除财产保全：①被申请人提供有效担保，申请执行期限内不申请执行，不予认可；②撤回保全申请的。

(7)申请认可台湾地区有关法院民事判决的，应当在该判决效力确定后2年内提出。此点修改了1998年的规定，与民诉相一致。当事人因不可抗拒的事由或者其他正当理由耽误期限而不能提出认可申请的，在障碍消除后的10日内，可申请延期。

(8)人民法院受理申请人申请后，应当在6个月内审结。

【例7-7】一台湾地区的民事判决需要在内地执行，依2009年最高人民法院关于人民法院认可台湾地区有关法院民事判决的补充规定，下列哪项是正确的？①

A. 申请人向两个以上有管辖权的中级人民法院申请认可的，由财产所在地的中级人民法院管辖

B. 台湾地区有关法院民事判决效力低于人民法院作出的生效判决

C. 该补充规定只适用于民事判决，不适用支付令和调解书的认可

D. 申请人申请认可台湾地区有关法院民事判决，应当提供相关证据，以证明该判决真实并且效力已确定

三、区际仲裁裁决的执行

两岸三地仲裁裁决的执行主要依据民事诉讼法的有关规定，不同地区有关仲裁裁决执行的法律、1958年《纽约公约》，及两岸三地分别达成的《安排》。

(一)内地与香港

内地与香港特别行政区于1999年6月达成的《内地与香港特别行政区相互执行仲裁裁决的安排》(以下简称《内地与香港相互执行仲裁裁决的安排》)。该安排的主要点概括如下：

1. 仲裁裁决的相互执行。

根据《内地与香港相互执行仲裁裁决的安排》的规定，香港特别行政区法院同意执行内地仲裁机构(机构的名单由国务院法制办经国务院港澳事务办公室提供)按仲裁法做出的裁决。内地法院同意执行在香港依香港《仲裁条例》作出的裁决。

2. 管辖法院。

两地关于仲裁裁决执行的管辖法院，在内地为被申请人住所地或其财产所在地的中级人民法院。在香港为高等法院。被申请人住所地或财产所在地在内地不同的中级法院辖区内的，申请人可以选择其中一个法院申请执行裁决，不得分别向两个或两个以上的法院提出

---

① 答案：D。A项错误，根据《补充规定》第3条，申请人向两个以上有管辖权的中级人民法院申请认可的，由最先立案的中级人民法院管辖。B项错误，根据《补充规定》第1条，经人民法院裁定认可的台湾地区有关法院民事判决，与人民法院作出的生效判决具有同等效力。申请人依裁定向人民法院申请执行的，人民法院应予受理。C项错误，根据第2条，申请认可的台湾地区有关法院民事判决，包括对商事、知识产权、海事等民事纠纷案件作出的判决。申请认可台湾地区有关法院民事裁定、调解书、支付令，以及台湾地区仲裁机构裁决的，适用《关于人民法院认可台湾地区有关法院民事判决的规定》和本《补充规定》。D项正确，根据第4条，申请人申请认可台湾地区有关法院民事判决，应当提供相关证据，以证明该判决真实并且效力已确定。

申请。被申请人的住所或财产所在地既在内地又在香港的,申请人不能同时分别向两地有关法院提出申请。只有一地法院执行不足以偿还其债务时,才可就不足部分向另一地法院申请执行。

3. 提交文书。

申请人向有关法院申请执行仲裁裁决时,应提交执行申请书、仲裁裁决书、仲裁协议。执行申请书应以中文提出,没有中文的,应提交正式证明的中文译本。申请书应载明当事人的基本情况、申请执行的理由与请求的内容、被申请人的财产所在地及财产状况。

4. 依据的法律。

有关法院接到申请人申请后,应当依执行地法律程序处理及执行。

5. 不予执行的情况。

经证明内地或香港仲裁裁决具有下列情形之一的,有关法院可裁定不予执行:(1)仲裁协议当事人依对其适用的法律处于某种无行为能力的情形,或者该项仲裁协议依约定的准据法无效,或者未指明应适用的法律,依裁决地的法律是无效的。(2)被申请人未接到指派仲裁员的适当通知,或者因他故未能陈述案件的。(3)裁决所处理的争议不是交付仲裁的标的或不在仲裁协议范围之内,或者裁决载有关于交付仲裁范围以外事项的决定的。但交付仲裁事项的决定可与未交付仲裁的事项划分时,裁决中关于交付仲裁事项的决定部分应当予以执行。(4)仲裁庭的组成或仲裁程序与当事人之间的协议不符,或者在有关当事人没有达成这种协议时与仲裁地的法律不符。(5)裁决对当事人尚无约束力,或者已经仲裁地法院或者按仲裁地的法律撤销或停止执行的。(6)如执行法院认定,依执行地法律,争议事项不能以仲裁方式解决的,或者执行裁决将违背法院地社会公共利益或公共政策的,则可不予执行该裁决。

6. 期限。

1997年7月1日至上述安排生效之日,因故未能向内地法院申请执行仲裁裁决的,如申请人为法人或其他组织,可在该安排生效后6个月内提出执行申请;如申请人为自然人的,可在该安排生效后1年内提出执行申请。在1997年7月1日至上述安排生效之日拒绝受理或拒绝执行仲裁裁决的案件,应允许当事人重新提出执行申请。

【例7-8】关于内地与香港仲裁裁决的执行,根据《内地与香港特别行政区相互执行仲裁裁决的安排》的规定,下列选项哪个是正确的?①

A. 被申请人在江西和河南均有财产的,申请人可分别向两地的中级人民法院提出申请

---

① 答案:D。A项错误,根据《内地与香港特别行政区相互执行仲裁裁决的安排》的规定,被申请人住所地或财产所在地在内地不同的中级法院辖区内的,申请人可以选择其中一个法院申请执行裁决,不得分别向两个或两个以上的法院提出申请。因此,申请人只能在江西或河南一地的法院申请执行裁决。B项错误,申请人为法人的,应在《内地与香港特别行政区相互执行仲裁裁决的安排》生效后6个月内提出执行申请,而不是生效后1年内提出。C项错误,根据《内地与香港特别行政区相互执行仲裁裁决的安排》的规定,香港特别行政区法院只需同意执行由国务院法制办经国务院港澳事务办公室提供给香港的内地仲裁机构按仲裁法作出的裁决。只有在一地法院不足以偿还申请人的债务时,申请人可就不足部分向另一地法院申请执行,故D项正确。

B. 申请人为法人的，应在《内地与香港相互执行仲裁裁决的安排》生效后1年内提出执行申请

C. 香港特别行政区法院应执行内地所有仲裁机构作出的仲裁裁决

D. 在一地法院执行不足以偿还其债务时，可就不足部分向另一地法院申请执行

（二）内地与澳门

根据《中华人民共和国澳门特别行政区基本法》第93条的规定，最高人民法院与澳门特别行政区经协商，达成《关于内地与澳门特别行政区相互认可和执行仲裁裁决的安排》（以下简称《安排》），并于2007年10月30日签署。《安排》自2008年1月1日起实施。该安排与前述与香港的安排相比，多了"认可"两字，其他内容有许多相似之处，较大的不同在于，与澳门的《安排》允许分别向两地法院提出认可和执行的申请。主要内容如下：

1. 适用范围。

《安排》规定，内地法院认可和执行澳门特别行政区仲裁机构及仲裁员依澳门特别行政区仲裁法规在澳门作出的民商事仲裁裁决。澳门特别行政区法院认可和执行内地仲裁机构根据《中华人民共和国仲裁法》在内地作出的民商事仲裁裁决。

2. 管辖法院。

当事人可向被申请人住所地、经常居住地或财产所在地的法院申请认可和执行。内地有权受理认可和执行仲裁裁决申请的法院为中级人民法院。两个或两个以上中级人民法院均有管辖权的，当事人应当选择其一。澳门受理认可仲裁裁决申请的法院为中级法院，有权执行的法院为初级法院。被申请人的住所地、经常居住地或财产所在地分别在内地和澳门特别行政区的，申请人可以向一地法院提出认可或执行申请，也可分别向两地法院提出申请。当事人分别向两地法院提出申请的，两地法院都应依法进行审查。予以认可的，采取查封、扣押或冻结被执行人财产等执行措施。仲裁地法院应当先进行执行清偿，另一地法院在收到仲裁地法院关于经执行债权未获清偿情况的证明后，可以对申请人未获清偿的部分进行执行清偿。两地法院执行财产的总额，不得超过根据裁决和法律规定所确定的数额。

3. 申请的条件。

申请人向有关法院申请认可或执行仲裁裁的，应当提交以下文件或经公证的副本：(1)申请书；(2)申请人身份证明；(3)仲裁协议；(4)仲裁裁决书或仲裁调解书。上述文件没有中文文本的，申请人应提交经正式证明的中文译本。申请人向有关法院申请认可和执行的期限，依认可和执行地的法律确定。法院在受理认可和执行仲裁裁决申请之前或之后，可根据当事人的申请，按照法院地法律规定，对被申请人的财产采取保全措施。

4. 申请书的内容。

申请书主要包括下列内容：(1)申请人或被申请人为自然人的，应载明其姓名及住所；为法人或其他组织的，应载明其名称及住所以及法定代表人或主要负责人的姓名、职务和住所；申请人为外国籍法人或其他组织的，应提交相应的公证和认证材料。(2)请求认可和执行的仲裁裁决书或仲裁调解书的案号或定性资料和生效日期。(3)申请认可和执行仲裁裁

决的理由及具体请求,及被申请人财产所在地、财产状况及该仲裁裁决的执行情况。

5. 文书认证手续的免除。

由一方有权公共机构(包括公证员)作成的文书正本或经公证的文书副本及译本,在适用《安排》时,可以免除认证手续在澳门重复办理。

6. 不予认可的理由。

与内地与香港的有关《安排》内容基本相同。

在该《安排》实施前,当事人提出的认可和执行仲裁裁决的请求,不适用本《安排》。自1999年12月20日至《安排》实施前,澳门特别行政区仲裁机构及仲裁员作出的仲裁裁决,当事人向内地申请认可和执行的期限,自本《安排》实施之日起算。

【例7-9】一涉澳门的合同争议在中国内地仲裁。败诉方在内地和澳门均有营业机构。双方发生争议后,仲裁庭裁决败诉方应对胜诉方进行赔偿。败诉方未在规定的期限内履行仲裁裁决。关于胜诉方对此采取的做法,下列哪些选项是正确的?①

A. 向内地有管辖权的中级人民法院申请执行该仲裁裁决

B. 向澳门特别行政区中级法院申请认可该仲裁裁决

C. 分别向内地有管辖权的中级人民法院和澳门特别行政区中级法院申请认可与执行仲裁裁决

D. 只能向一地法院申请认可与执行

(三)内地与台湾

内地与台湾之间关于仲裁裁决没有专门的安排,上述1998年最高人民法院《关于人民法院认可台湾地区有关法院民事判决的规定》,同样适用于仲裁的认可与执行。

牛刀小试

1. 一涉及澳门的劳工案件需要向内地送达文书,根据《关于内地与澳门特别行政区法院就民商事案件相互委托送达司法文书和调查取证的安排》,关于内地与澳门之间相互委托送达司法文书,下列选项哪项是正确的?②

A. 该案属于劳工案件,不属于民商事案件,因此,不适用该《安排》

---

① 答案:ABC。根据《关于内地与澳门特别行政区相互认可和执行仲裁裁决的安排》第2条第2款及《民事诉讼法》第281条,甲公司可以向内地有管辖权的中级人民法院申请执行该仲裁裁决,因此,A项正确。B项正确,在澳门特别行政区内,所有关于内地仲裁裁决的执行申请必须首先提交给其中级法院审查,其审查认为可以执行的,给予认可。根据《安排》第3条第1款,甲公司为获得其裁决的执行,可以选择分别向内地与澳门两地的中级法院提出申请,因此,C项正确,D项错误。

② 答案:C。根据《关于内地与澳门特别行政区法院就民商事案件相互委托送达司法文书和调查取证的安排》第1条的规定,内地法院与澳门法院就民商事案件(在内地包括劳动争议案件,在澳门包括民事劳工案件)相互委托送达司法文书和调取证据,均适用,A项错误。根据第12条,不论委托方法院司法文书中确定的出庭日期或者期限是否已过,受委托方法院均应送达,B项错误。C项正确,根据第4条,委托书应以中文文本提出。D项错误,根据第6条,受托方法院应当根据本辖法律规定执行受托事项,而非委托方的法律。

B. 内地法院送达的司法文书必须是其中载明的出庭日期或期限未过的司法文书

C. 委托书应以中文文本提出

D. 内地一方应依澳门的法律执行受托事项

2. 内地技术人员李某与一香港公司在香港订立了3年的雇用合同,后发生争议,合同协议选择由香港有管辖权的法院管辖。该法院对案件审理后作出了判决,有关该判决在内地的认可与执行问题,根据《关于内地与香港特别行政区法院相互认可和执行当事人协议管辖的民商事案件判决的安排》,下列哪项是正确的?①

A. 如该港资企业在内地和香港均有财产的,李某只可向一地法院提出认可和执行的申请

B. 如该港资企业在广东和浙江均有财产的,李某可分别向两地法院提出认可和执行的申请

C. 香港法院出具的证明书,如需在内地执行,必须进行公证

D. 本案判决的认可与执行不适用《关于内地与香港特别行政区法院相互认可和执行当事人协议管辖的民商事案件判决的安排》

3. 一大陆公司与一台湾公司产生了合同纠纷,诉诸大陆某法院,有关法律文件需要向台湾一方当事人送达,根据《最高人民法院关于涉台民事诉讼文书送达的若干规定》,下列选项哪些是正确的?②

A. 只要台湾公司的法定代表人在北京机场一下飞机,即可向其送达

B. 可向台湾公司在大陆的任何业务代办人送达

C. 向该台湾公司在大陆的代表机构送达时,该机构拒绝签收的,可依法留置送达

D. 只要大陆法院收到台湾地区有关法院的委托函即完成送达,无须审查

4. 关于内地与香港民商事案件判决的认可与执行,根据内地与香港的相关"安排",下列

---

① 答案:D。《关于内地与香港特别行政区法院相互认可和执行当事人协议管辖的民商事案件判决的安排》主要适用于内地人民法院和香港特别行政区法院在具有书面管辖协议的民商事案件中作出的须支付款项的具有执行力的终审判决,当事人可以向内地人民法院或者香港特别行政区法院申请认可和执行。"特定法律关系"指当事人之间的民商事合同,不包括雇用合同以及自然人因个人消费、家庭事宜或者其他非商业目的而作为协议一方的合同。因此,本题的雇用合同并不适用该《安排》。

② 答案:AC。A项正确,根据《最高人民法院关于涉台民事诉讼文书送达的若干规定》,受送达人不在大陆居住,但送达时在大陆的,可以直接送达。B项错误,业务代办人需要明确受权才可以送达。C项正确,根据第4条,采用本规定第3条第1款第(1)、(2)、(3)、(4)项方式送达的,由受送达人、诉讼代理人或者有权接受送达的人在送达回证上签收或者盖章,即为送达;拒绝签收或者盖章的,可以依法留置送达。D项错误,根据第9条,法院收到台湾地区有关法院的委托函后,经审查符合条件的,应当在收到委托函之日起两个月内完成送达。民事诉讼文书中确定的出庭日期或者其他期限逾期的,受托人民法院也应予送达。

哪一选项是正确的?(2010年·卷一·37题)①

A.申请人向内地和香港法院提交的文件没有中文文本的,均应提交证明无误的中文译本

B.当事人通过协议选择内地或香港法院管辖的,经选择的法院作出的判决均可获得认可与执行

C.当事人之间的合同无效,其中选择管辖法院的条款亦无效

D.当事人对认可和执行与否的裁定不服的,在内地可向上一级法院申请复议,在香港可依其法律规定提出上诉

5.澳门甲公司与内地乙公司的合同争议由内地一仲裁机构审理,甲公司最终胜诉。乙公司在广东、上海和澳门均有财产。基于这些事实,下列哪些选项是正确的?②

A.甲公司可分别向广东和上海有管辖权的法院申请执行

B.只有国务院港澳办提供的名单内的仲裁机构作出的裁决才能被澳门法院认可与执行

C.甲公司分别向内地和澳门法院申请执行的,内地法院应先行执行清偿

D.两地法院执行财产总额不得超过依裁决和法律规定所确定的数额

6.李某在内地某法院取得一项涉及王某的具有给付内容的生效民事判决。王某的主要财产在澳门,在内地也有少量可供执行的财产。根据《最高人民法院关于内地与澳门特别行政区相互认可和执行民商事判决的安排》,下列哪一选项是正确的?③

---

① 答案:D。根据《最高人民法院关于内地与香港特别行政区法院相互认可和执行当事人协议管辖的民商事判决的安排》第6条规定,向内地人民法院提交的文件没有中文文本的,申请人应当提交证明无误的中文译本。而向香港法院提交的文件,并没有提交中文译本的要求,A项错误。第1条规定:"内地人民法院和香港特别行政区法院在具有书面管辖协议的民商事案件中作出的须支付款项的具有执行力的终审判决,当事人可以根据本"安排"向内地人民法院或者香港特别行政区法院申请认可和执行。"B项错误。第3条第5款规定:"除非合同另有规定,合同中的管辖协议条款独立存在,合同的变更、解除、终止或者无效,不影响管辖协议条款的效力。"C项错误。第12条规定:"当事人对认可和执行与否的裁定不服的,在内地可以向上一级人民法院申请复议,在香港特别行政区可以根据其法律规定提出上诉。"D项正确。

② 答案:CD。根据《关于内地与澳门特别行政区相互认可和执行仲裁裁决的安排》第2条第1款规定:"在内地或者澳门特别行政区作出的仲裁裁决,一方当事人不履行的,另一方当事人可以向被申请人住所地、经常居住地或者财产所在地的有关法院申请认可和执行。"第2条第2款规定:"内地有权受理认可和执行仲裁裁决申请的法院为中级人民法院。两个或者两个以上中级人民法院均有管辖权的,当事人应当选择向其中一个中级人民法院提出申请。"第2条第3款规定:"澳门特别行政区有权受理认可仲裁裁决申请的法院为中级法院,有权执行的法院为初级法院。"乙公司在广东、上海和澳门均有财产,广东、上海、澳门的有关法院均有管辖权。甲公司应选择向其中一个中级人民法院提出申请,而不能分别向它们提出,A项错误。根据《安排》澳门仲裁的认可不一定必须是名单中的仲裁机构作出的,B项错误。《安排》第3条规定:"……仲裁地法院应当先进行执行清偿;另一地法院在收到仲裁地法院关于经执行债权未获清偿情况的证明后,可以对申请人未获清偿的部分进行执行清偿。两地法院执行财产的总额,不得超过依据裁决和法律规定所确定的数额。"本题合同争议由内地一仲裁机构审理,仲裁地在内地,因此当甲公司分别向内地和澳门法院申请执行时,内地法院应先进行执行清偿,C项正确。两地法院执行财产的总额,不得超过依裁决和法律规定所确定的数额,D项正确。

③ 答案:B。A项错误,根据第5条第1款:"被申请人在内地和澳门特别行政区均有可供执行财产的,申请人可以向一地法院提出执行申请。"B项正确,根据《安排》第5条第2款的规定,申请人向一地法院提出执行申请的同时,可以向另一地法院申请查封、扣押或者冻结被执行人的财产。C项错误,根据第4条第2款的规定,执行的法院为初级法院。D项错误,根据第20条的规定,对民商事判决的认可和执行,除本安排有规定的以外,适用被请求方的法律规定。

A. 李某有权同时向内地与澳门有管辖权的法院申请执行

B. 李某向澳门法院提出执行申请的同时，可以向内地法院申请查封、扣押或者冻结王某的财产

C. 澳门执行的法院应为澳门中级法院

D. 该判决的执行应适用内地法律

7. 位于厦门的甲公司与位于台北的乙公司因货物买卖产生纠纷，双方在台湾地区的有关法院就该纠纷进行诉讼，该法院做出终审判决。根据《最高人民法院关于人民法院认可台湾地区有关法院民事判决的规定》，下列哪些选项是正确的？（2005 年·卷一·80 题）①

A. 当事人可在该判决生效后两年内向人民法院提出对该判决的认可申请

B. 当事人对台湾地区有关法院的判决未申请认可，而是就同一案件事实另行向人民法院提起诉讼的，人民法院应予受理

C. 乙公司向人民法院提出认可申请后，甲公司向人民法院就同一案件事实提起诉讼的，人民法院应予受理

D. 当事人提出的认可申请被驳回后，再就同一案件事实向人民法院起诉的，人民法院仍可受理

① 答案：BD。A 项错误，根据《最高人民法院关于人民法院认可台湾地区有关法院民事判决的规定》第 17 条的规定，申请认可台湾地区有关法院民事判决的，应当在该判决发生效力后一年内提出。而非如 A 项所称两年之内。B 项正确，根据第 13 条的规定，案件虽经台湾地区有关法院判决，但当事人未申请认可，而是就同一案件事实向人民法院提起诉讼的，应予受理。C 项错误，根据第 12 条的规定，人民法院受理认可台湾地区有关法院民事判决的申请后，对当事人就同一案件事实起诉的，不予受理。因此，C 称应予受理错误。D 项正确，根据第 15 条的规定，对人民法院不予认可的民事判决，申请人不得再提出申请，但可以就同一案件事实向人民法院提起诉讼。

第三编　国际经济法

国际经济法是调整国际经济关系的法律规范的总称。国际经济关系有广义与狭义之分，狭义的国际经济关系仅指国家、国际组织间的经济关系，狭义国际经济关系的主体一般限于国家和国际组织；广义的国际经济关系不仅包括狭义的国际经济关系，还包括不同国家之间的个人、法人、国家、国际组织之间的经济关系，也有人称之为跨国经济关系。国际经济法所调整的是广义的国际经济关系。

国际经济法调整的对象既包括国际法上的经济关系，又包括国内法上的涉外经济关系，既有纵向的关系，又有横向的关系，既有公法的关系，又有私法的关系。国际经济法是多门类、跨学科的综合独立法律学科。具体从法律关系的性质上考虑，其调整的范围包括：有关国际货物贸易的法律规范与制度，有关国际服务贸易的法律制度和法律规范，有关国际投资的法律规范与制度，有关国际知识产权保护的法律规范与制度，有关国际货币与金融的法律规范与制度，有关国际税收的法律规范与制度，有关国际经济组织的各种法律规范与制度。

国际经济法的主体是指在国际经济关系中能行使权利和承担义务的法律人格者。国际经济法的主体包括自然人、法人、国家和国际经济组织。

国际经济法的基本原则是指被国际社会公认的、对国际经济法的各个领域都具有普遍指导意义的原则。国际经济法的基本原则主要有国家经济主权原则、平等互利原则和国际合作与发展原则。国家经济主权原则是国家主权原则在国际经济法领域内的具体体现，它构成了新的国际经济秩序的基础。平等互利原则指所有国家在法律上一律平等，国家应以平等的资格参与经济活动，并平等分享成果。国际合作与发展原则指发展中国家应通过国家经济的发展逐步缩小并消除穷国与富国的差距，发达国家应与发展中国家互相在经济、社会、文化、科学和技术等领域进行合作，以促进各国特别是发展中国家的经济进步和社会进步。

第一讲 国际货物买卖

特别提示

本讲在司法考试中作一般了解,其主要考点有:国际货物买卖合同的当事人和国际货物买卖合同的主要条款。

一、国际货物买卖合同概述

(一) 国际货物买卖合同的概念

国际货物买卖合同是指营业地位于不同国家的当事人之间就有关货物买卖的权利义务关系而达成的协议。国际货物买卖合同的国际性以当事人的营业地位于不同国家为准,而不考虑当事人的国籍。国际货物买卖合同强调的是合同的标的物需要进行跨越国境的运输,因此,即使是不同国家的当事人在同一国境内订立的货物买卖合同,也不是国际货物买卖合同。

(二) 国际货物买卖合同的当事人

1980 年《联合国国际货物销售合同公约》要求适用公约的货物销售合同的当事人应为双方营业地位于不同缔约国的当事人。如双方的国籍不同,但营业地位于同一个国家,则不适用该《公约》,如果只有一方的营业地位于缔约国也不适用该《公约》。该《公约》的第 1 条还对通过国际私法规则的扩大适用进行了规定,我国对此进行了保留。

(三)格式合同

在国际贸易中常常使用某个国际民间组织或国际行业性协会拟定的空白的标准合同,是根据买卖合同应具备的基本内容所拟定的详细而固定的条文,印成固定的格式,所以称为格式合同。格式合同既不是法律,在双方签字以前也不是真正的合同。格式合同只是贸易谈判的一方给另一方提供的建议性的文本,在当事人签字前不具有约束力。经双方当事人协商,可以对格式合同中的条文内容进行修改、删节或补充,只有经过双方当事人同意,填写了空白的项目并签字后,才能成为当事人之间订立的一个有效的合同。

格式合同具有针对性和简化性的作用,针对性主要指各种格式合同条文的内容,一般都反映了种类不同的商品在国际买卖中的特点,有明显的针对性。简化性指格式合同可以起到简化谈判过程的作用。它可以向谈判的当事人提供建议性的条文,作为合同条件的基础,这样可以缩短当事人之间协商的时间。

二、国际货物买卖合同的主要条款

国际货物买卖合同的条款主要包括约首、正文和约尾三部分。正文部分的条款如下：

（一）品质规格条款

品质规格条款是合同的主要条款。根据某些国家的法律规定，买卖合同中有关货物品质的说明是合同的要件，如果卖方所交货物的品质与合同的约定不符，买方有权拒收货物，并可以要求损害赔偿。在国际货物买卖中，不同种类的货物有不同品质的表示方法，主要有下列几种：(1) 凭样品确定货物品质的买卖；(2) 凭规格、等级或标准确定货物品质的买卖；(3) 凭商标或品牌名确定货物品质的买卖；(4) 凭说明书确定货物品质的买卖。

（二）数量条款

国际货物买卖合同中的数量通常用重量、体积、长度、面积、个数等单位来表示。数量条款是确定卖方交货数量的依据。对于农产品货物或矿产品货物，国际惯例也允许在合同规定的数量与实际交货的数量之间有一定的机动幅度。通常有两种规定机动幅度的方法：(1) 在合同中规定“溢短装条款”，允许卖方按一定的机动幅度多交或少交一定数量的货物；(2) 在货物的数量上规定一个约数，如规定“约 1000 公吨”，则货物的数量可以在一定的幅度内机动，“约”字在国际上没有统一的法定解释。

（三）包装条款

包装条款主要包括包装的种类和性质、包装材料、包装尺寸、包装费用和运输标志等内容。包装的责任通常由卖方承担。

（四）价格条款

价格条款是买卖合同的主要条款之一，价格条款主要规定货物的计价货币、计价单位、单位价格金额等。国际贸易术语常常被用来表示货物的单价。货物买卖合同的总价是以单价乘以交易商品的数量。价格条款是确定买方支付义务的主要依据。

（五）商检条款

商检条款通常规定商品检验所应依据的标准、检验机构、检验期间及商检权等内容。商检条款的作用是提供一个确定卖方所交货物是否符合合同的依据，关系到合同的履行、索赔、诉讼等许多法律问题。商检条款主要包括下列内容：

1. 关于商检权问题。

在国际贸易中，对商检权一般有下列三种不同的规定方法：(1) 以离岸品质、重量为准。在此种条款下，买方在货物到达后原则上不能对货物的品质和数量提出异议。这种做法对卖方比较有利。(2) 以到岸品质、重量为准。在此种条款下，买方可以根据目的港检验机构签发的商检证书向卖方提出品质、数量方面的异议。这种做法显然对买方有利。(3) 以装运港的检验证书作为议付货款的依据，但在货到目的港后允许买方有复验权。如复验后发现货物的品质、数量与合同不符，买主可根据交验的结果向卖方提出索赔。

2. 关于商检机构。

在国际贸易中,进行商品检验的机构主要有国家设立的商品检验机构,在我国就是国家质量监督检验检疫总局;由私人或同业公会、协会开设的公证行;生产、制造厂商或产品的使用部门设立的检验机构。

3. 关于商检的期限。

商检的时间一般就是品质、数量索赔的期限。在检验条款中通常都规定,买方必须于货物到达目的港后若干天内进行检验。或规定买方应于货物在目的港卸货后若干天内进行检验,如果超过规定的期限不进行检验,就是货物良好的初步证据。

(六)装运条款

装运条款主要规定装运时间、装运港或装运地、装运通知等事项。装运是指将货物装上运输工具。装运条款会涉及运输问题和支付单据中的要求,因此,将在下面有关运输的内容中阐述。

(七)保险条款

合同中的保险条款是指具体规定由哪方当事人负担货物运输的保险责任,及应投保的险别等内容的条款。其目的在于把保险责任具体化。

(八)支付条款

支付条款是合同中有关买方支付货款内容的条款,包括下列内容:支付货币的币种、支付工具、支付方式、支付的时间与地点等内容。

(九)不可抗力条款

不可抗力条款是规定在合同订立后发生当事人在订合同时不能预见、不能避免、不可控制的意外事故,以致不能履行合同或不能如期履行合同时,遭受不可抗力的一方可以免除履行合同的责任的条款。构成不可抗力的意外事故应具备下列条件:(1)意外事故是在签订合同以后发生的。(2)意外事故是当事人所不能预见、不能避免和不可控制的。不可抗力的事故主要包括两类情况:一类是由于自然力量引起的;另一类是社会原因引起的。(3)意外事故的引起没有当事人疏忽或过失等主观因素。

(十)仲裁条款

仲裁是解决国际贸易争议的途径之一。合同的仲裁条款中应说明仲裁地点、仲裁机构、仲裁规则等方面的内容。

(十一)法律适用条款

法律适用条款是当事人依意思自治原则经过双方的协商选择的适用于合同的法律。我国的司法解释要求当事人对法律的选择应当是明示的。

【例1-1】英国某公司与中国某公司订立了从中国出口某产品的合同,合同约定了产品的质量规格。在产品的生产过程中,英方公司又寄来了合同产品的样品,并来电:请收到后确认,请依样品履行合同。中方公司收到样品后回电:样品收到确认,保证依合同约定的规格履行合同。后英方公司称中方公司交付的产品与其寄到中国的样品不符,要求中方承担违约责任；而中方公司则认为其生产的产品完全符合合同规定的规格，并有商检的证明。请问下列选项哪项是正确的？①

A. 中方公司的产品与英方的样品不符，应承担违约责任

B. 本合同是一个凭样品的买卖

C. 依上述合同，中方公司生产的产品应与英方公司提供的样品相符

D. 中方公司没有违约，因为其产品与合同约定相符

① 答案：D。A项错误，因该合同是一个凭规格的买卖，尽管英方公司后又寄来样品，但中方公司的回电并没有改变合同的性质，中方称："保证依合同约定的规格履行合同"，因此，还是一个凭规格的买卖合同。如中方称："保证依样品履行合同"，则改变了合同的性质，由凭规格的买卖变成了凭样品的买卖，此时，中方应承担依样品履行的义务。B项错误，因本合同是一个凭规格的买卖，非"凭样品的买卖"。C项错误，同样的理由，中方没有义务使其产品与英方提供的样品相符，但有义务依合同约定的规格履行合同。D项正确，题中称中方生产的产品与合同约定的规格相符，并有商检的证明。

》》》第二讲

国际商业惯例

特别提示

本讲在司法考试中是重点,其主要考查各术语的卖方责任、进出口结关手续、运输费用的承担、保险费用的承担以及风险转移的界点、商业惯例的特点。考生尤其注意2000年通则与2010年通则的区别。

考查概况

考查次数	已考考点
5	FOB 术语
3	CIF 术语
2	CFR 术语

一、国际贸易术语概述

国际贸易术语是在国际贸易中逐渐形成的,表明在不同的交货条件下,买卖双方在交易中的费用、责任及风险划分等以英文缩写表示的专门用语。贸易术语是国际惯例的一种,由当事人选择适用,国际上使用最为广泛的是国际商会于1936年编纂的《国际贸易术语解释通则》,该通则是国际商会以国际贸易中应用最广泛的国际惯例为基础的,在1936年首次公布后,进行了7次修改。2010年国际商会修订的《国际贸易术语解释通则® 2010》(英文简称 Incoterms® 2010)(以下简称《2010年通则》)于2010年9月27日正式公布,并于2011年1月1日正式生效。新版本相对于《国际贸易术语解释通则2000》(以下简称《2000年通则》),无论在实质上还是形式上都有了一些变化,更加贴合国际贸易实践的新发展。

【注意】《2010年通则》与以往版本不是替代与被替代的关系,即以往版本的国际贸易术语解释通则并不失效,合同当事人仍可以选用以往版本中的术语。但是由于不同版本术语的具体权利义务不同,当事人在选择使用通则时,应注意注明具体的修订年份。另外,国际商会已将2010年版的《国际贸易术语解释通则》注册为商标,所以在选用时要注意加上®符号。当然没有注明®,只写了《2010通则》,也是可以适用《2010年通则》的。

【例2-1】(2013年·卷一·40题)某国甲公司向中国乙公司出售一批设备,约定贸易术语为"FOB(Incoterms 2010)",后设备运至中国。根据《国际贸易术语解释通则》和《联合国国际货物销售合同公约》，下列哪一选项是正确的？①

A. 甲公司负责签订货物运输合同并支付运费

B. 甲、乙公司的风险承担以货物在装运港越过船舷为界

C. 如该批设备因未按照同类货物通用方式包装造成损失．应由甲公司承担责任

D. 如该批设备侵犯了第三方在中国的专利权，甲公司对乙公司不承担责任

二、《2010年通则》对《2000年通则》的主要修改

《2010通则》在《2000年通则》的基础上进行了较大幅度的修订，考虑了无关税区的不断扩大，商业交易中电子信息使用的增加，货物运输中对安全问题的进一步关注以及运输方式的变化。《2010年通则》与《2000年通则》相比，主要有下列修改：

（一）术语结构上的变化

1.《2010年通则》的结构。

此次修订后整合为11种贸易术语，且按照所适用的运输方式划分为两大类：

（1）适用于任何运输方式的术语：包括EXW（工厂交货）、FCA（货交承运人）、CPT（运费付至）、CIP（运费和保险费付至）、DAT（运输终端交货）、DAP（目的地交货）、DDP（完税后交货）。

（2）适用于水上运输方式的四种：包括FAS（船边交货）、FOB（（船上交货）、CFR（成本加运费）、CIF（成本、保险费加运费）。

2.《2000年通则》的结构。

对比《2000年通则》，涉及了13个贸易术语，分为E、F、C、D四组

（1）E组（内陆交货合同）。E组贸易术语中只有一个贸易术语，即EXW，全称是Ex Works，意为工厂交货（指定地点），此术语为卖方义务最小的贸易术语，卖方只要将货物在约定地点，通常是卖方所在地交给买方处置即可，此约定的地点指卖方的工厂、仓库等，由于是在卖方的内陆完成交货，因此又称“内陆交货合同”。在此术语下，货物的风险自交货时转移。

（2）F组（主要运费未付）（装运合同）。F组共有三个术语，即FCA、FAS和FOB。F组

① 答案：C。A项错误，根据《国际贸易术语解释通则（2010）》，FOB术语下，卖方没有义务为买方订立运输合同。因此，甲公司没有义务订立货物运输合同。B项错误，根据《通则（2010）》，FOB术语下，自货物按照上述规定交付之时起，买方要承担货物灭失或损失的全部风险。因此，风险自“船上交货”时转移，而不是“越过船舷”时转移。C项正确，根据《联合国国际货物销售合同公约》第35条的规定，（1）卖方交付的货物必须与合同所规定的数量、质量和规格相符，并须按照合同所规定的方式装箱或包装……因此，如果未按照同类货物通用包装造成损失的，甲公司应承担责任。D项错误，根据《联合国国际货物销售合同公约》第42条的规定，（1）卖方所交付的货物，必须是第三方不能根据工业产权或其他知识产权主张任何权利或要求的货物，但以卖方在订立合同时已知道或不可能不知道的权利或要求为限，而且这种权利或要求根据以下国家的法律规定是以工业产权或其他知识产权为基础的……因此，如果该批设备侵害了第三方在中国的专利权，甲公司应当承担侵权责任。

的术语均为装运合同,即卖方均在货物的装运地或启运地或出口地完成其在销售合同中的交货义务,因此主要运费应是由买方来承担的,对于卖方来说则是“主要运费未付”。F 组术语包括:

FCA,全称 Free Carrier,意为“货交承运人(指定地点)”;

FAS,全称 Free Alongside Ship,意为“船边交货(指定装运港)”;

FOB,全称 Free on Board,意为“船上交货(指定装运港)”。

(3)C 组(主要运费已付)(装运合同)。C 组由四个术语组成,其特点是卖方须订立运输合同和承担运费,因此称为“主要运费已付”,尽管卖方承担了到目的港或目的地的运费,但其交货义务仍然是在卖方一边的装运地完成的,因此 C 组术语仍属于装运合同。C 组术语包括:

CFR,全称 Cost and Freight,意为“成本加运费(指定目的港)”;

CIF,全称 Cost Insurance and Freight,意为“成本加运费加保险费(指定目的港)”;CPT,全称 Carriage Paid to,意为“运费付至(指定目的地)”;

CIP,全称 Carriage and Insurance Paid to,意为“运费和保险费付至(指定目的地)”。

(4)D 组(到货合同)。D 组由 5 个贸易术语组成,其特点是卖方须承担把货物交至目的地国所需的全部费用和风险。卖方是在目的地,如边境、港口、进口国内地履行交货义务,因此称为到货合同。该组术语包括:

DAF,全称 Delivered at Frontier,意为“边境交货(指定地点)”;

DES,全称 Delivered Ex Ship,意为“目的港船上交货(指定目的港)”;

DEQ,全称 Delivered Ex Quay,意为“目的港码头交货(指定目的港)”;

DDU,全称 Delivered Duty Unpaid,意为“未完税交货(指定目的地)”;

DDP,全称 Delivered Duty Paid,意为“完税交货(指定目的地)”。

(二)适用范围

新术语同时适用于国际和国内贸易问题,即术语的适用不再限于国际贸易。

(三)术语义务项目上的变化

每种术语项下买卖双方各自的义务虽然仍列出 10 个项目,但与《2000 年通则》不同之处在于,卖方在每一项目中的具体义务不再“对应”买方在同一项目中相应的义务,而是改为分别描述,并且各项目内容也有所调整。

(四)新增 DAT 和 DAP 两个术语

与《2000 年通则》相比,在 D 组术语中,《2010 年通则》以两个新术语取代了原来的 4 个术语,新术语为 DAT(Delivered at terminal)(中文意为“运输终端交货”)和 DAP(Delivered at place)(中文意为“目的地交货”)。两新术语的主要差异是 DAT 下卖方需要承担把货物由目的地(港)运输工具上卸下的费用,DAP 下卖方只需在指定目的地把货物处于买方控制之下,而无须承担卸货费。

1. DAT(Delivered at terminal)(运输终端交货)(适用于任何运输方式)

2. DAP(Delivered at place)(目的地交货)(适用于任何运输方式)

(五)增加了与安全有关的内容

《2010年通则》要求卖方和买方分别要帮助对方提供包括与安全有关的信息和文件，因此而发生的费用由受助方承担，这主要是考虑到美国“9·11”事件后对安全措施的加强。与此配合，进出口商在某些情形下必须提前提供有关货物接受安全扫描和检验的相关信息。且对于因此而产生的费用由哪一方承担也产生过争议，新术语解决了这一问题。

(六)“船舷”的变化

《2000年通则》针对传统的适用于水上运输的主要贸易术语，如FOB，CFR和CIF，均强调卖方承担货物至在指定装运港越过船舷时为止的一切风险，买方承担货物自在指定装运港越过船舷时起的一切风险。考虑到这种以一条假想的垂直线为风险转移分界线的方法在现实操作中存在许多问题，《2010年通则》中这三种术语的风险转移不再设定“船舷”的界限，只强调卖方承担货物装上船为止的一切风险，买方承担货物自装运港装上船开始起的一切风险。强调在FOB、CFR和CIF下买卖双方的风险以货物在装运港口被装上船时为界。

(七)链式销售的补充

《2010年通则》在指导性说明中对FAS，FOB，CFR和CIF几种适用水上运输的术语首次提及“链式销售”(String Sales)，在CPT和CIP的A3项中也有提及。大宗货物买卖中，货物常在一笔连环贸易下的运输期间被多次买卖，由于连环贸易中货物由第一个卖方运输，作为中间环节的卖方就无须装运货物，而是因“获得”所装运的货物而履行其义务，因此，《2010年通则》对此连环贸易模式下卖方的交付义务作了细分，也弥补了以前版本中在此问题上未能反映的不足。“获得”(procure)以某种方式装运的货物，是指卖方得到以该种方式交货的货物的相关凭证以及凭证代表的权利，即出售权。这一概念借鉴了普通法国家的货物买卖法，卖方“获得”货物的法律意义是要求卖方有出售该货物的权利，而非简单的控制或占有，例如在转售的卖方未付款的情况下，即使该货物已经由其安排的承运人控制或由其占有，最初的卖方仍然有要求返还货物的权利，转售的卖方没有出售权，这种情况下签订的转售合同不能延续销售链条。

(八)赋予电子讯息与纸质讯息同等的效力

在信息时代中,国际贸易领域中电子商务的使用已经是大势所趋。近年电子提单流转也受到了交易各方的认同。同时,国际商会起草的电子信用证方面的统一惯例——《跟单信用证统一惯例电子交单增补规则》(简称 E-UCP),为电子商务在商业银行国际结算业务处理过程中提供了国际惯例指导与“电子化”操作便利。电子提单与电子结算这两大问题的进一步解决,使电子讯息在国际贸易中的全面应用成为可能。《2010 年通则》将《2000 年通则》中原本分散的涉及电子讯息效力的阐述进行了集中,对有关“符合销售合同规定的有同等作用的电子讯息”的内容进行了集中阐述,将电子讯息的使用范围扩大到双方所有义务中所涉及的单证,还将“符合销售合同法规定”的要求放宽至“在双方约定或符合惯例的情况下”,更加尊重商业惯例。

(九)统一了承运人的概念

《2010 年通则》在引言中对“承运人”概念进行了明确:“承运人是与其签订运输合同的一方。”《2010 年通则》不再像《2000 年通则》一样区分第一承运人和其他承运人、缔约承运人和实际承运人,卖方只要将货物交给缔约承运人,就是完成了“货交承运人”的交货义务。这做到了与 2008 年最新制定的《联合国全程或部分海上国际货物运输合同公约》(简称《鹿特丹规则》)统一,在《鹿特丹规则》中规定:“承运人”是指与托运人订立运输合同的人。

三、《国际贸易术语解释通则® 2010》的主要内容

《2010 年通则》分为两类术语:

(一)适用于任何运输方式或多种运输方式的术语

第一类包括了 7 个术语,不论选用何种运输方式,也不论是否使用一种或多种运输方式,均可适用。当船舶用于部分运输时,也可使用此类术语。包括 EXW、FCA、CPT、CIP、DAT、DAP、DDP 术语。

1. EXW(工厂交货)。EXW 全称是 Ex Works,意为“工厂交货”(指定交货地点),指卖方在其所在地或其他指定地点,如工厂、车间或仓库等将货物交由买方处置,即完成交货。该术语的特点是,卖方在内陆完成交货,且没有装货(即不需要将货物装上任何前来接收货物的运输工具)的义务,卖方也无须办理出口清关手续。此术语为卖方义务最小的贸易术语。在此术语下,货物的风险自交货时转移。

根据该术语,卖方的义务主要是:(1)履行交货义务,即在其所在地(一般为工厂或仓库)将货物交买方;(2)承担交货前的风险和费用。买方的义务主要是:(1)买方必须承担在卖方所在地受领货物的全部费用和风险;(2)办理出口清关手续。本术语适用于各种运输方式。

2. FCA(货交承运人)。FCA 全称是 Free Carrier,意为“货交承运人”(指定交货地点),指卖方在卖方所在地或其他指定地点将货物交给买方指定的承运人或其他人,并办理了出

口清关手续，即完成交货。该术语适用于各种运输方式，包括多式联运。"承运人"指在运输合同中承诺通过铁路、公路、空运、海运、内河运输或联合方式履行运输或由他人履行运输的任何人。

(1)交货：交货地点的选择对在该地点装货和卸货的义务会产生影响。如在卖方所在地交货，则卖方应负责装货，如在其他地点交货，则卖方可以在自己的运输工具上完成交货，而不负责将货物从自己的运输工具上卸下。

(2)风险转移：货物的风险在交货时转移。

(3)双方义务：①卖方义务：卖方必须提供符合销售合同的货物和单据；办理出口手续；在指定的地点和约定的时间将货物交付给买方指定的承运人或其他人；承担交货以前的风险和费用。②买方义务：支付货款；办理进口手续；订立运输合同并承担运费；承担交货以后的风险和费用，包括办理保险。

【注意】EXW和FCA的适当选择：(1)适用的贸易：EXW更适合国内贸易，FCA一般更适合国际贸易。(2)装货的情况：在EXW术语下，卖方没有装货义务，如卖方更方便装货时，选择FCA术语一般更为合适，因为该术语要求卖方承担装货义务及与此相关的风险和费用。(3)出口通关：在EXW术语下，卖方无义务安排出口通关。因此，在买方不能直接或间接地办理出口清关手续时，不易使用该术语，而应当选择FCA术语。

3. CPT(运费付至)和CIP(运费和保险费付至)。CPT，全称Carriage Paid to，意为"运费付至(指定目的地)"，指卖方将货物在双方约定地点交给卖方指定的承运人或其他人。卖方必须签订运输合同并支付将货物运至指定目的地所需的费用。CIP，全称Carriage and Insurance Paid to，意为"运费和保险费付至(指定目的地)"，指卖方将货物在双方约定地点交给其指定的承运人或其他人。卖方必须签订运输合同并支付将货物运至指定目的地的所需费用，卖方还必须签订保险合同，当然只需投保最低险别。如买方需要更多保险的话，则需双方达成协议。

该两术语的特点是卖方须订立运输合同和承担运费，因此称为"主要运费已付"，尽管卖方承担了到目的地的运费，但其交货义务仍然是在卖方一边的装运地完成的，因此该两术语属于"装运合同"。两者的区别就是对于卖方来说，CIP比CPT多了需承担保险费。

在双方的义务上，卖方的义务是：(1)办理运输的手续和承担运费，在CIP术语中，卖方还须办理投保手续和承担保险费；(2)办理出口清关手续；(3)提交与货物有关的单据或相等的电子单证；(4)办理出口手续。买方的义务是办理进口手续，在CPT术语下投保虽然不是买方的合同中的义务，但买方为了自己的利益应当办理投保并支付保险费。

在风险的划分上，CPT和CIP下货物的风险在货交承运人时转移。

在适用的运输方式上，CPT和CIP适用于各种运输方式。

4. DAT(运输终端交货)。DAT，全称Delivered at Terminal，意为"运输终端交货(指定港口或目的地的运输终端)"，指当卖方在指定港口或目的地的指定运输终端将货物从抵达的载货运输工具上卸下，交由买方处置时，即为交货。"运输终端"指任何运输终端，如码头、仓

库、集装箱堆场或公路、铁路、空运货站等。该术语的具体内容如下:

(1)交货:卖方必须在约定日期或期限内,在指定港口或目的地运输终端,将货物从抵达的运输工具上卸下,并交由买方处置的方式交货。"Terminal"可以是任何地点,如码头,仓库,集装箱堆场或者铁路、公路或航空货运站等。

(2)风险:卖方承担交货完成前货物灭失或损坏的一切风险。

(3)手续:①卖方自负风险和费用,取得所有出口许可和其他官方授权办理出口和交货前从他国过境运输所需的一切海关手续。②买方必须自负风险和费用,取得所有进口许可或其他官方授权,办理货物进口的一切海关手续。

(4)一般义务:①卖方提供符合买卖合同约定的货物和商业发票,及合同可能要求的其他与合同相符的单证,买方应收取货物和交货凭证。②买方必须按买卖合同约定支付价款。

(5)运输:卖方自付费用签订运输合同,将货物运至约定港口或目的地的指定运输终端,如无特别约定,卖方可在约定港口或目的地,选择最适合其目的的运输终端。

(6)保险:双方之间均无订立保险合同的义务,但应对方要求,双方均应向对方提供取得保险所需信息。由于DAT是在买方所在地交货,卖方需要将货物运输过去,运输途中的风险都是卖方,因此,虽然卖方对买方没有保险的义务,但其为了成功交货,应当办理保险。

(7)安全有关的信息:卖方和买方分别要帮助对方提供包括与安全有关的信息和文件,受助方应承担因此发生的费用和风险。

5. DAP(目的地交货)。DAP,全称Delivered at Place,意为"目的地交货(指定目的地)",指当卖方在指定目的地将仍处于抵达的运输工具上,且已作好卸载准备的货物交由买方处置时,即为交货。DAP与DAT的主要区别是在DAT术语下卖方需要承担把货物由目的地(港)运输工具上卸下的费用,而DAP术语下卖方只需在指定目的地把货物处于买方控制之下,而无须承担卸货费。

6. DDP(完税后交货)。DDP,全称Delivered Duty Paid,意为"完税交货(指定目的地)",指当卖方在指定目的地将仍处于抵达的运输工具上,但已完成进口清关,且已作好卸载准备的货物交由买方处置时,即为交货。其特点是卖方须承担把货物交至目的地国所需的全部费用和风险。卖方是在目的地,如边境、港口、进口国内地履行交货义务,因此称为到货合同。

(二)适用于海运和内河水运的术语

该类术语主要包括《2000年通则》中的两个F组术语和两个C组术语。其特点是都适用于水运,四个术语都属于"装运合同",即应在卖方所在地完成交货,与《2000年通则》相比,《2010年通则》中的FOB、CIF和CFR术语最大的改变就是风险不再是在船舷转移,而是卖方将"货物置于船上"时风险转移。这涉及风险转移的具体分界和费用在双方之间的划分,需要双方在合同中进行具体明确约定,如果不进行约定,可能会引起较为复杂的法律纠纷。通说是"货物置于船上"是指全部货物都装载到船上,不包括平仓、理仓等。

1. FAS(船边交货)。FAS,全称Free Alongside Ship,意为"船边交货(指定装运港)",指

当卖方在指定的装运港将货物交到买方指定的船边时,即为交货。该术语属于"装运合同",主要运费应是由买方来承担的,对于卖方来说则是"主要运费未付"。

在双方的义务上,卖方的义务是:(1)履行交货义务,卖方必须在买方指定的装运港将货物置于买方指定的船舶旁边,完成交货;(2)办理出口清关手续;(3)向买方提交与货物有关的单证或相等的电子单证。买方义务是:(1)办理货物的运输并为自己的利益投保;(2)办理货物的进口手续。

在风险转移上,FAS 的风险以装运港船边为界线。

2. FOB(船上交货)。FOB,全称 Free on Board,意为"船上交货(指定装运港)",指卖方以在指定装运港将货物装上买方指定的船舶或通过取得已交付至船上货物的方式交货。该术语属于"装运合同",主要运费应是由买方来承担的,对于卖方来说则是"主要运费未付"。

(1)交货,卖方必须在买方指定的装运港将货物置于买方指定的船舶上交货。

(2)双方义务:①卖方义务:提供符合合同规定的货物及单证;办理出口手续;在装运港将货物装上买方指定的船舶并通知买方;承担货物在装运港船上交货前的风险和费用。②买方义务:支付货款并接受卖方提供的单证;办理进口手续;租船或订舱并将船名和装货地点及时间给予卖方充分通知;承担货物在装运港交货后的风险和费用。

在风险转移上,卖方承担按照规定完成交货前货物灭失或损坏的一切风险。

3. CIF(成本、保险费加运费)。CIF,全称 Cost Insurance and Freight,意为"成本加运费加保险费(指定目的港)",指在装运港船上交货。但卖方须支付将货物运至指定目的港所需的运费,并办理运输中的保险,卖方仅需投保最低险别。此贸易术语适用于海运及内河运输。CIF 术语后标明的是卸货港的名称,如 CIF 大连,表明该批货物的卸货港是大连。

(1)交货:卖方必须在装运港,在约定日期或期限内,将货物交至船上。

(2)风险转移:货物的风险在卖方依规定完成装运港船上交货时,由卖方转移给买方。

(3)双方义务:①卖方义务:提供符合合同规定的货物和单证;办理出口许可证及其他货物出口手续;订立运输合同,支付将货物运至指定目的港所需的运费;办理货物的保险并缴纳保险费;承担在装运港船上交货前的风险和费用。②买方义务:支付货款并接受卖方提供的单证;取得进口许可证并办理进口手续;承担在装运港船上交货后的风险和除运费和保险费以外的费用。

【例 2-2】(2012 年·卷一·99 题)关于 CIF 贸易术语的适用,下列选项正确的是:①

A. 货物的风险在装运港完成交货时由 A 公司给 B 公司

B. 货物的风险在装运港越过船舷时由 A 公司转移给 B 公司

C. 应由 A 公司负责海运运输

D. 应由 A 公司购买货物海运保险

---

① 答案:ACD。A 项正确,B 项错误,2010 年《国际贸易术语解释通则》将 CIF 术语的风险转移改为了"卖方在装运港完成交货时货物风险转移"。C、D 项正确,在 CIF 贸易术语下,应当由卖方即 A 公司负责安排运输并购买保险。

4. CFR(成本加运费)。CFR,全称 Cost and Freight,意为"成本加运费(指定目的港)",指在装运港船上交货,卖方须支付将货物运至指定目的港所需的运费。但货物的风险是在装运港船上交货时转移的。该术语适合于海运或内河运输。CFR 术语与 CIF 术语相比,在价格构成中少了保险费,因此,除了保险是由买方办理外,其他的双方义务与 CIF 术语基本相同。应该注意的是,CFR 术语装船是卖方而投保却是买方,卖方在装船后应给买方以充分的通知;否则,因此而造成买方漏保引起的货物损失应由卖方承担。

(三)适用于任何运输方式或多种运输方式的术语图解对比

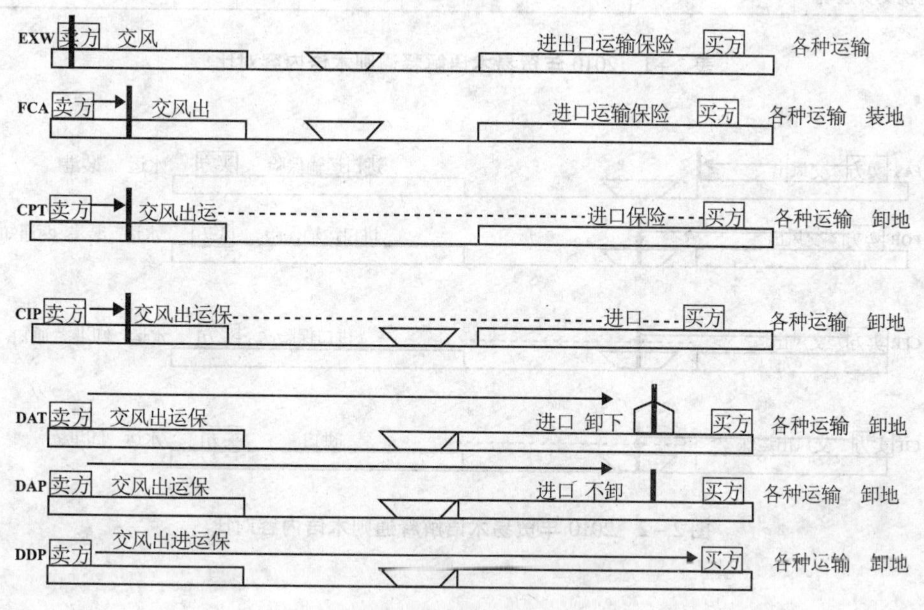

图 2-1 2010 年贸易术语解释通则术语内容对比

名称	交货地点	风险转移	运输	保险	运输方式	出口	进口	各组特点
EXW 工厂交货	卖方工厂	交货时	买方	买方 注1	各种 运输	买方	买方	内陆交货装运合同
FCA 货交承运人	交承运人	交货时	买方	买方 注1	各种 运输	卖方	买方	主要运费未付装运合同
CPT 运费付至	交承运人	交货时	卖方	买方 注1	各种 运输	卖方	买方	主要运费已付装运合同
CIP 运费保险费付至	交承运人	交货时	卖方	卖方	各种 运输	卖方	买方	主要运费已付装运合同

续表

名称	交货地点	风险转移	运输	保险	运输方式	出口	进口	各组特点
DAT 运输终端交货	指定港口或目的地的运输终端	交货时	卖方	卖方 注2	各种运输	卖方	买方	到货合同
DAP 目的地交货	指定目的地	交货时	卖方	卖方 注2	各种运输	卖方	买方	到货合同
DDP 完税交货边境	指定目的地	交货时	卖方	卖方 注2	各种运输	卖方	卖方	到货合同

表 2-1　2010 年贸易术语解释通则术语内容对比

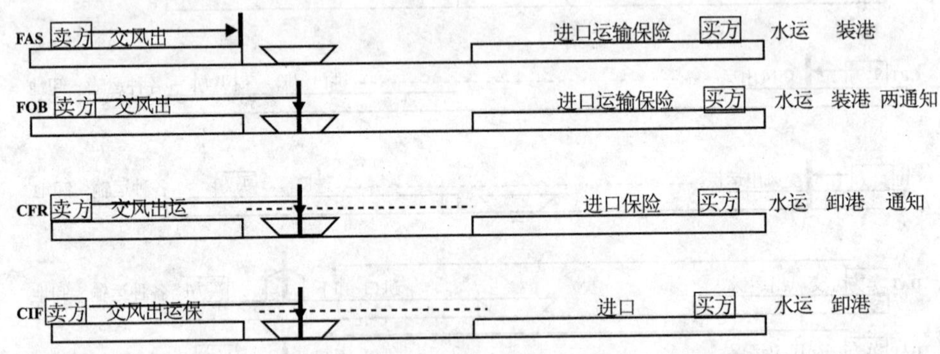

图 2-2　2010 年贸易术语解释通则术语内容对比

(四)适用于海运和内河水运的术语图解对比

名称	交货地点	风险转移	运输	保险	运输方式	出口	进口	各组特点
FAS 船边交货	装港船边	交货时	买方	买方 注1	海运 内河	卖方	买方	主要运费未付 装运合同
FOB 船上交货	装港船上	装港货物置于船上	买方	买方 注1	海运 内河	卖方	买方	主要运费未付 装运合同
CFR 成本加运费	装港船上	装港货物置于船上	卖方	买方 注1	海运 内河	卖方	买方	主要运费已付 装运合同
CIF 成本运费保险费	装港船上	装港货物置于船上	卖方	卖方	海运 内河	卖方	买方	主要运费已付 装运合同

表 2-2　2010 年贸易术语解释通则术语内容对比

对表 2-1 及 2-2 中“保险”一栏的解释

注 1：根据《2010 年通则》，上述注 1 的术语中，保险一项在卖方和买方的义务中均注明

"无义务",但由于运输途中的风险是买方的,因此,买方为了自己的利益应当投保。《2010通则》与《2000年通则》相比加了一项内容,即虽然卖方无保险的义务,但卖方必须向买方提供后者取得保险所需的信息。

注2:根据《2010年通则》,在D类术语中,保险一项在卖方和买方的义务中均注明"无义务",但由于D类术语属于到货合同,运输中的风险属于卖方,卖方为了自己的利益应当投保。与《2000年通则》相比,《2010年通则》加"应卖方要求,买方必须向卖方提供取得保险所需信息。"

【例2-3】关于2010年《国际贸易术语解释通则》(简称《2010年通则》),下列哪些是正确的?①

A.《2010年通则》生效后,《2000年通则》即失效

B.根据《2010年通则》,FOB、CIF和CFR术语的风险不再是在船舷转移

C.DAT术语只适用于目的港交货

D.DAP下卖方只需在指定目的地把货物处于买方控制之下,而无须承担卸货费

牛刀小试

1.甲国A公司(卖方)与中国B公司采用FOB价格条件订立了一份货物买卖合同,约定货物保质期为交货后一年。B公司投保了平安险。货物在海运途中因天气恶劣部分损毁,另一部分完好交货,但在交货后半年左右出现质量问题。根据《联合国国际货物销售合同公约》和有关贸易惯例,下列哪一选项是正确的?(2010年·卷一·42题)②

A. A公司在陆地上将货物交给第一承运人时完成交货

B.货物风险在装运港越过船舷时转移

C.对交货后半年出现的货物质量问题,因风险已转移,A公司不承担责任

D.对海运途中损毁的部分货物,应由保险公司负责赔偿

---

① 答案:BD。A项错误,《2010年通则》生效后,以后两个版本并存由当事人选择使用,《2000年通则》并不失效。B项正确,《2010年通则》中这三种术语的风险转移不再设定"船舷"的界限,只强调卖方承担货物装上船为止的一切风险,买方承担货物自装运港装上船开始起的一切风险。C项错误,DAT指在指定目的地或目的港的集散站交货,"Terminal"可以是任何地点,如码头,仓库,集装箱堆场或者铁路、公路或航空货运站等。D项正确,DAP下卖方无须卸货即可交货。

② 答案:B。根据《2000年通则》,在FOB术语下,货物在指定的装运港越过船舷,卖方即完成交货,货物的风险自船舷转移,交货地点为装运港船上。A项错误,B项正确。虽然风险已经在装运港船舷转移,但风险只涉及双方无责任的外部事件造成的损失的分担。根据《联合国国际货物销售合同公约》,卖方有质量担保义务,甲国A公司与中国B公司在合同中约定货物保质期为交货后一年,因对交货后半年出现的货物质量问题,A公司应当承担责任。C项错误。单纯由于自然灾害所造成的部分损失不属于平安险承保的责任范围。货物在海运途中因天气恶劣导致的部分损失,不属于平安险的责任范围,保险公司不赔,D项错误。

2. 关于2010年《国际贸易术语解释通则》(简称《2010年通则》)，下列哪些是正确的？①

A. 在“链式销售”中，中间环节的卖方应当承担装运货物的义务

B. 术语分为适用于任何运输方式的和适用于水上运输方式的两大类

C. 涉及“安全”而产生的费用由受助方承担

D. FOB 只强调卖方承担货物装上船为止的一切风险

① 答案：BCD。根据《2010年通则》，A项错误，由于连环贸易中货物由第一个卖方运输，作为中间环节的卖方就无须装运货物。B项正确，2010年术语分为适用于任何运输方式的和适用于水上运输方式的两大类。C项正确，因“安全”而产生的相关费用应由受助方承担。D项正确，2010年术语不再使用船舷的概念，在FOB下只强调卖方承担货物装上船为止的一切风险。

»»第三讲
1980年《联合国国际货物销售合同公约》

特别提示

本讲是司法考试的重点,历年的出题频率很高,年均2-3道试题。主要包括《联合国国际货物销售合同公约》的适用范围、风险转移、买卖双方权利义务、违约救济方式、要约承诺规则、公约的任意性、合同的成立、质量担保与权利担保、交货、合同履行、违约责任、合同的解除。

考查概况

考查次数	已考考点
2	《联合国国际货物销售合同公约》的适用范围
4	国际货物买卖合同的成立
9	国际货物买卖双方的权利义务
5	国际货物买卖合同的违约救济方式
2	国际货物买卖合同的风险转移
1	《联合国国际货物销售合同公约》关于宣告无效的法律后果
1	《联合国国际货物销售合同公约》关于障碍的规则

一、《联合国国际货物销售合同公约》的适用范围

在联合国贸易法委员会的组织下,经过多年的努力,1978年,在两个海牙公约的基础上,完成了《联合国国际货物销售合同公约》(以下简称《销售合同公约》)的起草和制定工作。该《销售合同公约》于1980年在维也纳的外交会议上通过,于1988年正式生效。中国于1986年批准加入了该公约。

(一)适用《销售合同公约》的货物销售合同

《销售合同公约》第1条的规定:"本公约适用于营业地在不同国家的当事人订立的货物销售合同;(a)如果这些国家是缔约国;或(b)如果国际私法规则导致适用某一缔约国的法律。"

1.公约只适用于国际货物销售合同。

国际因素以当事人的营业地位于不同国家为标准,而不考虑当事人的国籍。如果当事人有两个以上营业地时,根据《销售合同公约》第10条的规定,应以与合同及合同的履行关

系最密切的营业地为其营业地，但要考虑到双方当事人在订立合同前任何时候或订立合同时所知道或所设想的情况。如果当事人没有营业地，则以其惯常居住地为准。

【例3-1】设甲、乙两国均为1980年《销售合同公约》的缔约国，A公司的营业地位于甲国，B公司的营业地位于甲国，C公司的营业地位于乙国，E公司的营业地位于乙国，F公司为位于乙国的甲国公司，请问下列哪些情况可以适用该公约？①

A. A公司与B公司之间订立的办公用品买卖合同

B. A公司与C公司之间订立的电视机买卖合同

C. A公司与E公司之间订立的技术贸易合同

D. A公司与F公司之间订立的货物买卖合同

2. 根据国际私法规则的扩大适用。

根据第1条第(1)款(a)项的规定，本来《销售合同公约》只适用于双方营业地所在国均为缔约国的情况，双方均不位于缔约国或只有一方位于缔约国均不适用《销售合同公约》。而根据(b)项的规定，即使双方或一方的营业地不在缔约国，但只要根据国际私法规则应适用缔约国的法律，则适用《销售合同公约》。

(二)不适用《销售合同公约》的合同

并非所有的国际货物销售合同都适用《销售合同公约》，第2条和第3条对不适用《销售合同公约》的合同分别进行了规定。《销售合同公约》第2条是从合同的种类上排除了6种不适用《销售合同公约》的合同：(1)购买供私人、家人或家庭使用的货物销售；(2)以拍卖的方式进行的销售；(3)依法律执行令状或其他令状的销售；(4)公债、股票、投资证券、流通票据或货币的销售；(5)船舶、船只、气垫船或飞机的销售；(6)电力的销售。

(三)《销售合同公约》也不适用于合同中主要部分为提供劳务和服务的货物销售合同

《销售合同公约》第3条还排除了对提供货物与提供服务相结合的合同的适用，根据《销售合同公约》的规定，下列两种合同排除适用：(1)通过劳务合作方式进行的购买，如补偿贸易；(2)通过货物买卖方式进行的劳务合作，如技贸合作。这两项不适用反映了《销售合同公约》适用范围的一条原则，即《销售合同公约》适用货物的国际销售，而不适用于劳务或服务合同，因为劳务或服务合同与货物销售合同有明显的差别。排除的原因是这两种方式，供方的义务主要不是提供货物，而是提供劳务或其他服务。因此会产生一些调整单纯的货物销售的《销售合同公约》无法解决的问题，从而影响《销售合同公约》作为统一法的适用。

但如上述合同中提供的劳务或服务没有构成供货方的绝大部分义务的，则仍被《销售合同公约》视为是买卖合同。另外，如合同是由买卖和劳务两部分组成的，则《销售合同公约》只适用于买卖合同部分。在许多货物销售合同中都包含有卖方同时提供相应服务的内容，

① 答案：BD。根据1980年《销售合同公约》第1条第(1)款的规定，本公约适用于营业地在不同国家的当事人之间所订立的货物销售合同。A项错误，因A公司与B公司的营业地均位于甲国。B项正确，因A公司与C公司的营业地位于不同的国家，且两国均为公约的缔约国。C项错误，因为涉及的不是货物买卖合同，而是技术贸易合同。D项正确，因尽管A公司与F公司均为甲国国籍，但两者的营业地在不同的缔约国。

如卖方销售设备常常伴随有安装调试的义务。

(四)《销售合同公约》未涉及的法律问题

《销售合同公约》并没有对所有涉及国际货物销售的法律问题均进行了规定,仅限于因合同而产生的双方的权利义务关系问题。下列几个方面的问题,均由于各国法律的规定分歧较大,很难统一,因此,《销售合同公约》没有涉及的法律问题主要有:(1)《销售合同公约》不涉及有关销售合同的效力问题;(2)《销售合同公约》不涉及销售合同对所售出的货物的所有权的转移问题;(3)《销售合同公约》不涉及卖方对货物引起的人身伤亡的责任问题。

(五)《销售合同公约》适用的任意性

根据《销售合同公约》第6条的规定:"双方当事人可以不适用本《销售合同公约》,或者在第12条的条件下,减损《销售合同公约》的任何规定或改变其效力。"本条表明《销售合同公约》的适用并不是强制性的,主要表现为下列两点:

1. 当事人可以通过选择其他法律而排除《销售合同公约》的适用。也就是说,即使在买卖合同的双方当事人的营业地分处两个缔约国,本应适用《销售合同公约》,但如果他们在合同中约定适用其他具体的法律,则排除了《销售合同公约》的适用。如果双方没有排除《销售合同公约》的适用,则《销售合同公约》自动适用于他们之间的买卖合同。如果当事人在合同中选择适用了某一国际惯例,如某一国际贸易术语,则不能认为排除了《销售合同公约》的适用,因为贸易术语主要是解决买卖双方在交货方面的责任、费用及风险划分等问题,而没有涉及违约及违约救济等方面的问题,贸易术语和《销售合同公约》在内容上是相互补充的,因此,《销售合同公约》仍应对合同适用。

2. 当事人可以在买卖合同中约定部分地适用《销售合同公约》,或对《销售合同公约》的内容进行改变。但当事人的此项权利是受到一定限制的,即如果当事人营业地所在国在加入《销售合同公约》时已提出保留的内容,当事人必须遵守,而不得排除或改变。

【例3-2】(2009年·卷一·40题)甲国公司(卖方)与乙国公司订立了国际货物买卖合同,FOB价格条件,采用海上运输方式。甲、乙两国均为《联合国国际货物销售合同公约》(简称《销售合同公约》)缔约国,下列哪一选项是正确的?①

A. 货物的风险应自货物交第一承运人时转移

B. 因当事人已选择了贸易术语,《销售合同公约》整体不再适用该合同

C. 甲国公司应在装运港于约定日期或期限内将货物交至船上

D. 甲国公司在订立运输合同并装船后应及时通知乙国公司办理保险

---

① 答案:C。A项错误,根据《销售合同公约》第6条的规定,双方当事人可以不适用本《销售合同公约》,第12条规定可减损《销售合同公约》的任何规定或改变其效力。即《销售合同公约》的适用具有任意性。本题当事人选择了FOB,因此,货物的风险转移应当是在装运港船舷转移,而不是《销售合同公约》规定的货交第一承运人时风险转移。B项错误,虽当事人已选择了贸易术语,但贸易术语没有解决所有的问题,对于贸易术语和《销售合同公约》都有的内容,当事人选择的术语应优先适用,对于贸易术语没有涉及的问题,还得适用《销售合同公约》的规定,因此,不能说《销售合同公约》整体对合同不适用。C项正确,根据FOB术语,在交货上,卖方必须在装运港,在约定的日期或期限内,将货物交至船上。D项错误,在FOB术语下,应由买方乙国公司订立运输合同,而不是卖方甲国公司订立运输合同。

（六）中国加入《销售合同公约》时的保留

中国于1986年12月向联合国秘书长递交了《销售合同公约》的核准书，成为《销售合同公约》的缔约国，该《销售合同公约》于1988年1月1日对包括我国在内的各参加国生效。但中国在核准《销售合同公约》时，提出了下列两项保留：

1. 合同形式的保留。

合同形式的保留针对的是《销售合同公约》第11条，该条规定："销售合同无须以书面订立或书面证明，在形式方面也不受任何其他条件的限制。销售合同可以用包括人证在内的任何方法证明。"该条规定与我国在1986年核准公约时适用的《中华人民共和国涉外经济合同法》的规定不一致，因此，我国在核准公约时对此进行了保留。1999年10月1日，《中华人民共和国合同法》（以下简称《合同法》）生效，该合同法已允许涉外合同采用口头形式。2013年该项"口头形式"的保留已撤销。

2. 扩大适用的保留。

扩大适用的保留针对的是《销售合同公约》第1条第1款（b）项的规定，该条允许通过国际私法的引用而使《销售合同公约》适用于非缔约国。对此，我国在核准《销售合同公约》时也提出了保留，即我国仅同意对双方的营业地所在国均为缔约国的当事人之间订立的国际货物销售合同才适用《销售合同公约》。

二、《销售合同公约》有关合同成立的规定

（一）要约

要约是一方当事人以订立合同为目的向对方所作的意思表示。提出要约的一方称为要约人，或发价人，在实践中也称为发盘人，对方则称为受要约人，或被发价人，或受盘人。要约可以用书面提出，也可以用口头提出。

1. 构成要约的条件。

根据《销售合同公约》第14条的规定，符合下列三个条件，即构成要约：

（1）向一个或一个以上特定的人提出订立合同的建议。要约要向特定人发出，而不是向不特定的公众发出，对于广告、报价单等由于不是向特定人发出的，因此不是要约，而是要约邀请。对于一般商业广告，一般认为只是要约邀请。

（2）要约的内容应十分确定。根据《销售合同公约》第14条的规定，如果要约中写明了货物并且明示或暗示地规定数量和价格或规定如何确定数量和价格，即为十分确定。有确定内容的要约，才能使受要约人据此决定是否接受，否则，受要约人还得还盘询问。因此，缺少确定内容的和附条件的表示都不是要约，而是要约邀请。根据《销售合同公约》的规定，一项要约至少必须包含下列的内容：①写明货物的名称；②明示或默示地定明货物的数量，或规定如何确定数量的方法；③明示或默示地定明价格，或规定如何确定价格的方法。对于一些次要内容，可待日后确定。

(3)要约必须送达受要约人。根据《销售合同公约》第15条的规定,要约于送达受要约人时生效。如果一方仅凭以往交易的经验,或通过其他途径估计对方可能向其发出要约,而于收到要约以前即向对方发出承诺通知,则即使该承诺的内容与对方发来的要约中所提出的交易条件完全相同,也不能认为双方达成了交易,订立了合同,而只能认为是两个碰头的要约,除非对方予以接受,否则不能成立合同。

2. 要约的撤回与撤销。

(1)要约的撤回,要约人在要约未送达受要约人时,取消要约的行为称为要约的撤回。只要撤回要约的通知先于要约到达受要约人即可撤回要约。

(2)要约的撤销,要约人在要约送达受要约人后取消要约的行为称为要约的撤销。要约分为可撤销的要约和不可撤销的要约,对于不可撤销的要约,只有撤回的问题。根据《销售合同公约》第16条的规定,在未订立合同之前,要约可以撤销,如果撤销通知于受要约人发出接受通知之前送达受要约人。但在下列情况下,要约不得撤销:①要约写明接受要约的期限或以其他方式表示要约是不可撤销的;②受要约人有理由信赖该项要约是不可撤销的,而且受要约人已本着对该要约的依赖行事。

3. 要约的失效。

在要约失效后,无论是要约人或受要约人均不再受要约的拘束,要约失效的原因主要有以下几种情况:

(1)要约因期间已过而失效,即要约因受要约人没有在要约规定的期间内做出有效的承诺而失去效力。

(2)要约因要约人的撤销而失效。

(3)要约因受要约人的拒绝而失效。受要约人的拒绝可以是明示的,也可以是默示的,默示的拒绝主要表现为对原要约内容的改变,对原要约内容的改变称反要约。

(二)承诺

承诺是受要约人按照要约所规定的方式,对要约的内容表示同意的一种意思表示。要约一经承诺,合同即成立。承诺又被称为"接受"。

1. 有效的承诺须具备的条件。

(1)承诺须由受要约人作出,根据《销售合同公约》第18条的规定,承诺的作出可以声明或行为表示,但缄默或不行为本身不等于承诺。

(2)承诺须在要约规定的有效期间内作出。理论上迟到的承诺或逾期的承诺,不是有效的承诺,而是新的要约,一般须经原要约人承诺后才能成立合同。《销售合同公约》第21条并没有一概地否定逾期承诺的效力,依该条规定:①对于逾期的承诺,如果要约人毫不迟延地用口头或书面将接受的意思通知受要约人,则该逾期的承诺仍为有效的承诺。②如果载有逾期承诺的信件或其他书面文件表明,它是在传递正常、能及时送达要约人的情况下寄发的,则该项逾期承诺具有承诺的效力,除非要约人毫不迟延地用口头或书面通知受要约人,他认为其要约已经失效。

(3)承诺须与要约的内容一致。如果受要约人所表示的对要约的内容有变更即是反要约，或称为还价，反要约是对要约的拒绝，不能发生承诺的效力，它必须经原要约人承诺后才能成立合同。《销售合同公约》第19条对附条件的承诺进行了规定：①反要约的定义：对要约表示承诺但载有添加、限制或其他更改的答复，即为拒绝该项要约，并构成反要约。②含有非实质性的更改要约的答复，除非要约人在不过分迟延的期间内以口头或书面通知反对其间的差异外，仍构成承诺。如果要约人不作出此种反对，则合同的条件就以该项要约的条件以及承诺通知内所载的更改为准。该条对实质上的变更进行了规定，根据该条的规定，有关货物价格、付款、货物质量和数量、交货地点和时间、一方当事人对另一方当事人的赔偿责任或解决争端等的添加或不同条件，均视为在实质上变更要约的条件。

2. 承诺生效的时间。

承诺一旦生效，合同即告成立，对于承诺生效的时间，英美法系国家和大陆法系国家分别采用的是不同的原则，有投邮生效主义、到达生效主义等。《销售合同公约》采纳了到达生效主义。根据《销售合同公约》第18条第(2)款的规定，对要约所作的承诺，应于表示同意的通知送达要约人时生效。如果表示同意的通知在要约人所规定的时间内没送达要约人，在要约没有规定期间的情况下，则在合理时间内未送达要约人，承诺即为无效。对于口头要约应当立即承诺，但情况表明有不同要求者除外。

3. 承诺的撤回。

根据《销售合同公约》第22条的规定，承诺可以撤回，只要撤回的通知能在承诺生效之前或与其同时送达要约人。撤回承诺是受要约人阻止其承诺发生法律效力的一种意思表示，撤回的通知必须采用更为快捷的方式传递而先于承诺到达要约人，才能阻止承诺发生效力。

【例3-3】(2008年·卷一·42题)2008年8月11日，中国甲公司接到法国乙公司出售某种设备的发盘，有效期至9月1日。甲公司于8月12日电复："如能将每件设备价格降低50美元，即可接受。"对此，乙公司没有答复。甲公司于8月29日再次致电乙公司表示接受其8月11日发盘中包括价格在内的全部条件。根据1980年《联合国国际货物销售合同公约》，下列哪一选项是正确的？①

A. 乙公司的沉默表明其已接受甲公司的降价要求

B. 甲公司8月29日的去电为承诺，因此合同已成立

C. 甲公司8月29日的去电是迟到的承诺，因此合同没有成立

D. 甲公司8月29日的去电是新要约，此时合同还没有成立

① 答案：D。根据《销售合同公约》第18条，接受要约可以用主动行为的方式，但"缄默或不行动本身不等于接受"。A项错误。B要求将每件设备的价格降低50美元，使该回电不能构成对乙公司要约的接受，B项错误，合同没有成立。根据《销售合同公约》第16条第2款的规定，要约若写明接受要约的期限，则在该期限届满之前不可撤销。如没有8月12日的回电，甲公司8月29日表示接受要约全部条件的电文将构成承诺。而8月12日回电有两后果：一是构成对乙公司8月11日要约的拒绝，使该要约失效，尽管该要约写明有效期至9月1日；二是构成一项由甲公司向乙公司发出的要约，或称新要约(还价)。为此，虽合同没有成立的结论是对的，但原因并非8月29日的去电是迟到的要约，而是因为乙公司的要约早在8月12日就失效了。因此C项错误，D项正确。

三、国际货物买卖合同双方的义务

(一)卖方的义务

卖方的义务主要包括交付货物、交货必须与合同相符、移交单据、转移货物的所有权。由于各国有关货物所有权转移的规定分歧较大,因此,《销售合同公约》对此问题采取了回避的态度,未进行具体的规定。因此,这里只涉及交付货物、品质担保、权利担保、移交单据等几项内容。

1. 交付货物。

交付货物既是卖方的主要义务,也是其行使收取货款的权利的前提条件。交付货物既包括实际交货,即由卖方将货物置于买方的实际占有下;也包括象征性交货,即由卖方将控制货物的单据交给买方,由买方在指定地点凭单向承运人提货。根据《销售合同公约》的规定,卖方应依合同规定的地点、时间及方式完成其交货义务。

(1) 交付货物的地点。如果合同已明确了交货的地点,则卖方应依合同约定的地点向买方交付货物。如合同没有规定具体的交货地点,《销售合同公约》第 31 条分下列情况对交付货物的地点进行了规定: ①当国际货物买卖合同涉及货物的运输,则交货地点即为交货第一承运人的地点;②如果合同指的是特定货物从特定存货中提取的或还在生产中未经特定化,而双方当事人在订立合同时已知道这些货物的特定地点,则卖方应在该地点交货;③在其他情况下,卖方应在订立合同时的营业地交货。

(2)交货的时间。根据《销售合同公约》第 33 条的规定: ①如果合同规定有交货的日期,或从合同可以确定交货的日期,应在该日期交货;②如果合同规定有一段时间,或从合同可以确定一段时间,除非情况表明应由买方选定一个日期外,应在该段时间内任何时候交货;③ 在其他情况下,应在订立合同后一段合理时间内交货。

【例 3 -4】甲公司与乙公司订立了国际货物买卖合同,甲公司在合同规定的交货日期前 10 天向乙公司交货,且数量比合同约定的少 7%。根据 1980 年《联合国国际货物销售合同公约》的规定,以下哪项主张不符合《联合国国际货物销售合同公约》的规定?①

A. 甲公司可以提前交货

B. 甲公司可以在约定交货日期前补足所交付货物的不足数量

C. 甲公司因提前履行了交货义务,因此不需要承担任何责任

D. 乙公司有权就因提前交货给其造成额外费用要求赔偿

2. 质量担保。

货物的质量担保义务又称品质担保义务,指卖方必须保证其交付的货物与合同的规定

---

① 答案:C。根据《销售合同公约》第 37 条,卖方可以提前交货,也可以在约定交货日期前补足所交付货物的不足数量,但不得使买方遭受不合理的不便或承担不合理的开支。C 项不符合《销售合同公约》规定。

相符。根据《销售合同公约》第35条第(1)款的规定，卖方交付的货物必须与合同规定的数量、质量和规格相符，并须按照合同所规定的方式装箱或包装。在合同没有对数量、质量、规格和包装作出明确的规定的情况下，则应根据《销售合同公约》第35条第(2)款的规定：(1)货物适用于通常使用目的；(2)货物适用于特定目的；(3)货物与样品或样式相符；(4)在包装上的要求。《销售合同公约》规定货物应按照同类货物通用的方式装箱或包装，如果没有此种通用方式，则按照足以保全和保护货物的方式装箱或包装。

《销售合同公约》除了规定卖方对货物质量的担保责任外，还规定了卖方对质量责任的免除。根据第35条第(3)款的规定，如果买方在订立合同时知道或者不可能不知道货物不符合合同，卖方就无须按上述四项负不符合合同的责任。

【例3-5】大成公司与德尔公司签订了国际货物买卖合同，大成公司拟将该批货物转运。大成公司收到德尔公司交货的通知。在决定是否接受该货物前，大成公司需要验货。根据1980年《联合国国际货物销售合同公约》的规定，下列哪项是正确的?①

A. 无论该货物是否转运，大成公司都应在约定的目的港检验货物

B. 大成公司应在按情况实际可行的最短时间内安排他人检验货物

C. 在收到货物后的2年内，大成公司随时有权检验该货物

D. 德尔公司在订立合同时知道货物将要转运的，货物的检验有可能推迟到该货物到达新目的地后进行检验

3. 权利担保。

权利担保可以概括为所有权担保和知识产权担保两个方面：(1)所有权担保：指卖方保证对其出售的货物享有完全的所有权，必须是第三方不能提出任何权利或要求的货物，如不存在任何未向买方透露的担保物权等。(2)知识产权担保：指卖方所交付的货物，必须是第三方不能依工业产权或其他知识产权主张任何权利或要求的货物。如果在买方接受货物后，任何第三人通过司法程序指控买方所购的货物侵犯了其知识产权，卖方应承担代替买方辩驳第三人的指控。

【例3-6】(2012年·卷一·80题)甲公司的营业所在甲国，乙公司的营业所在中国，甲国和中国均为《联合国国际货物销售合同公约》的当事国。甲公司将一批货物卖给乙公司，该批货物通过海运运输。货物运输途中，乙公司将货物转卖给了中国丙公司。根据该公约，

---

① 答案：D。根据《销售合同公约》第38条，(1)买方必须在按情况实际可行的最短时间内检验货物或由他人检验货物。(2)如果合同涉及货物的运输，检验可推迟到货物到达目的地后进行。(3)如果货物在运输途中改运或买方须再发运货物，没有合理机会加以检验，而卖方在订立合同时已知道或理应知道这种改运或再发运的可能性，检验可推迟到货物到达新目的地后进行。D项正确。根据第39条，(1)买方对货物不符合同，必须在发现或理应发现不符情形后一段合理时间内通知卖方，说明不符合同情形的性质，否则，就丧失声称货物不符合同的权利。(2)无论如何，如果买方不在实际收到货物之日起两年内将货物不符合同情形通知卖方，他就丧失声称货物不符合同的权利，除非这一时限与合同规定的保证期限不符。因此，C项也不符此情形。

下列哪些选项是正确的?①

A. 甲公司出售的货物,必须是第三方依中国知识产权不能主张任何权利的货物

B. 甲公司出售的货物,必须是第三方依中国或者甲国知识产权均不能主张任何权利的货物

C. 乙公司转售的货物,自双方合同成立时风险转移

D. 乙公司转售的货物,自乙公司向丙公司交付时风险转移

【例3-7】(2007年·卷一·83题)营业地在中国的甲公司向营业地在法国的乙公司出口一批货物。乙公司本拟向西班牙转卖该批货物,但却转售到意大利,且未通知甲公司。意大利丙公司指控该批货物侵犯其专利权。关于甲公司的权利担保责任,根据《联合国国际货物销售合同公约》规定,下列哪些选项是正确的?②

A. 甲公司应承担依意大利法提出的知识产权主张产生的赔偿责任

B. 甲公司应承担依法国法提出的知识产权主张产生的赔偿责任

C. 甲公司应担保在全球范围内该批货物不侵犯他人的知识产权

D. 甲公司的知识产权担保义务不适用于该批货物依乙公司提供的技术图样生产的情形

由于国际贸易中,货物通常是销往卖方以外的国家,特别是还有转卖的情况,要求卖方了解所有国家有关的法律是不可能的,因此,公约对卖方的知识产权担保义务进行了某些限制,主要表现在《销售合同公约》第42条规定的地域限制和时间限制。

4. 交付单据。

《销售合同公约》第34条对卖方交付单据的义务进行了规定,依该条规定,如果卖方有义务移交与货物有关的单据,他必须按照合同规定的时间、地点和方式移交这些单据。

(二)买方的义务

买方的义务主要有两项,即支付货款和接受货物。

1. 支付货款。

(1)准备步骤。根据《销售合同公约》第54条的规定,买方支付货款的义务包括依合同或任何有关法律和规章规定的步骤和手续。这些准备步骤包括申请信用证或银行的付款担保,在实行外汇管制的国家,获得必要的外汇及将货款汇出的政府许可等。

---

① 答案:AC。A项正确,B项错误。根据《销售合同公约》的规定,卖方所交付的货物,必须是第三方不能依买方营业地或合同预期的货物销售或使用地的知识产权主张任何权利或要求的货物。本题中买方营业地为中国,合同并无预期货物销售或使用地,B项多了"甲国"。C项正确,D项错误,根据《销售合同公约》,对在途货物的买卖,自合同订立时起,风险转移到买方承担,而不是交付时起风险转移。

② 答案:BD。根据《销售合同公约》,卖方有义务对其所出售的货物所涉及的权利(包括所有权与知识产权)在一定的范围内进行担保,根据第42条规定,卖方有担保义务,但该义务是有范围限制的。根据第42条的规定,卖方不能对其所出售的货物不侵犯世界上任何人的知识产权进行担保,因为那样担保的范围太宽,实践中也无法做到。卖方只能承担货物不侵犯买方营业地所在国和在订立合同时已知的货物转售国的知识产权,而且应以卖方在订立合同时已知道或不可能不知道的权利或要求为限。如果买方意图转卖该货物而没有通知卖方,则卖方对转卖后的货物不承担知识产权担保义务。此外,如果第三人的知识产权或要求的发生,是由于卖方要遵照买方所提供的技术图样所产生的,卖方也不应承担责任。基于第42条所规定的上述原则,C项错误。A项因为转卖没有通知甲公司,甲公司不应负责,也是错误的。

(2)支付的地点。根据《销售合同公约》的规定，支付的地点首先应以当事人在合同中的约定为准，在合同对此没有规定的情况下，《销售合同公约》对支付地点进行了下列补充规定：① 卖方营业地为支付地，在卖方有一个以上营业地的情况下，买方的支付地点为卖方与合同及合同的履行关系最密切的营业地确定支付地。② 如凭移交货物或单据支付货款，则移交货物或单据的地点为支付地。

(3)支付的时间。根据《销售合同公约》的规定，如果双方当事人未在合同中具体约定付款的时间，则买方应根据《销售合同公约》规定的下列时间支付货款：① 在卖方将货物或单据置于买方控制下时付款。根据《销售合同公约》的规定，卖方可以以买方支付货款作为移交货物或单据的条件，不付款则不交货或不交单据。② 在买卖合同涉及运输时，在收到银行的付款通知时付款。③ 在买方没有机会检验货物前，无义务支付货款。但是，如果买方这种检验货物的机会与双方约定的交货或付款程序相抵触的，则买方丧失其在付款前检验货物的权利。在此种情况下，买方应按上述①和②规定的时间付款。

2. 接收货物。

根据《销售合同公约》的规定，买方接收货物的义务由两部分组成，其一为"采取一切理应采取的行动"，其二为"提取货物"。(1)采取行动。在国际货物买卖中，一方当事人应当采取与另一方当事人相适应的步骤，即双方有相互合作的义务。为了使卖方能交付货物，买方应当采取的行为包括为卖方指定准确的发货地点，委托代理人接收货物，根据贸易术语的要求作出相应的运输安排等。(2)提取货物。提取货物要求买方将货物置于自己的实际控制下。如果买方在提取货物上不配合，即违反了接收货物的义务。

接收不等于接受，接受表明买方认为货物的质量符合买卖合同的规定；而接收并不表明买方对货物的质量没有异议，如货物在目的港经检验与合同不符，买方也应接收货物，然后再进行索赔。根据《销售合同公约》第77条的规定，声称另一方违约的一方，有义务采取合理的措施，减轻由于违约引起的损失，否则将从损害赔偿中予以相应的扣除。

【例3-8】依1980年《销售合同公约》，关于买方的义务，下列哪项是正确的？①

A. 如合同双方约定以信用证的方式付款，则买方应首先申请开立信用证

B. 如双方约定以信用证付款，则买方应在收到货物后才开始履行其付款义务

C. 如买方认为卖方的货物质量与买卖合同不符，则在目的港可以不提取货物

D. 买方认为卖方交付的货物质量与买卖合同不符也应先提取货物

---

① 答案：AD。A项正确，因为买方的付款义务包括了准备步骤，以信用证方式付款时，要求买方要首先开立信用证。B项错误，因为在信用证付款条件下，卖方在收到买方开的信用证前，可以不履行其装船的义务。所以不应是收到货物后才开始履行付款义务。C项错误，根据1980年《销售合同公约》的规定，买方即使不满意货物的质量，也必须提取货物。D项正确。接收货物不等于接受，买方仍然有机会提出索赔。

四、风险转移

(一)《销售合同公约》确定的风险转移的时间

风险转移的时间根据第67条和第68条,有下列几种情况:

1. 合同中有运输条款的货物买卖的风险转移。

对于合同中有运输条款的货物买卖的风险转移,根据《销售合同公约》第67条的规定应根据下列方式转移风险:(1)如该运输条款规定卖方有义务在某一特定地点把货物交给承运人运输,则卖方履行义务以后,货物的风险就随之转移给了买方;(2)如合同中没有指明交货地点,卖方只要按合同规定把货物交给第一承运人,货物的风险就转移给买方了。

2. 对于在运输中销售的货物的风险转移。

对于在运输中销售的货物的风险,根据《销售合同公约》第68条,是自买卖合同成立时起转移给买方。

3. 其他情况下货物的风险转移。

根据《销售合同公约》第69条的规定,其他情况下如在卖方营业地交货,或在卖方营业地以外的地点交货,此时的风险从买方接受货物时起或货物交由买方处置时起转移给买方。

【例3-9】关于货物灭失或损坏的风险由卖方转移到买方后发现的货物不符合同情形,根据《销售合同公约》及有关国际货物买卖和运输的公约,在下列哪些情况下卖方应当承担责任?①

A. 货物不符合同情形在风险转移时已经存在

B. 货物不符合同是因货物的包装不当所致

C. 货物不符合同是因承运人的过失造成的

D. 货物不符合同是因卖方违反了货物在一段时间内保持特定质量的保证

(二)风险转移与卖方违约的关系

货物的风险指的是货物因自然原因或意外事故所致的损坏或灭失的危险,如果货物的损坏或灭失是由于卖方违反合同所致,则根据《销售合同公约》第70条的规定,买方仍然有权向卖方提出索赔,并可采取因此种违反合同而可以采取的各种补救办法。

【例3-10】中国的买方与古巴的卖方签订了一份食糖买卖合同,采用CIF贸易术语。

---

① 答案:ABD。A项正确,根据《销售合同公约》第66条规定,货物在风险转移到买方承担后遗失或损坏,买方支付价款的义务并不因此解除,除遗失或损坏是由于卖方的行为或不行为所造成。风险非责任,风险转移,但由于买方责任的除外。根据第36条的规定,卖方应按照合同和《销售合同公约》的规定,对风险转移到买方时存在的任何不符合同情形,负有责任,即使这种不符合同情形在该时间后方始明显。卖方对在上一款所述时间后发生的任何不符合同情形,也应负有责任,如果这种不符合同情形是由于卖方违反他的某项义务所致,包括违反关于在一段时间内货物将继续适用于通常使用目的或某种特定目的,或将保持某种特定质量或性质的任何保证。根据第35条规定,货物的质量担保属于卖方责任。卖方应承担。B项正确,根据第35条规定,包装也是卖方的责任。C项错误,承运人的过失不属于卖方的质量担保中的内容。D项正确。

古巴卖方按照合同的规定于2003年5月完成装运并发货。中国买方在目的港接收货物时，发现食糖的质量远远低于合同所规定的要求。关于本案的下列说法正确的是哪些？①

A. 货物在装船港装上船后的风险由买方承担，故卖方不承担责任

B. 买方应先从承运人处接收货物

C. 买方有权向卖方索赔

D. 因为已办理了保险，因此买方应向保险人提出索赔

五、违反合同的补救办法

（一）卖方违反合同时适用于买方的补救办法

1. 要求实际履行。

《销售合同公约》第46条第(1)款规定了卖方违反合同时，买方可以采取要求实际履行的补救办法，除非买方已采取与此一要求相抵触的某种补救办法。另外，《销售合同公约》第47条还规定一个合理的履约宽限期，即买方可以规定一个合理时间的额外时间，让卖方履行其义务。

2. 交付替代物。

《销售合同公约》第46条第(2)款规定了交付替代物的补救办法。交付替代物是在货物与合同不符时的一种补救办法，即要求卖方替代交付与合同相符的货物。根据《销售合同公约》的规定，买方只有在货物与合同不符构成根本违反合同时，才可以要求交付替代货物。

3. 修理。

《销售合同公约》第46条第(3)款对修理的补救办法进行了规定。修理是卖方对所交付与合同不符的货物进行的修补、调整或替换有瑕疵部分等。

4. 减价。

根据《销售合同公约》第50条的规定，如货物与合同不符，不论货款是否已付，买方都可以减低价格。减价按实际交付的货物在交货时的价值与符合的货物在当时的价值两者之间的比例计算。如买方请求了损害赔偿就不能再进行减价了，当然，如减价不足以补偿买方的损失，还可同时请求损害赔偿。

5. 解除合同。

根据《销售合同公约》的英文原文，解除合同被表述为“宣告合同无效”。根据《销售合同公约》第49条的规定，买方有权在下列情况下解除合同：第一，卖方根本违反合同。第二，

① 答案：BC。CIF术语关于风险转移的规定是装货港装上船为界的，但是，所谓风险是指货物因外界因素毁损、灭失的风险，并不包括货物自身的质量瑕疵。由于卖方未提供符合合同的货物因而买方有权向卖方提出索赔，A项错误，C项正确。由于买方有义务采取合理措施减轻对方违约造成的损失，因而应当接收货物，但接收不等于接受，B项正确。本案的CIF价格条件虽包括了货物运输的保险，但本案货物的问题并非由保险人承保的自然灾害、意外事故或约定的人为风险引起的，而属于发货人责任引起的损失，因此，买方不应向保险人提出索赔。D项错误。

卖方在买方规定的宽限时间内没有交货或声明不交货。根本违反合同是指因一方当事人违反合同而使另一方当事人遭受损害,实际上剥夺了其依合同规定期待取得的东西。即合同的存在对他期待取得的利益已没有什么意义了,此时买方可以解除合同,如卖方只交付了一部分货物或交付的货物中只有一部分相符,则前述有关实际履行、交付替代物、修理、减价等补救办法适用于未交付的部分和不符合同规定部分的货物。

(二)买方违反合同时适用于卖方的补救办法

1. 要求履行义务。

根据《销售合同公约》第61条－第63条规定,如果买方不履行其在合同中和公约中规定的任何义务,卖方可以要求其履行义务,卖方可以要求买方支付货款、收取货物以及履行其他应履行的义务,只要卖方没有采取与此要求相抵触的某种补救办法。

2. 解除合同。

根据《销售合同公约》第64条规定,卖方在下列情况下可以解除合同:(1)当买方没有履行合同或公约规定的义务等于根本违反合同时;(2)买方不在卖方规定的额外时间内履行支付价款的义务或收取货物,或买方声明他将不在所规定的时限内履行。但如买方支付了全部货款,卖方原则上就丧失了解除合同的权利。

【例3－11】(2010年·卷一·87题)甲公司(买方)与乙公司订立了一份国际货物买卖合同。后因遇到无法预见与不能克服的障碍,乙公司未能按照合同履行交货义务,但未在合理时间内将此情况通知甲公司。甲公司直到交货期过后才得知此事。乙公司的行为使甲公司遭受了损失。根据《联合国国际货物销售合同公约》,下列哪些表述是正确的?①

A. 乙公司可以解除合同,但应把障碍及其影响及时通知甲公司

B. 乙公司解除合同后,不再对甲公司的损失承担赔偿责任

C. 乙公司不交货,无论何种原因均属违约

D. 甲公司有权就乙公司未通知有关情况而遭受的损失请求赔偿

(三)适用于买卖双方的一般规定

上述是适用于买方或卖方的规定,此外《销售合同公约》还规定了适用于买卖双方的一般规则,主要有中止合同、损害赔偿、支付利息、免责、解除合同的效果和货物保全等。

1. 预期违反合同和分批交货合同。

预期违反合同是指在合同订立后,履行期到来前,一方明示拒绝履行合同的意图,或通过其行为推断其将不履行。当一方出现预期违反合同的情况时,根据《销售合同公约》的规

① 答案:AD。《销售合同公约》第79－80条对免责的情况进行了规定。第79条第(5)款规定,虽然乙公司不履行合同义务的原因符合免责的条件,但它有通知的义务。A项正确。解除合同并不解除赔偿责任,B项错误。本题在合同订立后,乙公司未能按照合同履行交货义务的原因是遇到了其无法预见与不能克服的障碍,符合公约规定的免责的条件,其不交货不属于违约。C项错误。因乙公司没在合理时间内将障碍及其对它履行义务能力的影响通知甲公司,乙公司的行为使甲公司遭受了损失,所以乙公司对由于甲公司未收到通知而造成的损失应付赔偿责任,甲公司有权就乙公司未通知有关情况而遭受的损失请求赔偿,D项正确。

定，另一方可以采取中止履行义务的措施。《销售合同公约》第71条对中止履行义务的内容进行了规定。

(1)中止履行义务的适用条件：①必须是被中止方当事人在履行合同的能力或信用方面存在严重缺陷；②被中止方当事人必须在准备履行或履行合同的行为方面表明他将不能履行合同中的大部分重要义务。

(2)中止履行义务的结束：根据《销售合同公约》的规定，中止可因被中止方当事人提供了履行合同义务的充分保证而结束。

(3)预期违反合同与解除合同：根据《销售合同公约》的规定，如果在履行合同日期之前，明显看出一方当事人将根本违反合同，另一方当事人可以宣告合同无效。

(4)分批交付的货物无效的处理：①在一方当事人不履行任何一批货物的义务构成对该批货物的根本违约时，只能对该批货物解除合同。②如有充分理由断定对今后各批货物将会发生根本违反合同时，则可在一段合理时间解除合同对以后各批的效力。③当买方宣告合同对任何一批货物的交付为无效，而各批货物又是相互依存的情况下，另一方当事人可以解除整个合同。

【例3-12】(2010年·卷一·40题)甲公司(卖方)与乙公司于2007年10月签订了两份同一种农产品的国际贸易合同，约定交货期分别为2008年1月底和3月中旬，采用付款交单方式。甲公司依约将第一份合同项下的货物发运后，乙公司以资金周转困难为由，要求变更付款方式为货到后30天付款。甲公司无奈同意该变更。乙公司未依约付款，并以资金紧张为由再次要求延期付款。甲公司未再发运第二个合同项下的货物并提起仲裁。根据《联合国国际货物销售合同公约》，下列哪一选项是正确的？①

A. 乙公司应以付款交单的方式支付货款

B. 甲公司不发运第二份合同项下货物的行为构成违约

C. 甲公司可以停止发运第二份合同项下的货物，但应及时通知乙公司

D. 如乙公司提供了付款的充分保证，甲公司仍可拒绝发货

2. 损害赔偿。

买方或卖方所进行的其他补救，并不妨碍其同时提出损害赔偿。《销售合同公约》第74条－第77条对损害赔偿进行了规定。根据《销售合同公约》的规定，损害赔偿是指对由于一方当事人违反合同，而给另一方当事人造成的损害或损失，给予金钱上的补偿。赔偿金额计算的原则是：一方当事人违反合同应负的损害赔偿额，应与另一方当事人因他违反合同遭受

---

① 答案：C。根据《销售合同公约》关于合同的变更、履行和预期违约的规定，A项错误，所涉及的法律问题是合同的变更。货到后30天付款的条件虽不符合原合同规定，也不符合甲公司的意愿，但甲公司迫于无奈接受乙公司提出的该要求，合同约定已经变更。乙公司无须再以付款交单的方式支付货款。在合同已经发生变更的情况下，乙公司仍然没有依约付款，对第一个合同构成实际违约。而该违约行为也成为甲公司判断乙公司可能对第二个合同项下的付款义务预期违约的重要证据。在这种情况下，根据第71条，甲公司暂不发运第二份合同项下货物的行为不应视为违约，B项错误。C项正确，因在有理由认为乙公司可能预期违约的情况下，甲公司可停止发运第二份合同的货物，但应及时通知乙公司。如乙公司提供了付款的充分保证，甲公司需继续履行交货义务，D项错误。

的包括利润在内的损失额相等。《销售合同公约》第77条的规定,声称另一方违约的当事人,必须按情况采取合理措施,以减轻由于另一方违约而引起的损失,如果他不采取这种措施,违约的一方可以要求从损害赔偿中扣除原可以减轻的损失数额。

【例3-13】(2008年·卷一·100题)根据1980年《联合国国际货物销售合同公约》的规定,在合同一方不履行合同义务构成根本违约的情况下,关于守约方请求损害赔偿的权利,下列表述错误的是:①

A. 守约方可以根据实际情况请求赔偿原合同价与转卖合同价之间的价差

B. 守约方可以根据实际情况请求赔偿合同价与市价之间的价差以及其他因对方违约造成的损失

C. 守约方可获得的损害赔偿不得超过违约方在订立合同时,依照他当时已知道或理应知道的事实和情况,对违反合同预料到或理应预料到的可能损失

D. 守约方有权对其实际遭受的、违约方缔约时理应预料到的所有损失获得赔偿

3. 支付利息。

《销售合同公约》第78条是关于支付利息的补救办法的规定,支付利息是指拖欠价款或其他金额的一方当事人应向另一方当事人支付上述款项的利息。支付利息有两种,一种是货款的利息,另一种是拖欠金额的利息。采用了支付利息的补救办法后,仍然可以要求损害赔偿。

4. 免责。

《销售合同公约》第79条-第80条对免责的情况进行了规定。免责的条件为:(1)不履行必须是由于当事人不能控制的障碍所致。例如,战争、禁运、风暴等。(2)这种障碍是不履行一方在订立合同时不能预见的。(3)这种障碍是当事人不能避免或不能克服的。《销售合同公约》所称的"不能控制的障碍"实际上就是"不可抗力",《销售合同公约》没有采用"不可抗力"这一传统用语的原因是由于各国对该用语的理解有一定的差异。根据《销售合同公约》第79条第4款的规定,不履行义务的一方必须将障碍及其对他履行义务能力的影响通知另一方。如果对方在不履行义务的一方已知道或理应知道此一障碍后一段合理时间仍未收到通知,则不履行义务的一方对由于对方未收到通知而造成的损害应负赔偿责任。根据《销售合同公约》第79条第5款的规定,免责一方所免除的是对另一方损害赔偿的责任,但受损方依公约采取其他补救措施的权利不受影响。

5. 解除合同的效果。

---

① 答案:D。A项根据《销售合同公约》第75条,即人们通常所称的两个合同的价差;B项根据第76条,即常说的与市价的价差;C项根据第74条,为国际货物买卖中违约损害赔偿的基本原则中的"可预见性"要求。上述三项内容均正确。根据第77条的规定,"违约方缔约时理应预料到的所有损失"的限制也不能使所有实际损失当然获得赔偿。因为这种预料不是指其能够预料到具体的损失数额,而是指有关的损失可能和损失类型,如卖方在缔约时理应预料到,如果他未能依约交货,买方可能购买替代货物。但买方购买替代货物导致的原合同与替代交易合同之间的实际价差,不一定在法律上能够全数得到赔偿,要看替代交易在价格、时间、替代货物的情况等问题上的合理性。更不用说违约方造成的与违约有关的管理费用与法律费用了,这些也是其可以预料到的。D项错误。

解除合同的效果指合同无效对买卖双方当事人基于合同产生的权利义务的影响。《销售合同公约》第81条－第84条是关于解除合同的效果的规定：(1)合同一经被解除，即解除了买卖双方在合同中的义务。但它并不解除违约一方赔偿损害的责任及合同中有关解决争议和合同中有关双方在合同解除后的权利义务。(2)解除合同，要求买方必须按实际收到货物的原状归还货物。如买方归还的货物不具有交货时的使用价值，买方就丧失了解除合同或要求卖方交付替代货物的权利。(3)解除合同后，买卖双方必须归还因接受履行所获得的收益，即卖方应归还所收取的货款的利息，买方应归还由于使用货物或转卖货物所得的收益。

【例3－14】(2010年·卷一·86题)甲公司(卖方)与乙公司订立了国际货物买卖合同。由于甲公司在履约中出现违反合同的情形，乙公司决定宣告合同无效，解除合同。根据《联合国国际货物销售合同公约》，下列哪些选项是正确的？①

A. 宣告合同无效意味着解除了甲乙二公司在合同中的义务

B. 宣告合同无效意味着解除了甲公司损害赔偿的责任

C. 双方在合同中约定的争议解决条款也因宣告合同无效而归于无效

D. 如甲公司应归还价款，它应同时支付相应的利息

6. 保全货物。

《销售合同公约》第85条－第88条是关于保全货物的规定。保全货物是指在一方当事人违约时，另一方当事人仍持有货物或控制货物的处置权时，该当事人有义务对他所持有的或控制的货物进行保全。卖方保全货物的条件是：买方没有支付货款或接受货物，而卖方仍拥有货物或控制着货物的处置权。买方保全货物的条件是：买方已接收了货物，但打算退货。保全货物的方式是将货物寄存于仓库，或将易坏货物出售。

【例3－15】韩国大洋公司以CIF价与中国某土产公司签订了一批食品的买卖合同，即期信用证付款，货物装运后由日本大井航运公司承运，凭已装船清洁提单和投保一切险及战争险的保险单，向银行收妥货款。货到目的港后经进口人复验发现下列情况：(1)该批货物共有12个批号，抽查20箱，发现其中2个批号涉及210箱内含沙门氏细菌超过中国的标准；(2)收货人只实收1495箱，短少5箱。下列选项哪些是正确的？②

---

① 答案：AD。根据《销售合同公约》第49条的规定，当卖方在完全不交付货物或不依合同规定交付货物构成根本违反合同时，买方可以解除合同。根据第81条的规定，宣告合同无效解除了双方在合同中的义务，但应负责的任何损害赔偿仍应负责。宣告合同无效不影响合同中关于解决争端的任何规定，也不影响合同中关于双方在宣告合同无效后权利和义务的任何其他规定。A项正确，B、C项错误。根据第84条，如果卖方有义务归还价款，他必须同时从支付价款之日起支付价款利息，D项正确。

② 答案：CD。A项错误，大洋公司提供的货物应当符合合同的标准，而本题大洋公司提交的货物有内在缺陷。中国某土产公司可以要求大洋公司减少价金，当上述救济仍不能补偿中国某土产公司因大洋公司违约受到的损失时，中国某土产公司还可以要求损害赔偿。B项错误，因承运人已签发了清洁提单，因此中途的短少不应再向发货人大洋公司索赔，而应向承运人索赔。C项正确，与上述理由相同，因为本题承运人已签发了清洁提单，因此承运人应承担途中短少的责任，应向日本大井航运公司索赔。D项正确，因为根据CIF价格条件，卖方韩国大洋公司应承担投保和订立运输合同的责任。

A. 对细菌超过标准的货物,中国某土产公司可以要求减少价金,但不能提出损害赔偿

B. 对短少的货物,中国某土产公司应向韩国大洋公司提出索赔

C. 对短少的货物,中国某土产公司应向日本大井航运公司提出索赔

D. 本案应由韩国大洋公司投保并订立运输合同

牛刀小试

1. 施密斯公司作为买方与邻国的哈斯公司签署了一项水果买卖合同。除其他条款外,双方约定有关该合同的争议应适用1980年《联合国国际货物销售合同公约》并通过仲裁解决。施密斯公司在检验收到的货物时,发现该水果的大小与合同的规定差别很大,便打算退货。根据这些情况,下列哪些表述是正确的?(2006年·卷一·86题)①

A. 施密斯公司应当根据情况采取合理措施保全货物

B. 施密斯公司有权一直保有这些货物,直至哈斯公司对其保全货物所支出的合理费用作出补偿为止

C. 施密斯公司不必使用自己的仓库保管该货物

D. 施密斯公司也可以出售该货物,但在可能的范围内,应当把出售的意向通知哈斯公司

2. 1980年《销售合同公约》对合同的适用范围作了规定,下列哪个选项应适用公约的规定?②

A. 缔约国中营业地处于同一国家的当事人之间货物的买卖

B. 缔约国中营业地分处不同国家的当事人之间船舶的买卖

C. 不同国家的当事人之间股票的买卖

D. 缔约国中营业地分处不同国家的当事人之间的货物的买卖

3. 日本某公司向中国某公司发出传真:"欲购中国一级白砂糖300吨,每吨200美元,FOB广州,2004年4月10日至15日装船。"中国公司回电称:"完全接受你方条件,2004年4月20日装船。"对此,日本方面未作回复,中国公司于2004年4月20日发货,日本公司拒

---

① 答案:ACD。根据《销售合同公约》第86条的规定,买方在这种情况下有义务采取合理措施保全货物,以免造成货物不必要的损失。因此,A项正确。当买方为采取合理措施保全属于卖方的货物而导致费用支出时,他在一定程度上可将货物作为担保,直至卖方补偿了买方的合理费用。但是,如果继续保有货物从实际情况看已经不合理时,买方便不能再这样做。本题中的货物是水果,如果卖方坚持不支付相关费用而很可能需要通过诉讼或仲裁才能解决纠纷时,买方应尽快处理货物,以避免出现不合理的费用支出。现代科技手段虽使保鲜期限有所延长,但诉讼和仲裁的时间是当事人无法控制的,也许会拖上两年,导致费用支出变得不再合理。这种情况在《销售合同公约》第88条有相关的规定。因B项不能排除产生不合理费用的情况,不正确。买方可能是单纯的贸易公司,自己并没有仓库。因此,《销售合同公约》第87条规定买方可以将货物寄放在第三方的仓库,C项正确。根据第88条,买方可以处理货物,但应尽可能通知卖方。D项正确。

② 答案:D。A项错误,因为当事人的营业地是处于同一国家中,对此种情况《销售合同公约》不调整。B项错误,虽然当事人的营业地分处不同国家,但是关于船舶买卖,《销售合同公约》也不适用。C项错误,因为股票的买卖公约也不适用。只有D项正确。

绝接受货物，中国公司认为日本公司违约。根据《销售合同公约》，下列说法正确的是：①

A. 合同并未成立

B. 合同已经成立，日本公司的行为构成违约

C. 中国公司应于2004年4月10日至15日期间装船

D. 中国公司应于4月20日装船

4. 中国山东某公司于2003年6月14日收到甲国某公司来电称："×设备3 560台，每台270美元CIF青岛，7月甲国×港装船，不可撤销即期信用证支付，2003年6月22日前复电有效。"中国山东公司于2003年6月17日复电："若单价为240美元CIF青岛，可接受3 560台×设备；如有争议，在中国国际经济贸易仲裁委员会仲裁。"甲国公司于2003年6月18日回电称仲裁条款可以接受，但价格不能减少。此时，该机器价格上涨，中方又于2003年6月21日复电："接受你14日发盘，信用证已经由中国银行福建分行开出。"但甲国公司未予答复并将货物转卖他人。关于该案，根据1980年《联合国国际货物销售合同公约》的规定，下列选项哪些是正确的？（2004年·卷一·73题）②

A. 甲国公司要约中所采用的是在甲国完成交货的贸易术语

B. 甲国公司将货物转卖他人的行为是违约行为

C. 中国山东公司于2003年6月17日的复电属于反要约

D. 甲国公司于2003年6月18日回电是在要约有效期内发出，属有效承诺

5. 根据国际公约有关规定，在卖方有义务移交与货物有关的单据的情况下，关于卖方的此项义务，下列哪些选项是正确的？（2008年·卷一·84题）③

A. 卖方必须在规定的时间移交

B. 如卖方在规定的时间前移交，可以在该时间到达前纠正其中不符合同规定的情形

C. 卖方行使纠正单据的权利使买方承担不合理开支的，买方有权要求赔偿

D. 卖方在不使买方承担不合理开支的情况下，可以改变移交单据的地点和方式

① 答案：A。《销售合同公约》第19条规定："对发价表示接受但载有添加、限制或其他更改的答复，即为拒绝该项发价。"中国公司的回电并不构成承诺，而是新要约，日本公司对于这项新的要约并未承诺，因而合同并未成立。所以，A项正确，B项错误。由于合同并未成立，所以卖方的装船日期无从谈起，C、D项错误。

② 答案：AC。A项正确，CIF贸易术语属于装运合同，在装运港的船上完成交货，本案的装运港位于甲国，因此卖方采用的是在甲国完成交货的贸易术语。B项错误，本案合同没有成立，甲国公司的回电没有同意中国公司有关价格减少的复电。因此，甲国公司可以将货物转卖他人。C项正确，中国山东公司于17日的复电属于反要约，因为山东公司改变了单价。D项错误，虽然甲国公司的回电是在有效期内发出的，但由于甲国公司的回电不同意价格减少，因此，不是承诺，本案合同没有成立。

③ 答案：ABC。根据《销售合同公约》第34条的规定，卖方必须依照合同约定的时间交付单据，这是合同法中"约定必须遵守"原则的体现，A项正确。卖方间或会于合同规定的交单时间之前交付单据，此时如果发现单据中有任何与合同规定不符的情形，卖方可以在规定时间来临之前纠正该不符情形，这是卖方的一项权利。在信用证交易实践中存有类似的做法。B项正确。虽然卖方有权在交单期限届满之前纠正已交付单据中的不符情形，但如果因此给买方造成不合理开支的，买方有权要求索赔。类似的规则在交付货物的规则中也存在。因此C项正确。D项错误，因为如果没有买方的同意，卖方单方面改变交付单据的地点和方式，等于违反合同的约定。即便这样做未造成买方不合理的开支，但它仍然是违约行为，是《销售合同公约》所不允许的。

6.2006 年 6 月,甲公司与乙公司签订了一项买卖运动器材的国际货物销售合同。乙公司作为买方在收到货物后发现其与合同约定不符。根据《销售合同公约》的规定,下列哪些表述是正确的?①

A. 如货物与合同不符的情形构成根本违反合同,乙公司可以解除合同

B. 依货物与合同不符的情形,乙公司可以同时要求减价和赔偿损失

C. 只有在货物与合同不符的情形构成根本违反合同时,乙公司关于交付替代物的要求才应当被支持

D. 如果收到的货物数量大于合同规定的数量,乙公司应当拒绝接受多交部分的货物

---

① 答案:ABC。《销售合同公约》的"宣告合同无效"即为中国《合同法》中的解除合同。《销售合同公约》第 49 条规定:"卖方不履行其在合同或本公约中的任何义务,等于根本违反合同时,买方可以解除合同。"A 项正确。根据第 46 条规定,买方可以同时要求减价和赔偿损失,该两项救济可以重叠,B 项正确。根据第 46 条规定,只有在货物不符合合同的情形构成根本违反合同时,买方关于交付替代货物的要求才是合理的,C 项正确。当卖方交付的货物数量超过合同约定的数量时,买方有选择权。根据《销售合同公约》第 52 条规定,他可以拒绝,也可以接受多出的货物。如果接受则应按照合同价格付款。D 项使用的"应当"一词不正确。

»»»第四讲

国际货物运输与保险

特别提示

本讲是司法考试的重点，其主要考点有：提单特性、提单种类、无单放货、海运单、承运人的适航责任、承运人的管货责任、承运人的免责、承运人的责任期间和迟延交货。

考查概况

考查次数	已考考点	已考法条
2	提单的法律特征	
2	无单放货的法律责任	《最高人民法院关于审理无正本提单交付货物案件适用法律若干问题的规定》第2、3、6条
1	提单的种类	
2	与提单有关的保函问题	
7	《海牙规则》	
1	《维斯比规则》	
1	《汉堡规则》	
1	共同海损	《海商法》第193、194条
7	险别	
1	保险人的除外责任	
3	海洋货物运输保险中的平安险与水渍险	
2	委付和代为求偿	《海事特别程序法》第94条

一、国际货物运输

(一)国际海上货物运输的种类

国际海上货物运输根据船舶经营方式的不同，可分为班轮运输、租船运输和国际多式联运。

1.班轮运输。

班轮运输是由航运公司以固定的航线、固定的船期、固定的运费率、固定的挂靠港口组织的将托运人的件杂货运往目的地的运输。由于班轮运输的书面内容多以提单的形式表现出来,所以此种运输方式又被称为提单运输。从班轮运输货物的特征考虑,班轮运输又被称为件杂货运输。

2. 租船运输。

租船运输包括航次租船运输、定期租船运输和光船租船运输。航次租船运输是船舶出租人根据合同约定的一个航次或几个航次为承租人运输货物,而由承租人支付约定运费的海上货物运输。定期租船运输和光船租船运输又称为船舶租用合同,其船舶的经营权在租方,严格地说,由船舶经营人为别人提供货运服务的方式只是班轮运输、航次租船运输和国际多式联运,因此,在我国《海商法》中将定期租船运输和光船租船运输合同放入船舶租用合同一讲中。

3. 国际多式联运。

国际多式联运是联运经营人以一张联运单据,通过两种以上的运输方式将货物从一个国家运至另一个国家的运输。这种运输是在集装箱运输的基础上产生发展起来的新型运输方式,它以集装箱为媒介,将海上运输、铁路运输、公路运输、航空运输和内河运输等传统的运输方式结合在一起,形成了一体化的门到门运输。这种运输方式速度快、运费低、货物不易受损。

(二)班轮运输

1. 班轮运输的当事人。

班轮运输的当事人为承运人和托运人。鉴于运输合同的特殊性,《汉堡规则》及中国《海商法》均规定,运输合同的效力也及于实际承运人。运输合同的另一方为托运人,托运人指将货物交给承运人运送,并按约定付给运费的人。此外,运输合同的效力也及于收货人。

2. 提单的概念和法律特征。

根据《汉堡规则》的规定,提单是指用以证明海上运输合同的订立和货物已经由承运人接收或者装船,以及承运人保证据以交付货物的单据。提单中载明向记名人交付货物,或者按照指示人的指示交付货物,或者向提单持有人交付货物的条款,构成承运人据以交付货物的保证。从上述定义中可以看出,提单具有下列法律特征:

(1)提单是海上运输合同的证明。《汉堡规则》和我国《海商法》均采用了提单是运输合同的证明的观点。提单是运输合同的证明只是就承运人与托运人之间的关系而言。提单在承运人与提单的受让人之间就不仅是运输合同的证明,而且是运输合同本身。

(2)提单是承运人出具的接收货物的收据。提单是在承运人收到所交运的货物后向托运人签发的,提单的正面记载了许多收据性的文字,如货物的标志、货物的包装、数量或重量及货物的表面状况等。如运输合同在开航前解除或于中途终止合同,托运人可根据提单的记载领回货物。

提单的证明作用在托运人手中和托运人以外的第三方持有人手中的效力是不同的。提单在托运人手中时只是初步证据,所谓初步证据指如承运人有确实的证据证明其收到的货物与提单上的记载不符,承运人可以向托运人提出异议。但在托运人将提单背书转让给第三人的情况下，对于提单受让人来说，提单就成了终结性的证据。

(3)提单是承运人凭以交付货物的具有物权特性的凭证。提单是承运人凭以交付货物的具有物权特性的凭证。提单的流通性决定了提单所具有的物权凭证的特性。提单签发后，货物的控制权即和提单紧密联系在一起，一般情况下，只有持有提单才能控制货物。

3. 提单的种类。

从不同的角度可以对提单进行不同的分类，应该说明的是，不同种类的提单是根据提单栏目填写的不同而进行的分类，而且各种提单名称是可以重叠的，例如，可以是已装船的、清洁的、直达指示提单，也可以是已装船的、清洁的、转船的、不记名的、运费到付提单等。

(1)根据货物是否已装船可将提单分为已装船提单和备运提单。已装船提单指由船长或承运人的代理人在货物装上指定的船舶后签发的提单。已装船提单的正面载有装货船舶的名称和装船日期，表明货物确已装船。银行一般也只接受已装船提单。收货待运提单，又称备运提单，指船方在收到货物后，在货物装船以前签发的提单。买方一般不愿接受收货待运提单。

(2)根据收货人的抬头可将提单分为记名提单、不记名提单和指示提单。记名提单指提单正面载明收货人名称的提单。根据《海商法》第79条的规定，记名提单不能转让。不记名提单指提单正面未载明收货人名称的提单。不记名提单的收货人一栏中空白不填，或填写“持有人”(Bearer)的字样。在签发不记名提单的情况下，承运人应向提单的持有人交付货物。根据《海商法》第79条的规定，不记名提单无须背书，只要将提单交给受让人即可转让。指示提单指提单正面载明凭指示交付货物的提单。根据《海商法》第79条的规定，指示提单的转让必须经过背书。

(3)根据提单有无批注可将提单分为清洁提单和不清洁提单。清洁提单指提单上未附加表明货物表面状况有缺陷的批注的提单。在签发清洁提单的情况下，如交货时货物受损，就说明货物是在承运人接管后受损的，承运人必须承担赔偿责任。银行在结汇时一般只接受清洁提单。不清洁提单指在提单上批注有表明货物表面状况有缺陷的提单。船方在货物装船时，如发现货物的表面状况不良，可以在提单上进行批注，以表明上述不良是在装船以前就存在的，从而减轻船方的货损责任。买方一般不愿接受这种提单，因为包装不良的货物在运输中很容易受损。银行除非在信用证规定可以接受该类提单的情况下，一般会拒绝接受不清洁提单办理结汇。

(4)根据运输方式可将提单分为直达提单、转船提单和联运提单。直达提单指表明中途不经转船直接将货物运往目的地的提单。转船提单指当货物的运输不是由一条船直接运到目的港，而是在中途需转换另一船舶运往目的港时，船方签发的包括全程的提单。联运提单指根据联运合同签发的提单。

(5)根据是否已付运费可将提单分为运费预付提单和运费到付提单。运费预付提单指载明托运人在装货港已向承运人支付运费的提单。运费到付提单，指载明收货人在目的港提货时向承运人支付运费的提单。

【例4-1】设提单收货人栏填写的是“凭指示”的字样,船名一栏写明“天宏号”(某一远洋货轮的名字),运费一栏写明“运费到付”。请问关于此提单下列选项哪个是正确的?①

A. 该提单为指示的、运费预付提单

B. 本提单为指示的、已装船、运费预付提单

C. 本提单为记名的、已装船、运费到付提单

D. 本提单为指示的、已装船、运费到付提单

4. 提单的内容。

各航运公司一般都有自己的提单格式,尽管各公司提单的内容不尽相同,但其主要内容是基本一致的。提单分正反两面,提单正面是提单记载的事项及一些声明性的条款,提单的背面为关于双方当事人权利和义务的实质性条款。

(1)提单的记载事项。提单的正面应记载哪些事项,我国《海商法》第73条规定:“提单的内容包括下列各项:① 货物的品名、标志、包数或者件数、重量或者体积,以及运输危险货物时对危险性质的说明;② 承运人的名称和主营业所; ③ 船舶名称;④ 托运人的名称;⑤ 收货人的名称;⑥ 装货港和在装货港接收货物的日期;⑦ 卸货港;⑧ 多式联运提单增列接收货物地点和交付货物地点;⑨ 提单的签发日期、地点和份数: ⑩ 运费的支付; 承运人或者其代表的签字。”同时该条还规定,提单缺少前款规定的一项或者几项的,不影响提单的性质。

(2)提单背面条款。海运提单的背面通常载有关于双方当事人权利和义务的条款。各种提单格式的条款虽不尽相同,但主要内容基本上是一致的。提单背面的主要条款包括管辖权条款、法律适用条款、承运人责任条款、责任期间条款、赔偿责任限额条款、特殊货物条款、共同海损和新杰森条款、双方有责碰撞条款等;此外,提单中还有关于留置权、战争、检疫、冰冻、罢工、拥挤、转运等内容的条款。

5. 提单在跟单信用证机制中的作用和存在的问题

(1)跟单信用证付款的流转程序

跟单信用证付款的流转程序如图4-1所示。

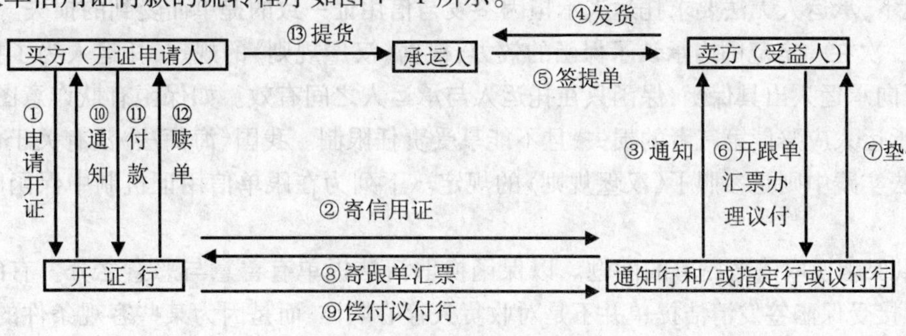

图4-1 跟单信用证付款流转程序

① 答案:D。A、B项错误,因为题中是运费到付提单。C项错误,因为题中是指示提单,而非记名提单。D项正确。

由图4－1可见：

首先，买卖双方订立国际贸易合同并在合同中明确规定采用信用证方式付款。

① 买方向其所在地的银行提出开证申请，并交纳一定的开证押金或提供其他保证，要求银行向卖方开出信用证。

② 开证行将信用证寄交卖方（受益人）所在地的通知银行。

③ 通知行通知卖方并将信用证交给卖方。

④ 卖方审核信用证与合同相符后，按信用证规定装运货物。

⑤ 承运人收货后签发提单。

⑥ 卖方在装运并备齐各项单据后，开出汇票，并在信用证规定的有效期内，送交议付行办理议付。

⑦ 议付行根据信用证条款审核单据无误后，依汇票金额扣除利息，将货款垫付给卖方。

⑧ 议付行将汇票和货运单据寄开证行索偿。

⑨ 开证行核对单据无误后，付款给议付行。

⑩ 开证行通知买方付款赎单。

⑪买方向开证行付款。

⑫买方在付款后取得单据。

⑬买方凭货运单据在目的港向承运人提货。

（2）保函问题。在上述流转程序中，容易产生问题的是签发提单和提货两个阶段，由于议付行在办理议付并垫付货款时坚持的是“单证相符”和“单单相符”的原则，即要求各种单据要符合信用证的规定，各单据之间要一致，而承运人签发的提单会因实际情况与信用证的要求不符，托运人为了能顺利结汇，会采用保函来换取与信用证要求一致的提单，保函的基本内容是：由托运人承担承运人因签发与信用证一致的提单而受到的一切损失。由于这种保函往往会侵害不知情的收货人的利益，因此在司法实践中，常常将其归于无效。在保函无效的情况下，承运人无法要求托运人承担因签发与信用证一致的提单而受到的损失。《汉堡规则》第一次在一定范围内承认了保函的效力，根据《汉堡规则》的规定，托运人为了换取清洁提单可向承运人出具保函，保函只在托运人与承运人之间有效。如保函有欺诈意图，则保函无效，承运人应赔偿第三者的损失，且不能享受责任限制。我国《海商法》没有关于保函的规定，司法实践中则是参照了《汉堡规则》的规定。下列为在跟单信用证机制中保函的使用情况：

① 以保函换取清洁提单的问题。以保函换取清洁提单有善意与恶意之分。有的情况下承运人接受保函签发清洁提单并不是对收货人存心欺诈，而是因为某些客观条件的限制，如缺乏定性手段或计量工具。在这种情况下，承运人接受保函免去提单上的批注，并不是对收货人的恶意欺诈，在此背景下出具的保函属于善意保函，应视为有效。承运人如果在目的港受到收货人的索赔，应先赔偿收货人，之后可以通过保函从托运人或其保证人处得到补偿。我国海事法院就曾以判例的形式肯定了善意保函的效力。但保函有效也只在托运人与

承运人之间有效,不能对抗收货人,因此,承运人必须先赔偿收货人,然后再根据保函向托运人索赔。如保函无效,则承运人无法再向托运人索赔。在托运人与承运人明知货物的表面状况有瑕疵仍以保函换取清洁提单的情况下,此种保函是一种恶意保函。恶意保函无效,承运人在对收货人承担责任后不得依保函向托运人索赔。

【例4-2】(2004年·卷一·94题)中国某公司向欧洲出口啤酒花一批,价格条件是每公吨CIF安特卫普××欧元。货物由中国人民保险公司承保,由"罗尔西"轮承运,船方在收货后签发了清洁提单。货到目的港后发现啤酒花变质,颜色变成深棕色。经在目的港进行的联合检验,发现货物外包装完整,无受潮受损迹象。经分析认为该批货物是在尚未充分干燥或温度过高的情况下进行的包装,以至在运输中发酵造成变质。据此,下列表述何者为正确?①

A. 收货人应向承运人索赔,因为其签发了清洁提单

B. 收货人应向发货人索赔,因为该批货物在装船前就有品质问题

C. 承运人对变质可以不承担责任,因为承运人对于货物的固有缺陷可以免责

D. 承运人对变质应承担责任,因为承运人在运输中有谨慎管理货物的义务

② 以保函倒签提单和预借提单的问题。提单中注明的装船日期早于实际装船的日期就称为倒签提单。为了保证收货人能及时收到货物,信用证中一般均规定有装船期限,托运人应在该装船日期之前或当日完成装船,否则,收货人有权拒收货物,并提出索赔。银行也不接受装船期晚于信用证规定的装船期间的提单。基于这个原因,在装船晚于信用证规定的期限时,托运人往往向承运人出具保函,要求承运人按信用证规定的装船期签发提单,以便向银行办理结汇。承运人应托运人的要求倒签了提单,实际上就隐瞒了迟延交货的责任,构成了对收货人的欺诈行为,日后须对因此而引起的损失负责。

预借提单是当信用证规定的装运期间即将届满,而货物还未装船时,托运人为了使提单上的装船日期与信用证规定的日期相符,要求承运人在货物装船前签发的已装船提单。预借提单在议付时,货物实际上可能还未装运,使信用证对装货这一环节的制衡力丧失,无法保证货物的准时到达。预借提单与倒签提单一样,都是掩盖了货物的实际装船日期,从而避开了迟延交货的责任,当收货人提出赔偿请求时,承运人应对收货人承担责任。

③ 无正本提单交付货物问题。在目的港,承运人应当依正本提单向收货人交货,而在近港运输的情况下,往往货物比提单先到目的港,结果出现了副本提单加保函提货的情况,又称无单放货的情况,即未凭正本提单提取承运货物的情况。关于无正本提单放货的责任,实践中一直争论不休,2009年《最高人民法院关于审理无正本提单交付货物案件适用法律

---

① 答案:BC。如果是质量问题则应由发货人承担责任,如果是运输中管理货物的问题则应由承运人承担责任。A项错误,尽管承运人签发了清洁提单,而货物到目的港时发现变质,但由于变质的原因是由于尚未充分干燥即进行了包装,属于发货人的责任,因此不应向承运人索赔。B项正确,如上所述,本题货损是因发货人的责任造成的。C项正确,本题货物尚未干燥表明货物存在固有缺陷,承运人对于货物的固有缺陷是可以免责的。D项错误,本题货损不是由于承运人运输中没有谨慎管理货物的原因造成的,不应由承运人承担责任。

若干问题的规定》对相关问题进行了明确：

第一，根据第2条的规定，承运人违反法律规定无正本提单交付货物，损害正本提单持有人提单权利的，正本提单持有人可以要求承运人承担由此造成损失的民事责任。无正本提单交付货物民事责任的，适用《海商法》规定；《海商法》没有规定的，适用其他法律规定。

第二，关于以往争论的责任属性问题，规定采纳了竞合的观点，根据第3条的规定，承运人因无正本提单交付货物造成正本提单持有人损失的，正本提单持有人可以要求承运人承担违约责任，或者承担侵权责任。

第三，根据第4条的规定，承运人因无正本提单交付货物承担民事责任的，将丧失限制赔偿责任的权利。

第四，关于赔偿额，根据第6条的规定，承运人因无正本提单交付货物造成正本提单持有人损失的赔偿额，按照货物装船时的价值加运费和保险费计算。

第五，关于连带责任，根据第11条的规定，正本提单持有人可以要求无正本提单交付货物的承运人与无正本提单提取货物的人承担连带赔偿责任。

第六，关于支付协议的影响，根据第13条的规定，在承运人未凭正本提单交付货物后，正本提单持有人与无正本提单提取货物的人就货款支付达成协议，在协议款项得不到赔付时，不影响正本提单持有人就其遭受的损失，要求承运人承担无正本提单交付货物的民事责任。

第七，关于时效，根据第14条的规定，正本提单持有人以承运人无正本提单交付货物为由提起的诉讼，适用《海商法》第257条的规定，时效期间为一年，自承运人应当交付货物之日起计算。

【例4-3】（2013年·卷一·81题）中国甲公司从国外购货，取得了代表货物的单据，其中提单上记载“凭指示”字样，交货地点为某国远东港，承运人为中国乙公司。当甲公司凭正本提单到远东港提货时，被乙公司告知货物已不在其手中。后甲公司在中国法院对乙公司提起索赔诉讼。乙公司在下列哪些情形下可免除交货责任？①

A. 在甲公司提货前，货物已被同样持有正本提单的某公司提走

B. 乙公司按照提单托运人的要求返还了货物

C. 根据某国法律要求，货物交给了远东港管理当局

---

① 答案：ACD。A项正确，根据《最高人民法院关于审理无正本提单交付货物案件适用法律若干问题的规定》（以下本题中简称《无正本提单规定》）第10条的规定，承运人签发一式数份正本提单，向最先提交正本提单的人交付货物后，其他持有相同正本提单的人要求承运人承担无正本提单交付货物民事责任的，人民法院不予支持。因此，A项中在甲公司提货前，货物已被同样持有正本提单的某公司提走，乙公司可以免除交货责任。B项错误，根据《无正本提单规定》第9条，承运人按照记名提单托运人的要求中止运输、返还货物、变更到达地或者将货物交给其他收货人，持有记名提单的收货人要求承运人承担无正本提单交付货物民事责任的，人民法院不予支持。指示提单指提单正面载明凭指示交付货物的提单。B项错误。C、D项正确，根据《无正本提单规定》第8条，承运到港的货物超过法律规定期限无人向海关申报，被海关提取并依法变卖处理，或者法院依法裁定拍卖承运人留置的货物，承运人主张免除交付货物责任的，人民法院应予支持。

D. 货物超过法定期限无人向某国海关申报,被海关提取并变卖

【例4-4】(2010年·卷一·45题)一批货物由甲公司运往中国青岛港,运输合同适用《海牙规则》。运输途中因雷击烧毁部分货物,其余货物在目的港被乙公司以副本提单加保函提走。丙公司为该批货物正本提单持有人。根据《海牙规则》和我国相关法律规定,下列哪一选项是正确的?①

A. 甲公司应对雷击造成的货损承担赔偿责任,因损失在其责任期间发生

B. 甲公司可限制因无正本提单交货的赔偿责任

C. 丙公司可要求甲公司和乙公司承担连带赔偿责任

D. 甲公司应以货物成本加利润赔偿因无正本提单交货造成的损失

(三)其他运输单证

1. 海运单。

海运单(Sea Waybill,简称SWB)是证明海上运输货物由承运人接管或装船,且承运人保证将货物交给指定的收货人的一种不可流通的书面运输单证。海运单具有提单所具有的货物的收据和海上货物运输合同的书面证明的作用。但海运单不是货物的物权凭证,收货人提货时无须凭海运单,而只需证明其身份。因而,海运单具有实现快速提货的优点。海运单不具有流通性,不能转让,因此,非法取得海运单的运单持有人是无法凭以提货的。海运单的不可转让性使得此种单证具有了较之提单更安全的特点,从而可以减少欺诈,使第三者在非法得到海运单时不能提取货物。为了适应近年来对海运单越来越多的运用,国际商会《国际贸易术语解释通则》已赋予了海运单与提单相同的法律地位。

【例4-5】(2004年·卷一·44题)海运单是20世纪70年代以来,随着集装箱运输的发展,特别是航程较短的运输中产生出来的一种运输单证。关于海运单,下列哪一选项是正确的?②

A. 海运单是一种可流通的书面运输单证

B. 海运单不具有证明海上运输合同存在的作用

C. 第三方以非法的方式取得海运单时无权提取货物

D. 海运单具有物权凭证的特征,收货人凭海运单提取货物

---

① 答案:C。根据《海牙规则》第4条规定的承运人的免责,雷击属于不可抗力,可以免责任。A项错误。根据《无正本提单规定》,承运人因无单放货不能限制赔偿责任,B项错误。根据《无正本提单规定》,在无单放货的情况下,承运人和提取人应对正本提单持有人承担连带赔偿责任,C项正确。D项错误,根据《无正本提单规定》第6条规定,承运人因无正本提单交付货物造成正本提单持有人损失的赔偿额,按照货物装船时的价值加运费和保险费计算。

② 答案:C。A项错误,因为海运单本身是不可以流通转让的书面运输单证,承运人只向指定的收货人交付货物。这正是航运界采纳海运单的基本原因。B项错误,因为海运单虽不可流通,但仍然对海上货物运输合同具有证明作用。C项正确,因为第三方以非法方式取得海运单并不能使之获得合法的收货人的地位,这样的第三方即使向承运人出示海运单而要求提货也会被拒绝,承运人只向合法的收货人交付货物。D项错误,因为海运单并非物权凭证,收货人是凭借其身份证明提取货物的。

2. 多式联运单据。多式联运单据是多式联运合同的证明，是多式联运经营人收到货物的收据及凭其交货的凭证。多式联运单据应记载多式联运经营人的名称和地址，发货人及收货人的名称，多式联运经营人接管货物的地点和日期，交付货物的时间和地点，单据签发的时间和地点，货物的表面状况等事项。发货人应保证其在多式联运单据中提供的有关货物资料的准确性。多式联运单据应是该单据所载货物由多式联运经营人接管的初步证据。但当多式联运单据以可转让方式签发，而且转给正当地信赖该单据所载明的货物状况的包括收货人在内的第三方时，该单据就成了最终证据。

（四）调整班轮运输的国际公约

在班轮运输中，承运人与托运人的谈判地位是不平等的，且提单往往会转移到并非订立运输合同当事方的第三方手中，即会对第三方产生约束力。因此各国法律一般对班轮运输进行强制性的调整。国际上调整提单运输的国际公约主要有三个，即 1924 年《统一提单的若干法律规则的国际公约》（简称《海牙规则》）、1968 年《修改统一提单的若干法律规则的国际公约的议定书》（简称《维斯比规则》）和 1978 年《联合国海上货物运输公约》（简称《汉堡规则》）。我国调整国际海上货物运输的法律主要是《海商法》。

1.《海牙规则》。《海牙规则》于 1931 年 6 月 2 日生效。中国未加入该公约。《海牙规则》是目前在国际航运业影响最大的一个公约。该公约共有 16 条规定，其主要内容有：

（1）承运人最低限度的义务。《海牙规则》规定了承运人的两项最低限度的义务，这两项义务是强制性的，在提单中解除或降低承运人的这两项义务的条款均属无效。

第一项义务是承运人应提供适航船舶，第 3 条第 1 款规定，承运人在开航前与开航时必须谨慎处理，以便：①使船舶具有适航性；②适当地配备船员、设备和船舶供应品；③使货舱、冷藏舱和该船其他运载货物的部位适宜并能安全地收受、运送和保管货物。

第 3 条第 2 款规定的承运人的第二项义务是应适当和谨慎地装载、操作、积载、运送、保管、照料和卸载所承运的货物。

（2）承运人的责任期间。第 1 条第 5 项规定，承运人的货物运输责任期间为从货物装上船起至卸完船为止的期间。在实践中，多将其理解为钩至钩责任。在使用岸吊的情况下，以船舷为责任期间的起止点。在使用驳船装卸货时，一般的解释是承运人的责任期间是从货物挂上船上吊钩起，至货物卸至驳船上停止的期间。

（3）承运人的免责。《海牙规则》规定的承运人的免责共有 17 项，根据第 4 条第 2 款规定，对由于下列原因引起或造成的货物的灭失或损害，承运人不负责任：①船长、船员、引水员或承运人的雇用人在驾驶或管理船舶中的行为、疏忽或不履行职责；②火灾，但由于承运人实际过失或私谋所造成者除外；③海上或其他可航水域的风险、危险或意外事故；④天灾；⑤战争行为；⑥公敌行为；⑦ 君主、统治者或人民的扣留或拘禁或依法扣押；⑧检疫限制；⑨货物托运人或货主、其代理人或代表的行为或不行为；⑩不论由于何种原因引起的局部或全面的罢工、关厂、停工或劳动力受到限制；⑪暴乱和民变。暴乱指公众骚乱；⑫救助或企图救助海上人命或财产；⑬由于货物的固有瑕疵、性质或缺陷所造成的容积或重量的损失，或任何其他灭失或损害;⑭包装不当;⑮标志不清或不当;⑯尽适当的谨慎所不能发现的潜在缺陷;⑰不是由于承运人的实际过失或私谋,或是承运人的代理人或受雇人员的过失、疏忽所引起的任何其他原因。

(4)赔偿责任限额。《海牙规则》第4条第5款规定,承运人对货物的灭失或损失的赔偿责任,在任何情况下每件或每单位不得超过100英镑,但托运人于装货前已申明该货物的性质和价值,并在提单上注明者不在此限。

(5)运输合同无效条款。《海牙规则》第3条第8款规定:"运输合同中的任何条款、约定或协议,凡是解除承运人或船舶对由于疏忽、过失或未履行本条规定的责任与义务而引起货物的或与货物有关的灭失或损害的赔偿责任,或以本规则规定以外的方式减轻这种责任的,均应作废并无效。"该条的目的是防止承运人利用自己的谈判地位,随意免除或减轻自己的责任。

(6)托运人的义务和责任。根据《海牙规则》第3条第5款规定,托运人应对其所提供的资料不正确所造成的损失负赔偿责任。对于危险品,如托运人隐瞒货物的危险性,承运人只要发现后可立即将货物抛弃而不须负责,且托运人还应赔偿船东及受害的第三方因载此货而引起的损失。如托运人已表明了货物的危险性,则承运人只有在面临危险的情况下,才可抛弃货物而无须负责。此时,托运人也无须对由运此货而引起的损失负责。

(7)索赔通知与诉讼时效。《海牙规则》第3条第6款规定,收货人在提货时应检查货物,如发现短卸或残损,应立即向承运人提出索赔。如残损不明显,则在3日内提出索赔通知。如在提货时或提货后3日内没有提出索赔通知,就是交货时货物的表面状况良好的初步证据。当然这并不意味着收货人即丧失了索赔权,只是日后再行索赔时,其举证责任将加重。在联合检验的情况下,无须出具索赔通知。关于诉讼时效,第3条第6款规定,货方对承运人或船舶提起货物灭失或损害索赔的诉讼时效为1年,自货物交付之日起算,在货物灭失的情况下,自货物应交付之日起算。

(8)适用范围。《海牙规则》第10条规定:"本公约各项规定,适用于在任何缔约国所签发的一切提单。"第5条规定:"本规则中的各项规定不适用于租船合同,但如果提单是在船舶出租情况下签发,便应符合本规则中的各项规定。"

【例4-6】(2004年·卷一·75题)根据《海牙规则》规定,下列哪些货损承运人可以免责?①

A. 船舶在开航前和开航时不具有适航性引起的货损

B. 船长和船员在驾驶或管理船舶中的疏忽引起的货损

C. 未谨慎积载引起的货损

D. 包装不当引起的货损

---

① 答案:BD。根据《海牙规则》的规定,承运人的基本责任之一是在开航前和开船时应谨慎处理使船舶适航,因此,A项不能免责。B项属于《海牙规则》规定的航行过失免责。C项属于《海牙规则》规定的承运人的管货责任,不能免责。D项属于包装不当的免责。本题B项和D项承运人可以免责的。

2.《维斯比规则》。

1968年产生的《维斯比规则》于1977年生效，中国没有参加该议定书。《维斯比规则》的内容主要是对《海牙规则》的补充和修改。该规则的主要内容有：

(1)明确规定提单对于善意受让人是最终证据。根据《海牙规则》的规定，提单记载的内容为该提单所载货物的初步证据。《维斯比规则》第1条对《海牙规则》第3条第4款的内容进行了补充，规定提单对托运人来说是初步证据，而善意的提单对受让人来说则是最终的证据。

(2)责任限制。《维斯比规则》采用了双重责任限额制，即对货物的灭失或损害责任以每件或每单位10 000金法郎或每公斤30金法郎为限，两者以高者计。金法郎为含纯度为900/1000的黄金65.5毫克的计算单位。《维斯比规则》还增加了以成组运输工具运输时件数的确定方法规定，如果货物是以集装箱、托盘或类似的运输工具集装的，则提单中载明的内装件数就是计算赔偿限额的件数。如提单上未注明内装件数，则以成组运输工具的件数为计算赔偿限额的件数。

1979年12月21日在布鲁塞尔的外交会议上通过了修订《海牙－维斯比规则》的议定书，该议定书于1984年4月生效。该议定书旨在将承运人的责任限制计算单位由金法郎改为特别提款权。按15金法郎等于1特别提款权计算。根据议定书的规定，承运人的责任限制金额为每件或每单位666.67特别提款权，或按货物毛重每公斤2特别提款权计算，两者之中以较高者为准。

(3)承运人的雇用人或代理人的责任限制。《海牙规则》未明确规定承运人的雇用人或代理人是否也能享受责任限制的保护。根据《维斯比规则》的规定：①对承运人提起的货损索赔诉讼，无论是以合同为依据，还是以侵权行为为依据，均可以适用责任限制的规定。②承运人的雇用人或代理人也可以享受责任限制的保护。

(4)诉讼时效。《维斯比规则》对《海牙规则》第6条作了两点修改：①诉讼时效为1年，双方协商，可以延长时效。②对第三者的追偿诉讼，在1年的诉讼时效期满后，仍有3个月的宽限期。

(5)适用范围。《海牙规则》仅适用于在缔约国签发的提单，《维斯比规则》将其适用范围扩大了，规定有下列情况之一，即可适用该公约：①提单在缔约国签发；②从一个缔约国的港口起运；③提单中列有首要条款。首要条款就是法律选择条款，即合同双方当事人合意选择适用该公约。

【例4－7】下列选项中哪些属于《维斯比规则》的规定？①

A. 提单对于善意受让人是最终证据

---

① 答案：ABD。A项正确，《维斯比规则》明确规定了提单对于善意受让人是最终证据。B项正确，《维斯比规则》扩大了责任限制的范围，使货方即使以侵权为依据也不能绕开承运人对运输合同的航行过失免责。C项错误，C项是《汉堡规则》规定的承运人的责任期间。D项正确，《维斯比规则》明确了承运人的受雇人或代理人也可以享受责任限制的保护。

B. 对承运人提起的货损索赔诉讼,无论是以合同为依据,还是以侵权行为为依据,均可以适用责任限制的规定

C. 承运人的责任期间为货物在装货港、运送途中和卸货港在承运人掌管下的期间

D. 承运人的雇用人或代理人也可以享受责任限制的保护

3.《汉堡规则》。

《汉堡规则》于1978年3月在联合国海上货物运输公约外交会议上正式通过,于1992年11月生效,中国未加入该公约。该公约共34条,对《海牙规则》进行了实质性的修改。最主要的特点是扩大了承运人的责任,主要表现在下列几个方面:

(1)承运人的责任基础与免责。《汉堡规则》第5条第1款简明规定了承运人的责任,即承运人对由于货物的灭失、损坏以及延迟交付所造成的损失负赔偿责任,除非承运人能证明,他及他的受雇人和代理人已经为避免事故的发生采取了一切所能要求的合理措施。在承运人的责任基础上,《汉堡规则》采用了完全的过失责任制。《汉堡规则》取消了承运人对航行过失的免责,因而是完全的过失责任制。同时,《汉堡规则》还采用了推定过失责任制,即在货损发生后,先推定承运人有过失,如承运人主张自己无过失,则必须承担举证的责任。

(2)延迟交货的责任。《汉堡规则》规定承运人应对延迟交货负责。延迟交货指未在约定的时间内交付,或在无约定的情况下,未在合理的时间内交付。承运人对延迟交货的赔偿责任限额为迟交货物应付运费的2.5倍,但不应超过应付运费的总额。

(3)承运人的责任期间。《汉堡规则》规定承运人的责任期间为货物在装货港、运送途中和卸货港在承运人掌管下的期间。与《海牙规则》相比,在《汉堡规则》下,承运人的责任期间是在装港和卸港向两头延长了,即承运人"收货"到"交货"的全部期间。

(4)责任限额。《汉堡规则》提高了承运人的最高赔偿限额,规定承运人对货物灭失或损坏的赔偿责任限额为每件或每单位835特别提款权(简称SDR),或每公斤2.5特别提款权,以高者为准。特别提款权是国际货币基金组织创设的一种储备资产和记账单位。创设时1特别提款权等于0.888671克纯金。此外,公约还规定,如货损是由于承运人、其雇用人或代理人故意造成的,则将丧失责任限制的权利。

(5)关于保函的效力。保函是托运人为了换取清洁提单而向承运人出具保证赔偿承运人因此而造成的损失的书面文书。由于保函常常带有欺诈的意图,以往的惯例通常判保函无效。《汉堡规则》第一次在一定范围内承认了保函的效力,这主要是考虑到在托运人与承运人对货物的数量等有分歧,而又无从查验时,出具保函可以免去许多麻烦,也是商业上的一种习惯的变通做法。但为了抑制保函的作用,公约规定,托运人为了换取清洁提单可向承运人出具保函,保函只在托运人与承运人之间有效。如保函有欺诈意图,则保函无效,承运人应赔偿第三者的损失,且不能享受责任限制。

(6)关于承运人与实际承运人的关系。《海牙规则》只有承运人的概念,没有关于实际承运人的规定,而《汉堡规则》第10条规定,即使订约承运人将全程运输或部分运输委托给实际承运人,订约承运人仍应对运输全程负责。如承运人和实际承运人都有责任,则两者负

连带责任。

(7)索赔通知和诉讼时效。根据《汉堡规则》的规定,索赔通知应在收货后的第一个工作日内提交。在损害不明显时,在收货后15日内提交。延迟交付的索赔通知应在收到货后连续60天内提交。公约规定的诉讼时效为2年。自承运人或实际承运人交付货物或交付部分货物,或者自应交付货物的最后一日算起。被索赔人可在上述诉讼时效期间之内向索赔人提出延长时效的书面声明,而且可通过再次声明进一步延长时效。此外,承运人向收货人赔付后在向第三方追偿时,即使上述时效已届满,仍可在诉讼所在国法律许可的时间内提起诉讼,但所许可的时间,自起诉人已解决对其索赔的案件,或已接到向其本人送达的起诉状之日起算,不少于90天。

(8)适用范围。根据《汉堡规则》第2条的规定,公约适用于两个不同国家之间的海上运输合同,并且:① 提单或作为海上运输合同证明的其他单证在某一缔约国签发;②提单或作为海上运输合同证明的其他单证中载有适用《汉堡规则》或采纳该规则的任何国内法的首要条款;③装货港或卸货港或备选卸货港位于缔约国;④公约不适用于租船合同,但适用于租船合同项下的提单。

【例4-8】(2006年·卷一·46题)关于海上货物运输中的迟延交货责任,下列哪项正确?①

A.《海牙规则》明确规定承运人对迟延交付可以免责

B.《维斯比规则》明确规定了承运人迟延交付的责任

C.《汉堡规则》只规定了未在约定时间内交付为迟延交付

D.《汉堡规则》规定迟延交付的赔偿为迟交货物运费的2.5倍,但不应超过应付运费的总额

(五)租船合同

1.航次租船合同。航次租船合同(Voyage Charter)又称为航程租船合同,是指航次出租人向承租人提供船舶或者船舶的部分舱位,装运约定的货物,从一港运至另一港,由承租人支付约定的运费的合同。在航次租船合同下,出租人保留船舶的所有权和占有权,并由其雇佣船长和船员,船舶由出租人负责经营管理,由出租人承担船员工资、港口使费、船用燃料、港口代理费等费用。承租人除依合同规定负担装卸费等费用外,不直接参与船舶的经营。从上述定义可以看出,航次租船合同是一种海上货物运输合同。

2.定期租船合同。定期租船合同是指船舶出租人向承租人提供约定的由出租人配备船员的船舶,由承租人在约定的期限内按约定用途使用,并支付租金的合同。在定期租船合同方面,法律的调整一般是任意性的,我国《海商法》中有关船舶租用合同当事人权利和义务的

① 答案:D。《海牙规则》没有包括关于迟延交付免责的内容。《维斯比规则》也未对迟延交付作出明确规定,A、B项错误。《汉堡规则》对迟延交付作出了规定,而且包括当事人约定了时间和未约定时间两种情况下的迟延交付。C项仅提到其中的一种情况,因此是错误的。D项正确,因为《汉堡规则》规定迟延交付的赔偿为迟交货物运费的2.5倍,但不应超过应付运费的总额。

规定均为非强制性的规定,只有在当事人没有约定的情况下才适用。我国《海商法》规定的船舶租用合同包括定期租船合同和光船租船合同。这两种合同都必须以书面形式订立。定期租船合同内容主要包括船舶规范、租期、租金支付条款、停租条款、运送合法货物条款、航区条款等。此外,在定期租船合同中,还有租船人指示条款、留置权条款、转租条款、交船与还船条款等内容。

3. 光船租赁合同。光船租赁合同指由船舶所有人提供不配备船员的光船,由租船人雇佣船员,在约定期限内占有、使用船舶,并支付约定租金的租船合同。光船租赁合同具有财产租赁合同的性质,而不属于运输合同。光船租赁合同的主要内容应包括:出租人和承租人的名称、船名、船籍、船级、吨位、容积、航区、用途、租船期间、交船和还船的时间和地点以及条件、船舶检验、船舶的保养维修、租金及其支付、船舶保险、合同解除的时间和条件,以及其他有关事项。

【例4-9】出租人向承租人提供船舶或者船舶的部分舱位,装运约定的货物,从一港运至另一港,由承租人支付约定的运费的合同属于下列哪种合同?①

A. 班轮运输合同

B. 光船租赁合同

C. 航次租船合同

D. 定期租船合同

二、其他方式的国际货物运输

(一)国际航空货物运输

国际航空运输的方式主要有班机运输、包机运输和集中托运。班机运输指飞机按固定的时间、固定的航线、固定的始发站、目的站进行定期航行的货物运输。包机运输又分为整包机和部分包机。集中托运指航空货运代理公司将若干单独发运的货物组成一整批货物,用一份总运单将货物整批发运到目的地的航空运输。国际航空货物运输合同的当事人为承运人和托运人。

目前有关国际航空货物运输的国际公约主要有1929年《关于统一国际航空运输某些规则的公约》(简称《华沙公约》),修改《华沙公约》的1955年《海牙议定书》,1961年《统一非缔约承运人所办国际航空运输某些规则以补充华沙公约的公约》(简称《瓜达拉哈拉公约》)。我国是前两个公约的参加国。《华沙公约》于1933年12月生效,是目前国际上有关航空运输最主要的也是最基本的公约。《华沙公约》的主要内容包括:

1. 航空货运单。

---

① 答案:C。A项错误,本题中的当事人是出租人和承租人,而班轮运输合同的当事人是“承运人”和“托运人”。B项错误,光船租赁合同承运人支付的是租金,而不是“运费”。C项正确,本题是航次租船合同的定义。D项错误,定期租船合同承运人支付的也是租金,而不是“运费”。

根据《华沙公约》的规定，航空货运单是订立合同、接受货物和运输条件的初步证据。航空运单的缺如、不合规定或灭失，不影响运输合同的存在和有效。货物承运人有权要求托运人填写航空货运单，托运人有权要求承运人接受这项凭证。

2. 承运人的责任。

根据《华沙公约》的规定，承运人应对货物在航空运输期间发生的因毁灭、遗失或损坏而产生的损失负责。航空运输期间包括货物在承运人保管下的整个期间，不论在航空站内、在航空器上或在航空站外降停的任何地点。承运人还应对在航空运输中因延误而造成的货物的损失负责。

3. 承运人责任的免除与减轻。

根据《华沙公约》的规定，承运人在下列情况下可以免除或减轻其责任：(1)如承运人能证明他和他的代理人或雇佣人为了避免损失，已经采取了一切必要的措施，或不可能采取这种措施时，承运人对货物的损失可不负责任。(2)如承运人证明损失的发生是由于驾驶中、航空器的操作中或航行中的过失引起的，并证明他和他的代理人已经在其他一切方面已经采取了必要的措施以避免损失时，承运人对货物的损失可不负责任。(3)如承运人证明受害人自己的过失是造成损失的原因或原因之一，则法院可依法免除或减轻承运人的责任。

4. 承运人的责任限额。

《华沙公约》规定的承运人对货物灭失、损害或延迟交货的责任，以每公斤250法郎为限，但托运人特别声明货物价值并已缴付必要的附加费的不在此限。

5. 索赔期限和诉讼时效。

根据《华沙公约》的规定，在货物损坏、灭失的情况下，收货人应在收到货物后7日内提出异议，在延迟交付的情况下，应在货物由收货人支配起14日内提出异议。《海牙议定书》延长了索赔期限，将前者延长为14天，后者延长为21天。《华沙公约》规定的诉讼时效是自航空器到达目的地或应该到达之日起2年。

【例4-10】关于国际航空货物运输，下列选项哪些是正确的？[1]

A. 国际航空货运单是订立合同、接受货物和运输条件的初步证据

B. 根据《华沙公约》的规定，航空运输期间包括货物在承运人保管下的整个期间，不包括航空站外降停的地点

C.《华沙公约》规定的承运人对货物灭失、损害或延迟交货的责任，以每公斤250金法郎为限

D.《华沙公约》规定的诉讼时效为2年

(二)国际铁路货物运输

国际铁路运输是指使用统一的国际铁路联运单据，由铁路部门经过两个或两个以上国

---

① 答案：ACD。A项正确，根据《华沙公约》的规定，国际航空货运单是订立合同、接受货物和运输条件的初步证据。B项错误，根据《华沙公约》的规定，航空运输期间包括货物在承运人保管下的整个期间，不论在航空站内、在航空器上或在航空站外降停的任何地点。因此，航空站外降停的地点也包括在内。C、D项正确。

家的铁路进行的运输。我国同周边国家的进出口货物多数采用铁路货物运输方式。关于国际铁路货物运输的公约主要有两个,即1961年《关于铁路货物运输的国际公约》(简称《国际货约》和1951年《国际铁路货物联运协定》(简称《国际货协》,中国是《国际货协》的参加国。《国际货协》的主要内容如下:

1. 运输合同的订立。

在进行国际铁路货物运输时,发货人应对每批货物按规定的格式填写运单,由发货人签字后向发站提出,从始发站承运货物时起,运输合同即成立。在发货人提交全部货物和付清费用后,发站在运单上加盖发站日期戳记,加盖了戳记的运单就成了运输合同的证明。运单不具有物权凭证的作用,不能流通。

2. 承运人的责任及责任期间。

承运人应依货物运输合同的规定将货物安全地运至目的地。根据《国际货协》的规定,按运单承运货物的铁路部门应对货物负连带责任。承运人的责任期间为从签发运单时起至终点交付货物时止。

3. 承运人的赔偿责任。

《国际货协》在货损的赔偿上基本采用了足额赔偿的方法,根据《国际货协》的规定,铁路对货物损失的赔偿金额在任何情况下,不得超过货物全部灭失时的金额。在货物受损时,铁路的赔偿应与货价减损金额相当。在逾期交付的情况下,铁路应按逾期长短,以运费为基础向收货人支付规定的逾期罚金。

4. 诉讼时效。

根据《国际货协》的规定,当事人依运输合同向铁路提出的赔偿请求和诉讼,以及铁路对发货人和收货人有关支付运费、罚款和赔偿损失的要求和诉讼应在9个月内提出;有关货物逾期的赔偿请求和诉讼应在2个月内提出。

【例4-11】《国际货协》规定的铁路承运人的责任期间为下列哪一项?①

A. 承运人的责任期间为从接收货物叫起到交付货物时止的期间

B. 承运人的责任期间为从货物装上火车起至卸下火车时止的期间

C. 承运人的责任期间为从签发运单时起至终点交付货物时止的期间

D. 承运人的责任期间为火车开动时起到到达目的站时止的期间

(三)国际货物多式联运

国际多式联运是联运经营人以一张联运单据,通过两种以上的运输方式将货物从一个国家运至另一个国家的运输。为了促进国际多式联运的发展,在联合国贸发会的主持下,1980年通过了《联合国国际货物多式联运公约》,该《公约》目前尚未生效。该《公约》的主要内容有:

---

① 答案:C。A项错误,承运人的责任期间是从签发运单时起,而非"从接收货物时起"。B项错误,承运人的责任期间不是"从装上火车时起至卸下火车时止"。承运人的责任在火车开动前已开始了,在火车到站后还在继续,直到交付货物时止。因此C项正确,D项错误。

1. 国际多式联运定义。

根据《公约》的定义，“国际多式联运”是指由多式联运经营人以至少两种以上运输方式，将货物从一国境内接管货物的地点运至另一国指定交付货物的地点的运输。“多式联运经营人”是指其本人或通过其代表订立多式联运合同的人，他是合同的当事人，而不是发货人的代理人或代表或参加多式联运的承运人的代理人或代表，并负有履行合同义务的责任。“多式联运合同”是指多式联运经营人凭以收取运费、负责完成或组织完成国际多式联运的合同。

2. 多式联运单据。

多式联运单据是多式联运合同的证明，是多式联运经营人收到货物的收据及凭其交货的凭证。多式联运单据应记载多式联运经营人的名称和地址，发货人及收货人的名称，多式联运经营人接管货物的地点和日期，交付货物的时间和地点，单据签发的时间和地点，货物的表面状况等事项。发货人应保证其在多式联运单据中提供的有关货物资料的准确性。

3. 多式联运经营人的责任期间。

《公约》规定的多式联运经营人的责任期间为从其接管货物之时起至交付货物时止的期间。

4. 多式联运经营人的赔偿责任原则。

《公约》在赔偿责任上采用了完全推定责任原则，即除非经营人证明其一方为避免事故的发生已采取了一切合理的措施，否则，即推定损坏是由经营人一方的过错所致，并由其承担赔偿责任。

5. 多式联运经营人的赔偿责任限额。

《公约》规定的两种赔偿限额分别适用于下列两种情况：(1)如在国际多式联运中包括了海运或内河运输，多式联运经营人的赔偿责任限额为每件920特别提款权，或货物毛重每公斤2.75特别提款权，以较高者为准。(2)如在国际多式联运中未包括海运或内河运输，多式联运经营人的赔偿责任限额为毛重每公斤8.33特别提款权。

此外，因延迟交付造成损失的赔偿限额为延迟交付货物的应付运费的2.5倍，但不得超过多式联运合同规定的应付运费的总额。在确知发生货损的区段时，如该区段适用的公约或国家法律规定的赔偿责任限额高于本公约的规定，则适用该公约或国家法律的规定。

6. 索赔与诉讼时效。

对于货物一般性的灭失或损坏通知，收货人应在货物交给他的次一工作日发出，否则，此种货物的交付即为多式联运经营人交付多式联运单据所载货物的初步证据。当货物的损坏不明显时，收货人应在货物交付后连续6日内提出索赔通知。对于延迟交付的货物，收货人应在货物交付后连续60日内提出索赔通知。公约规定的诉讼时效为2年，但如果在货物交付之日或应交付之日起6个月内，没有提出书面索赔通知，则在此期限届满后即失去诉讼时效。

【例4-12】根据《联合国国际货物多式联运公约》的规定，有关多式联运经营人责任制上采用的是下列哪一种?①

A. 不完全的过失责任原则

B. 严格责任原则

C. 不负过失责任原则

D. 完全推定责任原则

三、国际货物运输保险

(一)国际货物运输保险的基本原则

1. 保险利益原则。

保险利益指被保险人对保险标的所具有的合法的利害关系。根据我国《保险法》第12条的规定,投保人对保险标的应当具有保险利益,投保人对保险标的不具有保险利益的,保险合同无效。

2. 最大诚实信用原则。

最大诚实信用原则指国际货物运输保险合同的当事人应以诚实信用为基础订立和履行保险合同,该原则主要体现在订立合同时的告知义务和在履行合同时的保证义务上。根据我国《海商法》第222条规定,合同订立前,被保险人应将其知道的或在通常业务中应当知道的有关影响保险人据以确定保险费率或确定是否承保的重要情况,如实告知保险人。根据《海商法》第223条规定,被保险人故意未如实向保险人告知重要情况的,保险人有权解除合同。告知在保险人一方表现为说明的义务,根据《保险法》第17条规定,保险人应在订立合同时向投保人说明保险合同条款的内容。

3. 损失补偿原则。

损失补偿原则指在保险事故发生而使被保险人遭受损失时,保险人必须在责任范围内对被保险人所受的实际损失进行补偿。国际货物运输保险合同属于补偿性的财产保险合同。因此,在发生超额保险和重复保险的情况下,保险人只赔偿实际损失,因为保险的目的是补偿,而不能通过保险得利。

4. 近因原则。

虽然我国《保险法》及《海商法》均没有对近因原则进行明文规定,但在国际货物运输保险实践中,近因原则是常用的确定保险人对保险标的损失是否负保险责任以及负何种保险责任的一条重要原则。

【例4-13】中国甲公司与秘鲁乙公司订立了进口秘鲁鱼粉的合同,由日本丙公司承运,并签发了清洁提单,甲公司向中国人保投保了水渍险,在运输途中,货物被雨淋受损。关于

① 答案:D。本题涉及《联合国国际货物多式联运公约》有关多式联运经营人的责任原则,根据《公约》的规定,除非经营人证明其一方为避免事故的发生已采取了一切合理的措施,否则,即推定损坏是由经营人一方的过错所致,并由其承担赔偿责任。即公约采用的是完全推定责任原则。

此案，下列选项哪些是正确的？①

A. 保险公司可以不赔，因为货物受损的近因是雨淋，而水渍险不包括雨淋造成的损失

B. 保险公司应该赔偿，因为是在保险责任期间内发生的货损

C. 根据《海牙规则》，甲公司应向承运人丙公司提出索赔

D. 甲公司应向乙公司提出索赔

（二）国际货物运输保险合同的订立、变更和终止

国际货物运输保险合同的订立是由被保险人以填制投保单的形式向保险人提出保险要求，即要约，经保险人同意承保，并就货物运输保险合同的条款达成协议后（即承诺后），保险合同即成立。

国际货物运输保险合同的变更指在运输货物保险合同主体不变的情况下，对合同中原约定的某些内容进行的改变。国际货物运输保险合同的内容需要修改时，被保险人可以向保险人提出申请，由保险人出具保险批单，保险批单的效力大于保险单正文的效力。

保险合同的终止可以由于各种原因，引起国际货物运输保险合同终止的情况主要有以下几种：

1. 自然终止。

指保险单的有效期限已届满，而保险标的没有出险，保险人的保险责任即告终止的情况。自然终止是保险合同终止最普通的原因。在保险单到期以后再续保的并不是原保险合同的延长，续保所订的保险合同是一个新的保险合同。

2. 义务已履行而终止。

根据保险单的规定，保险人已履行了赔偿责任，保险单的责任即告终止。例如，货物在保险期限内由于保险人所承保的风险而造成全损，保险人向其给付了全部的保险金额后，尽管保险单的有效期还未到，该保险合同也告终止。

3. 违约终止。

指保险人因被保险人的违约行为而终止保险合同。

4. 因危险发生变动而终止。

即因被保险的保险标的所面临的危险发生变动而终止保险合同。

5. 保险标的因保险事故之外的原因而灭失而使保险合同终止。

【例 4－14】下列哪种情况属于国际货物运输保险合同的自然终止？②

A. 保险单的有效期限已届满，而保险标的没有出险，保险人的保险责任终止

---

① 答案：AC。A 项正确，因为本题根据近因原则，货物受损的近因应是保险人承保的风险，而本题的近因是雨淋，雨淋只有在投保一切险或水渍险附加淡水雨淋险的情况下才给予赔偿。B 项错误，虽然货物发生在责任期间内，但由于货物受损的近因不属于保险人承保的范围，因此保险人不赔。C 项正确，按《海牙规则》的规定，承运人应尽到管货的义务，本题承运人没有尽到管货的义务才使货物在中途受雨淋，因此，承运人应当赔偿货物的损失。D 项错误，因为货物是在运输途中受的损，承运人签发的是清洁提单，表明当托运人将货物交承运人时是良好的，所以不应向乙公司索赔。

② 答案：A。A 项正确，A 属于自然终止。B 项错误，B 项属于义务已履行而终止保险合同。C 项错误，C 项属于违约终止。D 项错误，D 项属于保险标的因保险人承保的风险以外的原因而灭失的情况，保险合同终止。

B. 货物在保险期限内由于保险人所承保的风险而造成全损,保险人向其给付了全部的保险金额后,尽管保险单的有效期还未到,该保险合同也告终止

C. 因被保险人的违约行为而终止保险合同

D. 被保险的货物因保险事故之外的原因而灭失而使保险合同终止

(三)国际货物运输保险合同的内容

国际货物运输保险合同的内容主要包括下列几项:保险人名称;被保险人名称;保险标的;保险价值;保险金额;保险责任和除外责任;保险期间;保险费。

1. 国际货物运输保险合同的当事人。

国际货物运输保险合同的当事人为保险人和被保险人。保险人是指保险合同中收取保险费,并在合同约定的保险事故发生时,对被保险人因此而遭受的约定范围内的损失进行补偿的一方当事人。被保险人是指在保险范围内的保险事故发生时受到损失的一方当事人。国际货物运输保险合同中的投保人一般也是被保险人。

2. 国际货物运输保险合同的保险标的。

国际货物运输保险合同的保险标的主要是货物,包括贸易货物和非贸易的货物。

3. 保险价值。

保险价值是被保险人投保的财产的实际价值。投保人在投保时需说明所要投保的标的价值,而准确地确定标的实际价值是很困难的,因此,保险价值通常是由被保险人与保险人协商确定的。这个价值是估算形成的,因此它可以是标的实际价值,也可能与实际价值有一定的距离。

4. 保险金额。

保险金额指保险合同约定的保险人的最高赔偿数额。当保险金额等于保险价值时为足额保险。当保险金额小于保险价值时为不足额保险。当保险金额大于保险价值时为超额保险。

5. 保险责任和除外责任。

保险责任是保险人对约定的危险事故造成的损失所承担的赔偿责任。"约定的危险事故"就是保险人承保的风险。保险人承保的风险可以分为保险单上所列举的风险和附加条款加保的风险两大类,前者为主要险别承保的风险,后者为附加险别承保的风险。

除外责任就是保险人不承保的风险。保险所承保的是一种风险,所谓风险就是可能发生,也可能不发生。如果该风险必然发生,则保险人是不承保的,因此,自然损耗这种必然发生的风险保险人通常会约定不予承保。市价跌落引起的损失属于间接损失,保险人也往往将其列入除外责任的范围。此外,被保险人的故意行为或过失造成的损失,属于发货人责任引起的损失等不是由于自然灾害、意外事故或约定的人为风险引起的损失,保险人也不予承保。

6. 保险期间。

保险期间也就是保险责任的期间,保险责任的期间有三种确定方法:(1)以时间来确定,

例如规定保险期间为一年,自某年、某月、某日起至某年、某月、某日止。(2)以空间的方法来确定,例如规定保险责任自货物离开起运地仓库起至抵达目的地仓库止。(3)以空间和时间两方面来对保险期间进行限定的方法,例如规定自货物离开起运地仓库起至货物抵达目的地仓库止,但如在全部货物卸离海轮后60天内未抵达上述地点,则以60天期满为止。

7.保险费和保险费率。

保险费率是计算保险费的百分率。保险费率有逐个计算法和同类计算法之分。船舶保险的保险费率通常采用逐个计算法来确定,每条船舶的保险费率由保险公司根据该船舶的危险性大小、损失率高低及经营费用的多少来确定。同类计算法指对于某类标的,保险人均采用统一的保险费率的方法。保险费是投保人向保险人支付的费用。保险费等于保险金额乘保险费率。

(四)委付与代位求偿权

1.委付。

委付发生在保险标的出现推定全损的情况下,当保险标的出现推定全损时,被保险人可以选择按部分损失向保险人求偿或按全部损失求偿。当被保险人选择后者时,则由被保险人将保险标的权利转让给保险人,而由保险人赔付全部的保险金额。这种转让保险标的权利的做法被称为委付。对于保险人来说,可以接受委付,也可以不接受委付。

2.代位求偿权。

如果保险标的损失是由于第三者的疏忽或过失造成的,在保险人根据保险合同向被保险人支付了约定的赔偿后,即取得了由被保险人转让的对第三者的损害赔偿请求权,也就是代位求偿权。

【例4-15】关于保险委付,下列选项哪些是正确的?①

A.保险委付发生于推定全损的情况下

B.保险委付发生于推定全损时,被保险人选择以部分损失向保险人求偿的情况

C.被保险人委付,保险人必须接受

D.被保险人委付,保险人可以接受,也可以不接受

(五)国际海洋货物运输保险条款

1.我国海洋货物运输保险的主要险别

主要险别指可以独立承保,不必附加在其他险别项下的险别。中国人民保险公司海洋货物运输保险的主要险别有三种,即平安险、水渍险和一切险。

(1)平安险,平安险的英文意思为"单独海损不赔"。其责任范围主要包括:①被保险货物在运输途中由于恶劣气候、雷电、海啸、地震、洪水等自然灾害造成的整批货物的全部损失或推定全损。②由于运输工具遭受搁浅、触礁、沉没、互撞、与流冰或其他物体碰撞以及失

---

① 答案:AD。A项正确,保险委付是发生于推定全损的情况下。B项错误,保险委付发生于推定全损的情况下,但被保险人不是选择以部分损失向保险人求偿,而是选择以"全部损失"向保险人求偿,此时才有必须将余下的保险标的委付的问题。C项错误,对于委付,保险人不是必须接受的。D项正确,对于委付,保险人可以接受,也可以不接受。

火、爆炸等意外事故造成货物的全部或部分损失。③在运输工具已经发生搁浅、触礁、沉没、焚毁等意外事故的情况下,货物在此前后又在海上遭受恶劣气候、雷电、海啸等自然灾害所造成的部分损失。④在装卸或转运时由于一件或数件整件货物落海造成的全部或部分损失。⑤被保险人对遭受承保责任内危险的货物采取抢救、防止或减少货损的措施而支付的合理费用,但以不超过该批被救货物的保险金额为限。⑥运输工具遭遇海难后,在避难港由于卸货所引起的损失以及在中途港、避难港由于卸货、存仓以及运送货物所产生的特别费用。⑦共同海损的牺牲、分摊和救助费用。⑧运输合同中订有"船舶互撞责任"条款,根据该条款规定应由货方偿还船方的损失。

海损从程度上可分为全部损失和部分损失,部分损失又可分单独海损和共同海损。"实际全损"指保险标的发生保险事故后灭失,或者受到严重损坏完全失去原有形体、效用,或者不能再归被保险人所拥有的损失状态。"推定全损"指货物发生保险事故后,认为实际全损已经不可避免,或者为避免发生实际全损所需要支付的费用与继续将货物运抵目的地的费用之和超过保险价值的损失状态。"共同海损"是指在同一海上航程中,船舶、货物和其他财产遭遇共同危险,为了共同安全,有意地和合理地采取措施所直接造成的特殊牺牲和支付的特殊费用。"单独海损"指货物由于意外造成的部分损失。

共同海损和单独海损的区别在于:首先,共同海损所涉及的海上危险应该是共同的,必须涉及船舶及货物共同的安全;而单独海损中的危险只涉及船舶或货物中一方的利益。其次,共同海损有人为的因素,是明知采取措施会导致标的损失,但为共同的安全仍有意采取该措施而引起的损失;而单独海损则纯粹是意外事故造成的标的损失,无人为的因素。再次,共同海损的损失由于是为大家的利益而牺牲的,所以应由受益的各方来分摊,而单独海损的损失则由单方来承担。

【例4-16】(2012年·卷一·100题)该批货物投保了平安险,关于运输中的相关损失的认定及赔偿,根据《海牙规则》,下列选项正确的是:①

A. 为起浮抛弃货物造成的损失属于共同海损

B. 因恶劣天气部分货物被打入海中的损失属于单独海损

C. 保险人应赔偿共同海损和因恶劣天气造成的单独海损

D. 承运人对因固有缺陷损失的货物免责,保险人应承担赔偿责任

(2)水渍险,该险的责任范围除平安险的各项责任外,还负责被保险货物由于恶劣气候、雷电、海啸、地震、洪水等自然灾害所造成的部分损失。

(3)一切险,该险除包括水渍险的责任范围外,还负责赔偿被保险货物在运输途中由于外来原因所致的全部或部分损失。外来原因指偷窃、提货不着、淡水雨淋、短量、混杂、沾污、

---

① 答案:AB。A项正确,A项属于在同一海上航程中,为了共同安全,有意和合理采取措施造成的损失。B项正确,B项意外造成的部分损失属于单独海损。C项错误,平安险项下"单独海损不赔",不赔偿因自然灾害造成的部分损失。D项错误,固有缺陷造成的货损,承运人根据《海牙规则》可以免责,固有缺陷也属于保险人的除外责任之一,因为卖方承担质量担保义务,因此应当由买方追究卖方的违约责任。

渗漏、串味异味、受潮受热、包装破裂、钩损、碰损破碎、锈损等原因。

【例4-17】(2011年·卷一·80题)中国甲公司与某国乙公司签订茶叶出口合同,并投保水渍险,议定由丙公司"天然"号货轮承运。下列哪些选项属于保险公司应赔偿范围?①

A. 运输中因茶叶串味等外来原因造成货损

B. 运输中因"天然"号过失与另一轮船相撞造成货损

C. 运输延迟造成货损

D. 运输中因遭遇台风造成部分货损

【例4-18】(2010年·卷一·42题)甲国A公司(卖方)与中国B公司采用FOB价格条件订立了一份货物买卖合同,约定货物保质期为交货后一年。B公司投保了平安险。货物在海运途中因天气恶劣部分损毁,另一部分完好交货,但在交货后半年左右出现质量问题。根据《联合国国际货物销售合同公约》和有关贸易惯例,下列哪一选项是正确的?②

A. A公司在陆地上将货物交给第一承运人时完成交货

B. 货物风险在装运港越过船舷时转移

C. 对交货后半年出现的货物质量问题,因风险已转移,A公司不承担责任

D. 对海运途中损毁的部分货物,应由保险公司负责赔偿

2. 我国海洋货物运输保险的保险期间

保险期间是保险人承担对海洋货物运输赔偿责任的期间。中国人民保险公司海洋货物运输保险条款主要以"仓至仓条款"、"扩展责任条款"、"航程终止条款"和"驳运条款"来确定保险人的责任起讫。

【例4-19】(2010年·卷一·43题)关于海洋运输货物保险,下列哪一选项是正确的?③

A. 平安险项下赔偿的因自然灾害造成的全部损失只包括实际全损

B. 保险人的责任期间自保险合同订立时开始

C. 与平安险相比,水渍险的保险范围还包括因自然灾害造成的保险标的部分损失

D. 附加险别可独立承保

---

① 答案:BD。A项错误,本题投保的是水渍险,水渍险承担平安险加自然灾害造成的部分损失。串味等外来原因造成的货损不属于水渍险的范围,B项正确,过失碰撞造成的损失属于水渍险的承保范围。C项错误,延迟属于除外责任。D项正确,自然灾害造成的部分损失属于水渍险的承保范围。

② 答案:B。A项错误,《联合国国际货物销售合同公约》的适用是任意性的,当事人已选择了FOB术语,应依术语的规定风险转移,B项正确。《联合国国际货物销售合同公约》第36条第2款规定:"卖方对在上一款所述时间后发生的任何不符合同情形,也应负有责任,如果这种不符合同情形是由于卖方违反他的某项义务所致,包括违反关于在一段时间内货物将继续适用于其通常使用的目的或某种特定目的,或将保持某种特定质量或性质的任何保证。"因此,C项错误。由于买方购买的是平安险,而依据该种保险的规则,对海运途中损毁的部分货物,保险公司不负责赔偿,D项错误。

③ 答案:C。平安险赔偿因自然灾害造成的全部损失包括实际全损和推定全损,A项错误。保险责任的期间与合同订立的时间不同,合同订立但保险责任不一定开始,海洋货物运输保险责任期间是"仓至仓",B项错误。水渍险的责任范围除平安险的各项责任外,还负责被保险货物由于自然灾害所造成的部分损失,C项正确。附加险别不能单独承保,它必须附于主险项下,D项错误。

3. 我国海洋货物运输保险的除外责任。

除外责任是保险单中规定的保险人不负责赔偿的海洋货物运输损失。中国人民保险公司海洋货物运输保险的除外责任包括:(1)被保险人的故意行为或过失所造成的损失;(2)属于发货人责任引起的损失;(3)在保险责任开始前,被保险货物已存在的品质不良或数量短差所造成的损失;(4)被保险货物的自然损耗、本质缺陷、特性以及市价跌落、运输延迟引起的损失和费用;(5)海洋货物运输战争险条款和货物运输罢工险条款规定的责任范围和除外责任。

4. 索赔时效。

海洋货物运输保险的索赔时效为 2 年,从被保险货物在最后卸货港全部卸离运输工具后起算。

5. 我国海洋货物运输保险的附加险别。

海洋货物运输保险的附加险别是投保人在投保主要险别时,为补偿因主要险别范围以外可能发生的某些危险造成的损失所附加的保险。附加险又可分为一般附加险、特别附加险和特殊附加险三类。

(1)一般附加险:一般附加险承保各种外来原因造成的货物全损或部分损失。外来原因指不必与海水的因素或运输工具联系起来的原因。附加险别不能单独承保,它必须附于主险项下。一般附加险在一切险的范围内,即已投保的一切险,就不必再加保一般附加险了。一般附加险包括:①偷窃、提货不着险。②淡水雨淋险。③短量险。④混杂、玷污险。⑤渗漏险。⑥碰损、破碎险。⑦串味异味险。⑧受潮受热险。⑨钩损险。⑩包装破裂险。锈损险。

(2)特别附加险:指必须附属于主要险别项下,对因特殊风险造成的保险标的损失负赔偿责任的附加险。特别附加险与一般附加险的区别在于,一般附加险属于一切险的范围,保了一切险,就不必再附加任何一般附加险;而特别附加险所承保的责任已超出了一切险的范围。特别附加险包括:①交货不到险。②进口关税险。③舱面险。④拒收险。⑤黄曲霉素险。⑥出口货物到香港或澳门存仓火险。

(3)特殊附加险:特殊附加险包括海洋运输货物战争险和货物运输罢工险。特殊附加险已超出了水险的范围,即也可以往陆上运输险或航空运输险上附加。

牛刀小试

1. 甲国 A 公司(买方)与乙国 B 公司(卖方)签订一进口水果合同,价格条件为 CFR,装运港的检验证书作为议付货款的依据,但约定买方在目的港有复验权。货物在装运港检验合格后交由 C 公司运输。由于乙国当时发生疫情,船舶到达甲国目的港外时,甲国有关当局对船舶进行了熏蒸消毒,该工作进行了数天。之后,A 公司在目的港复验时发现该批水果已全部腐烂。依据《海牙规则》及有关国际公约,下列哪一选项是正确的?(2004 年·卷一·

41题)①

A. C公司可以免责

B. A公司应向B公司提出索赔,因为其提供的货物与合同不符

C. A公司应向C公司提出索赔,因为其没有尽到保管货物的责任

D. A公司应向B公司提出索赔,因为其没有履行适当安排保险的义务

2. 下列选项中哪个属于《汉堡规则》的规定?②

A. 承运人对于因船长、船员、引水员或承运人的雇佣人在驾驶或管理船舶中的行为、疏忽或不履行职责可以免责

B. 承运人对延迟交货的赔偿责任限额为迟交货物应付运费的2.5倍,但不应超过应付运费的总额

C. 承运人对货物灭失或损坏的赔偿责任限额为每件或每单位835美元,或每公斤2.5美元,以高者为准

D. 诉讼时效为1年

3. 甲公司依运输合同承运一批从某国进口中国的食品,当正本提单持有人乙公司持正本提单提货时,发现货物已由丙公司以副本提单加保函提走。根据我国法律规定,下列哪一选项是正确的?(2009年·卷一·41题)③

A. 无正本提单交付货物的民事责任应适用交货地法律

B. 乙公司可以要求甲公司承担违约责任或侵权责任

C. 甲公司对因无正本提单交货造成的损失按货物的成本赔偿

D. 丙公司提走了货物,不能要求甲公司承担责任

4. 中国甲公司与德国乙公司签订了购买成套设备的进口合同。价格条件为CFR上海,信用证付款。货物按时装上了承运人所属的利比里亚籍“玛丽”轮,甲公司投保了平安险。“玛丽”轮航行到上海港区时与日本籍“小治丸”轮因双方的过失发生碰撞,致使“玛丽”轮及

---

① 答案:A。A项正确,根据《海牙规则》,本题承运人C公司对因检疫限制而引起的损失可以免责。B项错误,因为该案在装货前已进行了检验并合格,说明卖方所交货物没有质量问题,A公司不应向B公司提出索赔。C项错误,尽管C公司根据《海牙规则》有管货的义务,但规则同样规定了承运人的检疫限制免责,本案货损原因主要是因为熏蒸消毒数天导致水果全部腐烂,因此,承运人可以免责。D项错误,在CFR价格条件下,卖方B公司没有安排保险的义务,此价格条件的风险是在装运港船舷转移的,因此是由买方A公司为自己的利益而安排投保。

② 答案:B。A项错误,《汉堡规则》已取消了承运人的航行过失免责,A的规定属于《海牙规则》的规定。B项正确,《汉堡规则》规定了承运人延迟交付的责任及责任限额。C项错误,《汉堡规则》规定的承运人对货物损害的赔偿限制上采用的是特别提款权,而不是“美元”。D项错误,《汉堡规则》规定的诉讼时效为2年,而非“1年”。

③ 答案:B。根据《最高人民法院关于审理无正本提单交付货物案件适用法律若干问题的规定》第3条第2款的规定,正本提单持有人要求承运人承担无正本提单交付货物民事责任的,适用《海商法》规定;《海商法》没有规定的,适用其他法律规定。A项称适用交货地法律是错误的。第3条第1款的规定,承运人因无正本提单交付货物造成正本提单持有人损失的,正本提单持有人可以要求承运人承担违约责任,或者侵权责任。B项正确。根据第6条规定,承运人因无正本提单交付货物造成正本提单持有人损失的赔偿额,按照货物装船时的价值加运费和保险费计算。C项称按货物的成本赔偿是不正确的。根据第2条规定,承运人违反法律规定,无正本提单交付货物,损害正本提单持有人提单权利的,正本提单持有人可以要求承运人承担由此造成损失的民事责任。D项称不能要求承运人甲公司承担责任是错误的。

其货舱中的部分货物受损。基于上述情况,下列哪一选项是正确的?①

A. 本案碰撞引起的货损应由甲公司自行承担

B. 根据《海牙规则》,"玛丽"轮所有人对过失碰撞引起的货损可以免责

C. 因甲公司投保的是平安险,保险公司对本案碰撞引起的部分货物损失不承担赔偿责任

D. 因已知货物受损,所以即使单证相符,甲公司仍有权要求银行拒付货款

5. 中国甲公司以 CIF 价向某国乙公司出口一批服装,信用证方式付款,有关运输合同明确约定适用《海牙规则》。甲公司在装船并取得提单后,办理了议付。两天后,甲公司接乙公司来电,称装船的海轮在海上因雷击失火,该批服装全部烧毁。对于上述情况,下列哪一选项是正确的?(2009 年 · 卷一 · 43 题)②

A. 乙公司应向保险公司提出索赔

B. 甲公司应向保险公司提出索赔

C. 甲公司应将全部货款退还给乙公司

D. 乙公司应向承运人提出索赔

6. 中国甲公司与澳大利亚乙公司订立了从中国出口茶叶的合同,并准备通过海运运往澳大利亚,关于途中的保险,下列选项哪些是正确的?③

A. 为了防止茶叶串味,可以单独投保串味异味险

B. 为了防止茶叶串味,可以投保水渍险,附加串味异味险

C. 为了防止茶叶串味,可以投保一切险

D. 为了防止茶叶串味,可以投保平安险

---

① 答案:B。A 项错误,按照 CFR 贸易术语,风险应在货物(自装运港)越过船舷时转移给买方,即甲公司,只有在甲公司没有买保险,或者货损不属于保险赔偿范围时,才出现甲公司自行承担的问题。本题干中说明,甲公司已经投保了平安险,由此问题变为该部分货物损失是否在保险的范围之内。根据平安险,保险公司对这个货损是承担赔偿责任的,因此,甲公司不必自行承担该风险造成的损失,故 A 项错误。B 项正确,因为根据《海牙规则》第 4 条第 2 款规定,船舶的所有人对因驾驶船舶的过失行为所引起的货物损失可以免责。C 项错误,因为平安险的保险范围包括对船舶碰撞引起的部分货物损失的赔偿。D 项涉及信用证支付规则。信用证是独立的交易,不受实际货物买卖合同中发生货损情况的影响,只要单证相符,银行就具有付款的义务。因此,D 项错误。

② 答案:A。在 CIF 术语下,由卖方负责运输、投保,在没有特别约定的情况下,CIF 的卖方只需投保平安险,本题货物因为雷击失火造成全损,属于自然灾害造成的全损,是平安险的保险范围内,故可以向保险公司索赔。本题应由卖方甲公司投保,但并不意味着也由甲公司向保险公司提出索赔。因为,货物的风险在装货港越过船舷后就转移给买方,即乙公司,保险单也随提单转移乙公司,故应由乙公司向保险公司索赔。A 项称应由乙公司向保险公司提出索赔是正确的。B 项称由甲公司索赔是错误的。C 项涉及货物在风险转移后灭失是否还应付款的问题,此题使用的是信用证方式付款,风险在装货港船舷转移,风险指非由于双方当事人的行为造成货物灭失或损坏的危险。如货物因风险灭失,买方的支付义务不能解除。因此,即使货物已全损了,货款仍然要付。C 项称"甲公司应将全部货款退还给乙公司"是错误。根据《海牙规则》承运人对雷击失火造成的损失是可以免责的,D 项称乙公司应向承运人提出索赔是错误的。

③ 答案:BC。A 项错误,串味异味险是附加险,附加险不能单独承保,必须附于主险项下。B 项正确,水渍险是主要险别,串味异味险是附加险别,它附在水渍险下是可以承保的。C 项正确,因为一切险中包括了串味异味险。D 项错误,因为平安险不包括串味异味险。

7. 2009年4月，中国北海粮油公司与巴基斯坦某公司签订了向中国进口12 000吨(240 000包)白糖的合同，价格条件为CFR，每吨单价为437美元。由中方向中国人民保险公司北海分公司投保了水渍险。该批货物由巴拿马籍某轮承运。在巴基斯坦某港装货的过程中，船长先后向托运人发出书面声明和抗议，指出货物堆放于码头无任何遮盖物并发生了雨水的污染，宣布货物为不清洁。而托运人为了结汇则出据了保函，以要求承运人签发清洁提单。船长在接受了保函的情况下签发了清洁提单。货轮于5月23日抵达北海港，经北海外轮理货公司理货，发现了578包有雨水污染，并确认货物短少608包。对于本案，下列选项哪些是正确的？①

A. 收货人应向承运人索赔，因为其签发了清洁提单

B. 对于货物的短少，收货人应向承运人索赔

C. 承运人可以依保函要求收货人向托运人索赔

D. 收货人应向保险人索赔，因为该批货物已投保了水渍险

8. 一批货物从韩国运往中国某港口，由于近港运输，货物早于提单到达目的港，大运公司称自己为收货人，并用副本提单加保函提取了货物。几天后，付款并取得正本提单的公平公司前来提货，但承运人由于已将货物交给了大运公司，无法向公平公司履行交货义务。根据《最高人民法院关于审理无正本提单交付货物案件适用法律若干问题的规定》，下列哪一选项是正确的？②

A. 公平公司只能要求承运人承担违约责任

B. 承运人因无正本提单交付货物承担民事责任的，可以限制其赔偿责任

C. 公平公司可以要求承运人承担违约责任或侵权责任

D. 公平公司只能要求承运人承担侵权责任

9. 一批投保了海洋运输货物险"一切险"的货物发生了损失，在这种情况下，哪种事故原因保险公司应当承担赔偿责任？③

---

① 答案：AB。A项正确，承运人签发了清洁提单即表明其收到货物时货物没有问题，承运人应对途中受到的损失负责。如果承运人在装货时已发现货物有问题，承运人就不应签发清洁提单，这样收货人的货款也不会付出。在承运人依保函签发清洁提单的情况下，使提单在跟单信用证机制中的制衡作用被破坏。因此，承运人必须对依保函签发清洁提单的后果承担责任。B项正确，因为承运人签发了清洁提单，并没有注明在收货时货物有短少。C项错误，因为本题保函无效，且即使是有效保函，也不能对抗第三人。D项错误，本题投保的是水渍险，水渍险不包括雨水造成的损失。

② 答案：C。根据《最高人民法院关于审理无正本提单交付货物案件适用法律若干问题的规定》第3条的规定，承运人因无正本提单交付货物造成正本提单持有人损失的，正本提单持有人可以要求承运人承担违约责任，或者承担侵权责任。因此，A、D项错误，C项正确。又根据第4条，承运人因无正本提单交付货物承担民事责任的，不适用《海商法》第56条关于限制赔偿责任的规定。因此，B项错误。

③ 答案：D。保险公司对海上运输中被保险货物发生的以下损失不承担赔偿责任：(1)被保险人故意或者过失导致的损失。(2)属于发货人责任引起的损失。例如发货人在发运货物前包装不当。(3)损失责任开始前，被保险货物已经存在的品质不良或者数量短缺造成的损失。本题中装船前数量短缺就是这种情况。(4)被保险货物的自然损耗、本质缺陷、特性以及市场跌落、运输迟延引起的损失或者费用。(5)海洋运输货物战争险条款和货物运输罢工险条款规定的责任范围和除外责任。A、B、C项均属除外责任，D项属于承运人驾驶船舶的过失，不属于除外责任的范围，因此保险公司应当承担赔偿责任。

A. 货物损失是由于运输迟延造成的

B. 货物损失是发货人在发货前包装不当造成的

C. 货物损失是由于货物本身的固有缺陷造成的

D. 货物损失是由于船长超速驾驶致使船舶触礁沉没而造成的

10. 2008 年 10 月 6 日,中国华远公司与加拿大麦克尔公司以 FOB 大连价格条件订立了从中国向加拿大温哥华出口一批华人春节用品的合同。由加拿大公司投保了水渍险。麦克尔公司通过银行开出的信用证规定的装船日期是 2008 年 12 月 15 日至 31 日。麦克尔公司所订中国籍货轮“大明”号在来大连的途中与他船相碰,经修理于 2009 年 1 月 21 日才完成装船。华远公司在出具保函的情况下换取了承运人签发的注明 2008 年 12 月 30 日装船的提单。船舶延迟到达目的港温哥华,造成收货人加拿大 F 公司一系列签订的供货合同均延迟履行,并导致了该加拿大 F 公司向麦克尔公司索赔。麦克尔公司在赔偿 F 公司后,向承运人提出了索赔。请问下列选项哪些是正确的?①

A. 麦克尔公司可向承运人提出索赔,因为其倒签了提单,应对因此引起的损失负责

B. 本案承运人签发的提单属于预借的提单

C. 本案承运人签发的提单属于倒签的提单

D. 麦克尔公司应向保险公司提出延迟交付的索赔

① 答案:AC。A 项正确,本案承运人根据保函倒签了提单,应对因此造成的延迟负责。B 项错误,本案不属于预借提单,预借提单是在还没有装船时即借出来的“已装船提单”。C 项正确,本案属于倒签提单的行为,即将实际装船的日期前提的行为。D 项错误,水渍险并不承保因延迟交付造成的损失。

>>>第五讲

国际贸易支付

特别提示

本讲在每年的司法考试中一般有1-2道试题。其主要的考点有:托收行的责任与免责、信用证当事人、UCP600与信用证欺诈例外。

考查概况

考查次数	已考考点	已考法条
1	汇票	
2	托收	《托收规则》第10、11、26条
2	信用证的种类	
4	信用证下银行的责任和免责	
1	信用证项下保兑行的责任	
4	信用证的止付	《最高人民法院关于审理信用证纠纷案件若干问题的规定》第8-10条
1	UCP600	
1	国际保理	

一、汇付和托收

(一)汇付及特点

汇付是由国际货物买卖合同的买方委托银行主动将货款支付给卖方的结算方式。在此种支付方式下,信用工具的传递与资金的转移方向是相同的,因此也称为顺汇法。汇付是建立在商业信用的基础上的,即完全建立在双方相互信赖的基础上,对双方均具有一定的商业风险。是否付款取决于进口商,付款没有保证。从付款时间上可以分为预付货款和货到付款。但无论是哪一种,对买卖合同的当事人来讲都有风险,买方不愿先付款,卖方不愿先交货。因此对双方均具有一定的商业风险。

(二)汇付的当事人及种类

汇付中的当事人有汇款人、收款人、汇出行和汇入行。汇款人是债务人或付款人,即国际贸易中的买方;收款人是债权人或受益人,即国际贸易中的卖方;汇出行是委托汇出款项的银行,一般是进口地银行;汇入行是受汇出行委托解付汇款的银行,因此又称为解付行,一般为出口地银行。

汇付依使用的信用工具不同可分为电汇、信汇和票汇三种方式。

1. 电汇(Telegraphic Transfer,简称 T/T)。

指汇出行受汇款人的委托,以电报或电传通知汇入行向收款人解付汇款的汇付方式。为了防止意外,汇出行拍发的电报或电传都带有密押,汇入行收到电报或电传后须核对密押相符后,再用电汇通知书通知收款人取款。

2. 信汇(Mail Transfer,简称 M/T)。

指汇出行受汇款人的委托,用邮寄信汇委托书授权汇入行向收款人解付汇款的汇付方式。在信汇的情况下,汇款人需填写汇款申请书,取得信汇回执,汇出行依汇款人的委托向汇入行邮寄信汇委托书,汇入行收到信汇委托书后,通知收款人取款。

3. 票汇(Demand Draft,简称 D/D)。

票汇是汇出行受汇款人的委托,开立以汇入行为付款人的银行即期汇票,由汇款人自行寄交收款人凭以向汇入行提取汇款的汇付方式。票汇的程序是由汇款人填写票汇申请书并向汇出行交款付费取得银行即期汇票后,由汇款人将汇票寄收款人,汇出行同时向汇入行发出汇票通知书,收款人收到汇票后向汇入行提示汇票请求付款。

图 5－1 列示了三种汇付方式的汇付流程图。

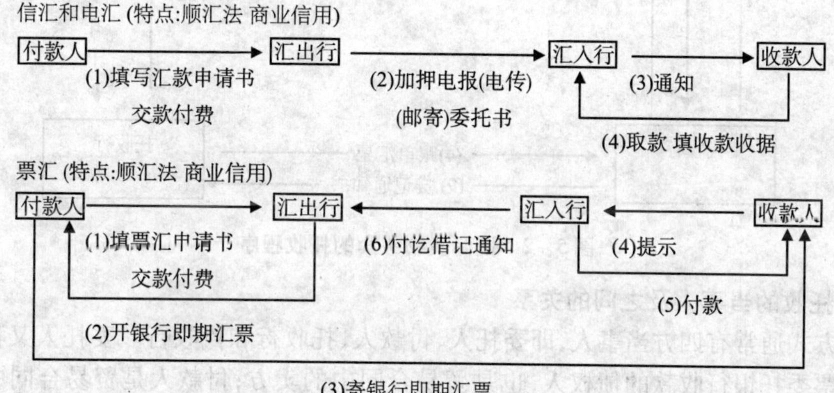

图 5－1 汇付方式流程对照

(三)托收

托收是由银行依委托人的指示处理单据,向付款人收取货款或承兑、交付单据或按其他条件交付单据的结算方式。在托收方式下,信用工具的传递与资金的转移方向相反,因此托收是一种逆汇法。在托收付款下,付款人是否付款是依其商业信用,银行并不承担责任。在调整托收的法律上,国际商会在总结国际惯例的基础上于 1958 年制定和公布了《商业单据托收统一规则》,该规则于 1967 年进行了修订,1978 年国际商会将其改名为《托收统一规则》。1995 年国际商会公布了新修订的《托收统一规则》,又称 522 号出版物(简称

《URC522》)。该规则属于国际惯例。

(四)托收的程序

托收的基本程序是:(1)委托人(即卖方)向其所在地银行提出托收申请,填写托收指示书。卖方通常会开出买方为付款人的汇票。根据《托收统一规则》的规定,送交托收的汇票和装运单据等单据,必须附有一份完整和明确的托收指示书。(2)托收行(卖方所在地银行)接受申请后,委托其在买方的往来银行(即代收行)代为办理收款事宜。(3)代收行向买方作付款提示或承兑提示,在付款人付款后通知托收行,托收行即向卖方付款。如付款人拒付,则由代收行通知托收行,再由托收行通知卖方。在国际货物买卖中,收款人在出具汇票前需先发货并取得提单,付款人在付款赎单后则可提货,具体程序如图 5-2 所示。

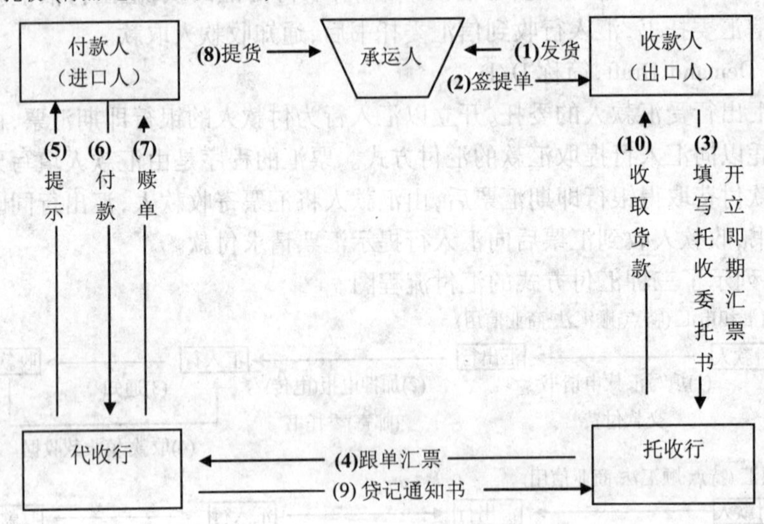

图 5-2 国际货物买卖的托收程序

(五)托收的当事人及之间的关系

托收方式通常有四方当事人,即委托人、付款人、托收行和代收行。委托人又称出票人,是开立汇票委托银行收款的债权人,也是贸易合同中的卖方;付款人是贸易合同中的买方;托收行为接受出票人的委托向国外收取货款的银行,通常为卖方所在地银行;代收行为受托收行的委托,代理托收行直接向付款人收款的银行,通常为买方所在地银行。

托收当事人之间的关系如下:

1.委托人与托收行之间是委托关系。

委托人是委托银行办理托收的人,通常是国际货物买卖合同中的卖方。接受委托人委托处理托收的银行称为托收行,通常在卖方所在地。委托人在委托银行代为托收时,须填写一份托收委托书,规定托收的指示及双方的责任,该委托书即成为双方的代理合同。在此代理关系中,托收行按委托人的托收指示托收,托收指示规范委托行与托收行之间的法律关系。

2. 托收行与代收行之间是业务代理关系,或属于同一银行的分支机构。

代收行通常在买方所在地。其之间的代理合同由托收指示书、委托书以及由双方签订的业务互助协议等组成。根据《托收统一规则》的规定,银行必须依托收指示书中的规定和依本规则行事,如由于某种原因,某一银行不能执行其所收到的托收指示书的规定时,必须立即通知发出托收指示书的一方。如代理人违反了该项原则,应赔偿由此给委托人造成的损失。

3. 委托人与付款人之间是货物买卖合同关系,也是债权人与债务人关系。

委托人为卖方,付款人一般为买方。如果托收中使用汇票,通常委托人是出票人,付款人是受票人。

4. 委托人与代收行之间不存在直接的合同关系。

尽管托收行是委托人的代理人,代收行又是托收行的代理人,但依代理法的一般原则,在委托人与代收行之间并没有合同关系。因此,如果代收行违反托收指示行事导致委托人遭受损失时,委托人并不能直接对代收行起诉。委托人只能通过托收行追究代收行的责任。

5. 代收行与付款人之间没有法律上的直接关系。

付款人是否付款是依其对托收票据的付款责任。付款人是依托收指示向其提示的人,通常为买卖合同中的买方。

【例 5-1】(2004 年·卷一·76 题)中国太宏公司与法国莱昂公司签订了出口 1 000 吨水果的合同,价格术语为 CFR 里昂,规定货物可以有 6% 的溢短装,付款方式为银行托收,付款交单(D/P)。卖方实际装船 995 吨,船长签发了清洁提单。货到目的港后经法国莱昂公司验收后发现水果总重短少 8%,且水果的质量也与合同规定不符。法国公司拒绝付款提货,并要求减价。后来水果全部腐烂。关于本案,根据国际商会《托收统一规则》,下列选项哪些是正确的?①

A. 当法国莱昂公司拒绝付款赎单时,代收行应当主动提货以减少损失

B. 当法国莱昂公司拒付时,代收行应当主动制作拒绝证书,以便收款人追索

C. 如损失是因代收行没有执行托收行的指示造成的,托收行无须向委托人承担责任

D. 本案采用的是跟单托收的付款方式

(六)托收的种类

1. 光票托收(Clean Bill for Collection)。

这是指委托人开立不附货运单据的汇票,仅凭汇票委托银行向付款人收款的托收方式。光票托收的汇票依付款时间的不同,可分为即期和远期两种。对于即期汇票,代收行应立即

---

① 答案:CD。A 项错误,根据《UCR522》号,当付款人拒绝付款赎单时,除非事先征得银行同意,银行对于跟单托收项下的货物无义务采取任何措施。B 项错误,根据《URC522》,在汇票被拒绝付款时,如托收指示书上无特别指示,银行没有作出拒绝证书的义务。C 项正确,因为损失是因代收行没有执行托收行的指示造成的,托收行没有过错,因此,托收行无须向委托人承担责任。正确的做法是由中国太宏公司通过托收行追究代收行的责任。中国太宏公司在本托收关系中是委托人,在委托人与代收行之间没有直接的合同关系,因此,如果代收行违反托收指示行事导致委托人遭受损害时,委托人不能直接对代收行起诉,而应通过托收行追究代收行的责任。D 项正确,因为本题采用的是付款交单,因此是跟单托收的付款方式。

向付款人提示并要求付款。对于远期汇票,代收行则先要向付款人提示汇票要求承兑。光票托收的风险较大,因此,一般只用于样品费、佣金、货款尾数等的结算。

2. 跟单托收(Documentary Bill for Collection)。

这是指委托人开立附商业单据的汇票,凭跟单汇票委托银行向付款人收款的托收方式,或不使用汇票的商业单据托收方式。

跟单托收又可分为付款交单和承兑交单。付款交单(Documents against Payment,简称D/P)指代收行在买方付清货款后才将货运单据交给买方的付款方式。承兑交单(Documents against Acceptance,简称D/A)指在开立远期汇票的情况下,代收行在接到跟单汇票后,要求买方对汇票承兑,在买方承兑后即将货运单据交付买方的托收方式。承兑交单的风险大于付款交单。

(七)银行的义务与免责

根据《托收统一规则》的规定,托收行对委托人、代收行对托收行负有下列具体代理行为的义务:

1. 银行应严格按托收指示履行责任。

一切托收单据必须附有托收指示书。该托收指示必须完整明确。在接受托收后,银行严格按托收指示办理托收。除非在托收指示中另有授权,银行概不理会来自托收委托的当事人/银行以外的任何一方/银行的指示。托收指示应包括有关当事人的详情、托收的金额和货币、所附的单据清单和数量、支付及/或承兑的条款和条件、托收费用、托收利息、付款方法和付款通知形式、不付款、不承兑或不符指示时的指示,还应包括付款人的完整地址以便进行提示。做出托收指示的一方须确保交单的条件清楚、明确,否则银行对由此造成的后果不承担责任。代收行对地址不完整或不准确而产生的迟延不负责任。

2. 银行的义务不涉及货物、服务或行为。

银行履行义务的对象是有关单据。一般情况下,银行与买卖合同的执行没有关系。除非银行事先同意,货物不应直接发至银行,或以银行或银行的指定人为收货人。即使银行为收货人,银行也没有提货的义务,货物的风险及责任由发货人承担。银行没有义务对货物采取措施,包括存储和保险,即使在托收指示中有此专门指示;如果银行采取措施保护货物,对货物的下落、状况、受托保护货物的第三人的行为或不行为,不负责任,但必须毫不迟延地通知发生托收指示的银行。与保护货物的措施有关的费用由银行从其收到指示的一方承担。

3. 及时提示的义务。

指对即期汇票应毫无延误地进行付款提示;对远期汇票则必须不迟于规定的到期日作付款提示。当远期汇票必须承兑时应毫无延误地作承兑提示。

4. 保证汇票和装运单据与托收指示书的表面一致。

如发现任何单据有遗漏,应立即通知发出指示书的一方。

5. 无延误地通知托收结果,包括付款、承兑、拒绝承兑或拒绝付款等。

在托收成功的情况下,收到的款项和扣除必要的手续费和其他费用后必须按照指示书的规定无迟延地解交本人。

6.银行的业务标准及免责事项。

银行办理业务时遵循诚信及合理谨慎原则。由于托收属于商业信用,而不是银行信用,银行对货款能否支付不承担任何责任,银行在托收中的地位严格地限于代理人,为此,《托收统一规则》规定了银行不承担责任的情况,主要包括:

(1)对收到单据的免责。银行只负责确定收到的单据和托收指示所列是否一致。如果发现单据丢失,应毫不迟延地通知托收指示方。除此之外,没有进一步的义务。如果单据没有列入清单,托收行不涉及代收行收到的单据的种类和数量的争议。

(2)对单据的有效性免责。银行只须核实单据在表面上与托收指示书一致,此外没有进一步检验单据的义务;代收行对承兑人签名的真实性或签名人是否有签署承兑的权限概不负责。对单据的形式、充分性、准确性、真伪性及法律效力,不负责任;对单据中规定的或附加的一般或特殊的条件不负责任;对单据所代表的货物的描述、数量、重量、质量、条件、包装、交付、价值或存在,不负责任;对托运人、承运人、货运代理人、收货人、保险人或任何其他的诚信、行为或不行为、清偿能力、履行或资信,不负责任。

(3)对寄送途中的延误、丢失及翻译的错误,不承担责任。与托收有关的银行对由于任何通知、信件或单据在寄送途中发生延误或失落所造成的一切后果,或对电报、电传、电子传送系统在传送中发生延误、残缺和其他错误,或对专门性术语在翻译上和解释上的错误,概不负责。

(4)对受指示方的行为免责。为执行委托人的指示利用其他银行的服务,一切风险和费用由委托人承担。银行对于所转递的指示未被执行不承担责任。但指示另一方提供服务的一方,应受外国法律和惯例对受指示方施加的任何义务和责任的约束,并应对被指示方进行偿付。

(5)对不可抗力免责。与托收有关的银行对由于自然灾害、暴动、骚乱、叛乱、战争或银行本身无法控制的任何其他原因,或对由于罢工或停工致使银行营业间断所造成的一切后果,概不负责。

(6)在汇票被拒绝承兑或拒绝付款时,若托收指示书上无特别指示,银行没有作出拒绝证书的义务。

【例5-2】(2008年·卷一·44题)修帕公司与维塞公司签订了出口200吨农产品的合同,付款采用托收方式。船长签发了清洁提单。货到目的港后经检验发现货物质量与合同规定不符,维塞公司拒绝付款提货,并要求减价。后该批农产品全部变质。根据国际商会《托收统一规则》,下列哪一选项是正确的?①

① 答案:C。根据《托收统一规则》第11条,为使委托人的指示得以实现,银行使用另一银行或其他银行的服务是代该委托人办理的,因此,其风险由委托人承担;即使银行主动地选择了其他银行办理业务,如该行所传递的指示未被执行,该行不承担责任或对其负责。因此,A、B项错误。根据第24条,除非委托人有明确的指示,否则托收行没有义务主动制作拒绝证书。根据第26条的规定,托收行应尽力查明不付款或不承兑的原因,并不延误地将有关情况通知托收行,C项正确。根据第10条,银行没有义务对与跟单托收有关的货物采取任何措施,即使银行接到有关的特别指示时亦同。原因在于银行的工作及其专长是处理单据,而不是处理货物,D项错误。

A. 如代收行未执行托收行的指示，托收行应对因此造成的损失对修帕公司承担责任

B. 当维塞公司拒付时，代收行应当主动制作拒绝证书，以便收款人追索

C. 代收行应无延误地向托收行通知维塞公司拒绝付款的情况

D. 当维塞公司拒绝提货时，代收行应当主动提货以减少损失

（八）托收下的银行融资

银行在办理托收时，可以利用托收票据向出口商或进口商提供资金融通。

1. 出口托收押汇（collection bill purchased）。

托收行买入出口商（委托人）开立的以进口商为付款人的跟单汇票及随附商业单据，扣除利息和费用后将剩余货款付给出口商，托收行通过其联行或代理行向付款人收款。由于托收下债务人有可能不付款，所以出口托收押汇将卖方承担的风险转移到了托收行。除非出口商、进口商的资信良好，托收行一般不做这种业务。常见的是出口商向托收行保证，在进口商拒付时，托收行享有对出口商的追索权。该业务也称为议讨。

2. 信托收据（trust receipt，T/R）。

代收行也可以利用托收票据向进口商提供资金融通。代收行在付款人付款之前，凭付款人向其出具的信托收据，借出有关单据，供其报关、提货、出售，付款人用所得货款付款，赎回信托收据。有关单据下的货物及收益仍属银行，进口商只是处于信托人的地位。该做法适用于远期付款交单，是代收行向进口商提供信用。除非原来的托收指示要求这样做，代收行承担了进口商不付款的风险。可见，托收本来就有很大风险，再凭信托向进口商出借单据，风险会更大一些。

二、信用证

（一）适用于信用证的国际惯例

信用证是银行依开证申请人的请求，开给受益人的一种保证银行在满足信用证要求的条件下承担付款责任的书面凭证。在信用证付款方式下，开证银行以自身的信誉为卖方提供付款的保证，因此，信用证付款方式是一种银行信用。适用于信用证的国际惯例是国际商会在1930年制定的《跟单信用证统一惯例》（Uniform Customs and Practice for Documentary Credits）（简称UCP），该惯例曾进行过多次修改，UCP500号实施了十多年，由于银行、进口商等当事人对UCP500号的错误理解及应用，约有70%信用证项下的单据在首次交单时因不符而被拒付，因而影响了信用证在付款工具上的地位。在2006年召开的国际商会巴黎年会上，通过了UCP600号，UCP600号于2007年7月1日实施。UCP600性质上属于国际商业惯例。UCP600没有包括与信用证有关的一切事项，例如信用证效力、信用证欺诈等。我国最高人民法院2005年《关于审理信用证纠纷案件若干问题的规定》，就与信用证纠纷相关的问题作出了规定。

(二) 信用证的定义

依UCP600,信用证是指一项不可撤销的安排,该项安排构成开证行对相符交单予以承付的确定承诺,无论该项安排的名称或描述如何。作为一种国际支付方式,信用证是一种银行信用,银行承担第一位的付款责任。这是信用证区别于汇付、托收的根本性特征。作为一种文件,信用证是开证行开出的凭信用证规定条件付款的一份书面承诺。

【例5-3】(2008年·卷一·87题)根据国际商会《跟单信用证统一惯例》(UCP600)的规定,如果受益人按照信用证的要求完成对指定银行的交单义务,出现下列哪些情形时,开证行应予承付?①

A. 信用证规定指定银行议付但其未议付

B. 信用证规定指定银行延期付款但其未承诺延期付款

C. 信用证规定指定银行承兑,指定行承兑但到期不付款

D. 信用证规定指定银行即期付款但其未付款

(三) UCP600号的主要修改

1. 结构上的变化。

UCP600在结构上的重要变化表现为集中归纳了概念和一些词语在本惯例下的特定解释。把原本散落在各个条款中的解释定义归集在一起,使全文变得清晰。UCP600结构上的另一个变化是按照业务环节对条款进行了归结,将通知、修改、审单、偿付、拒付等涉及的条款在原来的基础上集中,使规定更加明确和系统化。

2. 删除了某些条款。

UCP600号删除UCP500号中某些过时或超出UCP范围的条款。例如,删除第6条关于可撤销信用证的内容,由于可撤销信用证对受益人缺乏保障,被使用的机会也很小,因此,600号将该条删除,而在第2条关于信用证的定义中,规定信用证是不可撤销的。改变了500号"如果信用证没有注明其是否可撤销则被视为不可撤销"的规定。

3. 新增了某些条款。

例如,新增了一些定义,包括银行日、保兑、兑付、交单等。鉴于以前在信用证的交单地点上有矛盾的规定,如规定自由议付的信用证交单地点却在开证行所在地。新增条款明确交单地点应在指定银行及开证行所在地。新增"兑付"(HONOUR)一词概括了开证行、保兑行、指定行在信用证下除议付以外的一切与支付相关的行为。该定义的引入在于努力表明无论哪一种信用证,银行在信用证下的义务是同一性质的。从信用证使用角度,特别是从受

---

① 答案:ABCD。根据《跟单信用证统一惯例》第7条的相关规定,开证行应对指定银行给予偿付并取得相关的票据和单据。但如果指定银行不议付,开证行将负责承付(第7条第1款第5项),A项正确。如果信用证规定指定银行延期付款但其未承诺延期付款,按照第7条第3款,开证行必须承付,B项正确。若信用证的指定银行承兑了汇票但到期不付款,此种情况下,虽然该指定银行因该承兑汇票对受益人承担付款责任,但根据第7条第4款,开证行仍然负有承付的义务,权利人可以向他们中的任何一个人要求付款,C项正确。根据第7条第2款,信用证规定指定银行即期付款但其未付款时,开证行将负责承付,D项正确。

益人角度来看是有益的。规定了“相符的交单”的含义，强调要与信用证条款、适用的惯例条款以及国际银行标准实务相符合。明确对“相符交单”的界定，有利于减少实践中有关单据不符点的争议。

4. 进行了某些内容的修改。

UCP600 对 UCP500 的某些条款有实质变动。主要有下列几点：其一，关于议付，新的定义明确了议付是对票据及单据的一种买入行为，并明确是对受益人的融资，即预付或承诺预付。定义上的改变承认了有一定争议的远期议付信用证的存在，同时使将议付行对受益人的融资纳入了惯例保护的范围。明确了在议付中开证行的授权，明确了开证行对于指定行进行承兑、作出延期付款承诺的授权，同时包含允许指定行进行提前买入的授权。这项规定旨在保护指定行在信用证下对受益人进行融资的行为。其二，关于单据处理的天数，UCP500 规定开证行、保兑行、指定行在收到单据后的处理时间为“合理时间，不超过收单翌日起第 7 个工作日”，UCP600 中改为了“最多为收单翌日起第 5 个银行工作日”。这样可以解决业务中经常出现处理时间是否“合理”的争议。UCP600 把单据处理时间的双重判断标准简化为单纯的天数标准，使得判断依据简单化。其三，拒付后对单据的处理。UCP600 细化了拒付电中对单据处理的几种选择，包括一直以来极具争议的条款，即“拒付后，如果开证行收到申请人放弃不符点的通知，则可以释放单据。”UCP600 把这种条款纳入合理的范围内，符合现实业务的发展，减少了因此产生纠纷的可能，并可缩短不符点单据处理的周期。其四，关于转让信用证。UCP600 明确了第二受益人的交单必须经过转让行。其目的是为了避免第二受益人绕过第一受益人直接交单给开证行，损害第一受益人的利益；同时，这条规定也与其他关于转让行操作的规定相符。总之，与 UCP500 号相比，UCP600 号的内容更准确、更易操作、更易理解。

【例 5 - 4】2006 年国际商会巴黎会议上通过的经修改的《跟单信用证统一惯例》（UCP600）于 2007 年 7 月 1 日实施。下列哪些选项属于 UCP600 修改或规定的内容？①

A. 直接规定信用证是不可撤销的

B. 明确了议付是对银行票据及单据的一种买入行为

C. 规定当开证行确定单证不符时，可以自行决定联系申请人放弃不符点

D. 规定银行收到单据后的处理时间为“合理时间”，不超过收单翌日起的 5 个银行工作日

（四）信用证的种类

1. 可撤销的信用证和不可撤销的信用证。

可撤销的信用证指信用证在有效期内，开证行不必事先通知受益人，即可随时修改或取

① 答案：ABCD。A 项正确，UCP500 第 6 条中规定信用证有可以撤销和不可撤销的区分。UCP600 第 2 条和第 3 条“解释”直接规定信用证是不可撤销的，A 项正确。B 项正确，UCP600 明确了议付是银行对票据及单据的一种买入行为。C 项正确，UCP600 第 16 条 b 项规定：当开证行确定交单不符时，可以自行决定联系申请人放弃不符点。因此，C 项正确。在 UCP500 中，规定银行收到单据后的处理时间为 7 个工作日。UCP600 第 14 条 b 项改为 5 个银行工作日。D 项正确。

消的信用证。但如果在收到开证行撤销通知之前,该信用证已经按照信用证条款付款、承兑、议付或作出了延期付款的承诺,开证行应对该银行偿付。可撤销的信用证必须在信用证上明确注明,依 UCP500 号的规定,信用证上没有注明的,视为是不可撤销的信用证。由于可撤销信用证对受益人缺乏保障,很少使用,因此,UCP600 号将该条删除,在第 2 条关于信用证的定义中,规定信用证是不可撤销的。改变了 UCP500 号"如果信用证没有注明其是否可撤销则被视为不可撤销"的规定。不可撤销的信用证指在信用证有效期内,不经开证行、保兑行和受益人同意就不得修改或撤销的信用证。不可撤销的信用证对受益人收款比较有保障,是在国际贸易中使用最为广泛的一种信用证。

2. 保兑信用证和不保兑信用证。

保兑信用证指开证行开出的信用证又经另一家银行保证兑付的信用证。保兑行对信用证进行保兑后,其承担的责任就相当于本身开证,不论开证行发生什么变化,保兑行都不得片面撤销其保兑。不保兑的信用证指未经另一银行加以保证兑付的信用证。

3. 即期信用证和承兑信用证。

即期信用证指受益人提示有关单据时开证行或议付行审核合格后即付款的信用证,可使用即期汇票,也可不用汇票。承兑信用证指受益人仅可开立远期汇票,开证行或议付行审核单据合格后对汇票予以承兑、在付款到期日支付货款的信用证。

4. 可转让的信用证和不可转让的信用证。

可转让的信用证指受益人可将信用证的部分或全部权利转让给第三人的信用证。可转让的信用证必须在信用证上注明"可转让"(transferable)的字样。不可转让的信用证指受益人不能将信用证的权利转让给他人的信用证。

5. 跟单信用证和光票信用证。

跟单信用证指凭跟单汇票或只凭单据付款的信用证。单据指代表货物所有权或证明货物已经发运的单据。光票信用证指凭不附单据的汇票付款的信用证。

此外,还有对背信用证、对开信用证、循环信用证、备用信用证等种类的信用证。

(五)信用证的流转程序

以信用证方式付款时,一般须经过下列基本步骤:(1)国际货物买卖合同的双方在买卖合同中明确规定采用信用证方式付款;(2)申请开证,买方向其所在地的银行提出开证申请,并交纳一定的开证押金或提供其他保证,要求银行向卖方开出信用证;(3)通知受益人,开证行依申请书的内容开立信用证并寄交卖方所在地银行;(4)交单结汇,卖方对信用证审核无误后,即发运货物并取得信用证所要求的装运单据,再根据信用证的规定凭单据向其所在地的指定银行结汇;(5)索偿,指定行付款后将汇票和货运单据寄开证行要求索偿,开证行核对单据无误后偿付议付行;(6)付款赎单,开证行通知买方付款赎单;(7)买方向开证行付款;(8)买方在付款后取得单据。

信用证流转程序如图5－3所示(特点:银行信用逆汇法):

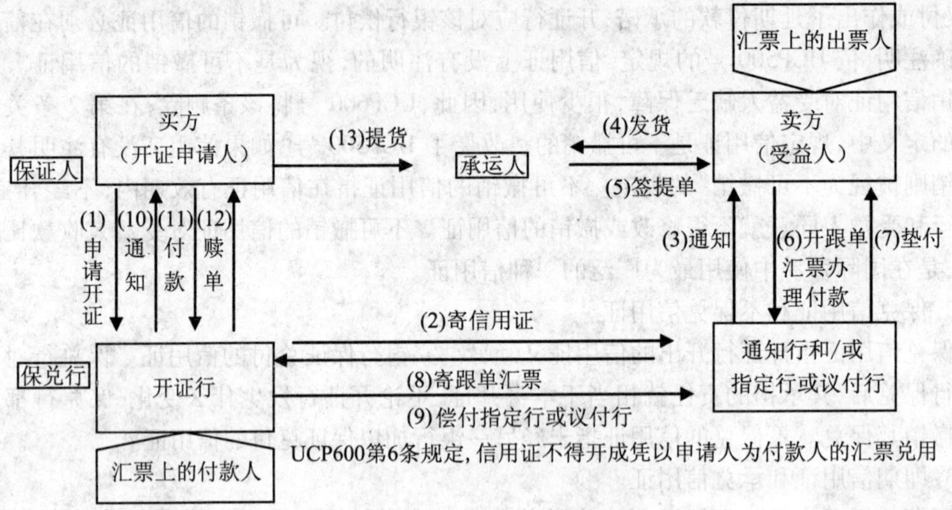

图5－3 国际货物买卖的信用证流转程序

(六)信用证的当事人

信用证的当事人会因具体交易情况的不同而有所增减,但一般来说信用证的流转会涉及下列主要当事人:

1.开证申请人,指向银行申请开立信用证的人。

在国际贸易中,开证申请人通常是国际货物买卖合同中的买方。在实际业务中,也有买方之外的第三人替买方申请开立信用证的情形。这时申请人是该第三人,而非买方,买方不是信用证的关系人。申请人申请开证时,一般需向开证行提供押金或其他担保。

2.开证行。

指接受开证申请人的委托,为其开立信用证的银行,通常是买方所在地的银行。

3.通知行。

指接受开证行的委托,负责将信用证通知受益人的银行,通常为受益人所在地的银行,通知行一般与开证行有业务往来的关系。

4.受益人。

指信用证上指定的有权享有信用证权益的人,即国际货物买卖合同中的卖方。

5.指定行。

指信用证中指定的、信用证可在其处兑用的银行。如信用证可在任何一家银行兑用,则任何银行均为指定银行。规定在指定银行兑用的信用证,同时也可以在开证行兑用。指定行一般为卖方所在地的银行。指定行可以是通知行,也可以是通知行外的另一家银行。

6.议付行。

指对相符交单通过向受益人预付或同意预付而购买汇票或单据的指定行。议付行通过购买汇票或单据,使自己成为信用证的受益人,可以享用信用证利益。

7.保兑行。

指根据开证行的授权或要求对信用证加具保兑的银行。保兑指保兑行在开证行承诺之外的承付或议付相符交单的确定承诺。保兑行自对信用证加具保兑时起,即不可撤销地承担承付或议付的责任。相对于受益人,保兑行相当于开证行;相对于开证行,保兑行是保证人,开证行是被保证人。

【例5-5】(2010年·卷一·100题)中国甲公司(卖方)与某国乙公司签订了国际货物买卖合同,规定采用信用证方式付款,由设在中国境内的丙银行通知并保兑。信用证开立之后,甲公司在货物已经装运,并准备将有关单据交银行议付时,接到丙银行通知,称开证行已宣告破产,丙银行将不承担对该信用证的议付或付款责任。据此,下列选项正确的是:①

A.乙公司应为信用证项下汇票上的付款人

B.丙银行的保兑义务并不因开证行的破产而免除

C.因开证行已破产,甲公司应直接向乙公司收取货款

D.虽然开证行破产,甲公司仍可根据信用证向丙银行交单并要求付款

(七)信用证当事人之间的关系

信用证关系有广义和狭义之分。狭义信用证关系,指基于开证行开出的信用证而产生的关系,包括开证行与受益人之间的关系、开证行与通知行之间的关系、开证行与指定行之间的关系、指定行与受益人之间、保兑行与开证行的关系、保兑行与受益人的关系等。广义信用证关系,除上述关系外,还包括开证行与申请人之间的关系。不同当事人之间具有不同的法律关系,其权利义务受不同的协议调整。

就其运作原理来说,信用证支付方式下,位于申请人所在国的开证行借助位于受益人所在国的其他银行向受益人付款。受益人或者直接向其所在地的指定行交单并接受付款,或者通过其所在地的银行向开证行交单并接受付款。无论哪种情况,开证行都是最终付款责任人。如果其他银行依据信用证向受益人付款,则开证行需要向这些银行偿付已付款项。由于其他银行所起的作用不同,由此引起的相关当事人的法律关系也不同。

1.开证申请人与受益人之间。

开证申请人与受益人之间是买卖合同关系。开证申请人即为国际贸易合同的买方,受益人即为卖方,双方订立的合同中约定以信用证方式支付货款,则买方应依合同的规定开立信用证,卖方则应依合同发货并提供约定的单据。开证行是对受益人承担付款义务的银行。

① 答案:BD。根据UCP600号第6条,信用证必须规定可在其处兑用的银行,或是否可在任一银行兑用。规定在指定银行兑用的信用证同时也可以在开证行兑用。信用证不得开成凭以申请人为付款人的汇票兑用。本题中的乙公司作为国际货物买卖合同中的买方,是开证申请人,不能成为信用证项下汇票上的付款人,A项错误。依UCP600号第8条,在保兑的情况下,保兑行对相符交单独立承担类似开证行的义务。保兑行自对信用证加具保兑时起,即不可撤销地承担承付或议付的责任。丙银行的保兑义务并不因开证行的破产而免除;虽然开证行破产,甲公司仍可依信用证向丙银行交单并要求付款。B、D项正确,C项错误。

开证行自开立信用证之时起即不可撤销地承担承付责任。开证行偿付指定行的责任，独立于开证行对受益人的责任。开证行一般是申请人所在地的银行或其开户行。开证行与申请人之间的关系受开证申请书的调整，开证行与受益人的关系受信用证调整。

2. 开证行与开证申请人之间。

开证行与开证申请人之间是以开证申请书及其他文件确定的委托合同关系。在此合同关系中，开证行的主要义务是依开证申请书开立信用证并谨慎地审核一切单据，确定单据在表面上符合信用证。开证申请人则应缴纳开证押金或提供其他保证，缴纳开证费用并付款赎单。

3. 开证行与受益人之间。

开证行与受益人之间的关系受信用证的调整，在开立不可撤销的信用证的情况下，则当信用证送达受益人时，在开证行与受益人之间即形成了对双方有约束力的独立合同。受益人是信用证中指定的接受信用证并有权享用信用证利益的人。一般是买卖合同中的卖方。在可转让信用证的情况下，除直接卖方外，还包括货物的实际供应商（第二受益人）。

4. 通知行与开证行之间。

通知行与开证行之间是委托代理关系，通知行接受开证行的委托，代理开证行将信用证通知受益人，并由开证行支付佣金给通知行。

5. 通知行与受益人之间。

通知行与受益人之间不存在合同关系。通知行通知受益人是因其对开证行负有义务，不是因为通知行与受益人之间有合同关系而对受益人负有此项义务。此点在 UCP500 号中也有反映，根据第 7 条规定，信用证可经通知行通知受益人，通知行无须承担责任。但鉴于国际贸易中伪造信用证的问题，该条又规定，如通知行决定通知信用证，则应合理谨慎地审核所通知信用证的表面真实性。

（八）处理信用证关系的一般原则

1. 信用证独立原则。

信用证交易的当事人之间主要存在这样几类关系：银行与银行之间的关系，开证行与申请人之间的关系，开证行与受益人之间的关系，申请人与受益人之间的关系。信用证开证行与受益人之间的权利义务关系，独立于其他法律关系。

根据 UCP600 第 4 条第 1 款的规定，信用证在性质上与可能作为其依据的销售合同或其他合同是相互独立的交易，即使信用证中含有对此类合同的任何援引，银行也与该合同完全无关，并不受其约束。因此，银行关于承付、议付或履行信用证项下其他义务的承诺，不受申请人基于其与开证行或与受益人之间的关系而产生的索偿或抗辩的影响。受益人在任何情况下，不得利用银行之间或申请人与开证行之间的合同关系。该条第 2 款进一步规定，开证行应劝阻申请人试图将基础合同、形式发票等文件作为信用证组成部分的做法。

银行独立于买方进行付款，以银行信用代替买方的商业信用，是信用证产生的目的，是跟单信用证的根本原则和特征。信用证独立原则保障信用证交易（支付）的独立性，不允许银行以卖方与买方之间对有关基础合同履行的争议,作为不付款、减少付款或延期付款的理由,也不允许买方以其与卖方之间的合同履行方面的争议为理由,限制银行向受益人付款。英国判例法曾指出,信用证如同汇票和现金,不允许以其他原因减损其效力。

在信用证条款与买卖合同条款的关系上,一般来说,信用证应按照合同中的规定开立,如果信用证条款与合同条款不符,在卖方没有提出异议的情况下,卖方应按信用证条款履行合同;或者要求买方、开证行修改信用证,直至符合买卖合同的规定为止。

在受益人交单不合格被拒付或者受益人没有在有效期内按时交单时,开证行根据信用证的付款责任解除,信用证关系消灭。但买方按照合同对卖方承担的付款责任并没有消失。这也是信用证独立于基础交易关系的另一体现。

【例5-6】一国际货物买卖合同规定通过信用证支付方式支付货物款项。开证行开出以卖方为受益人的信用证,在卖方发运货物之后,买方失去了支付能力。根据UCP600号的规定,下述选项中正确的是哪几项?①

A. 买方因失去了支付能力,因此,可指示开证行不要对受益人承付

B. 只要卖方交单相符,开证行仍要对其承付

C. 卖方可以不向买方交付货物,因为买方失去了支付能力

D. 开证行即使不能从买方得到受偿,也须对受益人承付

2. 单证严格一致原则。

这一原则包括两个方面:第一,信用证交易处理的是单据;第二,处理单据时应遵循单证相符原则,即对相符交单予以承付。

UCP600第5条规定,在信用证业务中,银行处理的是单据,而不是单据可能涉及的货物、服务或履约行为。因此,如果信用证中含有一项条件,但未规定用以表明该条件得到满足的单据,银行将视为未规定这一条件而不予理会;同样,如果交单人提交的单据是非信用证要求的单据,银行亦不予理会,并可退还给交单人。此外,国际商会银行委员会坚决反对开证行开立含有非单据性条件的信用证。

根据信用证的定义,信用证作为一项安排,构成了开证行对相符交单予以承付的确定承诺。在保兑的情况下,保兑行对相符交单独立承担类似开证行的义务。所谓相符交单,指与信用证条款UCP600的相关适用条款以及国际标准银行实务一致的交单。按指定行事的指定银行、保兑行及开证行须审核交单,并仅基于单据本身确定其是否表面上构成相符交单。在受益人交付的单据与信用证规定一致(单证一致)、单据与单据之间一致(单单一致)时,银行须根据信用证兑用的类型履行相应的义务。当按照指定行事的指定银行、保兑行或开证行确定交单不符时,可以拒绝承付或议付。

严格一致是形式要求而非实质或法律效果要求。开证行遵循单证严格一致原则向受益

---

① 答案:BD。开证行的独立付款责任。根据UCP600号,开证行的信用证下的付款义务独立于作为基础合同的买方的付款义务。开证行对受益人承担独立付款义务,并因为申请人失去支付能力的原因而拒付,也不能应申请人的拒付要求而拒付。在买卖合同中,卖方的货款受到信用证的保证,不能因买方的支付能力问题而拒绝履行合同。B、D项正确。

人付款，也是申请人对开证行的要求，是开证行对申请人承担的义务要求。根据 UCP600 的规定，当开证行确定交单不符时，可以自行决定联系申请人放弃不符点。这意味着，申请人可以在某种程度上放弃这种要求，在单证不符时，授权开证行对外付款。一旦申请人放弃单证相符的要求，或授权付款，申请人即丧失了以单据不符为由拒绝向开证行偿付的权利。但是，根据法律关系独立原则，在单证不符时，即使申请人放弃对单证一致的要求，从严格的意义上说，开证行仍然有权对受益人拒付。

相符交单的标准是表面相符。UCP600 第 14 条规定了单据审核标准，国际标准银行实务做法(ISBP)进一步细化了这一要求。

我国最高人民法院《关于审理信用证纠纷案件若干问题的规定》，开证行在作出付款、承兑或者履行信用证项下其他义务的承诺后，只要单据与信用证条款、单据与单据之间在表面上相符，开证行应当履行在信用证规定的期限内付款的义务。人民法院在审理信用证纠纷案件中涉及单证审查的，应当根据当事人约定适用的相关国际惯例或者其他规定进行；当事人没有约定的，应当按照国际商会《跟单信用证统一惯例》以及国际商会确定的相关标准，认定单据与信用证条款、单据与单据之间是否在表面上相符。信用证项下单据与信用证条款之间、单据与交易所之间表面上不完全一致，但并不导致相互之间产生歧义的，不应认定为不符点。

根据最高人民法院的上述规定，开证行有独立审查单据的权利和义务，有权自行作出单据与信用证条款、单据与单据之间是否在表面上相符的决定，并自行决定接受或者拒绝接受单据与信用证条款、单据与单据之间的不符点。开证行发现信用证项下不存在不符点，可以自行决定是否联系开证申请人接受不符点。开证申请人决定是否接受不符点，并不影响开证行最终决定是否接受不符点。开证行和开证申请人另有约定的除外。

(九)银行的免责

UCP600 许多条款规定了银行的免责事项，包括对单据有效性的免责，对讯息传递和翻译的免责，不可抗力的免责，以及对被指示方行为的免责等。

1. 关于单据有效性的免责。

根据 UCP600 第 34 条，银行对于任何单据的形式、完整性、准确性、真伪性或法律效力，或对于单据上规定为附加的一般性、特殊性条件，概不负责；对于单据中表明的货物描述、数量、重量、品质、状况、包装、交货、价值或其存在与否，对于货物的发货人、承运人、运输代理人、收货人、保险人或其他任何人的诚信与否、作为、不作为、清偿能力、履约或资信，概不负责。

2. 关于信息传递和翻译的免责。

根据 UCP600 第 35 条，对于任何文电、信函或单据按照信用证要求传递或发送时，或当信用证未作指示、银行自行选择传送服务时，银行对传输、传递过程中发生的延误、中途遗失、残缺或其他错误产生的后果，概不负责；对专门术语翻译、解释上的差错，概不负责。但是，如果指定行确定交单相符并将单据发往开证行或保兑行，无论指定行是否已经承付或议付,开证行或保兑行必须承付或议付,或偿付指定行,即使单据在指定行送往开证行或保兑行的途中,或保兑行在送往开证行的途中丢失。

3.不可抗力的免责。

根据UCP600第36条,银行对由于天灾、暴动、骚乱、叛乱、战争、恐怖主义行为,或任何罢工或停工或其无法控制的其他任何原因导致的中断营业的后果,概不负责。银行恢复营业时,对于在营业中断期间已逾期的信用证,不再进行承付或议付。

4.关于被指示方行为的免责。

根据UCP600第37条,为了执行申请人的指示,银行利用其他银行的服务,其费用和风险由申请人承担。即使银行自行选择了其他银行,如果发出指示未被执行,开证行或通知行对此亦不负责。指示另一银行提供服务的银行有责任负担被指示方因执行指示而发生的任何佣金、手续费、成本或开支(费用)。如果信用证规定费用由受益人负担,而该费用未能收取或从信用证款项中扣除,开证行依然承担支付此费用的责任。信用证或其修改不应规定向受益人的通知以通知行或第二通知行收到其费用为条件。外国法律和惯例加之于银行的一切义务和责任,申请人应受其约束,并就此对银行负补偿之责。

(十)信用证欺诈及例外原则

由于信用证的上述局限性,在客观上使欺诈者容易行骗成功。因而近年来的国际贸易中此类案件频繁发生,使进出口双方的利益受到极大的损害。

1.信用证欺诈的种类。

信用证使用中欺诈的表现形式各异,主要有:

(1)开立假信用证。有些进口商使用非法手段制造假信用证,或窃取其他银行已印好的空白格式信用证,或无密押电开信用证,或假印鉴开出信用证,签字和印鉴无从核对,或开证银行名称、地址不详等。

(2)"软条款"信用证。信用证中的"软条款"指信用证中规定一些限制性条款,或信用证的条款不清,责任不明,使信用证的不可撤销性大大降低,因而对受益人非常不利,例如,信用证中载有暂不生效条款。如信用证中注明"本证暂不生效,待进口许可证签发通知后生效",或注明"等货物经开证人确认后再通知信用证方能生效"。因买方在信用证中加列一些使信用证实际无法生效,卖方无法执行的"软条款",目的是买方骗得履约金、佣金或质保金之后,不通知装船,使卖方公司拿不到装船通知和检验证书,不能发货及向开证行交单索汇。

(3)伪造单据。伪造单据是指单据(如海运提单)不是由合法的签发人签发,而由诈骗人或委托他人伪造;或在合法签发人签发单据后进行篡改,改变单据中的有关内容,使之单证相符,骗取货款。

(4)以保函换取与信用证相符的提单。以保函换取与信用证相符的提单主要有倒签提单、预借提单及以保函换取清洁提单的情况。倒签提单是货物装船的日期晚于信用证规定的装船日期,但仍按信用证规定的日期签署装船日期的提单。预借提单和倒签提单的不同之处则在于，被预借的提单是在货物实际装船完毕前签发的，并将当天的日期记载于提单签发日期栏内。凭保函签发清洁提单时，隐瞒了船载货物本不清洁的事实真相，将不清洁的货物伪称清洁货物记载在提单上，剥夺了收货人本应享有的拒收货物、拒绝承兑赎单的合法权利。因此恶意保函无效。当然在没有欺诈意图的情况下，有时由于客观条件所限，承托双方就货物的数量、重量或包装等问题存在认识上的分歧，又无法对所装运的货物的实际数量进行再核实，此时凭保函签发清洁提单是商业习惯允许的变通做法，司法实践中已有案例承认了此种善意保函效力。此时，承运人仍应对货损货差向收货人承担责任，但有权根据有效的保函向托运人追偿。

2. 信用证欺诈例外原则。

在信用证支付方式中，严格执行信用证独立于买卖合同的原则有着重要的意义，但在国际贸易中卖方以单据欺诈手段骗取货款的案件不断发生，为了打击国际贸易中出现的欺诈行为，美国、英国、加拿大、新加坡和法国等国的法律、判例对欺诈行为提出了相应的处理原则。即在承认信用证独立于买卖合同原则的同时，也应当承认有例外情况。如果在银行对卖方提交的单据付款或承兑以前，发现或获得确凿证据，证明卖方确有欺诈行为，买方可请求法院向银行颁发禁止令，禁止银行付款。

3. 2005 年《最高人民法院关于审理信用证纠纷案件若干问题的规定》。（简称《规定》）

（1）《规定》适用的范围。该《规定》适用于在信用证开立、通知、修改、撤销、保兑、议付、偿付等环节产生的纠纷。此外，与信用证相关的纠纷，如委托开证申请人向开证行申请开立信用证、为信用证项下款项提供担保、信用证项下进一步融资等产生的纠纷。

（2）法律适用。第 1 条 - 第 4 条涉及法律适用问题。根据第 2 条的规定，法院审理信用证纠纷案件时，在法律适用上，当事人有约定的，从约定，没有约定的，适用国际商会《跟单信用证统一惯例》或其他相关国际惯例。第 1 条规定了何为信用证纠纷。"信用证纠纷"案件，指在信用证开立、通知、修改、撤销、保兑、议付、偿付等环节产生的纠纷。也有人称其为"信用证关系"纠纷，此类纠纷主要涉及信用证流转中的问题。

第 3 条针对涉及信用证而产生的一些债的纠纷的法律适用进行了规定，根据第 3 条的规定，开证申请人与开证行之间因申请开立信用证而产生的欠款纠纷、委托人和受托人之间因委托开立信用证产生的纠纷、担保人为申请开立信用证或者委托开立信用证提供担保而产生的纠纷以及信用证项下融资产生的纠纷，适用本《规定》。根据本条，该规定主要适用于欠款、委托、担保、融资等各种涉及信用证的债的关系的纠纷。

第 4 条针对涉及信用证的债的关系一般情况下是适用中国法，还是适用外国法的问题，规定有关开立信用证的欠款纠纷、委托开立信用证的纠纷、担保纠纷、融资纠纷应适用中国法，涉外合同当事人另有规定的除外。本条适用的内容似乎与第 3 条的内容基本相同，这里有一个一般法与特别法的关系，中国法为一般法，而本《规定》是特别法，因此，有关事项凡本《规定》有涉及的，应当优先适用，没有规定的，适用中国法。

（3）信用证的独立性和单证审查标准。第 5 条是对信用证的独立性原则的规定，同时，

“信用证欺诈例外原则”在此条中一并得到体现;第6条第1款明确了信用证项下单证审查的“严格相符”标准,而非“实质相符”标准,但在措辞上并未采用“严格相符”的表述,而是援用了《跟单信用证统一惯例》中“表面上相符”的表述;“表面上相符”标准并非“镜像”标准,而是允许单单之间、单证之间细微的、不会引起理解上歧义的“不完全一致”。

(4)信用证欺诈的构成。第8条列举了应当认定存在信用证欺诈的情形:第一,受益人伪造单据或者提交记载内容虚假的单据;第二,受益人恶意不交付货物或者交付的货物无价值;第三,受益人和开证申请人或者其他第三方串通提交假单据,而没有真实的基础交易;第四,其他进行信用证欺诈的情形。

(5)止付信用证项下款项的条件和程序。第9条是关于止付信用证项下款项的条件,即开证申请人、开证行或其他利害关系人发现有上述第8条的情形,并认为将会给其造成难以弥补的损害时,可向有管辖权的法院申请中止支付信用证项下的款项。第10条则规定了排除“信用证欺诈例外的例外”情形,规定即使存在信用证欺诈,但由于开证行或者其指定人、授权人已经对外付款或者基于票据上的法律关系将来必须对外付款,这种情形下,就不能再遵循“信用证欺诈例外”的原则,不能再通过司法手段干预信用证项下的付款行为。这些例外情形包括:第一,开证行的指定人、授权人已按照开证行的指令善意地进行了付款;第二,开证行或者其指定人、授权人已对信用证项下票据善意地作出了承兑;第三,保兑行善意地履行了付款义务;第四,议付行善意地进行了议付。

《规定》第11条规定的条件则是为了提高适用“信用证欺诈例外”的门槛,以防止司法的不当干预阻碍信用证制度在我国的发展,这些条件是:第一,受理申请的人民法院对该信用证纠纷案件享有管辖权;第二,申请人提供的证据材料证明存在本《规定》第8条的情形;第三,如不采取中止支付信用证项下款项的措施,将会使申请人的合法权益受到难以弥补的损害;第四,申请人提供了可靠、充分的担保;第五,不存在本《规定》第10条的情形。

《规定》第12条和第13条则是对人民法院裁定中止支付信用证项下款项具体程序上的规定。《规定》第14条是对人民法院实体审理存在信用证欺诈的信用证纠纷案件时有关程序上的规定,包括基础交易纠纷与信用证纠纷一并审理、第三人等。《规定》第15条要求只有经过实体审理,才可以在符合条件的情况下“判决终止支付信用证项下的款项”。

(6)关于信用证项下保证责任的承担。《规定》只涉及了信用证项下担保的两个方面问题:第一,第16条规定的开证行或者开证申请人接受不符点未征得保证人同意,保证人不能以此免除保证责任。这样规定主要是基于根据《跟单信用证统一惯例》的规定,是否接受不符点是开证行的权利,其他任何人都不享有此项权利的考虑;第二,第17条明确开证申请人与开证行对信用证进行修改的情况下未征得原保证人的同意,保证人只在原保证合同约定的或者法律规定的期间和范围内承担保证责任。

【例5-7】(2009年·卷一·46题)中国甲公司(买方)与某国乙公司签订仪器买卖合同,付款方式为信用证,中国丙银行为开证行,中国丁银行为甲公司申请开证的保证人,担保合同未约定法律适用。乙公司向信用证指定行提交单据后,指定行善意支付了信用证项下的款项。后甲公司以乙公司伪造单据为由，向中国某法院申请禁止支付令。依我国相关法律规定，下列哪一选项是正确的？①

A. 中国法院可以诈欺为由禁止开证行对外支付

B. 因指定行已善意支付了信用证项下的款项，中国法院不应禁止中国丙银行对外付款

C. 如确有证据证明单据为乙公司伪造，中国法院可判决终止支付

D. 丁银行与甲公司之间的担保关系应适用《跟单信用证统一惯例》规定

牛刀小试

1. 关于托收支付方式，下列表述中哪些是正确的？②

A. 托收行通常直接向买方收款

B. 代收行与托收行之间是委托关系

C. 由于代收行的原因致使收款不成功的，收款人可以诉代收行

D. 当付款人不付款赎单时，代收行没有义务提货

2. 委托人开立附货运单据的汇票，凭跟单汇票委托银行向付款人收款，代收行在买方付清货款后才将货运单据交给买方的付款方式是下列哪一种付款方式？③

A. 付款交单　　B. 承兑交单

C. 光票托收　　D. 票汇

3. 甲公司与另一国乙公司签订了出口200吨农产品的合同，付款采用托收方式。船长签发了清洁提单。货到目的港后经检验发现货物质量与合同规定不符，乙公司拒绝付款提货，并要求减价。后该批农产品全部变质。根据《托收统一规则》，下列哪一选项是正确

---

① 答案：B。根据《关于审理信用证案件纠纷若干问题的规定》第10条的规定，指定行已善意支付了信用证项下的款项，人民法院就不能再禁止开证行中国丙银行对外付款。A项错误。B项称"因指定行已善意支付了信用证项下的款项，中国法院不应禁止中国丙银行对外付款"，B项正确。C项称"如确有证据证明单据为乙公司伪造，中国法院可判决终止支付"，错误。根据《信用证解释》第4条的规定，因申请开立信用证产生的欠款纠纷、委托开立信用证纠纷和因此产生的担保纠纷以及信用证项下融资产生的纠纷应当适用中华人民共和国相关法律。涉外合同当事人对法律适用另有约定的除外。中国丁银行与甲公司之间是担保的关系，不应适用《跟单信用证统一惯例》规定，而应适用中国相关的法律。因此，D项错误。

② 答案：BD。A项错误，托收行通常是通过代收行向买方收款，而非直接收款。B项正确，代收行与托收行之间是委托关系。C项错误，因为收款人与代收行之间没有直接的关系，收款人应通过托收行与代收行交涉。D项正确，因为托收是商业信用，如付款人不付款赎单，代收行并不承担提货的义务。

③ 答案：A项正确，本题即为款付清后才放单，应为托收中的付款交单方式。B项错误，承兑交单在未付款承兑时就会放单。C项错误，本题开立的是跟单汇票，不是光票。D项错误，本题是托收，而不是汇付。

的?①

A. 如代收行未执行托收行的指示,托收行应对因此造成的损失对甲公司承担责任

B. 当乙公司拒付时,代收行应当主动制作拒绝证书,以便收款人追索

C. 代收行应无延误地向托收行通知乙公司拒绝付款的情况

D. 当乙公司拒绝提货时,代收行应当主动提货以减少损失

4. 信用证支付方式应由开证行承担独立付款责任,其付款义务不同于汇票付款人的义务。如果信用证规定使用汇票,根据UCP600号,有关该汇票下列哪项正确?②

A. 该汇票的付款人是信用证的申请人

B. 该汇票的出票人是开证行

C. 该汇票的出票人是信用证的受益人

D. 该信用证只有在没有注明的情况下才是不可撤销信用证

5. 开证行开出的信用证又经另一家银行保证兑付的信用证属于下列哪种信用证?③

A. 可转让信用证　　B. 光票信用证

C. 保兑信用证　　D. 可撤销的信用证

6. 一国际货物买卖合同规定通过信用证支付方式支付货物款项。开证行开出以卖方为受益人的信用证,卖方在发运货物之后,买方失去了支付能力。根据UCP600号的规定,有关该汇票的下述说法中正确的是哪项?④

A. 买方因失去了支付能力,因此,可指示开证行不要对受益人承付

B. 该汇票的出票人是开证行

C. 该信用证只有在没有注明的情况下才是不可撤销信用证

D. 该汇票的出票人是信用证的受益人

---

① 答案:C。根据《托收统一规则》第11条的规定,为使委托人的指示得以实现,银行使用另一银行或其他银行的服务是代该委托人办理的,因此,其风险由委托人承担;即使银行主动地选择了其他银行办理业务,如该行所传递的指示未被执行,该行不承担责任或对其负责。因此,A项错误。B项错误,因为根据第24条的相关规定,除非委托人有明确的指示,否则托收行没有义务主动制作拒绝证书。根据第26条,托收行应尽力查明不付款或不承兑的原因,并不延误地将有关情况通知托收行,C项正确。根据第10条,银行没有义务对与跟单托收有关的货物采取任何措施,即使银行接到有关的特别指示时亦同。原因在于,银行的工作及其专长是处理单据,而不是处理货物。D项错误。

② 答案:C。根据UCP600第6条的规定,C项,信用证不得开成任何以申请人为付款人的汇票兑用。信用证付款方式中,开证行审核受益人提供的单据,包括汇票,因而汇票不可能是由开证行自己出具的。A项错误,汇票的付款人应当是开证行,因为是银行信用,B项错误,出票人应当是受益人。D项错误,根据UCP600号,信用证都是不可撤销的。

③ 答案:C。A项错误,可转让的信用证是指受益人可将信用证的部分或全部权利转让给第三人的信用证。B项错误,光票信用证是凭不附单据的汇票付款的信用证。C项正确,经另一家银行保证兑付的信用证即为保兑信用证。D项错误,可撤销的信用证指信用证在有效期内,开证行不必事先通知受益人,即可随时修改或取消的信用证。

④ 答案:D。A项错误。根据UCP600号,开证行的信用证下的付款义务独立于作为基础合同的买方的付款义务。开证行对受益人承担独立付款义务,并为因为申请人的失去支付能力的原因而拒付,也不能应申请人的拒付要求而拒付。根据UCP600第6条C项,信用证不得开成任何以申请人为付款人的汇票兑用。信用证付款方式中,开证行审核受益人提供的单据,包括汇票,因而汇票不可能是由开证行自己出具的。汇票的付款人应当是开证行,因为是银行信用,B项错误,出票人应当是受益人。C项错误,根据UCP600号,信用证都是不可撤销的。D项正确。

7. A国甲公司(卖方)与中国乙公司(买方)订立货物买卖合同。乙公司向某银行申请开出不可撤销信用证,另一银行为保证人。信用证规定的装船时间为2006年3月10日前,而甲公司由于货源的原因,最早要到2006年3月15日才能备齐货物并装船付运。甲公司致电乙公司,请求修改信用证,乙公司表示同意。甲公司获得装船日期为3月15日的提单。根据《最高人民法院关于审理信用证纠纷案件若干问题的规定》,下列哪些是正确的?①

A. 如乙公司未将信用证修改的情形通知开证行,只要开证申请人已接受装船日期的不符点,开证行即应承担信用证项下付款责任

B. 如开证行接受了装船日期的不符点但未征得保证人同意,保证人可以以此免除保证责任

C. 如乙公司已将信用证修改的情形通知开证行,但未征得保证人的同意,保证人只在原保证合同约定的范围内承担保证责任

D. 开证行有权自行作出单据与信用证条款、单据与单据之间是否在表面上相符的决定

8. 2001年10月,中国某进出口A公司与新加坡B签订了一批货物的进口合同,以信用证方式付款,价格条件为FOB,由C公司承运,该批货物投保了一切险。货到目的港后,中国A公司发现这批货物的内在质量与合同的质量要求不符,遂请求银行不要议付,而B公司提交的议付单据则与信用证的要求一致。下列选项哪些是正确的?②

A. 银行可以不向B公司议付,因为B公司提供的货物的内在质量与合同要求不符

B. A公司可以向C公司索赔

C. A公司可以向保险公司索赔

D. A公司可以向B公司索赔

---

① 答案:CD。《最高人民法院关于审理信用证纠纷案件若干问题的规定》第7条规定:“开证行有独立审查单据的权利和义务,有权自行作出单据与信用证条款、单据与单据之间是否在表面上相符的决定……开证行拒绝接受不符点时,受益人以开证申请人已接受不符点为由要求开证行承担信用证项下付款责任的,人民法院不予支持。”A项错误,D项正确。根据第16条规定:“保证人以开证行或者开证申请人接受不符点未征得其同意为由请求免除保证责任的,人民法院不予支持。”B项错误。根据第17条规定:“开证申请人与开证行对信用证进行修改未征得保证人同意的,保证人只在原保证合同约定的或者法律规定的期间和范围内承担保证责任。”C项正确。

② 答案:D。A项错误,根据UCP600的规定,银行不受买卖合同的约束或影响,不负责买卖合同的履行情况等,因此只要单据与信用证的要求一致,银行即应办理议付。B项错误,本案货物是内在质量问题,而非运输途中造成的,所以不应找承运人C公司索赔。C项错误,本案货物是内在质量问题,不是保险公司承保的风险造成的。D项正确,本案的内在质量问题应由发货人B公司负责。

第六讲

对外贸易的管理制度

特别提示

本讲在司法考试作为一般了解,其主要考点有:贸易权开放,限制和禁止的货物贸易,关税制度,外汇管理。

考查概况

考查次数	已考考点	已考法条
2	对外贸管制	《对外贸易法》第2、8、9、29条
1	关税制度	

一、外贸管理法律制度框架

我国对外贸易管理制度是指我国通过制定法律和法规,对货物进出口、技术进出口和国际服务贸易进行管理和控制的制度。我国的对外贸易管理制度以《中华人民共和国对外贸易法》(2004年修订)(以下简称《对外贸易法》)为基本框架,以其他相关法律和行政法规为补充,从外贸主体、外贸行为、管制措施等诸多方面对外贸进行管理。我国对外贸易管理制度主要根据《中华人民共和国海关法》(以下简称《海关法》)、《对外贸易法》、2008年修订的《中华人民共和国外汇管理条例》(以下简称《外汇管理条例》)和进出境检疫、检验相关法律确立的。

二、我国的《对外贸易法》

(一)2004年《对外贸易法》

我国《对外贸易法》于1994年7月1日生效,2004年4月6日修订,修订案于2004年7月1日实施,2004年对《对外贸易法》的修订是在我国入世后出现的新环境及旧法不适应我国对外贸易快速发展的背景下进行的。我国《对外贸易法》在客体上适用于货物进出口、技术进出口和国际服务贸易。在地域范围上不适用于中华人民共和国的单独关税区。

(二)对外贸易经营者

新修订的《对外贸易法》在对外贸易经营者方面主要有下列修改:(1)外贸经营权的获

得由原来的审批制改为登记制。(2)从事外贸的主体扩大到了自然人。根据新法第8条的规定，对外贸易经营者是指依法办理工商登记或者其他执业手续，依照本法和其他有关法律、行政法规的规定从事对外贸易经营活动的法人、其他组织或者个人。而在修订前，中国的自然人不能从事对外贸易经营活动。根据上述规定，经营外贸业务仍然需要依法办理工商登记或者其他执业手续，才可获得对外贸易经营者的资格。

【例6-1】(2008年·卷一·85题)根据我国2004年修订的《对外贸易法》的规定，关于对外贸易经营者，下列哪些选项是错误的?①

A. 个人须委托具有资格的法人企业才能办理对外贸易业务

B. 对外贸易经营者未依规定办理备案登记的，海关不予办理报关验放手续

C. 有足够的资金即可自动取得对外贸易经营的资格

D. 对外贸易经营者向国务院主管部门办妥审批手续后方能取得对外贸易经营的资格

(三)货物与技术进出口

《对外贸易法》第三章是关于货物进出口与技术进出口的规定。根据规定国家准许货物与技术的自由进出口，但法律和行政法规另有规定的除外。对货物和技术的进出口分别依禁止进出口、限制进出口和自由进出口的货物实行目录管理。

在限制和禁止进出口方面，新《对外贸易法》参照GATT第20条一般例外及第21条安全例外的规定，增加了限制和禁止进出口的范围，将有关的世贸规则转化为了国内法。根据《对外贸易法》第16条的规定，国家基于下列原因，可以限制或者禁止有关货物、技术的进口或者出口：

1. 为维护国家安全、社会公共利益或者公共道德，需要限制或者禁止进口或者出口的；
2. 为保护人的健康或者安全，保护动物、植物的生命或者健康，保护环境，需要限制或者禁止进口或者出口的；
3. 为实施与黄金或者白银进出口有关的措施，需要限制或者禁止进口或者出口的；
4. 国内供应短缺或者为有效保护可能用竭的自然资源，需要限制或者禁止出口的；
5. 输往国家或者地区的市场容量有限，需要限制出口的；
6. 出口经营秩序出现严重混乱，需要限制出口的；
7. 为建立或者加快建立国内特定产业，需要限制进口的；
8. 对任何形式的农业、牧业、渔业产品有必要限制进口的；
9. 为保障国家国际金融地位和国际收支平衡，需要限制进口的；
10. 依照法律、行政法规的规定，其他需要限制或者禁止进口或者出口的；
11. 根据我国缔结或者参加的国际条约、协定的规定，其他需要限制或者禁止进口或者

① 答案：ACD。本题为否定命题。根据《对外贸易法》第8条的规定，个人可以办理对外贸易业务，A项错误。B项正确，符合第9条的规定。C项仅强调了当事人的资金情况，不符合《对外贸易法》第9条要求对外贸易经营者实行备案登记制度的规定，因此表述错误，当选。D项错误，因为我国现行外贸制度采取对外贸易经营者备案登记制度，而不是过去的审批制度。

出口的。

此外,国家对与裂变、聚变物质或者衍生此类物质的有关货物、技术进出口,以及与武器、弹药或者其他军用物资有关的进出口,可以采取任何必要的措施,维护国家安全。在战时或者为维护国际和平与安全,国家在货物、技术进出口方面可以采取任何必要的措施。

在限制和禁止进出口货物及技术的管理上,国务院对外贸易主管部门会同国务院其他有关部门,根据《对外贸易法》的规定,制定和调整并公布限制或者禁止进出口的货物、技术目录,并可临时决定限制或者禁止前款规定目录以外的特定货物、技术的进口或者出口。国家对限制进出口的货物实行配额、许可证等方式管理。对限制进出口的技术实行许可证管理。国家对部分进口货物还可以实行关税配额管理。

【例6-2】(2004年·卷一·74题)依据我国2004年修订的《中华人民共和国对外贸易法》的规定,关于货物的进出口管理,下列选项哪些是不正确的?①

A. 对自由进出口的货物无需办理任何手续

B. 全部自由进出口的货物均应实行进出口自动许可

C. 实行自动许可的进出口货物,国务院对外贸易主管部门有权决定是否许可

D. 自动许可的进出口货物未办理自动许可手续的,海关不予放行

(四)国际服务贸易

《对外贸易法》第四章是关于国际服务贸易的规定。该章参照世界贸易组织的服务贸易总协定第14条的规定,完善和补充了有关服务贸易一般例外和安全例外的规定。根据该章规定,我国在国际服务贸易方面依所缔结或者参加的国际条约及协定中的承诺,给予其他缔约方市场准入和国民待遇。

根据《对外贸易法》第26条的规定,国家基于下列原因,可以限制或者禁止有关的国际服务贸易:

1. 为维护国家安全、社会公共利益或者公共道德,需要限制或者禁止的;

2. 为保护人的健康或者安全,保护动物、植物的生命或者健康,保护环境,需要限制或者禁止的;

3. 为建立或者加快建立国内特定服务产业,需要限制的;

4. 为保障国家外汇收支平衡,需要限制的;

5. 依照法律、行政法规的规定,其他需要限制或者禁止的;

6. 根据我国缔结或者参加的国际条约、协定的规定,其他需要限制或者禁止的。

此外,国家对与军事有关的国际服务贸易,以及与裂变、聚变物质或者衍生此类物质的

---

① 答案:ABC。A项错误,对于自由进出口的货物,基于监测的需要,可以对部分自由进出口的货物实行进出口自动许可。B项错误,并非全部自由进出口的货物均应实行进出口自动许可,基于监测进出口情况的需要,只是对部分自由进出口的货物实行进出口自动许可。C项错误,对实行自动许可的进出口货物,国务院对外贸易主管部门应当予以许可,而不是"有权决定是否许可",自动许可的目的主要是为了监测和统计,不应采用审批的方式决定是否许可。D项正确,根据《对外贸易法》第15条第2款的规定,自动许可的进出口货物未办理自动许可手续的,海关不予放行。

有关的国际服务贸易，可以采取任何必要的措施，维护国家安全。在战时或者为维护国际和平与安全，国家在国际服务贸易方面可以采取任何必要的措施。

（五）对外贸易中的知识产权保护

为了适应知识产权保护逐渐成为对外贸易中的突出问题的需要，新修订的《对外贸易法》增加了“对外贸易中知识产权保护”一章，以便通过一系列贸易措施，确保知识产权在贸易领域得到保护。

该法第29条所针对的是对进口货物侵犯我国知识产权的处理。该条规定在进口货物侵犯知识产权，并危害对外贸易秩序时，国务院对外贸易主管部门可以采取在一定期限内禁止侵权人生产、销售的有关货物进口等措施。

该法第30条针对的是知识产权权利人在对外贸易中滥用其专有权或优势地位的情况，规定当知识产权权利人有阻止被许可人对许可合同中的知识产权的有效性提出质疑、进行强制性一揽子许可、在许可合同中规定排他性返授条件等行为之一，并危害对外贸易公平竞争秩序的，国务院对外贸易主管部门可以采取必要的措施消除危害，如采取责令停止违法行为、禁止进出口等措施消除危害。

该法第31条针对的是外国在知识产权的保护方面没有给予中国人或货物等以国民待遇的情况，规定其他国家或者地区在知识产权保护方面未给予中国的法人、其他组织或者个人国民待遇，或者不能对来源于中国的货物、技术或者服务提供充分有效的知识产权保护的，国务院对外贸易主管部门可依本法和其他有关法律、行政法规的规定，并根据中国缔结或参加的国际条约，对与该国家或者该地区的贸易采取必要的措施。

（六）对外贸易秩序

《对外贸易法》第32条涉及垄断行为，规定在对外贸易经营活动中，不得违反有关反垄断的法律、行政法规的规定实施垄断行为。在对外贸易经营活动中实施垄断行为，危害市场公平竞争的，依照有关反垄断的法律、行政法规的规定处理。行为违法，并危害对外贸易秩序的，国务院对外贸易主管部门可以采取必要的措施消除危害。

该法第32条涉及进出口环节的不正当竞争行为，规定在对外贸易经营活动中，不得实施以不正当的低价销售商品、串通投标、发布虚假广告、进行商业贿赂等不正当竞争行为。在对外贸易经营活动中实施不正当竞争行为的，依照有关反不正当竞争的法律、行政法规的规定处理。行为违法并危害对外贸易秩序的，国务院对外贸易主管部门可以采取禁止该经营者有关货物、技术进出口等措施消除危害。

该法第34条规定了在对外贸易活动中禁止的行为：(1)伪造、变造进出口货物原产地标记，伪造、变造或者买卖进出口货物原产地证书、进出口许可证、进出口配额证明或者其他进出口证明文件；(2)骗取出口退税；(3)走私；(4)逃避法律、行政法规规定的认证、检验、检疫；(5)违反法律、行政法规规定的其他行为。

该法第36条涉及进出口商黑名单制度，明确违反《对外贸易法》的规定，危害对外贸易秩序的，国务院对外贸易主管部门可以向社会公告。

(七)对外贸易调查

《对外贸易法》第37条对被调查事项进行了规定,调查机构为国务院对贸易主管部门或会同国务院其他有关部门。第38条规定了调查可以采取的方式,调查可以采取书面问卷、召开听证会、实地调查和委托调查等方式进行。最后的调查报告或者裁定应发布公告。第39条规定了调查中的协调配合,规定有关单位和个人应当对对外贸易调查给予配合、协助。工作人员进行对外贸易调查,对知悉的国家秘密和商业秘密负有保密义务。

【例6-3】(2005年·卷一·87题)下列关于2004年修订的《中华人民共和国对外贸易法》的表述,哪些是正确的?①

A. 对外贸易经营者应为被授予外贸经营权的法人及其他组织

B. 该法只适用于货物进出口

C. 该法不适用于香港、澳门地区

D. 该法规定了对进口货物侵犯知识产权的制裁措施

三、进出境货物的关税制度

(一)关税制度框架

《中华人民共和国海关法》(以下简称《海关法》)是我国关税制度的重要法律依据。中国海关是国内的进出关境的监督管理机关。2003年修订的《中华人民共和国进出口关税条例》(以下简称《进出口关税条例》)对关税税率、完税价格的审定、税额的缴纳及退补、关税的减免及审批程序以及申诉程序等进行了规定。《中华人民共和国海关进出口税则》是《进出口关税条例》的组成部分,具体规定商品的归类原则、商品的税目、税号和相关税率等。

(二)我国关税的种类

中国海关关税主要包括进口关税和出口关税。依2003年《进出口关税条例》第9条的规定,进口关税设置最惠国税率、协定税率、特惠税率、普通税率和关税配额税率等税率。

该《条例》第10条规定了4种税率的适用:(1)适用最惠国税率的包括原产于共同适用最惠国待遇条款的世界贸易组织成员的进口货物,原产于与中国签订含有相互给予最惠国待遇条款的双边贸易协定的国家或者地区的进口货物,以及原产于中国境内的进口货物。(2)协定税率适用于原产于与中国签订含有关税优惠条款的区域性贸易协定的国家或者地区的进口货物。(3)特惠税率适用于原产于与中国签订含有特殊关税优惠条款的贸易协定的国家或者地区的进口货物。(4)普通税率适用于上述三种情况之外,以及原产地不明的进口货物。

① 答案:CD。A项错误,2004年修订的《对外贸易法》将可以从事外贸的主体扩大到了自然人,只有法人和其他组织是不对的。B项错误,该法除了适用于货物进出口,也适用于服务和技术的进出口。C项正确,该法第69条规定,该法对单独关税区不适用,中国香港和澳门地区即属于我国的单独关税区。D项正确,该法对进口货物侵犯知识产权的情况规定了制裁措施。

（三）我国关税的计征依据

该《条例》第18条规定，进口货物的完税价格由海关以符合第18条所列条件的成交价格以及该货物运抵中国境内输入地点起卸前的运输及其相关费用、保险费为基础审查确定。进口货物的成交价格指卖方向中国境内销售该货物时买方为进口该货物向卖方实付、应付的，并依本条例调整后的价款总额，包括直接支付的价款和间接支付的价款。

该《条例》第26条规定了出口货物的完税价格的确定，该价格由海关以该货物的成交价格及该货物运至中国境内输出地点装载前的运输及相关费用、保险费为基础审查确定。出口货物的成交价格指该货物出口时卖方为出口该货物向买方直接收取和间接收取的价款总额。出口关税不计入完税价格。

关于纳税义务人的确定，该《条例》第5条规定，进口货物的收货人、出口货物的发货人、进境物品的所有人，是关税的纳税义务人。

（四）关税的缴纳、退补与减免

关税的纳税义务人，进口货物的收货人、出口货物的发货人。货物收发货人或其代理人，应在海关填发税款缴纳证的次日起7日内，向指定银行缴纳税款。逾期缴纳的，将依法追缴，并由海关自到期的次日起到缴清税款日止，按日加收欠缴税款的1‰的滞纳金。符合条件的货物收发货人或其代理人，可以自缴纳税款之日起1年内，向海关申请退税，逾期不予受理。进出口货物完税后，如海关发现少征或漏征，应自缴纳税款或者货物放行之日起1年内进行补征。因收发货人或其代理人违反规定而造成少征或漏征的，海关在3年内可以追征。符合进出口关税条例规定条件的货物，可以免税或减税。

四、外汇管理制度

2008年修订的《中华人民共和国外汇管理条例》对经常项目外汇收入、资本项目外汇收入和境内机构的资本项目外汇收入等方面的政策进行了调整。

1. 经常项目，根据修订以后新《条例》的第13条，经常项目外汇收入，可以按照国家有关规定保留或者卖给经营结汇、售汇业务的金融机构。

2. 资本项目，根据第21条，资本项目外汇收入保留或者卖给经营结汇、售汇业务的金融机构，应当经外汇管理机关批准，但国家规定无需批准的除外。同时，其第22条又规定，资本项目外汇支出，应当按照国务院外汇管理部门关于付汇与购汇的管理规定，凭有效单证以自有外汇支付或者向经营结汇、售汇业务的金融机构购汇支付。国家规定应当经外汇管理机关批准的，应当在外汇支付前办理批准手续。对于依法终止的外商投资企业，应依国家有关规定进行清算、纳税后，属于外方投资者所有的人民币，可以向经营结汇、售汇业务的金融机构购汇汇出。

3. 外汇收入，对于境内机构或个人的外汇收入。该《条例》第9条规定，其外汇收入可以调回境内或者存放境外；调回境内或者存放境外的条件、期限等，由国务院外汇管理部门根据国际收支状况和外汇管理的需要作出规定。这里的"境内机构"指中华人民共和国境内的国家机关、企业、事业单位、社会团体、部队等,外国驻华外交领事机构和国际组织驻华代表机构除外。"境内个人"指中国公民和在中华人民共和国境内连续居住满1年的外国人,外国驻华外交人员和国际组织驻华代表除外。

【例6-4】关于我国的外汇管理,下列哪些是正确的?①

A. 经常项目必须调回境内

B. 经常项目可依国家有关规定保留或者卖给经营结汇、售汇业务的金融机构

C. 境内机构或个人的外汇收入可以调回境内或存放境外

D.《外汇管理法》仅指中的境内个人指中国公民

五、进出境检验检疫制度

(一)法律框架

进出境检验检疫包括进出口商品的检验和进出境动植物检疫,涉及的法律法规有《中华人民共和国国境卫生检疫法》、《中华人民共和国进出境动植物检疫法》和《中华人民共和国进出口商品检验法》及其实施细则。

(二)管理机构

原国家质量技术监督局和国家出入境检验检疫局(包括原来的国家进出口商品检验局、国家动植物检疫局和国家卫生检疫局)合并成立的中华人民共和国国家质量监督检验检疫总局(简称国家质检总局),负责对进出口商品、进出境动植物以及进出境卫生的检验和检疫。

(三)进出口商品的检验

1. 检验的种类。我国法律规定,对进出口商品的检验分为法定检验和法定检验以外的检验。法定检验范围内的商品实施的是强制性检验检疫,此类进口商品未经检验,不得销售、使用;对于法定检验的出口商品未经检验合格的,不准出口。经当事人申请、国家质检部门批准,可以免予检验。对法定检验之外的进出口商品,可以抽样检验。

2. 法定检验的范围。我国法定检验的范围包括:

(1)对列入《商检机构实施检验的进出口商品种类表》的进出口商品的检验;

(2)出口食品的卫生检验;

(3)出口危险货物包装容器的性能鉴定和使用鉴定;

(4)对装运出口易腐烂变质食品、冷冻品的船舱、集装箱等运载工具的适载检验;

---

① 答案:BC。A项错误,经常项目必须调回境内是旧规定的内容。B项正确,根据2008年修订的《外汇管理条例》第13条的规定,经常项目外汇收入,可以按照国家有关规定保留或者卖给经营结汇、售汇业务的金融机构。C项正确,根据第9条的规定,境内机构或个人的外汇收入可以调回境内或者存放境外。D项错误,"境内个人"指中国公民和在中华人民共和国境内连续居住满1年的外国人。

(5)有关国际条约规定必须经商检机构检验的进出口商品的检验；

(6)其他法律、行政法规规定须经商检机构的进出口商品的检验。

3. 检验依据的标准。进出口商品检验所适用的标准依下列顺序确定：

(1)法律法规规定的强制性标准或者其他必须执行的标准；

(2)合同约定的检验标准,凭样品的买卖,应依样品检验；

(3)无上述标准的,依生产国标准、有关国际标准或者国家检验机构指定的标准。

(四)进出境动植物检疫

根据进出境动植物检疫法及其实施细则,实施检疫的范围包括：

1. 进境、出境、过境的动植物、动植物产品和其他检疫；

2. 装载动植物、动植物产品和其他检疫物的装载容器、包装物、铺垫材料；

3. 来自动植物疫区的运输工具；进境拆解的废旧船舶；

4. 有关法律、行政法规、国际条约或者贸易合同约定应当实施进出境动植物检疫的其他货物、物品。

牛刀小试

1. 根据2004年修订的我国《对外贸易法》的规定,下列有关对外贸易经营者的说法,正确的有哪几项？①

A. 个人必须委托具有资格的法人企业代为办理对外贸易业务

B. 对外贸易经营者应当向国务院对外贸易主管部门或其委托的机构办理备案登记

C. 未按照规定办理备案登记的,海关不予办理进出口货物的保管验放手续

D. 对外贸易经营者可以接受他人的委托,在经营范围内代为办理对外贸易业务

2. 根据我国2004年修订的《中华人民共和国对外贸易法》的规定,基于保障国家国际金融地位和国际收支平衡的原因,国家可以对货物贸易采取下列哪一项措施？(2004年·卷一·42题)②

A. 禁止进口　　B. 禁止出口

C. 限制进口　　D. 限制出口

3. 根据我国《对外贸易法》,下列事项中,哪些是我国对外贸易主管部门可以启动对外贸

① 答案：BCD。《对外贸易法》明确规定法人、其他组织或者个人在依法办理工商登记或者其他执业手续的情况下可以从事对外贸易,故A项不正确。第9条规定：“从事货物进出口或者技术进出口的对外贸易经营者,应当向国务院对外贸易主管部门或者其委托的机构办理备案登记……对外贸易经营者未按照规定办理备案登记的,海关不予办理进出口货物的报关验放手续。”B、C项正确。第12条规定：“对外贸易经营者可以接受他人的委托,在经营范围内代为办理对外贸易业务。”D项正确。

② 答案：C。根据《对外贸易法》第16条第(9)款,国家基于为保障国家国际金融地位和国际收支平衡,需要限制进口的,可以限制货物的进口。因此,C项正确。此题也可以通过推断的方法解题,为了保障国际收支平衡一般不会限制或禁止出口,B、D项错误,为了保障国际收支平衡而采取禁止进口的措施过于严厉,“限制进口”是适当的措施,D项正确。

易调查的事项?①

A. 原产于甲国的进口环氧氯丙烷是否存在倾销、倾销幅度及其对中国国内产业的损害、损害程度

B. 对外贸易经营公司出现100多万美元的挪用公款事件

C. 多家国际船运公司的联合行为对国内航运业及其竞争力的影响

D. 丙国只对原产于丁国的某类紫菜产品发放进口配额,而未给予中国同类紫菜产品进口配额

4. 根据我国有关法律规定,下列关于进出口商品检验的描述,哪项是正确的?②

A. 对于法定检验范围的商品可以抽样检验

B. 只有法定检验之外的出口商品才进行抽样检验,进口的则必须进行强制的法定检验

C. 法定检验范围内的商品经当事人申请,国家质检部门批准后,也可以免予检验

D. 在进出口商品检验所适用的标准顺序上,首先应当依合同约定的检验标准

① 答案:ACD。《对外贸易法》第37条规定:"为了维护对外贸易秩序,国务院对外贸易主管部门可以自行或者会同国务院其他有关部门,依照法律、行政法规的规定对下列事项进行调查:(一)货物进出口、技术进出口、国际服务贸易对国内产业及其竞争力的影响;(二)有关国家或者地区的贸易壁垒;(三)为确定是否应当依法采取反倾销、反补贴或者保障措施等对外贸易救济措施,需要调查的事项;(四)规避对外贸易救济措施的行为;(五)对外贸易中有关国家安全利益的事项;(六)为执行本法第七条、第二十九条第二款、第三十条、第三十一条、第三十二条第三款、第三十三条第三款的规定,需要调查的事项;(七)其他影响对外贸易秩序,需要调查的事项。"根据该条的规定,题支中的A项属于"为确定是否应当依法采取反倾销贸易救济措施"所发起的调查;B项应有刑事调查机关进行调查,而非对外贸易主管部门;C项属于"国际服务贸易对国内产业及其竞争力的影响"的调查;D项属于对"有关国家或者地区的贸易壁垒"进行的调查。所以应选ACD。

② 答案:C。A项错误,对于法定检验范围的商品实施的是强制性检验检疫。B项错误,对法定检验之外的进出口商品均可以抽样检验,并非只是出口商品。C项正确。D项错误,在进出口商品检验所适用的标准顺序上,首先依法律法规规定的强制性标准,其次才依合同约定的检验标准。

>>>第七讲

贸易救济措施

特别提示

本讲是司法考试中的重点，每年会涉及2—3道试题，其主要的考点有：反倾销措施、反补贴措施与保障措施。

考查概况

考查次数	已考考点	已考法条
7	反倾销措施	《反倾销条例》第37-40条
4	反补贴措施	《反补贴条例》第3条
4	保障措施	《保障措施条例》第2、3条
1	关于贸易救济措施的救济程序	《最高人民法院关于审理反倾销行政案件应用法律若干问题的规定》和《最高人民法院关于审理反补贴行政案件应用法律若干问题的规定》

一、反倾销措施

《中华人民共和国反倾销条例》（以下简称《反倾销条例》）于2001年10月31日在国务院第46次常务会议上通过，自2002年1月1日起施行。《反倾销条例》是我国对进口产品进行反倾销调查和实施反倾销措施的主要法律依据。2004年我国又对《反倾销条例》进行了修订，修订后的条例于2004年6月1日正式实施。新条例统一了反倾销调查机关，反倾销调查由过去的外经贸部和国家经贸委分工统一为由商务部负责；增加“公共利益”的规定；将“应出口经营者请求或者调查机关认为有必要，调查机关可以对倾销和损害继续进行调查”修改为“应出口经营者请求，商务部应当对倾销和损害继续进行调查；或者商务部认为有必要的，可以对倾销和损害继续进行调查”；增加有利于追溯征税的措施，对实施临时反倾销措施前90天内进口的产品追溯征收反倾销税时，可以对有关进口产品采取进口登记等必要措施。

（一）倾销与损害的确定

反倾销措施适用的条件是进口产品存在倾销、对国内产业造成损害以及二者之间有因果关系。

1. 倾销。倾销是指在正常贸易过程中进口产品以低于其正常价值的出口价格进入中国市场。出口价格低于其正常价值的幅度,为倾销幅度。进口产品的正常价值依下列顺序确定:进口产品的同类产品在出口国(地区)的可比价格;如果不存在该价格,使用出口到第三国(地区)的可比价格;当上述两种方法均不能采用时,可采用结构价格来确定正常价值。

2. 损害。损害是指倾销对已经建立的国内产业造成实质损害或者产生实质损害威胁,或者对建立国内产业造成实质阻碍。"国内产业"指中国国内同类产品的全部生产者,或者其总产量占国内同类产品全部总产量的主要部分的生产者。但国内生产者与出口经营者或者进口经营者有关联的,或者其本身为倾销进口产品的进口经营者的,可以排除在国内产业之外。特殊情况下,国内一个区域市场中的生产者,在该市场中销售其全部或者几乎全部的同类产品,且该市场中同类产品的需求主要不是由国内其他地方的生产者供给的,可以视为一个单独产业。"同类产品"指与倾销进口产品相同的产品;没有相同产品的,指以与倾销进口产品的特性最相似的产品为同类产品。

3. 因果关系。《反倾销条例》要求在倾销与损害之间要有因果关系,倾销进口必须是造成国内产业损害的原因。非倾销因素对国内产业造成的损害,不得归因于倾销。

【例7-1】(2004年·卷一·93题)实施反倾销税的条件之一是倾销进口与国内产业损害间存在因果关系。关于这一条件的下列表述何者为正确?①

A. 倾销进口是国内产业损害的惟一原因

B. 倾销进口必须是造成国内产业损害的一个原因

C. 其他因素造成的国内产业损害不得归因于倾销进口

D. 没有倾销进口,就没有国内产业损害

(二)反倾销调查

1. 反倾销的发起方式。反倾销调查的发起方式有两种,即由国内产业或者代表国内产业的自然人、法人或者有关组织向商务部提出反倾销调查的书面申请,另一种是特殊情形下,商务部有充分证据认为存在倾销和损害及二者有因果关系的,可以决定立案调查。在前一种方式下,应有足够的国内生产者的支持,在支持和反对申请的生产者中,支持者占的产量占二者总产量的50%以上,同时不得低于国内同类产品总产量的25%。

2. 调查机构及程序。反倾销调查由商务部负责。程序包括初裁与终裁,初步裁定倾销、损害和二者之间的因果关系成立的,可以采取临时反倾销措施。终局裁定倾销成立的,可以裁定征收反倾销税等反倾销措施。终止反倾销调查的情形如下:申请人撤销申请;没有足够证据证明存在倾销、损害或者二者之间有因果关系;倾销幅度低于2%;倾销进口产品实际或者潜在的进口量或者损害可忽略不计;商务部认为不适宜继续进行反倾销调查。在商务部反倾销调查程序完毕之后,还可以申请行政复审及司法审查程序。

---

① 答案:BC。国内产业的损害可能由多个原因造成,其他因素造成的国内产业损害不能归因于倾销进口,只有在造成损害的原因之一是倾销进口的情况下,才能实施反倾销措施,因此B、C项正确。A项称"倾销是国内产业损害的惟一原因",错误。D项称"没有倾销进口,就没有国内产业损害"排除了其他原因也可能造成国内产业损害的情况,错误。

（三）反倾销措施

1. 临时反倾销措施。临时反倾销措施方式包括征收临时反倾销税、提供现金保证金、保函或者其他形式的担保，其数额不得超过初步裁定确定的倾销幅度。临时反倾销措施自公告实施之日起不得超出4个月，特殊情形下不得超出9个月。在公告反倾销立案调查决定之日起60天内，不得采取临时反倾销措施。

2. 价格承诺。在反倾销调查期间，倾销进口产品的出口经营者可向商务部作出改变价格或停止以倾销价格出口的价格承诺。调查机关可建议但不得强迫出口经营者作出价格承诺。出口经营者不作出或不接受价格承诺建议，不妨碍反倾销案件的调查和确定。调查机关决定是否接受价格承诺。调查机关接受价格承诺，可以中止或者终止反倾销调查。接受价格承诺后继续进行调查并作出否定倾销或损害的终局裁定的，出口价格承诺自动失效。

3. 最终反倾销措施。终局裁定确定倾销成立并由此对国内产业造成损害的，可以征收反倾销税。征收反倾销税的税额不应超过正常价值与出口价格之间的差额，即不应超过倾销幅度。反倾销税的纳税人是倾销进口产品的进口经营者。如出现初裁的反倾销税率与终裁的税率不同的情况，采用"多退少不补"原则。

【例7-2】(2006年·卷一·44题）根据中国法律，如果中国商务部终局裁定确定某种进口产品倾销成立并由此对国内产业造成损害的，可以征收反倾销税。下列关于反倾销税的哪种说法是正确的？①

A. 反倾销税只对终局裁定公告之日后进口的产品适用

B. 反倾销税税额不得超过终局裁定的倾销幅度

C. 反倾销税和价格承诺可以同时采取

D. 反倾销税的纳税人应该是倾销产品的出口商

（四）反倾销措施的期限和审查

1. 期限。反倾销税的征收期限和价格承诺的履行期限除另有规定外，不应超过5年。经复审确定终止征收反倾销税有可能导致损害的继续或者再度发生的，征收期限得适当延长。

2. 行政复审和行政复议。反倾销税生效后，商务部可以决定或经利害关系方申请对反倾销税和价格承诺的必要性进行复审。根据复审结果，调查机关作出保留、修改或者取消反倾销税或价格承诺的决定。对终局裁定、是否征收反倾销税的决定以及追溯征收、退税、对新出口经营者征税的决定，对复审决定，利害关系人不服的可以依法申请行政复议，或依法

---

① 答案：B。反倾销税通常只对终局裁定公告之日后进口的产品适用，但在特殊情况下，也可以追溯性地适用。比如对于已经征收临时性反倾销税的，可以根据终局裁定的反倾销税进行多退少不补。A项错误。反倾销税税额不得超过终局裁定的倾销幅度，否则将是不合理的，与征收反倾销税的目的相违。我国法律也正是这样规定的，所以B项正确。确定征收反倾销税是在终局裁定作出之后，而价格承诺只在终局裁定之前具有意义，故两者不可同时采用。因此，C项错误。虽然征收反倾销税最终影响的是出口商，但法律规定由进口商承担反倾销税的纳税义务，因此反倾销税的纳税人是进口商而不是出口商。D项错误。

向人民法院提起诉讼。

【例7-3】(2010年·卷一·44题)国内某产品生产商向我国商务部申请对从甲国进口的该产品进行反倾销调查。该产品的国内生产商共有100多家。根据我国相关法律规定,下列哪一选项是正确的?①

A. 任何一家该产品的国内生产商均可启动反倾销调查

B. 商务部可强迫甲国出口商作出价格承诺

C. 如终裁决定确定的反倾销税高于临时反倾销税,甲国出口商应当补足

D. 反倾销税税额不应超过终裁决定确定的倾销幅度

二、反补贴措施

2004年修订的《中华人民共和国反补贴条例》(以下简称《反补贴条例》)于2004年6月1日正式实施。新条例规定反补贴调查机关统一为商务部;增加有关"公共利益"的规定;将"应出口国(地区)政府请求或者调查机关认为有必要,调查机关可以对补贴和损害继续进行调查"修改为"应出口国(地区)政府请求,商务部应当对补贴和损害继续进行调查;或者商务部认为有必要的,可以对补贴和损害继续进行调查"。

(一)反补贴措施适用的条件

反补贴措施适用的条件是进口产品存在补贴、对国内产业造成损害、二者之间有因果关系。

1. 补贴及补贴的专向性。补贴是指出口国或地区政府或其任何公共机构(以下统称"出口国政府")提供的并为接受者带来利益的财政资助及任何形式的收入或者价格支持。财政资助和带来利益是构成补贴的两个要素。

财政资助表现形式包括:出口国政府以拨款、贷款、资本注入等形式直接提供资金,或以贷款担保等形式潜在地直接转让资金或者债务;出口国政府放弃应收收入;出口国政府提供除一般基础设施以外的货物、服务,或者由出口国政府购买货物;出口国政府通过向筹资机构付款等。

根据《反补贴条例》采取反补贴措施的补贴须具有专向性。专向性补贴指产业的专向性补贴、地区的专向性补贴、禁止性补贴,即与出口实绩或使用进口替代相联系的补贴。专向性补贴如由出口国政府明确确定的某些企业、产业获得的补贴;由出口国法律、法规明确规定的某些企业、产业获得的补贴;以出口实绩为条件获得的补贴等。在确定补贴专向性时,

---

① 答案:D。根据《反倾销条例》第13条,只有国内产业或者代表国内产业的自然人、法人或者有关组织方可依照该条例向商务部提出反倾销调查的书面申请,支持者的产量占二者总产量的50%以上,同时不得低于国内同类产品总产量的25%。A项错误。根据第31条,商务部可以向出口经营者提出价格承诺的建议,而不得强迫出口经营者作出价格承诺。B项错误。作为另一种临时反倾销措施,商务部可根据情况确定征收临时反倾销税。第43条规定,实行所谓"多退少不补"原则,C项错误。根据第42条,反倾销税税额不超过终裁决定确定的倾销幅度,D项正确。

还应考虑受补贴企业的数量和企业受补贴的数额、比例、时间以及综合开发补贴的方式等因素。

世界贸易组织《补贴与反补贴措施协议》中的补贴分类包括禁止性补贴、可诉补贴和不可诉补贴。禁止性补贴又称“红灯补贴”，包括出口补贴和进口替代补贴。可诉补贴又称“黄灯补贴”，此类补贴并非一律禁止，从法律上讲这种补贴是否违反规则取决于补贴的效果，如果补贴产生对贸易的扭曲，对 WTO 其他成员方利益有所侵害，则为可诉的补贴，其他成员方可采取反补贴措施或救济方法对其损失进行弥补，如征反补贴税，要求取消补贴等。不可诉补贴又称“绿灯补贴”，包括不具有专向性的补贴和符合特定要求的专向性补贴，主要指：研发补贴、贫困地区补贴和环保补贴。

2. 损害。损害是指补贴对已经建立的国内产业造成实质损害或者产生实质损害威胁，或者对建立国内产业造成实质阻碍。

在确定补贴对国内产业的损害时，应审查下列事项：补贴可能对贸易造成的影响；补贴进口产品的数量是否大量绝对增长或相对增长或大量增长的可能性；补贴进口产品的价格，包括补贴进口产品的价格削减或者对国内同类产品的价格产生大幅度抑制、压低等影响等。在一定条件下，对来自两个以上国家的补贴进口产品，可以进行累积评估。反补贴条例中国内产业、区域产业、关联企业以及同类产品的概念，与反倾销条例中的相应概念基本相同。

3. 因果关系。补贴进口产品必须是国内产业损害的原因。同时，非补贴进口产品因素对国内产业造成的损害，不得归因于补贴进口产品。

【例 7-4】(2005 年·卷一·97 题) 根据《中华人民共和国反补贴条例》规定，下列有关补贴认定的说法中，何者为正确?①

A. 补贴不必具有专向性

B. 补贴必须由政府直接提供

C. 接受者必须获得利益

D. 必须采取支付货币的形式

(二) 反补贴调查及反补贴措施

商务部负责补贴的调查和确定。反补贴调查的程序与反倾销调查的程序相同。反补贴措施与反倾销措施类似，包括临时反补贴措施、价格承诺及反补贴税。实施条件也基本与反倾销措施实施的条件相同。

在满足下列要求的情况下，必要时，可以对实施临时反补贴措施之日前 90 天内进口的产品追溯征收反补贴税：补贴进口产品在较短的时间内大量增加；此种增加对国内产业造成难以补救的损害；此种产品得益于补贴。

【例 7-5】(2009 年·卷一·45 题) 中国某化工产品的国内生产商向中国商务部提起对

---

① 答案：C。A 项错误，反补贴条例所反的补贴必须具有专向性。B 项错误，补贴不但可以由政府直接提供，也可以由政府间接提供，如放弃或不收缴应收收入等。C 项正确，接受者获得利益是构成补贴的条件之一。D 项错误，补贴可以有多种形式，不一定是支付货币的形式。

从甲国进口的该类化工产品的反补贴调查申请。依相关法律规定,下列哪一选项是正确的?①

A. 商务部认为必要时可以强制出口经营者作出价格承诺

B. 商务部认为有必要出境调查时,必须通过司法协助途径

C. 反补贴税税额不得超过终裁决定确定的补贴金额

D. 甲国该类化工产品的出口商是反补贴税的纳税人

三、保障措施

《中华人民共和国保障措施条例》(以下简称《保障措施条例》)于2001年10月31日通过,自2002年1月1日起施行。2004年4月又对《保障措施条例》进行了修订。修订后的《保障措施条例》于2004年6月1日正式实施。新《条例》统一了保障措施调查机关,规定保障措施调查统一由商务部负责;增加了有关"公共利益"的规定;将保障措施的实施期限及其延长期限"最长不超过8年"改为"最长不超过10年"。

《保障措施条例》是我国进行保障措施调查和实施保障措施的基本法律依据。该《条例》共五章35条,内容包括总则(条例制定的依据以及基本原则)、调查、保障措施、保障措施的期限与复审以及附则。根据《保障措施条例》的规定,当进口产品数量增加,并对生产同类产品或者直接竞争产品的国内产业造成严重损害或者严重损害威胁时可以依照条例的规定进行调查,当有明确证据表明进口产品数量增加,在不采取临时保障措施将对国内产业造成难以补救的损害的紧急情况下,可以作出初裁决定,并采取临时保障措施。临时保障措施采取提高关税的形式。当终裁决定确定进口产品数量增加,并由此对国内产业造成损害的,可以采取保障措施。保障措施可以采取提高关税、数量限制等形式。

(一)保障措施适用的条件

保障措施适用的条件是进口产品数量增加、国内产业受到损害、二者之间存在因果关系。

1. 进口产品数量增加。进口数量增加包括进口数量的绝对增加和相对于国内生产的相对增加。绝对增加如上年进口数量10万件,本年进口数量是20万件,即是一种绝对增加。相对增加如上年进口数量是10万件,同期国内同类产品的销量为30万件,当年进口该产品

① 答案:C。根据《反补贴条例》第32条的规定,商务部可以向出口经营者或者出口国(地区)政府提出有关价格承诺的建议。商务部不得强迫出口经营者作出承诺。A项称"商务部认为必要时可以强制出口经营者作出价格承诺"是错误的,且在反补贴中也不是"价格承诺",而是"承诺"。根据《反补贴条例》第20条最后一款,商务部认为必要时,可以派出工作人员赴有关国家(地区)进行调查;但是,有关国家(地区)提出异议的除外。B项称出境调查必须司法协助途径是不对的,因为,反补贴调查不是司法调查,应属于行政性质。依上述规定,只要有关国家没有异议即可进行境外调查,各国均采用此种方式进行调查。在反补贴税的幅度上,根据第43条,反补贴税税额不得超过终裁决定确定的补贴金额。C项的表述是正确的。在反补贴税的纳税人上,根据第41条,反补贴税的纳税人为补贴进口产品的进口经营者,而不是D项所称的"甲国该类化工产品的出口商",D项错误。

的数量仍为10万件，但国内同类产品的销量为20万件，即是一种相对增加的情况。

2. 国内产业受到损害。损害状况包括对国内产业存在严重损害或严重损害威胁两种情况。“国内产业”指在进口成员方领土内生产相似产品或直接竞争产品的国内生产者全体，或相似产品或直接竞争产品的总体产量占该成员国内总产量主要部分的生产者。

3. 因果关系。上述的进口增长与严重损害或严重损害威胁之间必须存在因果关系，进口方才可实施保障措施。

【例7-6】(2013年·卷一·44题)根据《中华人民共和国保障措施条例》，下列哪一说法是不正确的？①

A. 保障措施中“国内产业受到损害”，是指某种进口产品数量增加，并对生产同类产品或直接竞争产品的国内产业造成严重损害或严重损害威胁

B. 进口产品数量增加指进口数量的绝对增加或与国内生产相比的相对增加

C. 终裁决定确定不采取保障措施的，已征收的临时关税应当予以退还

D. 保障措施只应针对终裁决定作出后进口的产品实施

【例7-7】(2007年·卷一·95题)某种化工材料进口数量的增加，使国内生产同类产品及与其直接竞争的产品的化工厂受到严重损害。依我国相关法律规定，与国内产业有关的自然人、法人或其他组织有权采取的措施有：②

A. 直接向海关申请禁止该化工产品的进口

B. 向商务部提出反倾销调查申请

C. 向有管辖权的法院提起损害赔偿的诉讼

D. 向商务部提出保障措施调查的申请

(二)损害的调查与确定

保障措施的调查程序与反倾销调查的程序基本相同。保障措施的调查和确定，由商务部负责。在确定进口产品数量增加对国内产业造成的损害时，应审查下列因素：进口产品的绝对和相对增长率和增长量；增加的进口产品在国内市场中所占的份额；进口产品对国内产业的影响，包括对国内产业在产量、销售水平、市场份额、生产率、设备利用率、利润与亏损、就业等方面的影响；造成国内产业损害的其他因素等。

---

① 答案：D。根据《保障措施条例》第22条的规定，保障措施应当针对正在进口的产品实施，不区分产品来源国(地区)。D项说法错误。根据《保障措施条例》第2条的规定，进口产品数量增加，并对生产同类产品或者直接竞争产品的国内产业造成严重损害或者严重损害威胁(以下除特别指明外，统称损害)的，依照本条例的规定进行调查，采取保障措施。A项说法正确。根据《保障措施条例》第7条的规定，进口产品数量增加，是指进口产品数量的绝对增加或者与国内生产相比的相对增加。B项说法正确。根据《保障措施条例》第25条的规定，终裁决定确定不采取保障措施的，已征收的临时关税应当予以退还。C项说法正确。

② 答案：D。根据《保障措施条例》当采取保障措施需要提高关税时，海关仅仅是个执行机构，并非决策机构，它也不受理关于禁止该化工产品进口的申请，A项错误。数量增加针对的是保障措施，不是反倾销措施，B项错误。反倾销应向商务部提起，而不法院，这种损害并没有给与国内产业有关的自然人、法人等民事赔偿的权利和诉讼理由。C项错误。根据《保障措施条例》第3条，与国内产业有关的自然人、法人或其他组织可以向商务部提出采取保障措施的书面申请，而商务部应及时进行审查以决定是否立案调查。D项正确。

(三)保障措施的实施

1. 临时保障措施。当有明确证据表明进口产品数量增加,再不采取临时保障措施将对国内产业造成难以补救的损害的紧急情况下,可以作出初步裁定,并采取提高关税的临时保障措施。

2. 最终保障措施。终局裁定确定进口产品数量增加,并由此对国内产业造成损害的,可以采取保障措施。保障措施可以采取提高关税、数量限制等形式。保障措施应针对正在进口的产品实施,不区分产品来源国(地区)。保障措施实施的期限一般不得超过4年,特殊情况下也不得超过10年。

3. 实施数量限制的保障措施时的约束性。与反倾销措施和反补贴措施不同,保障措施针对的是公平的贸易行为。它是在关税减让使得进口产品数量增加,导致进口国国内相同产品或与其竞争的产品的生产者受到严重损害或严重损害威胁时,由进口国采取的消除或减轻该损害或损害威胁的措施。因此,采取保障措施应限制在防止、补救严重损害及调整国内产业所必要的范围内。

四、国内司法审查与多边审查

(一)反倾销行政案件的国内司法审查

2002年9月通过的《最高人民法院关于审理反倾销行政案件应用法律若干问题的规定》于2003年1月施行。其主要内容如下:

1. 人民法院受理对下列反倾销行政行为提起的行政诉讼:(1)有关倾销及倾销幅度、损害及损害程度的终裁决定;(2)有关是否征收反倾销税的决定以及追溯征收、退税、对新出口经营者征税的决定;(3)有关保留、修改或者取消反倾销税以及价格承诺的复审决定;(4)依照法律、行政法规规定可以起诉的其他反倾销行政行为。

2. 可以提起行政诉讼的利害关系人包括提出反倾销调查书面申请的申请人、有关出口经营者、进口经营者、其他具有法律上利害关系的自然人、法人或其他组织。

3. 反倾销行政案件的被告为作出相应被诉反倾销行政行为的国务院主管部门。

4. 一审管辖法院:被告所在地高级人民法院指定的中级人民法院;被告所在地高级人民法院。

5. 举证责任,被告对其作出的被诉反倾销行政行为负举证责任。被告在作出被诉反倾销行政行为时没有记入案卷的事实材料,不能作为认定该行为合法的根据。原告对其主张的事实有责任提供证据。

6. 判决法院经审理得依不同情况,作出维持原判、撤销或部分撤销行政行为、重新作出反倾销行政行为。后两者适用于下列情形:主要证据不足;适用法律、行政法规错误的;违反法定程序的;超越职权的;滥用职权的。

（二）反补贴行政案件的国内司法审查

2002 年 9 月通过的《最高人民法院关于审理反补贴行政案件应用法律若干问题的规定》于 2003 年 1 月施行。其主要内容如下：

1. 人民法院受理对下列反补贴行政行为提起的行政诉讼：（1）有关补贴及补贴金额、损害及损害程度的终裁决定；（2）有关是否征收反补贴税以及追溯征收的决定；（3）有关保留、修改或者取消反补贴税以及承诺的复审决定；（4）依照法律、行政法规规定可以起诉的其他反补贴行政行为。

2. 可以提起行政诉讼的利害关系人包括提出反补贴调查书面申请的申请人、

有关出口经营者、进口经营者、其他具有法律上利害关系的自然人、法人或其他组织。

3. 反补贴行政案件的被告为作出相应被诉反补贴行政行为的国务院主管部门。

4. 一审管辖法院。被告所在地高级人民法院指定的中级人民法院；被告所在地高级人民法院。

5. 举证责任。被告对其作出的被诉反补贴行政行为负举证责任。被告在作出被诉反补贴行政行为时没有记人案卷的事实材料，不能作为认定该行为合法的根据。原告对其主张的事实有责任提供证据。

6. 判决。法院经审理得依不同情况，作出维持原判、撤销或部分撤销行政行为、重新作出反倾销行政行为。后两者适用于下列情形：主要证据不足；适用法律、行政法规错误的；违反法定程序的；超越职权的；滥用职权的。

（三）多边协议对行政复审及司法审查的要求

1. 行政复审。世界贸易组织的《反倾销协议》规定了行政复审程序，以便利害关系方有向进口方主管机构申请复审的机会，进口方主管机构也有主动提起复审的权利。复审的形式包括年度复审、情势变迁复审、新出口商复审、中期复审和日落复审等多种形式。复审程序一般与反倾销调查程序相同。

旧的反倾销守则没有明确的关于日落复审的规定，1994 年《反倾销协议》第 11 条明确了有关"日落复审"的内容。规定任何反倾销税及价格承诺自征收之日起，5 年之内应予结束。反倾销税自征税之日或最后一次复审之日起不得超过 5 年，除非能够证明终止征税还可能对进口国工业造成损害。协议要求在 5 年期满前，进口国要进行复审，且复审要在 12 个月内结束。

2. 司法审查。司法审查与行政复审不同。它是司法机构对行政主管当局的裁定的审查。世贸组织《反倾销协议》第 13 条要求有反倾销措施规定的成员均应设立司法、仲裁或行政庭或程序，对最终裁决和复审决定可要求司法、仲裁或行政法庭按照程序迅速进行审查。此类法庭、仲裁、行政法庭及程序，应独立于作出裁决或复审决定的行政主管机构。

（四）多边制度下的反倾销争端的解决

出口国的生产商、出口商可以通过自己的政府，对进口国当局对其出口产品采取反倾销措施的裁定，向世界贸易组织提起申诉，注意在世界贸易组织申诉的只能是政府，而不能是自然人或法人。通过申诉以使进口国政府变更其裁定,或撤销其措施。世贸组织的多边程序与国内程序不同,主要表现在:(1)法律依据不同,国内程序是国内法,多边程序是世贸组织规则;(2)审查对象不同,多边程序审查进口成员是否履行了相关国际义务,而国内程序是审查是否遵循国内法的要求;(3)审查程序不同,多边程序依 WTO 的争端解决程序,国内程序则依国内相关程序。

【例7-8】(2006年·卷一·83题)关于贸易救济措施争议的国内程序救济和多边程序救济,下列哪些说法是正确的?①

A. 前者的当事人是原调查的利害关系人,而后者的当事人是出口国政府和进口国政府

B. 前者的申诉对象是主管机关的具体行政行为,而后者的申诉对象则还包括行政复议裁决、法院判决,甚至还包括进口国立法

C. 前者的审查依据是进口国国内法,而后者的审查依据是 WTO 的相关规则

D. 前者遵循的是进口国国内行政复议法或行政诉讼法,而后者遵循的是 WTO 的争端解决规则

牛刀小试

1. 根据我国《反倾销条例》规定,倾销进口产品的出口经营者在反倾销调查期间,可向商务部作出改变价格或停止以倾销价格出口的价格承诺。有关价格承诺的规定,下列哪一选项是正确的?②

A. 商务部可以向出口经营者提出价格承诺的建议

B. 商务部在对倾销及其损害作出肯定的初步裁定之前可以寻求或接受价格承诺

C. 对出口经营者作出的价格承诺,商务部应予接受

D. 出口经营者违反其价格承诺的,商务部可以采取保障措施

2. 下列哪一项措施不是我国有关反倾销法律规定的反倾销措施?(2005年·卷一·42题)③

---

① 答案:ABCD。国际程序的当事人是原调查的利害关系人;而在世界贸易组织的程序中,当事人是出口国政府和进口国政府。A 项正确。国内程序救济中的申诉对象是主管机关的具体行政行为,而世界贸易组织的多边程序救济中的申诉对象,除可以是主管机关的具体行政行为之外,还包括行政复议裁决、法院判决,甚至还包括进口国立法,B 项正确。在国内程序救济中,审查依据是进口国国内法,而在多边程序救济中的审查依据是世界贸易组织的相关规则。C 项正确。国内程序救济适用进口国国内行政复议法或行政诉讼法,多边程序救济适用世界贸易组织的争端解决规则。D 项正确。

② 答案:A。《反倾销条例》第31条规定:"倾销进口产品的出口经营者在反倾销调查期间,可以向商务部作出改变价格或者停止以倾销价格出口的价格承诺。商务部可以向出口经营者提出价格承诺的建议。商务部不得强迫出口经营者作出价格承诺。"A 项正确。B 项错误,因为在调查没有结果之前,无法确定是否存在倾销,商务部在此时向出口经营者寻求价格承诺没有依据,是不适当的。C 项错误,因为对于出口经营者作出的价格承诺,是否接受价格承诺的决定权在商务部,而不是只要出口经营者作出价格承诺,商务部都要接受。D 项错误,保障措施不属于反倾销措施,而属于另外的贸易救济措施范畴。出口经营者违反其价格承诺,商务部只能采取《反倾销条例》规定的措施,不能采取保障措施。

③ 答案:D。根据《反倾销条例》的规定,反倾销措施包括临时反倾销措施、价格承诺和反倾销税,并没有进口配额。因此,D 项不是我国反倾销条例规定的反倾销措施。

A. 临时反倾销措施　　B. 价格承诺

C. 反倾销税　　D. 进口配额

3. 根据我国《对外贸易法》及《中华人民共和国反倾销条例》，下列有关反倾销的表述，正确的有哪几项？①

A. 倾销指在正常贸易过程中进口产品以低于正常价格进入中华人民共和国

B. 倾销对国内产业的"损害"是指倾销对已经建立的国内产业造成的实质损害或者产生实质损害威胁，或者对建立国内产业造成实质阻碍

C. 反倾销调查可以由国内产业或代表国内产业的自然人、法人或者有关组织申请发起，也可以由商务部自主决定立案调查

D. 自反倾销立案调查决定公告之日起60天内，不得采取临时反倾销措施

4. 在进口倾销对国内产业造成实质损害的情况下，反倾销税可以追溯征收。该反倾销税可适用于下列哪些产品？（2008年·卷一·83题）②

A. 采取临时反倾销措施期间进口的产品

B. 发起反倾销调查前90天内进口的产品

C. 提起反倾销调查前90天进口的产品

D. 实施临时反倾销措施之日前90天内进口的产品

5. 根据《中华人民共和国反补贴条例》，下列有关反补贴的表述正确的有哪几项？③

A. 反补贴措施所针对的补贴是出口国专向补贴

B. 损害指补贴对已经建立的国内产业造成实质损害或者产生实质损害威胁，或者对建立国内产业造成实质阻碍

C. 反补贴案件在决定立案调查前，应当就有关补贴事项向产品可能被调查的国家或地区政府发出进行磋商的邀请

D. 如果补贴金额为微量补贴的，反补贴调查应当终止

---

① 答案：BCD。根据《对外贸易法》第3条，倾销指在正常贸易过程中进口产品以低于其正常价值的出口价格进入中国市场。"A项错误。B项关于倾销的"损害"的界定正确，符合第7条。根据《对外贸易法》第13条、第18条，反倾销调查包括C项所述两种发起方式，C项正确。D项符合《对外贸易法》第30条，正确。

② 答案：AD。根据《反倾销条例》第43条，当终裁确定存在实质损害时，反倾销税可以对已经实施临时反倾销措施的期间追溯征收。A项正确。虽然确定进口倾销对国内产业造成实质损害，但对于是否存在倾销进行立案调查之前进口的产品，反倾销税不可以追溯征收。B项和C项中提到的90天没有实质的意义，根据第44条，这两个选项是错误。根据第44条的规定，如果倾销进口产品同时具备两种情形，就可以对实施临时反倾销措施之日前90天内进口的产品追溯征收反倾销税。本题的设问为"反倾销税可适用于下列哪些产品？"只要具有可能性就满足该要求。D项正确。

③ 答案：ABCD。《反补贴条例》第4条："依照本条例进行调查、采取反补贴措施的补贴，必须具有专向性。"A项正确，反补贴所针对的补贴应是出口国专向补贴。B项正确，根据第7条。补贴由于是政府所提供的，所以反补贴案件与外国（地区）政府有重要关系，在第16条明确规定："在决定立案调查前，应当就有关补贴事项向产品可能被调查的国家（地区）政府发出进行磋商的邀请。"C项正确。第28条将微量补贴列为应终止反补贴调查的情形之一。D项正确。

6. 下列有关保障措施的说法正确的是哪项?①

A. 国内产业受到的损害的原因必须是由于进口产品数量绝对增加或相对增加引起的

B. 临时保障措施可以采取提高关税、数量限制

C. 保障措施应针对正在进口的产品实施,并区分产品的来源国

D. 保障措施实施期限超过 4 年的,商务部应当在实施期间内对该项措施进行中期复审

① 答案:A。《保障措施条例》第 2 条规定:"进口产品数量增加,并对生产同类产品或者直接竞争产品的国内产业造成严重损害或者严重损害威胁的,依照本条例的规定进行调查,采取保障措施。"第 11 条规定商务部应"确定进口产品数量增加与国内产业的损害之间是否存在因果关系",根据第 7 条,进口产品数量的增加是指进口产品数量的绝对增加或者与国内生产相比的相对增加。A 项正确。根据第 16 条的规定,"临时保障措施采取提高关税的形式"没有数量限制。B 项错误。根据第 22 条规定,保障措施不得具有歧视性,C 项错误。D 项有关中期复审的内容不正确。应为"保障措施实施期限超过 3 年的,商务部应当在实施期间内对该项措施进行中期复审"。根据保障措施的一般实施期限也可以将本选项排除,因为保障措施的实施期限一般不超过 4 年,因而一般情况下不可能超过 4 年才中期复审。D 项错误。

第八讲 世界贸易组织

特别提示

本讲在每年的司法考试中一般有1—2道试题，其主要的考点有：国民待遇原则、最惠国待遇原则、争端解决机制和关贸总协定与世界贸易组织的区别。

考查概况

考查次数	已考考点
1	GATT和WTO的关系
9	WTO的争端解决机制
1	最惠国待遇原则
4	《与贸易有关的投资措施协议》
2	中国入世承诺

一、世界贸易组织概述

世界贸易组织是依据关税及贸易总协定乌拉圭回合谈判达成的《建立世界贸易组织协定》于1995年1月1日正式成立的国际经济组织，其前身是《关税及贸易总协定》（英文简称GATT，以下简称《关贸总协定》）。

（一）世界贸易组织与关留总协定的联系与区别

世界贸易组织的前身是关贸总协定，世界贸易组织是关贸总协定的继承和发展，世界贸易组织吸收了关贸总协定的经验和规则，1947年的《关税及贸易总协定》经过修改补充成为《关税及贸易总协定1994》的一部分，同时也是世界贸易组织规则的一部分。二者的区别在于：

1. 法律依据和性质不同。世界贸易组织的法律依据是永久性协定，即《世界贸易组织协定》，是依该协定组织的国际组织，具有国际法律人格。而关贸总协定则以1948年临时生效的《关税及贸易总协定临时适用议定书》为其法律依据，并非法律意义上的国际组织。

2. 法律框架的结构不同。世界贸易组织的法律制度是一个完整的统一制度，对所有的成员均有约束力，除附件四的诸边贸易协议外，各成员承担的义务基本相同；关贸总协定的各协议间是相互独立、分散的，不同缔约方受不同协议的约束，各成员承担的义务有所不同。

3.调整的范围不同。关贸总协定调整的范围窄,只调整货物贸易,且在货物贸易中还不包括农产品和纺织品等敏感产品。世界贸易组织的调整范围宽,除货物贸易外,还调整服务贸易、与贸易有关的投资措施及与贸易有关的知识产权保护等,货物贸易还涉及了农产品和纺织品。

4.适用的力度不同。关贸总协定有祖父条款,当成员的国内立法与关贸总协定的冲突时,只要成员方的立法在先,即可保留适用。而世界贸易组织要求各成员的国内立法与规则保持一致,即当两者有不同规定时,世界贸易组织的规则优先。成员方应在过渡期内修改其立法。

5.争端解决机制不同。争端解决机制是统一的,各成员依不同协议产生的争端都适用统一的争端解决机制解决。世界贸易组织上诉机构的裁决在争端解决机构的通过采用"反向一致"原则,且案件的审理有一定的时间表。关贸总协定的争端解决机制是分散的,不同的协议有不同的争端解决制度。关贸总协定的裁决在争端解决机构中的通过采取"协商一致"的原则,且案件的审理没有时间表。

(二)世界贸易组织的成员

1.各国政府和单独关税区政府。世界贸易组织成员包括各国政府和单独关税区政府。单独关税区是指不具有独立完整的国家主权但却在处理对外贸易关系及世界贸易组织协定规定的其他事项方面拥有完全主权的地区,如中国的香港、澳门地区。

2.原始成员和新成员。从成为成员的时间上分,世界贸易组织的成员分为创始成员和加入成员,原始成员即创始成员方,中国是关贸总协定的原始成员、世界贸易组织的加入成员。各成员无论加入先后、势力强弱,在世界贸易组织中的地位是平等的。

(三)世界贸易组织的法律框架

世界贸易组织的法律文件既包括实体法性质的法律文件,也包括程序法性质的法律文件。世界贸易组织的协议有两类:一类是多边的,要求成员"一揽子"接受,对所有成员具有法律约束力,各成员方必须遵守,包括货物、服务、知识产权等协议;另一类是诸边的,成员方可以自愿接受,目前主要有三个协议,即《民用航空器贸易协定》、《政府采购协定》和《信息技术产品协议》。

具体而言,世界贸易组织的法律文件由以下各部分构成。

1.《建立世界贸易组织协定》。《建立世界贸易组织协定》是世界贸易组织的章程性文件,它是世界贸易组织的章程性文件,共有16条及其附件目录。该协定对世界贸易组织的范围、职能、机构、法律地位、政策制定、预算与捐款、秘书处、与其他组织的关系、协议的修改、原始成员方的地位、新成员加入、协议的接受、生效、保存、退出等事项作出了详细规定。

2.《建立世界贸易组织协定》的附件。

附件一是关于货物贸易、服务贸易及知识产权的内容,具体内容如下:

(1)附件一A是关于货物贸易的多边协议,包括《关税及贸易总协定1994》、《农业协》、《实施卫生与植物卫生措施协定》、《纺织品与服装协定》、《技术性贸易壁垒协定》、《与易有关的投资措施协定》、《关于实施 1994 年关税及贸易总协定第 6 条的协定》、《关于实施 1994 年关税及贸易总协定第 7 条的协定》、《装运前检验协定》、《原产地规则协定》、《进口许可证程序协定》、《补贴与反补贴措施协定》以及《保障措施协定》；

(2)附件一 B 是关于服务贸易的内容，包括《服务贸易总协定》及其附件；

(3)附件一 C 是关于知识产权的内容，主要指《与贸易有关的知识产权协定》。

附件二是关于争议解决的内容，主要包括《关于争端解决规则和程序谅解》。

附件三是关于政策评审的内容，主要包括《贸易政策审议机制》。

附件四是诸边协议。诸边协议包括：即《民用航空器贸易协定》、《政府采购协定》、《信息技术产品协议》。与附件一、二、三不同，各成员方对附件四可分别接受，也就是说，附件四并不对所有成员具有法律约束力，而是只适用于接受上述若干单项贸易协议的成员，对不接受的成员方则不具有约束力。到目前，附件四只有少数成员参加。

世界贸易组织框架示意图如图 8－1 所示。

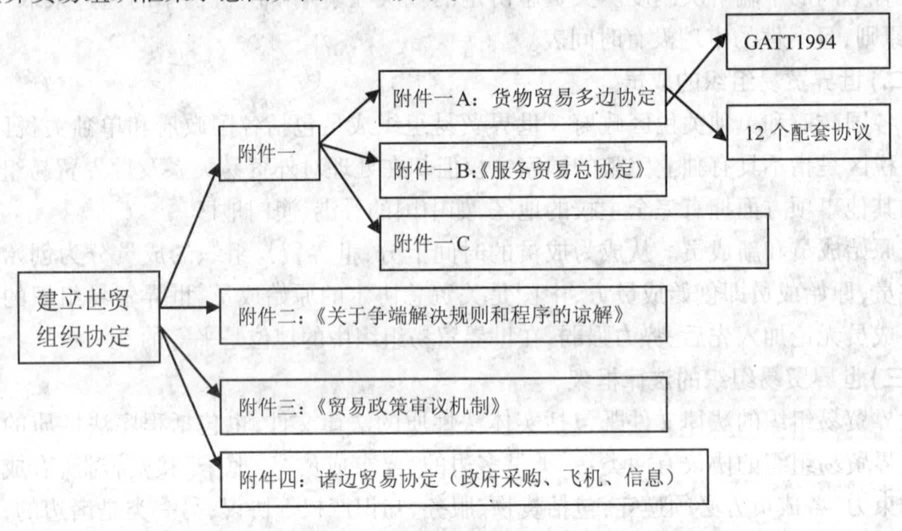

图 8－1 世界贸易组织框架示意图

(四)世界贸易组织的机构设置

根据《建立世界贸易组织协定》第 4 条的规定，世贸组织设部长级会议；常务理事会；货物贸易理事会、服务贸易理事会、与贸易有关的知识产权理事会；贸易发展委员会、国际收支限制委员会、预算和财务及管理委员会；若干单项贸易下的工作组以及秘书处。

1. 部长级会议。部长级会议由所有参加方的代表组成，是世贸组织的权力机构。该机构有权对各多边贸易协议的事项作出决定。部长级会议每两年召开一次。

2. 总理事会。总理事会由所有成员方代表组成，并在适当时召开会议。总理事会是部长级会议的常设执行机构，主要负责在部长级会议休会期间，执行部长级会议的各项职能以及《建立世界贸易组织协定》授予的职能。总理事会又是争端解决机构及政策审议机构。

3. 分理事会。分理事会包括货物贸易理事会、服务贸易理事会、与贸易有关的知识产权理事会;分理事会在常务理事会的指导下进行工作,分别负责各相关协议的执行监督工作。三个分理事会应按要求设立附属机构。各附属机构应自行制定各自的议事规则,但需经各自的理事会批准。

4. 专门委员会。专门委员会专门研究有关问题,包括贸易与发展委员会、国际收支限制委员会、预算和财务及管理委员会。各委员会的成员资格对所有成员的代表开放。它们分别负责世界贸易组织法律文件中所赋予的职能,以及总理事会指定的任何附加职能。

5. 秘书处和总干事。根据《建立世界贸易组织协定》第 6 条的规定,世界贸易组织设立总干事领导下的世界贸易组织秘书处。秘书处由总干事领导,总干事由部长级会议任命。总干事应任命秘书处职员,并依部长级会议通过的条例确定其职责和服务条件。总干事和秘书处职员的职责属于国际性质,在履行其职责时不能寻求世界贸易组织之外的任何政府或权力机关的指示。

世界贸易组织机构设置如图 8 –2 所示:

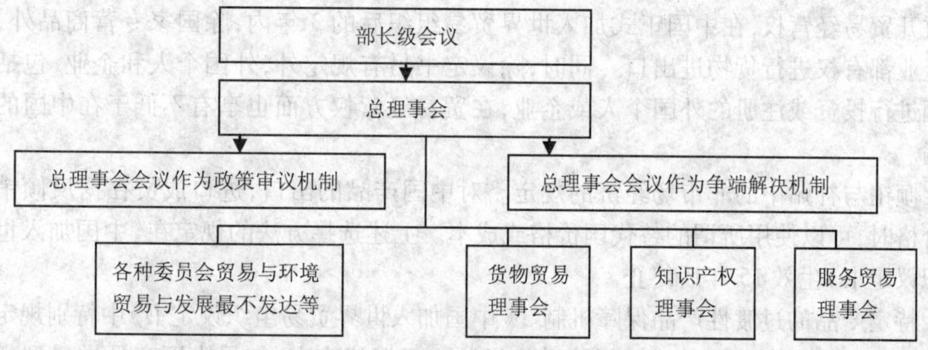

图 8 –2 世界贸易组织机构设置图

(五)世界贸易组织的决策程序

1. 协商一致优先,投票表决第二。在决策程序上,世界贸易组织采取协商一致优先,投票表决第二的原则。即所有缔约方都表示支持,或者没有缔约方反对,即为协商一致通过。无法协商一致的情况下才进行投票表决。

2. 决策事项不同,投票要求不同。当无法协商一致时,不同的决策事项,投票的要求是不同的:关于条款的解释,要求 3/4 多数通过;关于豁免问题,也要求 3/4 多数通过;关于修正案问题,要求 2/3 多数通过。

二、中国与世界贸易组织

(一)中国入世承担的特别义务

中国于 1986 年正式提出“恢复在关贸总协定中的缔约国地位”的申请。世界贸易组织成立后,1995 年 11 月,中国的“复关”谈判改为“入世”谈判,并最终于 2001 年 12 月 11 日正式加入世界贸易组织。中国加入世界贸易组织以中国的发展中国家地位为前提。中国在世界贸易组织中的权利义务由两部分组成：一部分是各成员都承担的规范性义务，如各协议条款规定的义务；第二部分是中国在加入世界贸易组织议定书中所作出的承诺，这是中国承担的独特义务。在某些方面，中国加入世界贸易组织后承担的义务要多于其他发展中国家成员。

(二)中国根据世界贸易组织协定享有权利、承担义务的法律框架

中国在世界贸易组织中的权利义务，与其他成员一样，由两部分组成：一部分是各成员都承担的规范性义务，如各协议条款规定的义务；另一部分是中国在加入世界贸易组织议定书中所作出的承诺，这是中国承担的独特义务。中国加入世界贸易组织，是建立在权利义务平衡的基础上。中国在履行成员义务的同时，也享有作为成员的权利。有关内容主要涉及下列方面。

1. 经营权的放开。《中国加入世界贸易组织议定书》专门对贸易权作了规定。中国承诺逐步放开贸易经营权，在中国正式加入世界贸易组织后的3年内，除国家专营商品外，所有中国企业都有权进行货物进出口。同时，除议定书另有规定外，外国个人和企业，包括没有在中国进行投资或注册的外国个人或企业，在贸易经营权方面也享有不低于在中国的企业的待遇。

2. 倾销与补贴中的非市场经济的规定。对中国产品的出口，进口成员在据反倾销规范比较价格时，可以使用所谓的替代国价格或成本。上述选择方法的规定在《中国加入世界贸易组织议定书》生效15年后终止。

3. 特定产品的过渡性产品保障机制。《中国加入世界贸易组织议定书》中特别规定了针对中国产品的特定产品的过渡性保障措施机制。根据议定书，如果中国产品进口到任何成员境内的增加数量或条件，足以对进口成员同类或直接竞争产品的国内生产商造成市场扰乱或市场扰乱的威胁，受影响的成员可以要求与中国进行磋商，以达成相互满意的解决办法，包括受影响的成员是否应据保障措施协议采取保障措施。

4. 针对中国纺织品的特殊保障措施。《中国入世议定书工作组报告》第242段特别规定了针对中国纺织品的特殊保障措施。适用至2008年12月31日。对于纺织品和服装产品贸易，如果某一世界贸易组织成员认为《纺织品协议》涵盖的原产于中国的纺织品和服装产品，自世界贸易组织协定生效之日起，由于市场扰乱，威胁阻碍这些产品贸易的有序发展，则该成员可请求与中国磋商，以期减轻或避免此市场扰乱。

5. 与贸易有关的投资措施及非关税措施。中国承诺取消并停止实施贸易和外汇平衡要求，以及当地含量和出口实绩要求。

【例8-1】(2007年·卷一·84题)中国加入世界贸易组织的条件规定在《中国加入世界贸易组织议定书》及其附件中。对此,下列哪些选项是正确的?①

A. 该《议定书》及其附件构成世界贸易组织协定的一部分

B. 中国只根据该《议定书》及其附件承担义务

C. 该《议定书》规定了特定产品过渡性保障机制

D. 中国与其他成员在加入谈判中作出的具体承诺,不构成该《议定书》的组成部分

三、世界贸易组织主要法律制度

(一)关税及贸易总协定

1. 1994年关贸总协定的组成部分。1994年《关税及贸易总协定》主要由四个部分组成:第一部分是《1947年关税及贸易总协定》的各项条款,但不包括《临时适用议定书》。第二部分是世界贸易组织成立前的关税减让议定书,各缔约方的加入议定书,依1947年《关税及贸易总协定》给予的仍然有效的豁免,及缔约方全体作出的其他决定。第三部分是乌拉圭回合达成的解释《1994年关税及贸易总协定》有关条款的6个谅解,涉及对进口产品征收的其他税费、国营贸易企业、国际收支限制、关税同盟和自由贸易区、义务豁免、关税减让表的修改等。第四部分是《1994年关税及贸易总协定马拉喀什议定书》。

2. 最惠国待遇条款。最惠国待遇规定在《关税及贸易总协定》第1条中,该原则是国际贸易赖以进行的柱石,也是世界贸易组织法律制度的基础,是世界贸易组织多边贸易各个领域的一条总的指导思想。根据第1条第1款规定,在对进出口或有关进出口而征收的,或者为进出口产品的国际支付转移而征收的关税及任何税费方面,在征收此类税费的方法方面,在与进出口有关的所有规则与手续方面,以及在第3条第2款与第4款所指所有问题方面,任何缔约方给予原产于或运往任何其他国家或地区的产品的任何好处、优惠、特权或豁免,应当立即地与无条件地给予原产于或运往所有缔约方境内的相同产品。关贸总协定的最惠国待遇条款适用中强调"原产于"的标准,即只有原产于其他成员的同类产品,才能享有最惠国待遇。同类产品并没有确切的定义和标准,应在具体情况下作具体分析。最惠国待遇的特点是自动性、制度化和多边化。

最惠国待遇的适用范围包括:(1)产品的关税税率,(2)与进口有关的任何其他费用,(3)与进口有关的规则和程序,(4)国内税和其他国内费用,(5)有关影响产品销售、运输、分

① 答案:AC。根据《中国加入世界贸易组织议定书》第1条第2款的规定,该《议定书》及附件,包括工作组报告书第342段所指的承诺,应成为《世界贸易组织协定》的组成部分。A项正确。中国加入世界贸易组织成为世界贸易组织成员之后,不仅需要根据上述《议定书》承担义务,也需要与其他世界贸易组织成员国一样受《世界贸易组织协定》及其各个附件的约束,而后者的内容要广泛得多。B项错误。上述《议定书》第16条专门规定了特定产品过渡性保障机制,它也是中国入世的重要承诺。C项正确。前述《议定书》及其众多附件中包含了中国与其他世界贸易组织成员在加入谈判中作出的具体承诺,换句话说,这些双边谈判中中国作出的承诺都收录到《议定书》及其附件之中,构成了该《议定书》的组成部分。D项错误。

销和使用的政策规章和要求。

3. 关贸总协定中最惠国待遇义务的例外，主要包括：边境贸易，普遍优惠制度，关税同盟和自由贸易区。此外，因一般例外或国家安全例外、以收支平衡、以对造成国内产业损害的倾销进口或补贴进口征收反倾销税或反补贴税等也允许豁免最惠国待遇义务。关贸总协定第20条是关于一般例外的规定。违反第20条以外的其他义务的措施，欲依一般例外条款获得正当性，必须依次满足下面两个条件：(1)有关措施必须属于该一般例外条款所列举的政策性措施的范围。(2)这些措施的适用方式，必须符合该一般例外条款前言的要求，不得构成任意或不正当的歧视，或者造成对国际贸易的变相限制。关贸总协定第20条列举的10项例外中，经常被引用主要有：为保护人类、动植物的生命或健康所必需的措施；与保护可用尽的自然资源有关的、与限制国内生产或消费一同实施的措施；为保证与关贸总协定一致的法律的实施所必需的措施。

4. 国民待遇条款。关贸总协定中的国民待遇，指外国进口产品所享受的待遇不低于本国同类产品、直接竞争或替代产品所享受的待遇。国民待遇义务适用于每一具体产品。各进口成员不能在不同产品、不同批次产品中进行国民待遇的平衡，不得以对某些产品提供优惠待遇为借口对其他产品拒绝国民待遇。

国民待遇在货物领域的适用范围。该义务基本可以分成两类：一类涉及国内税费，另一类涉及影响产品销售等的国内法律和规章。

(1)国内税费。国内税费方面的国民待遇因进口产品与国内产品间的关系不同而不同。

第一，对于同类产品，对进口产品直接或间接征收的国内税费，不应超出对本国同类产品直接或间接所征收的国内税费。违反该义务的关键是看进口产品与国内产品是否是同类产品，以及进口产品的税费是否超出国内同类产品的税费这两个方面。

第二，对于非同类产品，而是直接竞争或替代产品，进口产品与国内产品没有同等征收税费时，不得对国内生产提供保护。此时确定进口成员违反了国民待遇义务，需具备下述条件：进口产品是国内产品的直接竞争产品或可替代产品；进口产品与国内产品没有同等征收税费；没有同等征收税费的目的是保护国内生产。直接竞争或替代产品的范围大于同类产品。

(2)国内法规。在有关销售、推销、购买、运输、分销或使用的法律、法规和要求方面，进口产品所享受的待遇不得低于本国同类产品的待遇。此处同类产品的范围大于上述的同类产品，但小于直接竞争或替代产品的范围。此处的法律、法规范围广泛，既包括对调整产品的销售等发生直接影响的规定，也包括对产品的销售等产生间接影响的规定；既包括实体规范，也包括程序规范；既包括中央的规范，也包括地方的规范；既包括强制性的规范，也包括非强制性的规范。

国民待遇的例外包括关贸总协定第20条规定的一般例外、政府采购例外、仅对某种产品的国内生产商提供的补贴例外等。

【例8-2】(2006年·卷一·42题)关于世界贸易组织(WTO)的最惠国待遇制度,下列哪种说法是正确的?①

A. 由于在WTO不同的协议中,最惠国待遇的含义不完全相同,所以,最惠国待遇的获得是有条件的

B. 在WTO中,最惠国待遇是各成员相互给予的,每个成员既是施惠者,也是受惠者

C. 对最惠国待遇原则的修改需经全体成员4/5同意才有效

D. 区域经济安排是最惠国待遇义务的例外,但边境贸易优惠则不是

5. 约束关税制度。关贸总协定本身并没有强制要求其成员把关税降到某水平,而是要求缔约方之间通过谈判达成相互满意的削减关税和非关税障碍的协议,以此达到降低关税和其障碍的目的。世界贸易组织对关税的原则是,约束关税,并不断削减。

各成员在降低关税谈判中作出的关税减少,通常称为关税减让。各成员受其在关税减让表中公布的税率的约束,成员可以实际适用比约束关税低的关税,除非经其他有关规则允许,例如反倾销税,或重新与其他成员谈判,否则不得提高关税税率。一成员给予其他成员产品的关税待遇,不得低于减让表中规定的待遇。在外国产品进口时,不得征收超过减让表中规定的普通关税的部分,也不得征收超过自协议生效日所实施的所有其他税费的部分。

在削减关税的谈判中,缔约各方应遵守有关的规则和原则,这些规则和原则部分来自于世界贸易组织协议本身的规定,部分来自于历次谈判中形成的惯例。主要可概括为互惠原则、关税递减原则、利益最大化原则和主要供应者原则。

【例8-3】关于WTO协定对关税的规定,下列说法错误的是哪项?②

A. WTO协定对关税的原则是约束关税,并不断削减

B. 各成员对其进口产品作出的关税减让,构成了该成员的关税减让表

C. 关税减让表中公布的税率是受到约束的,但不一定是可适用税率的最高限

D. 各成员可实际适用比约束关税低的关税

6. 数量限制的禁止与例外。限制贸易的措施通常被概括为关税措施和非关税措施,非关税措施指除关税措施以外的其他一切直接或间接限制外国商品进口的法律及行政措施。非关税措施主要包括进出口配额措施、进出口许可证措施、外汇管辖措施、商品检验措施、原产地措施、政府采购措施、反倾销措施、反补贴措施、保障措施、技术性贸易壁垒措施等。关税措施与非关税措施的区别主要为:关税措施具有透明度,而非关税措施具有隐蔽性;关税措施具有公正性,而非关税措施具有歧视性;关税措施具有稳定性,而非关税措施则具有随意性。

---

① 答案:B。GATT的最惠国待遇是无条件的,A项错误。B项正确,因为每个WTO的成员既可以给予其他成员新的待遇(施惠),也享受其他成员所给予的待遇(受惠)。由于最惠国待遇原则是多边贸易的基石,所以修改该原则适用最严格的要求,需要全体成员的同意,C项错误。最惠国待遇义务的例外既包括区域经济安排,也包括边境贸易,D项错误。

② 答案:C。世界贸易组织的约束关税制度,要求每一成员给予其他成员产品的关税待遇,不得低于关税减让表中规定的待遇,各成员在关税减让表中公布的税率是受约束的,是可适用税率的最高限。C项错误,其他项均正确。

1994年《关税及贸易总协定》第11条是关于一般地取消数量限制的条款，数量限制措施是指限制进口数量的措施，其表现形式多种多样，例如配额措施、进口许可证措施、自动出口约束等。

关于一般取消数量限制的例外及实施数量限制时的非歧视，世界贸易组织规则在规定了一般地取消数量限制的同时，还明确列举了可以实施数量限制的几种例外情况。包括为防止或缓解出口成员的粮食或其他必需品的严重短缺而临时实施的出口禁止或限制；为实施国际贸易中的商品归类、分级和销售标准或法规而必须实施的进出口禁止或限制；为了限制国内产品数量或消除国内产品的过剩而对农产品或渔产品进口而实施的限制；为了保障其对外金融地位和国际收支平衡而对进口产品进行的限制。获允实施的数量限制应满足最惠国待遇原则的要求。在分配数量份额时，应尽可能接近没有这种限制时各成员所预期的份额。在采取数量限制的具体方法上，首先选用配额，在配额不可行时，采取进口许可证的方式。因国际收支平衡原因实施数量限制时，可以背离非歧视原则。

（二）服务贸易总协定

《服务贸易总协定》（英文简称GATS）是世界贸易组织法律框架中附件一B中的内容，也是第一个调整国际服务贸易的多边性、具有法律强制力的规则。《服务贸易总协定》适用于各成员影响服务贸易的措施，包括成员的中央、地区或地方政府的措施，以及其授权行使权力的非政府机构采取的措施。但不适用于为履行政府职能而提供的服务，即非在商业基础上提供的、又不与任何一个或多个服务提供者相竞争的服务不适用服务贸易总协定。

1. 国际服务贸易的类型。《服务贸易总协定》没有对国际服务贸易下定义，只是规定了国际服务贸易的4种方式：

（1）跨境交付。指从一成员境内向任何其他成员境内提供的服务。这类服务常被称为“过境提供”（Cross-border Supply），“过境”是指“服务”的过境，如国际电讯服务或卫星电视服务等。这种服务，服务消费者没移动，产品一般是在提供者一方完成的。

（2）境外消费。指在一成员境内向任何其他成员的服务消费者提供服务。其中最典型的为旅游服务、去境外接受教育培训或医疗服务等。在这种情况下，服务提供者不移动，而服务消费者则到国外接受服务，由服务消费者以非居民身份接受某种服务。

（3）商业存在。指一成员的服务提供者通过在任何其他成员境内的商业现场提供的服务。此种情况消费者在国内，而仅有服务供应者移动，而且不是暂时性质，而是长期性设立机构，即服务者跨境流动且设立机构。

（4）自然人流动。指一成员的服务提供者通过在任何其他成员境内的一成员自然人的商业现场提供的服务。特点是服务者跨境流动但不设立机构。如跨国劳务输出，律师到他国提供法律服务。此种自然人的移动涉及一国自然人入境管理以及移民政策，GATS另有一附件协议加以规范。

【例8-4】(2013年·卷一·42题)根据世界贸易组织《服务贸易总协定》,下列哪一选项是正确的?①

A. 协定适用于成员方的政府服务采购

B. 中国公民接受国外某银行在中国分支机构的服务属于协定中的境外消费

C. 协定中的最惠国待遇只适用于服务产品而不适用于服务提供者

D. 协定中的国民待遇义务,仅限于列入承诺表的部门

2. 服务贸易总协定的特点。服务贸易总协定的特点主要是一般性义务与具体承诺义务相结合。服务贸易总协定的规定的义务分为两类,即一般性义务和具体承诺。一般性义务适用于签字成员所有服务部门及服务贸易措施,不论是否把它们列入个体承诺表;具体承诺义务即国民待遇和市场准入,这类义务性规定仅适用于签字成员在具体承诺表中列出的部门和分部门,并在所列举的条件、范围内适用,对未列举的服务业务范围不适用,这是GATS框架协议的主要特点。

3.《服务贸易总协定》中的最惠国待遇原则。除适用对象不同外,《服务贸易总协定》中的最惠国待遇与关贸总协定中的最惠国待遇基本相同。GATS第2条对最惠国待遇原则作了如下规定:"有关本协议的任何措施,每一缔约方给予任何其他缔约方的服务或服务提供者的待遇,应立即无条件地以不低于前述待遇给予其他任何缔约方相同的服务或服务提供者。"该条规定的最惠国待遇义务可以在一定的条件下得到豁免。发展中国家在履行最惠国待遇义务上,享有一次性的一定期限的过渡期,该期限最长为10年。《服务贸易总协定》的最惠国待遇义务不阻止毗邻国家优惠、服务贸易自由化的协议、劳动力市场一体化的协议、以及政府的服务采购。

4.《服务贸易总协定》下的具体承诺。由于《服务贸易总协定》是框架性的协定,成员在国际服务贸易市场开放方面的义务尚无统一规定。因此市场准入及国民待遇的给予均依每一成员的承诺表确定。成员应具体列出市场准入的规定、限制和条件;国民待遇的条件和资格;有关附加承诺的义务;适当情况下实施这类承诺的时间表等。

(1)市场准入。成员方应依自己承担义务承诺表中所同意的条件,给予其他缔约方的服务或服务提供者以相同待遇,不得低于其承诺表中同意和明确的规定、限制和条件。除非在承诺表中明确规定,原则上禁止以下对市场准入的限制:限制服务提供者的数量;限制服务

① 答案:D。《服务贸易总协定》第17条规定:"1.在列入其承诺表的部门中,在遵照其中所列条件和资格的前提下,每个成员在所有影响服务提供的措施方面,给予任何其他成员的服务和服务提供者的待遇不得低于其给予该国相同服务和服务提供者的待遇……"D项正确。根据《服务贸易总协定》第1条规定:"……(b)'服务'包括任何部门的任何服务,但在行使政府权限时提供的服务除外。(c)'在行使政府权限时提供的服务'指既不是在商业基础上提供,又不与任何一个或多个服务提供者相竞争的任何服务。"故政府采购服务是排除在外的。A项错误。境外消费是指在一国境内向其他国的服务消费者提供服务——消费者的流动。中国公民接受中国分支机构的服务,同处于一国之内,所以不属于境外消费。B项表述错误。《服务贸易总协定》第2条规定:"1.在本协定项下的任何措施方面,各成员应立即和无条件地予任何其他成员的服务和服务提供者以不低于其给予任何其他国家相同的服务和服务提供者的待遇……"所以最惠国待遇是包括服务提供者的。C项错误。

资产或交易的价值；限制服务经营总量或服务产出总量；限制雇佣人数；限制或要求通过特定类型的法律实体或合营企业提供服务；通过限制外国持股比例或外国投资总额来限制外国资本的参与。发展中国家成员在建立商业存在的市场准入方面可有例外，可在承诺中规定批准商业存在应以加强国内服务能力的经济需求为标准。

(2)国民待遇。允许外国服务或服务提供者进入本国的服务市场，并非赋予其与本国服务及服务提供者相同的待遇。GATS 第 17 条要求每一成员方应在其承担义务承诺表所列部门中提供国民待遇，但该国民待遇限定在承诺表中具体列明的条件和资格的范围内。即未作出市场准入承诺的服务部门，不适用国民待遇；即使作出市场准入承诺的服务部门，也允许对国民待遇进行限制。

(三)世界贸易组织的争端解决机制

1. 世界贸易组织争端解决机制的特点。世界贸易组织争端解决机制是在借鉴和总结 GATT 有关争端解决条款的基础上形成的比较成功和完善的法律体系，其依据为《关于争端解决规则与程序的谅解书》(DSU)。和关贸总协定的争端解决机制相比，世界贸易组织的争端解决机制不仅适用范围更广，时间限制更为严格，还在专家组及上诉机构报告通过程序上有了重大突破，将原关贸总协定的"协商一致原则"改为"反向协商一致"原则，使世界贸易组织的争端解决机制的约束力加强、效率提高。

2. 争端的种类。关贸总协定第 23 条规定了三种争端类型，对《关于争端解决规则与程序的谅解》作了进一步的阐释：

(1)违反性申诉。此种争端申诉方须证明被诉方违反了有关协议的条款。对此种争端的裁定，被诉方往往需要废除或修改有关措施。

(2)非违反性申诉。此种争端申诉不追究被诉方是否违反了有关协议条款，而只处理被诉方的措施是否使申诉方根据有关协议享有的利益受损或丧失。在此种申诉下，被诉方没有取消有关措施的义务，只需作出补偿。

(3)其他情形的申诉。关于其他争端类型及其所适用的程序和规则，并没有明确的规定，迄今也尚未出现过上述两种类型以外的类型的案件。

【例 8-5】(2004 年·卷一·95 题)按照世界贸易组织争端解决制度的规定和实践，有关非违反性申诉与违反性申诉的下列表述何者为正确？①

A. 非违反性申诉中，申诉方无需证明被申诉方违反了世界贸易组织协定的有关条款

B. 违反性申诉中，申诉方需要证明被诉方采取的措施造成申诉方利益的丧失或受损

C. 如申诉方的非违反性申诉成功，被诉方没有取消有关措施的义务，但需对申诉方作出

---

① 答案：AC。A 项正确，对于非违反性申诉，不追究被诉方是否违反了有关协议条款，而只处理被诉方的措施是否使申诉方根据有关协议享有的利益受损或丧失。因此，申诉方无需证明被申诉方违反了世界贸易组织协定的有关条款。B 项错误，"申诉方需要证明被诉方采取的措施造成申诉方利益的丧失或受损"的是非违反性诉，而非违反性申诉。C 项正确，在非违反性申诉中，如申诉方申诉成功，被诉方没有取消有关措施的义务，只需作出补偿。D 项错误，如申诉方的申诉成功，"被诉方应撤销或废除被申诉的措施"的属于违反性申诉，而不是非违反性申诉。

补偿

D. 如申诉方的非违反性申诉成功,被诉方应撤销或废除被申诉的措施

3. 争端解决程序。

(1)磋商。磋商是申请设立专家组的前提条件。但磋商的事项及磋商的充分性与否,与设立专家组的申请及专家组将作出的裁定没有关系。一般情况下,各成员在接到磋商申请后10天内应对申请国作出答复,并在接到申请后30天内展开磋商。

(2)设立专家组。该程序是争端解决机制的核心程序。自提出磋商请求日起60天内磋商没有解决争端时,申诉方才可以申请成立专家组。设立专家组的申请,是启动争端解决机构程序的要件。专家小组原则上在6个月(最长不超过9个月)内提交最后报告。专家组是解决争端的非常设性机构。

(3)专家组的裁定和结论。争端方对其主张承担举证责任,由专家组决定证据的采信,并作出裁决。对争端方没有提出的主张,专家组不能作出裁定。专家组可以向其视为适当的任何个人或机构寻求信息和技术建议。专家组有权决定是否接受法庭之材料。专家组作出的争端解决报告应列明对事实的调查结果,有关世界贸易组织规则的适用性,以及裁定和建议的理由。对申诉方依不同规则提起的数个申诉请求,专家组可依有效解决争端的必要性,依司法经济原则,对其中的某些诉求不进行审查。

(4)上诉机构的审查、裁定。在专家组报告发布后的60天内,任何争端方都可以向上诉机构提起上诉。上诉机构则只审查专家组报告涉及的法律问题和专家组作出的法律解释。上诉机构可以维护、修正、撤销专家小组的裁决结论。

(5)争端解决机构通过专家组和上诉机构的报告。在专家组和上诉机构作出报告后,须由争端解决机构通过专家组、上诉机构的解决争端报告,在专家组和上诉机构的协助下提出建议、作出裁定。

(6)裁定和建议的实施。被裁定违反了有关协议的一方应在合理时间内履行争端解决机构的裁定和建议,通常是采取修改或废除被裁定与世界贸易组织规则不符的措施,如不能采取这样的措施,被诉方可以主动、自愿地对申诉方提供补偿。有关履行裁定和建议的合理期限的争议,可依DSU第23条诉诸仲裁解决。如被诉方采取了某种实施裁定和建议的措施,而申诉方认为该措施与裁定和建议不一致,则可依DSU第21条第5款诉诸仲裁。如被诉方在合理期限内,没有履行裁决和建议,原申诉方可以经争端解决机构授权交叉报复,对被诉方中止减让或中止其他义务。但中止减让或其他义务的水平和范围,应与受到的损害相当。报复应首先在同产业部门实施,同产业部门不足以实现报复的水平时,可以跨产业部门报复,最后可跨协议范围进行报复,即“交叉报复”。

除上述基本程序外,在当事方自愿的基础上,也可采用仲裁、斡旋、调解和调停等方式解决争端。这一程序由争端当事方选择,并非强制性程序。该程序秘密进行,并不受时间限制。

【例8-6】(2013年·卷一·43题)关于世界贸易组织争端解决机制的表述，下列哪一选项是不正确的？①

A. 磋商是争端双方解决争议的必经程序

B. 上诉机构为世界贸易组织争端解决机制中的常设机构

C. 如败诉方不遵守争端解决机构的裁决，申诉方可自行采取中止减让或中止其他义务的措施

D. 申诉方在实施报复时，中止减让或中止其他义务的程度和范围应与其所受到损害相等

【例8-7】(2005年·卷一·44题)下列关于世界贸易组织争端解决机制的表述哪项正确？②

A. 磋商是必经程序

B. 任何争端方对上诉机构的裁决有异议的，均可上诉到争端解决机构

C. 世界贸易组织的上诉机构应对专家组报告涉及的事实及法律问题进行审理

D. 对被认为有错误的专家组的裁决，上诉机构可以发回重审

牛刀小试

1. 关于世界贸易组织与关贸总协定的区别与联系，下列说法正确的是哪项？③

A. 关贸总协定是正式的国际组织，而世界贸易组织不仅是正式的国际组织，还是永久性国际组织

B. 关贸总协定主要局限于货物贸易和纺织品贸易领域，而世界贸易组织还包括农产品贸易与服务贸易领域

C. 关贸总协定的许多协定可以选择地接受，世界贸易组织协定必须一揽子接受，但可以对参加的协定提出保留

D. 关贸总协定争端解决机制实行完全协商一致的方式，世界贸易组织争端解决机制采取反向协商一致的原则，对争端解决规定了时间表

---

① 答案：C。A项内容正确，磋商是世界贸易组织争端解决的必经程序。B项内容正确，WTO上诉机构是常设机构。C项内容错误，根据《关于争端解决规则与程序的谅解》第22条规定："……仍未能达成令人满意的赔偿协议，则已援用争端解决程序的任何当事方可请求争端解决机构授权中止各有关协议的减让或其他义务对该有关成员方的适用……"所以申诉方不能自行采取中止减让或中止其他义务，必须申请争端解决机构的授权才能实施。D项内容正确，根据《谅解》第22条规定，应确定此类中止的程度是否和取消或损害的程度相等……。本题为否定命题，C项当选。

② 答案：A。A项正确，磋商是申请设立专家组的前提条件，必经程序。B项错误，争端解决机构并不亲自审理案件，只是通过专家组、上诉机构的解决争端报告。因此，上诉到争端解决机构的表述不正确。C项错误，上诉机构只审查专家组报告涉及的法律问题，而不涉及事实问题。D项错误，上诉机构没有将案件发回专家组重新审理的权力。

③ 答案：D。A项错误。关贸总协定不涉及纺织品贸易领域，B项错误。世界贸易组织成员对WTO协定必须一揽子接受，而且对参加的协议或者协定不得提出保留，C项错误。世界贸易组织争端解决机制与关贸总协定的不同在于采取反向协商一致的原则，而且对裁决和实施规定了时间表，D项正确。

2. 在下列 WTO 的协议中,属于诸边协议的是哪项?①

A.《农产品协议》

B.《与贸易有关的知识产权协定》

C.《原产地规则协议》

D.《政府采购协定》

3. 甲乙两国均为世界贸易组织成员,甲国对乙国出口商向甲国出口轮胎征收高额反倾销税,使乙国轮胎出口企业损失严重。乙国政府为此向世界贸易组织提出申诉,经专家组和上诉机构审理胜诉。下列哪一选项是正确的?(2009 年·卷一·44 题)②

A. 如甲国不履行世界贸易组织的裁决,乙国可申请强制执行

B. 如甲国不履行世界贸易组织的裁决,乙国只可在轮胎的范围内实施报复

C. 如甲国不履行世界贸易组织的裁决,乙国可向争端解决机构申请授权报复

D. 上诉机构只有在对该案的法律和事实问题进行全面审查后才能作出裁决

4. 下列关于世界贸易组织的说法中正确的是哪项?③

A. 世界贸易组织在决策程序上采用"反向一致"的表决方式

B. 世界贸易组织总理事会同时履行争端解决机构和贸易政策审议机构的职责

C. 世界贸易组织总干事应依其国籍国指示履行其在 WTO 的职责

D. 世界贸易组织争端解决机制中的斡旋、调解与调停程序不是必经程序

5. 根据世界贸易组织的规则,下列哪项属于货物贸易领域国民待遇原则的例外?④

A. 未参加《政府采购协议》的成员方政府,在为自用或公共目的采购货物时,可以优先购买本国产品

B. 有关电影片的国内放映数量的规定,即可要求电影院只能放映一定数量的外国影片

---

① 答案:D。在 WTO 各协议中,诸边协议是只有少数成员参加,也只对参加了诸边协议的成员有约束力的协议,WTO 法律框架中目前有效的诸边协议包括《民用航空器贸易协定》、《政府采购协定》、《信息技术产品协议》。只有 D 项符合题意。

② 答案:C。世界贸易组织争端解决机制没有强制执行,A 项错误。根据世界贸易组织的争端解决机制,当败诉一方不履行裁决时,胜诉一方可以申请授权报复。在同一产品内报复仍无效果时,可以跨部门进行报复,如果再没有效果,则可以跨协议进行报复。B 项称只能在轮胎的范围内实施报复是不对的。C 项正确,根据世界贸易组织的争端解决机制,如败诉一方不履行裁决,胜诉一方可以向争端解决机构申请授权报复。D 项错误,上诉机构只审查专家组报告涉及的"法律问题"和专家组作出的"法律解释",并不审查"事实部分"。

③ 答案:BD。A 项错误,世界贸易组织的反向一致用于争端解决机制,而不是用于决策程序。B 项正确,总理事会同时履行争端解决机构和贸易政策审议机构的职责。C 项错误,总干事是国际官员,在履行职责方面,不得寻求任何政治或当局的指示。D 项正确,世界贸易组织成员包括主权国家和经贸高度自治的单独关税区,D 项错误。在世界贸易组织争端解决机制中的斡旋、调整与调停程序,是由争端当事人方选择的,不是强制性的程序。是秘密进行的,并不受时间限制。

④ 答案:ABC。世界贸易组织国民待遇原则的例外有:未参加《政府采购协议》的成员方政府,在为自用或公共目的采购货物时,可以优先购买本国产品。A 项正确;只给予某种产品的国内生产者补贴。C 项正确;有关电影片的国内放映数量的规定,即成员方可要求本国电影院只能放映特定数量的外国影片。B 项正确。D 项是最惠国待遇的例外,不是国民待遇原则的例外。

C. 只给予某种产品的国内生产者补贴，且这种补贴符合《补贴和反补贴协议》以及《农产品协议》对国内生产者补贴所作的规定

D. 历史遗留的特惠关税安排

6. 甲乙二国均为世界贸易组织成员国，乙国称甲国实施的保障措施违反非歧视原则，并将争端提交世界贸易组织争端解决机构。对此，下列哪一选项是正确的？（2010 年·卷一·46 题）①

A. 对于乙国没有提出的主张，专家组仍可因其相关性而作出裁定

B. 甲乙二国在解决争端时必须经过磋商、仲裁和调解程序

C. 争端解决机构在通过争端解决报告上采用的是“反向一致”原则

D. 如甲国拒绝履行上诉机构的裁决，乙国可向争端解决机构上诉

7. 依世界贸易组织争端解决规则和程序的谅解协议的规定，当世界贸易组织成员方之间发生贸易纠纷时，可采取规定的解决方式，下列关于 WTO 争端解决机制的表述中，哪项是正确的？②

A. 磋商是申请设立专家组的前提条件

B. 提起申诉必须以申诉方具有法律利益或经济利益受到损害为前提

C. 对申诉方根据不同规则提起的数个申诉请求，专家组必须逐一审查

D. 上诉机构既审查专家组报告涉及的法律问题又审理事实问题

① 答案：C。A 项错误，根据《关于争端解决规则与程序的谅解书》第 7 条的规定，专家组的职权范围为审查争端各方提交的事项，而不能扩展到其他事项。该规定与在民商事争议解决中采用当事人主义的一般性原则相一致。B 项错误，调解和仲裁不是必须经过的程序。根据《关于争端解决规则与程序的谅解书》第 16 条和第 17 条的规定，采取“反向一致”原则，C 项正确。DSB 本身并不是一级上诉审理机构，D 项错误。

② 答案：A。磋商是申请设立专家组的前提条件，A 项正确。提起申诉并不以申诉方具有法律利益或经济利益受到损害为前提。B 项错误。对申诉方根据不同规则提起的数个申诉请求，专家组可根据有效解决争端的必要性，在认为已经有效解决了争端的情况下，对其中的某些诉求不进行审查，这称为司法经济原则，C 项错误。上诉机构则只审查专家组报告涉及的法律问题和专家组作出的法律解释，不审查事实问题，D 项错误。

》》》第九讲

国际经济法领域的其他法律制度

特别提示

本讲是司法考试的重点,年均2-3道试题。其主要考点有:海外投资保险制度、《多边投资担保机构公约》、《关于解决国家和他国国民之间投资争端的公约》、《伯尔尼公约》、《巴黎公约》、《世界版权公约》、国家税收管辖权中居民税收管辖权和来源地税收管辖权、双重征税与重叠征税的区别。

考查概况

考查次数	已考考点	已考法条
4	《保护工业产权巴黎公约》	
5	《保护文学艺术作品伯尔尼公约》	
4	《与贸易有关的知识产权协议》(TRIPS)	
1	国际许可协议中的限制性条款	《技术进出口管理条例》第29条
2	知识产权海关保护	《知识产权海关保护条例》第7、12、23、27条
1	海外投资保险制度	
4	《多边投资担保机构公约》	
6	国际投资争议的解决	
1	特别提款权	
1	国际融资担保	
1	法人居民身份的认定	
3	国际重复征税的解决方法	

一、国际知识产权法

(一)知识产权的国际保护

知识产权的国际保护主要是通过互惠、双边条约和多边公约的途径进行。多边公约的保护是目前国际上保护知识产权的最有效、影响最大、也是最主要的途径。目前影响最大的知识产权国际保护的公约是《保护工业产权巴黎公约》(以下简称《巴黎公约》、《保护文学和艺术作品伯尔尼公约》(以下简称《伯尔尼公约》)和《与贸易有关的知识产权协议》(以下简称“TRIPS”)。

1.《保护工业产权巴黎公约》。《巴黎公约》于1883年3月20日缔结,1884年7月7日起生效。生效后进行了六次修改。中国于1985年3月15日正式成为巴黎公约的成员国。《巴黎公约》全文共30条,是知识产权领域第一个世界性多边公约,也是在知识产权领域影响最大的公约。

(1)基本原则。

①国民待遇原则。公约要求缔约国在知识产权的保护方面给予缔约国的国民和在一个缔约国领域内设有住所或真实有效的工商营业所的非缔约国国民以国民待遇。在试题中,该条常表现为三类选项,即缔约国的国籍、在缔约国的住所和在缔约国的营业所。国民待遇的例外是各成员国在关于司法和行政程序、管辖以及选定送达地址或指定代理人的法律规定等方面,如为了方便程序的进行,有些国家要求外国专利申请人必须委派当地国家的代理人代理申请。

②优先权原则。《巴黎公约》的优先权原则只适用于发明专利、实用新型、外观设计和商品商标。发明专利和实用新型专利申请优先权的期限为12个月,外观设计和商标为6个月,在优先权期限内缔约国内每一个在后申请的申请日均为第一次申请的申请日。在优先权期限届满之前,后来在其他缔约国提出的申请,均不因在此期间内他人所作的任何行为而失效。

③临时性保护原则。临时性保护原则要求缔约国应对在任何成员国内举办的或经官方承认的国际展览会上展出的商品中可取得专利的发明、实用新型、外观设计和可注册的商标给予临时保护。如展品所有人在临时保护期内申请了专利或商标注册,则申请案的优先权日是从展品公开展出之日起算,而非从第一次提交申请案时起算。

④独立性原则。根据该原则,外国人的专利申请或商标注册,应由各成员国根据本国法律作出决定,不应受原属国或其他任何国家就该申请作出的决定的影响。

(2)《巴黎公约》对成员国工业产权保护的规定。

①不得因禁止或限制产品的销售而拒绝提供专利的保护。根据《巴黎公约》第4条,成员国不得以专利产品或依专利方法制造的产品的销售受到本国法律禁止或限制为理由,拒绝授予专利或使专利无效。

②进口物品与专利维持。根据《巴黎公约》第5条,专利权人将在任何成员国内制造的物品输入到对该物品授予专利权的国家,不应导致该专利的撤销。该规定主要针对一些发展中国家对外国专利权人只进口专利产品而不在本国制造作出的不利于外国专利权人的规定。

③方法专利权人的权利。根据《巴黎公约》第5条之四,当一种产品输入到对该产品的制造方法给予专利保护的成员国时,专利权人对该进口产品应享有进口国法律对该制造产品所给予的方法专利的一切权利。在方法专利的效力上,各国主要采取两种规定,一种是方法专利的效力只包括方法本身,另一种不仅包括方法,还包括依方法直接获得的产品的使

用、销售和进口。根据《巴黎公约》的规定,如进口国采取只包括方法的规定,则方法专利权人对进口的该产品不享有权利。但如进口国的保护包括了方法和产品,则方法专利权人对依其专利方法直接获得的产品的使用、销售和进口享有专有权,未经其许可对该产品的使用、销售和进口均构成侵权。

④成员国有权在专利权人滥用权利时颁发强制许可证等。

(3)有关商标权保护的规定。

①商标独立性原则的例外。根据《巴黎公约》第6条之五的规定,在本国正式注册的商标,除有下列情况之一,否则其他成员国应依在其本国的原样接受申请并给予保护:第一,商标具有侵犯第三人在申请受理国的既得权利的性质;第二,商标缺乏显著特征,或完全是商品的说明或商品的通用名称的;第三,商标违反道德或公共秩序的;第四,商标构成不正当竞争行为的;第五,申请注册的商标与其在本国注册的商标式样有实质性差别的。

②驰名商标的特殊保护。驰名商标的认定不以注册为前提,使用亦可成为认定的依据。对易与已在该国驰名的商标产生混淆的商标,成员国有义务拒绝或取消其注册并禁止使用。自注册之日起至少5年内,应允许提出取消这种商标的要求,允许提出禁止使用的期限可由各成员国规定。对用不诚实手段取得商标提出取消注册或禁止使用要求的,则不应规定时间限制。商标在成员国是否驰名由其行政主管机关或司法机关决定。未在一成员国使用,但如在该国已为人所知的商标,仍然可能在该国是驰名的。

③成员国有义务拒绝将成员国或政府间组织的徽章、旗帜、各国用以表明监督和保证的官方符号和检验印章,用作商标或商标的组成部分予以注册,并采取适当措施禁止使用。

④如成员国一个商标所有人的代理人或代表人,未经授权以自己的名义向一个或几个成员国申请注册该商标,商标所有人有权反对所申请的注册或要求取消注册。

⑤成员国有义务保护集体商标及服务标记等。

【例9-1】(2013年·卷一·41题)2011年4月6日,张某在广交会上展示了其新发明的产品,4月15日,张某在中国就其产品申请发明专利(后获得批准)。6月8日,张某在向《巴黎公约》成员国甲国申请专利时,得知甲国公民已在6月6日向甲国就同样产品申请专利。下列哪一说法是正确的?①

A.如张某提出优先权申请并加以证明,其在甲国的申请日至少可以提前至2011年4月15日

B.2011年4月6日这一时间点对张某在甲国以及《巴黎公约》其他成员国申请专利没

① 答案:A。A项正确,根据《巴黎公约》第11条有关优先权的规定,张某在甲国的申请日可以提前到4月6日,所以,该选项中说至少可以提前至2011年4月15日是正确的。B项错误,根据《巴黎公约》第11条的临时保护原则,展览之日也可受法律保护,2011年4月6日是展览之日,所以是具有意义的。C项错误,根据《巴黎公约》第4条及第6条的规定,关于外国人的专利申请或商标注册,应由各成员国依本国法决定,而不应受原属国或其他任何国家就该申请作出的决定的影响。专利的申请和商标注册在成员国之间是相互独立的。所以甲国是否批准,需要根据自己的法律规定,独立作出决定。D项错误,国民待遇的例外是各成员国在关于司法和行政程序、管辖以及选定送达地址或指定代理人的法律规定等方面,凡工业产权法有所要求的,可以保留。

有任何影响

C. 张某在中国申请专利已获得批准，甲国也应当批准他的专利申请

D. 甲国不得要求张某必须委派甲国本地代理人代为申请专利

【例9－2】(2006年·卷一·43题)根据保护知识产权的《巴黎公约》，下列哪种说法是正确的？①

A.《巴黎公约》的优先权原则适用于一切工业产权

B.《巴黎公约》关于驰名商标的特殊保护是对成员国商标权保护的最高要求

C.《巴黎公约》的国民待遇原则不适用于在我国海南省设有住所的非该公约缔约国国民

D. 对于在北京农展馆举行的农业产品国际博览会上展出的产品中可以取得专利的发明，我国给予临时保护

2.《保护文学和艺术作品伯尔尼公约》。《伯尔尼公约》缔结于1886年，1887年开始生效，是版权领域第一个世界性多边公约。我国于1992年加入该公约。国民待遇原则、版权自动保护原则和版权独立性原则是伯尔尼公约的基本原则。

(1)《伯尔尼公约》的基本原则。

①国民待遇原则。《伯尔尼公约》的国民待遇原则中有权享有国民待遇的国民包括“作者国籍”和“作品国籍”两类情况。“作者国籍”指公约成员国国民和在成员国有惯常居所的非成员国国民，其作品无论是否出版，均应在一切成员国中享有国民待遇；“作品国籍”针对非公约成员国国民，其作品只要是在任何一个成员国出版，或者在一个成员国和非成员国同时出版，也应在一切成员国中享有国民待遇。

②自动保护原则。该原则要求享有及行使依国民待遇所提供的有关权利时，不需要履行任何手续，即应自动予以保护。

③版权独立性原则。该原则是指享有国民待遇的人在公约任何成员国所得到的著作权保护，不依赖于其作品在来源国受到的保护。

(2)《伯尔尼公约》关于版权保护的规定。

①客体范围，规定成员国必须保护的作品包括文学艺术作品、演绎作品以及实用艺术作品和工业品外观设计。可选择是否给予保护的作品包括官方文件、讲演、演说或其他同类性质的作品以及民间文学艺术作品。日常新闻或纯属报刊消息性质的社会新闻不在版权保护客体范围之内。

②权利内容，《伯尔尼公约》要求保护精神权利有署名权和保护作品完整权两项；经济权

① 答案：D。根据《巴黎公约》确定的优先权制度，并不是对一切工业产权均予适用，而只适用于发明专利、实用新型、外观设计和商标。A项错误。该公约关于驰名商标的保护规定不是对成员国商标保护的最高要求，而是最低要求。B项错误。《巴黎公约》国民待遇原则所适用的范围，不仅包括公约缔约国的国民，也包括在缔约国设有住所的非缔约国的国民。C项错误。我国是《巴黎公约》的缔约国，有义务遵守公约的规定。该公约要求缔约国对于在本国举办的国际展览会上展出的商品中可以获得专利的发明给予临时性保护。我国给予临时保护符合公约的要求。D项正确。

利有复制权、翻译权、公演权、广播权、公开朗诵权、改编权、电影权和录制权等八项。作者的精神权利不受经济权利的影响,在上述经济权利转让之后,作者仍保有主张作品表明其作者身份的权利,并有权反对对其作品的有损声誉的歪曲、割裂或其他更改或损害行为。作者的精神权利,至少应与其经济权利的保护期相等。保护精神权利的方法由被要求给予保护的国家的法律规定。

③保护期限,经济权利的保护期限,一般文学艺术作品最低保护期为作者有生之年加死后50年。电影作品的最低保护期为电影公映后或摄制完成后50年。不具名作品或匿名作品,最低保护期为作品合法向公众发表后50年;能够确定作者身份,或者作者在保护期内公布身份的,适用作者死后50年的规定。摄影作品和实用美术作品的最低保护期为作品完成后25年。

④权利限制方面,《伯尔尼公约》允许的权利限制包括合理使用和法定许可。合理使用包括合理地引用作品,为教育目的利用作品,报刊、广播转载或转播其他报刊、广播上讨论经济、政治或宗教的时事性文章,以及报道时事时使用作品等。法定许可只适用于对广播权和录制权的限制。

(3)《伯尔尼公约》的追溯力。根据第18条规定,该《公约》适用于所有在本《公约》开始生效时尚未因保护期满而在其来源国进入公有领域的作品。即一个国家对其加入该《公约》之前已进入该国公有领域的作品,只要在加入时该作品在来源国仍受保护,该国就有保护这些作品的义务。

【例9-3】(2004年·卷一·46题)《保护文学艺术作品伯尔尼公约》是著作权领域第一个世界性多边国际条约,也是至今影响最大的著作权公约。下列关于该公约的说法哪一个是不正确的?①

A. 该公约采用自动保护原则

B. 该公约不保护演绎作品

C. 非成员国国民的作品在成员国首次发表可以受到公约的保护

D. 该公约保护作者的经济权利

3.《与贸易有关的知识产权协议》。《与贸易有关的知识产权协议》(简称TRIPS)是在世界贸易组织范围内缔结的知识产权公约。该协议订立于1994年,1995年开始生效,我国2001年加入世界贸易组织以后受协议约束。TRIPS由序言以及七个部分共73个条款构成。和以前的知识产权国际公约相比,TRIPS是一个更高标准的公约。该TRIPS首次将最惠国待遇原则引入知识产权的国际保护领域;公约要求成员对知识产权提供更高水平的立法保护;要求成员采取更为严格的知识产权执法措施;并将成员之间知识产权争端纳入世界贸易

① 答案:B。本题为否定命题。A项正确,自动保护原则是《伯尔尼公约》的基本原则之一。B项错误,在《伯尔尼公约》保护的客体范围中,成员国必须保护的作品包括文学艺术作品、演绎作品以及实用艺术作品和工业品外观设计。可见,演绎作品属于《伯尔尼公约》保护的客体。C项正确,根据《伯尔尼公约》规定的国民待遇原则,非成员国国民的作品在成员国首次发表可以受到公约的保护。D项正确,该《公约》的保护作者经济权利有八项,精神权利有两项。

组织争端解决机制。

(1)国民待遇和最惠国待遇原则及其例外。国民待遇原则和最惠国待遇原则是TRIPS的基本原则。最惠国待遇原则要求在知识产权的保护上,某一成员提供给其他成员国民的任何利益、优惠、特权或豁免,均应无条件地对全体成员国民适用。但TRIPS的最惠国待遇原则也有如下四项例外:

① 由一般性司法协助及法律实施的国际协定引申出的且并非专为保护知识产权的特权或优惠;

②《伯尔尼公约》和《保护表演者、唱片制作者和广播组织罗马公约》(以下简称《罗马公约》)允许的按互惠原则提供的优惠;

③ TRIPS未加规定的表演者权、录音制作者权和广播组织权;

④ 建立WTO协定生效之前业已生效的保护知识产权国际协定中产生的权利或优惠等。

(2)TRIPS协议规定的知识产权保护标准。TRIPS首先将《保护工业产权巴黎公约》、《保护文学和艺术作品伯尔尼公约》(第6条之二关于精神权利的规定除外)、《保护表演者、录音制品制作者和广播组织罗马公约》以及《关于集成电路知识产权条约》的实体性规定全部纳入到TRIPS中,成为世界贸易组织成员必须给予知识产权保护的最低标准。在此基础上,TRIPS又在下列方面进一步明确了成员保护知识产权的最低水平:

①版权和相关权利。在版权保护方面,TRIPS对《伯尔尼公约》的补充表现在两个方面:在保护客体方面,将计算机程序和有独创性的数据汇编列为版权保护的对象;在权利内容方面,增加了计算机程序和电影作品的出租权。在版权相关权利方面,TRIPS在《罗马公约》的基础上延长了权利保护期限,规定了对表演者和录制者的保护期限为50年,广播组织的保护期限为20年。

②商标。TRIPS规定了商标的定义,商标是指任何能够将一企业的商品和服务与其他企业的商品或服务区分开的标记或标记的组合,包括文字、字母、数字、图形要素、色彩的组合以及上述内容的组合。与《巴黎公约》相比,TRIPS扩大了对驰名商标的特殊保护,一方面将相对保护扩大为绝对保护,即对驰名商标的特殊保护扩大至不相类似的商品或服务。另一方面将驰名商标的保护原则扩大适用于服务标记。

【例9-4】(2008年·卷一·43题)根据《与贸易有关的知识产权协定》,关于商标所有人转让商标,下列哪一选项是正确的?①

A. 必须将该商标与所属业务同时转让

B. 可以将该商标与所属业务同时转让

C. 不能将该商标与所属业务同时转让

---

① 答案:B。根据《与贸易有关的知识产权协定》第21条:"各成员可对商标许可和转让规定条件,但这应理解为不允许商标的强制许可,而且注册商标的所有人有权把商标与该商标从属的生意一起或不一起转让。"B项正确。

D. 可以通过强制许可形式转让

③地理标志。地理标志指表示一种商品的产地在某一成员领土内,或者在该领土内的某一地区或地方的标志,而某种商品的特定品质、名声或者其特色主要是与其地理来源有关。TRIPS 要求各成员有义务对地理标志提供法律保护。应禁止将地理标志作任何不正当竞争的使用或作为商标注册。此外,TRIPS 特别要求各成员采用法律手段,防止使用某一地理标志表示并非来源于该标志所指地方的葡萄酒或烈酒。

④工业品外观设计。TRIPS 要求各成员对独立创作的、具有新颖性或原创性的工业品外观设计提供保护。成员可自行确定用工业产权法或通过版权法来保护工业品外观设计,但其保护期至少为 10 年。

⑤专利。在专利保护客体上,TRIPS 规定除疾病的诊断方法、治疗方法和外科手术方法及动植物新品种外,一切技术领域内具有新颖性和创造性,并能付诸工业应用的任何发明,不论是产品还是方法,均有可能获得专利。且专利的保护和专利权的享有不能因发明地点、技术领域、产品是进口或在本地制造而有任何歧视。TRIPS 与《巴黎公约》相比,在专利权内容方面增加了专利进口权、提供销售权,并要求成员将对方法专利的保护延及依该方法而直接获得的产品。在保护期方面,TRIPS 规定应不少于自提交专利申请之日起 20 年。

⑥集成电路布图设计。比较《关于集成电路知识产权条约》,TRIPS 保护水平的提高主要为:扩大了权利保护范围,将保护对象由只保护布图设计和含有受保护布图设计的集成电路,扩大到了含有受保护集成电路的物品;将保护期由 8 年延长为 10 年,并允许成员将布图设计的保护期限规定为自创作完成之日起 15 年;善意侵权人在收到该布图设计系非法复制的通知后,仍可就其现有存货或订单继续实施其行为,但应向权利持有人支付报酬。

⑦对未披露信息的保护。TRIPS 规定了受保护的未披露信息须符合的条件:即信息是秘密的;该信息因秘密而具有商业上的价值;合法控制信息的人为其秘密性,已采取了适当的措施。合法控制上述信息的自然人和法人有权制止他人未经其许可,以违反诚实的商业惯例的方式公开、获得或使用该信息。

(3)知识产权的执法措施。TRIPS 要求成员必须建立如下知识产权执法措施:

①民事和行政程序。各成员应提供的执行知识产权的民事司法程序包括及时得到足够详细的书面通知、委托代理人、举证的权利和陈述的机会等。

②刑事程序。各成员的知识产权刑事救济程序应适用于商业规模的故意假冒商标或版权盗版。

③临时措施。各成员的司法机关应有权在侵权行为发生之初采取临时措施,制止侵权行为继续进行或防止销毁有关证据。

④边境措施。权利持有人如有适当证据怀疑假冒商标的商品或盗版商品可能进口,可在提供相应担保的条件下,书面向进口国主管行政或司法当局提出,由海关中止放行被怀疑侵权的商品。

【例 9-5】关于版权保护,下列哪一选项体现了《与贸易有关的知识产权协议》对《伯尔尼公约》的补充？①

A. 明确了摄影作品的最低保护期限

B. 将计算机程序和有独创性的数据汇编列为版权保护的对象

C. 增加了对作者精神权利方面的保护

D. 无例外地实行国民待遇原则

(二)国际技术转让法律制度

国际技术贸易是指跨越国境的有偿技术转让,"跨越国境"是技术贸易"国际性"的标准,而不是转让和受让双方的国籍。我国1985年5月24日国务院发布施行的《中华人民共和国技术引进合同管理条例》及2001年10月通过、2002年1月1日施行的《中华人民共和国技术进出口管理条例》也有同样的规定。

1. 定义。国际许可证贸易是指双方当事人通过订立许可证协议,由一方当事人跨越国境地转让技术的使用权,另一方支付约定使用费的技术转让方式。协议中提供技术的一方称为"许可方"(Licensor),接受技术的一方称为"被许可方"(Licensee)。在国际技术贸易的实践中,转让技术所有权的情况很少,因为受让技术所有权的一方虽支付了高额转让费,但因技术持有人头脑仍会事实地拥有该转让技术,受让方不能真正买断该项技术。因此,在国际技术贸易的实践中,大多数都只是转让技术的使用权。这也就使国际许可证协议被广泛应用。

2. 种类。国际许可证协议根据许可权利的大小不同可以分为独占许可、排他许可(又称独家许可)和普通许可,三者最大的区别是在合同约定的时间和范围内有权使用该转让技术的主体不同。国际许可证协议根据转让标的不同还可以分为专利许可证协议、商标许可证协议、著作权许可证协议、专有技术许可证协议以及混合许可证协议等等。不同标的许可证协议的特有条款也不同。

依许可证协议许可适用的地域范围以及使用权范围的大小,国际许可证协议可分为:

(1)独占许可证协议,独占许可证协议指在协议约定的时间及地域内,许可方授予被许可方技术的独占使用权,许可方不能在该时间及地域范围内再使用该项出让的技术,也不能将该技术使用权另行转让给第三方。独占许可证协议下,被许可方所获得的权利最大,其支付的使用费也最高。

(2)排他许可证协议,排他许可证协议指在协议约定的时间及地域内,被许可方拥有受让技术的使用权,许可方仍保留在该时间和地域内对该项技术的使用权,但不能将该项技术使用权另行转让给第三方。

(3)普通许可证协议,普通许可证协议指在协议约定的时间和地域范围内,被许可方拥有受让技术的使用权,许可方仍保留在该时间和地域内对该项技术的使用权,且能将该项技

① 答案:B。《伯尔尼公约》对摄影作品的最低保护期限已作出了规定。A项错误。TRIPS将计算机程序和有独创性的数据汇编列为版权保护对象;在权利内容方面,增加了计算机程序和电影作品的出租权。B项正确。TRIPS没有精神权利的保护,C项错误。TRIPS在知识产权保护方面提供的国民待遇仍然是有例外的。D项错误。

术使用权另行转让给第三方。即被许可方、许可方和第三方都可使用该项技术。此种协议下被许可方获得的权利最小,所支付的使用费最低。

三类许可证协议特点如表9－1:

许可证种类	被许可方	许可方	第三方
独占许可证	√	×	×
排他许可证	√	√	×
普遍许可证	√	√	√

表9－1 三类许可协议的特点

(4)交叉许可证协议,交叉许可证协议指技术许可方和被许可方约定相互交换各自技术的使用权的协议。此种协议常用于原发明的专利权人和派生发明的专利权人之间。协议可以采取独占的或排他的,有偿的或无偿的方式。

(5)分许可证协议,分许可证协议指被许可方将获得的许可方的技术使用权再转让给第三方的许可协议。只有经原许可方同意或在原许可合同中有明确的规定方可订立分许可合同。

3. 国际许可证协议的条款。国际许可证协议因转让标的不同而有不同,但有些条款是各类许可证协议都具备的,主要的比较有许可证协议特点的条款包括:

(1)定义。许可证协议会涉及专利、商标、专有技术、版权等许可技术性的关键性专有名词,因各国的解释不同,可能会对当事人的权利产生影响,因此,在许可证协议中均会有定义条款。

(2)价格及支付条款。规定使用费的计算方式,主要包括:统包价格,即在合同中一次算清一笔明确的使用费数额;提成价格,即依合同产品产量、利润等提取一定百分比的费用作为技术使用费;入门费加提成的价格,即合同生效后支付一定的入门费,投产后再支付提成费。

(3)合同的范围条款。明确使用的对象、授权的性质、技术使用的时间和地域等内容和条款。

(4)技术资料的交付条款,技术服务和人员培训条款。

(5)考核、验收条款,改进技术的归属和分享条款。

(6)保证和索赔条款。此外,还有前言条款、违约救济条款、争端解决及法律适用条款等。

不同标的许可证协议的特有条款,在专利许可证协议中通常还包括维持专利有效性、不得反控和使用专利标记等条款。商标许可证协议包括使用商标的形式、质量监督、商标标识管理等条款。版权许可协议有被许可方使用作品方式的约定条款。专有技术有关于技术保证条款和保密条款等内容。

4. 国际许可证协议中的限制性商业条款。国际许可证协议中的限制性商业条款指在国际许可证协议中,由技术许可方施加给被许可方的,法律所禁止的不合理限制条款。根据2002年施行的《中华人民共和国技术进出口管理条例》,我国的技术进出口合同不得含有下列限制性条款:

(1)要求受让人接受并非技术进口必不可少的附带条件,包括购买非必需的技术、原材料、产品、设备或者服务;

(2)要求受让人为专利权有效期限届满或者专利权被宣布无效的技术支付使用费或者承担相关义务;

(3)限制受让人改进让与人提供的技术或者限制受让人使用所改进的技术;

(4)限制受让人从其他来源获得与让与人提供的技术类似的技术或者与其竞争的技术;

(5)不合理地限制受让人购买原材料、零部件、产品或者设备的渠道或者来源;

(6)不合理地限制受让人产品的生产数量、品种或者销售价格;

(7)不合理地限制受让人利用进口的技术生产产品的出口渠道。

(三)我国对知识产权保护的边境措施

我国对知识产权保护的边境措施主要反映在2004年3月1日施行的《知识产权海关保护条例》,该条例规定海关对与进出口货物有关并受中华人民共和国法律、行政法规保护的商标专用权、著作权和与著作权有关的权利、专利权(即知识产权)实施的保护。该条例规定国家禁止侵犯知识产权的货物进出口。进口或者出口侵犯知识产权货物,构成犯罪的,依法追究刑事责任。其主要内容如下:

1. 海关方面采取的措施。该《条例》要求进口货物的收货人或其代理人、出口货物的发货人或其代理人按照国家规定,向海关如实申报与进出口货物有关的知识产权状况;海关总署应当自收到知识产权权利人备案申请文件之日起30个工作日内确定是否准予备案,并书面通知申请人;不予备案的,应当说明理由。有下列情形之一的,海关总署不予备案:申请文件不齐全或者无效的;申请人不是知识产权权利人的;知识产权不再受法律、行政法规保护的。海关发现进出口货物有侵犯备案知识产权嫌疑的,应当立即书面通知权利人;权利人申请知识产权备案未如实提供有关情况或者文件的,海关总署可以撤销其备案;权利人提交申请书及相关证明文件,以及足以证明侵权事实明显存在的证据,并依照该条例第14条提供担保,海关应当扣留侵权嫌疑货物;海关调查后认定被扣留的侵权嫌疑货物侵犯知识产权的,由海关予以没收;海关处置侵权货物的方式有将其转交给有关公益机构用于社会公益事业等。

2. 知识产权权利人可以采取的措施。该《条例》规定权利人向海关提出采取知识产权保护措施的备案申请;知识产权海关保护备案自海关总署准予备案之日起生效,有效期为10年,权利人可以就有效的知识产权在上述有效期届满前6个月内,向海关总署申请续展备案,每次续展备案的有效期为10年。权利人在向海关提出采取保护措施的申请后,可以依照我国《商标法》、《著作权法》、《专利法》,在起诉前就被扣留的侵权嫌疑货物向人民法院申请采取责令停止侵权行为或者财产保全的措施。另外,知识产权权利人发现侵权嫌疑货物即将进出口的,可以向货物进出境地海关提出扣留侵权嫌疑货物的申请。海关应将扣留侵权嫌疑货物情况书面通知权利人,并将海关扣留凭单送达收货人或发货人。

3. 对收货人或发货人的救济。收货人或者发货人认为其货物未侵犯知识产权权利人的知识产权的,应当向海关提出书面说明并附送相关证据。涉嫌侵犯专利权货物的收货人或者发货人认为其进出口货物未侵犯专利权的,可以请求海关放行其货物。有下列情形之一的,海关应当放行被扣留的侵权嫌疑货物:

(1)海关依照该《条例》第15条扣留侵权嫌疑货物,自扣留之日起20个工作日内未收到人民法院协助执行通知的;

(2)海关依照该《条例》第16条扣留侵权嫌疑货物,自扣留之日起50个工作日内未收到人民法院协助执行通知,并且经调查不能认定被扣留的侵权嫌疑货物侵犯知识产权的;

(3)涉嫌侵犯专利权货物的收货人或者发货人在向海关提供与货物等值的担保金后,请求海关放行其货物的;

(4)海关认为收货人或者发货人有充分的证据证明其货物未侵犯知识产权权利人的知识产权的。

【例9-6】(2009年·卷一·86题)中国甲公司发现有假冒"麒麟"商标的货物通过海关进口,根据我国有关法律规定,甲公司可以采取下列哪些措施?①

A. 甲公司可向海关提出采取知识产权保护措施的备案申请

B. 甲公司可要求海关将涉嫌侵犯"麒麟"商标权的标记移除后再进口

C. 甲公司可向货物进出境地海关提出扣留涉嫌侵权货物的申请

D. 甲公司在向海关提出采取保护措施的申请后,可在起诉前就被扣留的涉嫌侵权货物向法院申请采取责令停止侵权行为的措施

二、国际投资法

(一)国际投资的概述

1. 概念。国际投资法是调整国际私人直接投资的法律规范的总称。其主要特征是:国际投资法调整国际私人投资关系;国际投资法调整国际私人直接投资关系;国际投资法调整的国际私人直接投资关系既包括国内法关系,也包括国际法关系。

2. 调整对象。国际投资法的调整对象为:外国投资者与东道国自然人、法人及其他经济

---

① 答案:ACD。A项正确,根据我国《知识产权海关保护条例》的规定,权利人发现其知识产权被侵犯的,权利人可向海关提出采取知识产权保护措施的备案申请。B项错误,对侵权进口商品不能移除侵权商标后再进口。C项正确,知识产权权利人发现侵权嫌疑货物即将进出口的,可以向货物进出境地海关提出扣留侵权嫌疑货物的申请。D项正确,根据《条例》,权利人在向海关提出采取保护措施的申请后,可以根据我国《商标法》等,在起诉前就被扣留的侵权嫌疑货物向人民法院申请采取责令停止侵权行为或者财产保全的措施。

实体基于投资所产生的普通商事关系；与东道国基于投资所产生的投资管理和保护关系；与本国机构基于投资促进和投资保险所产生的关系；政府之间以及政府与国际组织之间为促进和保护投资或协调投资关系而缔结双边或多边条约所产生的国际法关系。

3. 渊源。国际投资法的法律渊源主要包括各国外资法、国际投资双边协定、区域性国际投资多边公约以及国际投资公约。目前影响较大的多边投资条约为《多边投资担保机构公约》、《与贸易有关的投资措施协定》和《解决国家和他国国民间投资争端公约》。

（二）海外投资保证制度

1. 海外投资保证的含义及特点。海外投资保证制度是资本输出国政府对本国私人海外投资者在国外可能遭遇的政治风险提供保证或保险的制度。海外投资保证制度从性质上讲是一种政府保证或国家保证，其保险人具有国家特设机构的性质，且其保证通常与政府间投资保证协定有关，这就决定了海外投资保险与普通商业保险相比，具有下列特点：

（1）承保机构的承保机构一般为政府指定的公营保险机构。海外投资保证由于是政府保证，因此，承保机构多为国家控股的专业保险公司或政府专门机构。

（2）承保的范围仅限于政治风险，政治风险主要包括征收险、外汇禁兑险、战争与内乱险等。承保的范围不包括商业风险，有些国家承保的违约险指的是政府违约，而非商业违约。

（3）承保的对象仅限于海外私人投资。此点要求合格的东道国和合格的投资。关于合格的东道国，一些资本输出国规定要求东道国应为与其有双边投资协议的国家，且应当是发展中国家。前者的目的是为了方便日后的代位索赔，后者的目的是对不发达国家的投资给予优先担保。关于合格的投资，一般要求海外投资应符合投资者本国的利益；有利于东道国的经济发展；一般限于新的海外投资。

（4）合格投资者一般为本国的自然人或法人，可为本国自然人或法人控股的公司。

（5）海外投资保证通常不进行全额保险，通常以投资总额的90%为最大的保险金额。保险期限一般为15~20年。

（6）索赔和代位求偿。通常在发生承保的风险之后，海外投资保证机构先依一定的条件向遭受风险的投资者支付赔偿，再代位取得向东道国政府的索赔权。

【例9-7】（2005年·卷一·46题）海外投资保证制度是资本输出国对本国的私人海外投资依据国内法所实施的一种对该投资所可能产生的政治风险进行保险的制度。下列关于海外投资保证制度的哪一项表述不正确？①

A. 海外投资保证只承保政治风险

B. 任何保险公司均可参与海外投资保险业务

C. 海外投资保证机构具有国家特设机构的性质

D. 海外投资保证机构在向投资者支付赔偿后将取得代位求偿权

① 答案：B。海外投资保证主要承担政治风险，并非任何保险公司均可参与海外投资保险业务，承保机构通常为国家控股的专业保险公司或政府专门机构。A、C、D项均为正确表述。本题为否定命题，应选B项。

2.《多边投资担保机构公约》。《多边投资担保机构公约》于1985年缔结,1988年起生效。根据《公约》成立的多边投资担保机构是世界银行集团的成员,其主要任务是为到发展中国家参与直接投资的外国私人投资者提供政治风险的担保。我国是多边投资担保机构的创始会员国。

(1)多边投资担保机构的法律地位。根据该《公约》第1条的规定,多边投资担保机构作为国际组织,拥有完全的国际法律人格,有权缔结契约,取得并处理不动产和动产,有权进行法律诉讼。多边投资担保机构内设理事会、董事会、总裁及职员。

(2)机构承保的范围。多边投资担保机构承保货币汇兑险、征收和类似措施险、政府违约险、战争内乱险及其他非商业风险。其他非商业风险属于承保范围的灵活性规定,由投资者与东道国政府联合申请,由董事会经特别多数票通过。

(3)合格投资。在时间上,《公约》要求机构承保的投资只限于新投资,即投保申请注册之后才开始执行的投资。在投资类型上,公约未作严格限定,是否属于合格投资由董事会决定。股权投资和股权持有人发放或担保的中长期贷款是多边投资担保重点考虑的承保对象。

(4)合格投资者。机构要求合格的投资者必须是具备东道国以外的会员国国籍的自然人;或在东道国以外一会员国注册并设有主要营业点的法人,或为东道国以外的会员国国民控股的法人。此外,经东道国同意,且用于投资的资本来自东道国境外,则根据投资者和东道国的联合申请,经多边投资担保机构董事会特别多数票通过,合格投资者还可扩大到东道国的自然人、在东道国注册的法人及东道国国民控股的法人。

(5)合格东道国。根据该《公约》第14条的规定,合格的东道国应符合下列条件:必须是发展中国家会员国;必须是同意担保特定投资风险的国家;必须是经机构查明,投资可以得到公平待遇和法律保护的国家。

(6)代位求偿。机构一经向投保人支付或同意支付赔偿,即代位取得投保人对东道国或其他债务人所拥有的有关承保投资的各种权利或索赔权。代位权是公约机制的核心。

【例9-8】(2009年·卷一·100题)甲乙两国均为《多边投资担保机构公约》缔约国,甲国公民帕克在乙国投资时向多边投资担保机构进行了投资保险。对此,下列说法正确的是:①

A. 如乙国并未拒绝帕克的汇兑申请,而只是消极拖延则不属于货币汇兑险的范围

B. 乙国应当是发展中国家

---

① 答案:BCD。A项错误,货币汇兑的风险可以是东道国采取的积极行为,也可以是消极地限制货币兑换或汇出,如负责业务的政府机构长期拖延协助投资人兑换或汇出货币等,A项称"消极拖延则不属于货币汇兑险的范围"是错误的。B项正确。根据《多边投资担保机构公约》第12条和第14条的规定,机构只对向发展中国家成员领土内的投资予以担保。C项正确,战争和内乱险的发生并不以东道国是否为一方或是否发生在东道国领土内为前提。即如战争发生在投资东道国的邻国,但影响投资项目的正常营运或造成了某些破坏,则投资人仍可从多边投资担保机构取得赔偿。可见,战争和内乱险的发生并不以东道国是否为一方或是否发生在东道国领土内为前提。D项正确,多边投资担保机构所承保的政府违约险,指东道国对担保权人的违约。在本题即为乙国政府对帕克的违约。

C. 如发生在乙国邻国的战争影响了帕克在乙国投资的正常营运，也属于战争内乱险承保的范畴

D. 乙国政府对帕克的违约属于政府违约险承保的范畴

（三）国际投资争端的解决

1. 国际投资争端解决概述。国际投资争端及其解决途径分下列几种情况：国家间的投资争端，主要通过国际法上传统的争端解决方式解决，包括协商、斡旋、调停或国际法院管辖。不同国籍之间的私人投资者之间的争端，主要通过国内法上解决商事争议的方式解决，包括协商、调解、商事仲裁或司法诉讼等。国家与他国国民间的投资争端，此种争端主要通过谈判、外交、国际仲裁及东道国救济等方法解决。由于第三类争端采用上述传统的争端解决方式都存在一定的局限性，1965 年在世界银行的主持之下建立了国际投资争端解决机制，为此类争端的解决提供了便利和有效的途径。

2.《解决国家和他国国民之间投资争端公约》。《解决国家和他国国民之间投资争端公约》（简称 ICSID）缔结于 1965 年，1966 年起生效。我国于 1993 年加入该《公约》。根据该《公约》设立的"解决国际投资争端中心"，以调解或仲裁的方式解决发生在私人投资者和东道国之间的国际投资法律争端。

（1）解决国际投资争端中心的地位。解决国际投资争端中心具有完全的国际法律人格，有缔约能力、取得和处理动产和不动产的能力及诉讼能力。解决国际投资争端中心在完成其任务时，在缔约国领土内享有特定的特权和豁免。解决国际投资争端中心设有行政理事会和秘书处，但其本身并不直接承担调解和仲裁工作，而只提供各种设施和方便。并备有调解员及仲裁员名册。

（2）解决国际投资争端中心的管辖权。根据该《公约》第 26 条的规定，双方同意根据本公约交付仲裁，应视为同意排除任何其他补救办法而交付上述仲裁。缔约国可以要求用尽当地各种行政或司法补救办法，作为其同意根据本公约交付仲裁的一个条件。这表明，双方实际上可以不用尽当地救济即在书面同意的基础上交争端提交仲裁。关于解决国际投资争端中心的管辖权与外交保护的关系，根据该《公约》第 27 条第 1 款的规定，缔约国对于它本国的一个国民和另一缔约国根据本公约同意交付或已交付仲裁的争端，不得给予外交保护或提出国际要求，除非该另一缔约国未能遵守和履行对此项争端所作出的裁决。关于解决国际投资争端中心管辖权的确立应符合的条件，依公约的规定概括如下：

①主体：解决国际投资争端中心的管辖适用于缔约国和另一缔约国国民之间直接因投资而产生的任何法律争端，依公约第 25 条第 2 款（2）的规定，但在双方均同意的情况下，也受理东道国与受外国投资者控制的东道国法人之间的争端。

②争端性质：根据该《公约》第 25 条的规定，必须是直接因投资而产生的法律争端。

③主观条件：必须经双方书面同意提交给解决国际投资争端中心仲裁。根据该《公约》第 25 条，当缔约国和另一缔约国国民双方表示同意将他们之间直接因投资而产生的任何法律争端书面提交给解决国际投资争端中心后，任何一方不得单方面撤销其同意。

(3)解决国际投资争端中心的调解和仲裁程序。解决国际投资争端中心的调解和仲裁程序要点如下:

①申请:希望采取仲裁或调解程序的缔约国或缔约国的国民,应向秘书长提出书面请求。

②组成:仲裁庭或调解委员会应由双方同意任命的唯一的仲裁人或调解员,或任何非偶数的仲裁人或调解员组成。

③仲裁适用的法律及裁决:仲裁庭在适用法律上采用当事人意思自治原则;辅助和补充原则即当事人无协议的,直接适用东道国法律、国际法规则;禁止拒绝裁判原则;公平正义原则,即可依其他公平合理的标准作出裁决。仲裁庭应以其全体成员的多数票对问题作出决定。

(4)仲裁裁决的承认与执行。关于裁决的效力,根据该《公约》第53条的规定,裁决对双方有约束力,不得进行任何上诉或采取任何其他除本公约规定外的补救办法。关于裁决的承认与执行,根据该《公约》第54条规定,缔约国应承认依本《公约》作出的裁决具有约束力,并在其领土内履行该裁决所加的财政义务,如同该裁决是该国法院的最后判决一样。

(5)对于缔约国之间的争端,根据该《公约》第64条规定,经争端一方的申请,得提交国际法院解决。除非有关国家同意采取另一种解决办法。

【例9-9】(2011年·卷一·81题)关于《解决国家和他国国民间投资争端公约》和依其设立的解决国际投资争端中心,下列哪些说法是正确的?①

A. 中心管辖直接因投资引起的法律争端

B. 中心管辖的争端必须是关于法律权利或义务的存在或其范围,或是关于因违反法律义务而实行赔偿的性质或限度的

C. 批准或加入公约本身并不等于缔约国承担了将某一特定投资争端提交中心调解或仲裁的义务

D. 中心的裁决对争端各方均具有约束力

【例9-10】(2007年·卷一·47题)根据《关于解决国家和他国国民之间投资争端公约》,甲缔约国与乙缔约国的桑德公司通过书面约定一致同意:双方之间因直接投资而产生

① 答案:ABCD。A项正确,根据《解决国家和他国国民之间投资争端公约》第25条第1款的规定,解决国际投资争端中心的管辖权适用于一缔约国和另一缔约国国民之间"直接因投资而产生的任何法律争端"。B项正确,关于何谓"法律争端",《公约》本身并没有规定。根据世界银行董事会《关于〈解决国家与他国国民间投资争端公约〉的报告》的解释,"争端必须是关于法律权利或义务的存在或其范围,或是关于因违反法律义务而实行赔偿的性质或限度的"。C项正确,根据《公约》的规定,双方书面同意就成为ICSID受理争端的主观要求。对于同意的形式,该《公约》没有规定,但实践中书面形式的种类主要有:东道国与外国投资者之间协议中的ICSID仲裁条款;争端当事方在争端发生之后达成专门的仲裁协议;东道国的投资立法中规定同意将其与外国投资者之间的争端提交ICSID管辖,争端发生后,外国投资者以书面形式表示接受;投资保护协定中的"ICSID仲裁条款";区域性投资协定中的ICSID机制。批准或加入《公约》本身并不等于缔约国承担了将某一特定投资争端提交中心调解或仲裁的义务。D项正确,根据《公约》第53条规定,解决国际投资争端中心的裁决对争端各方均具有约束力,不得进行任何上诉或采取任何其他除本《公约》规定外的补救办法。

的争端，应直接提交解决投资争端国际中心仲裁。据此事实，下列哪一选项是正确的？①

A. 任何一方可单方面撤销对提交该中心仲裁的同意

B. 在中心仲裁期间，乙国无权对桑德公司行使外交保护

C. 在该案中，任何一方均有权要求用尽当地救济解决争端

D. 对该中心裁决不服的一方有权向有管辖权的法院提起撤销裁决的诉讼

三、国际金融法

(一)国际融资法概述

国际融资法是指调整不同国家民事主体之间国际资金融通关系的法律规范的总和。包括国际贷款融资、国际证券融资(包括国际债券融资和国际股票融资)、国际融资租赁、保险融资担保等法律关系。调整国际融资关系的法律主要包括各国的金融法、国际资金融通的国际惯例和国际公约。

(二)国际贷款

国际贷款是指不同国家当事人之间基于信用授受而进行的货币资金使用权的跨国交易活动。国际贷款一般通过订立国际贷款协议进行。国际贷款协议是指位于不同国家的当事人之间为一定数额货币的借贷而订立的关于双方权利义务关系的书面协议。

1. 国际贷款协议的种类。依据不同的分类标准，国际贷款协议可以分为不同的类型：依贷款人的不同，可分为国际金融机构贷款协议、政府贷款协议和国际商业贷款协议；依借款人的数量不同，可分为独家贷款协议和银团贷款协议；依贷款期限的长短不同，可分为长期、中期和短期贷款协议；依贷款有无担保，可分为有担保的贷款协议和无担保的贷款协议；依贷款利息的种类不同，可分为固定利率贷款协议和浮动利率贷款协议；依对贷款使用的规定不同，可分为自由外汇贷款协议和项目贷款协议；依贷款资金的来源，可分为外国贷款协议和欧洲货币贷款协议。“欧洲”并非地理概念，而是指贷款人将“非本国货币”给境外借款人的贷款协议。而外国贷款协议是将“本国货币”给境外借款人的贷款协议。下面重点阐述几种主要的国际贷款方式：

(1)政府贷款，是指一国政府利用财政资金向另一国政府及其机构和公司提供的优惠性贷款。此种贷款因具有援助性质，所以贷款期限长，利率低，贷款条件优惠；一般对贷款的使用目的有明确规定；贷款程序较复杂；争议的解决以协商和仲裁为主，很少采用司法诉讼

---

① 答案：B。A项错误，根据《关于解决国家和他国国民之间投资争端公约》第25条的规定，当缔约国和另一缔约国国民双方表示同意将他们之间直接因投资而产生的任何法律争端书面提交给“中心”后，任何一方不得单方面撤销其同意。B项正确，根据第27条的规定，当争议被交付“中心”仲裁后，缔约国不应采取外交保护措施。C项错误，根据第26条的规定，缔约国虽可以要求以用尽该国行政或司法救济作为其同意根据本《公约》交付仲裁的条件，但本题题干中表述的事实说明，双方一致同意将双方之间因直接投资而产生的争端，直接提交解决投资争端国际中心仲裁。这意味着他们放弃了用尽当地救济作为交付仲裁的条件。D项错误。根据第53条的规定，裁决当事人不得进行任何上诉或采取除本《公约》规定外的任何其他补救办法。

方式。

(2)国际金融机构贷款,是指国际金融机构对成员国政府、政府机构或公私企业的贷款。国际金融机构的贷款具有如下的主要特点:贷款的提供依各国际金融机构的组织章程和有关贷款方面的专门规定;只向其国际金融机构的成员国政府或成员国的公私机构发放贷款,且目的大多为解决成员国,特别是发展中成员国的国际收支失衡和建设资金不足问题;贷款审批程序较为严格,但条件比较优惠。

国际货币基金组织是目前世界上最大的政府间国际金融组织,其宗旨之一是通过发放贷款调整成员国国际收支的暂时失衡。其发放贷款的对象仅限于成员国政府机构,不对私人企业组织贷款。

特别提款权(Special Drawing Right, SDR)是指国际货币基金组织于1968年在原有的普通贷款权之外,按各国认缴份额的比例分配给会员国的一种使用资金的特别权利。各会员国可以凭特别提款权向基金组织提用资金,因此特别提款权可与黄金、外汇一起作为国际储备。成员国在基金开设特别提款权账户,作为一种账面资产或记账货币,可用于办理政府间结算,可偿付政府间结算逆差。还可以用以偿还基金组织的贷款,或作为偿还债务的担保等。特别提款权在创设时是一种以黄金定值的记账单位。35单位特别提款权等于1盎司黄金。目前是采用5种主要货币的加权平均数来定值。

(3)国际商业贷款,是指一国借款人在国际金融市场上向外国商业银行借款的行为。此种贷款提供贷款的银行为以营利为目的的商业银行;借款人可以较自由地支配所借资金,不受贷款人的限制;贷款利率比较高,还款期比较短,往往要求借款人提供担保。

(4)国际银团贷款。国际银团贷款是指由数家各国商业银行联合组成集团,依统一的贷款条件向同一借款人提供贷款的方式。国际银团贷款基本上可以分为直接式银团贷款和间接式银团贷款两种方式。

直接式银团贷款,是指在牵头银行的组织下,各参与贷款银行分别与借款人签订贷款协议,依协议规定的统一条件向借款人发放贷款。各个贷款银行仅就各自承诺的贷款份额向借款人负责,相互之间不负连带责任。

间接式银团贷款,是指由牵头银行单独与借款人签订贷款协议,向借款人提供贷款,然后由牵头银行将参与贷款权分别转让给其他愿意提供贷款的银行的贷款。

(5)项目贷款,是指针对某一特定的工程项目发放,并以项目建成后的经济收益还本付息的贷款。在项目贷款下,贷款人把资金贷给专门为该项目成立的一家新项目公司,而非直接贷给该项目的主办人。贷款人看重的是借款人的信用,而非用贷款所兴建的项目的成败。项目贷款通常以主办项目的资产和收益为贷款人设定担保。

项目贷款分为无追索权项目贷款和有限追索权项目贷款。前者贷款人对项目主办人没有任何追索权,而后者有追索权。有限追索权项目贷款除要求以贷款项目的收益作为偿还债务来源,除在该项目资产上设定担保物权以外,还要求与项目有利害关系的第三人提供各种担保,项目本身的资产或收益不足以清偿债务时,贷款人可向项目主办人及担保人追索。

项目主办人和担保人对项目债务所负的责任，以贷款合同和担保合同所规定的金额为限。

2. 国际贷款协议的共同条款。国际贷款协议的内容依种类不同而不同，但一般都包括一些共同性的条款。主要包括：

(1)陈述和保证。陈述和保证是国际贷款协议中专门载明借款人对与借贷有关的一些重要情况所作的说明，及借款人对这些说明的真实性所作的保证的条款。借款人说明的重要情况大致可分为两个方面：一是有关法律事项的说明，目的是使贷款人确信借贷交易的效力在法律上不会遇到来自借款人方面的阻碍；另一方面是有关借款人财务和商务状况所作的说明，为的是使贷款人确信借款人有良好的资信和还款能力。

(2)先决条件。国际贷款协议的贷款人一般都不是协议一签订就承担提供贷款的义务，而是要等协议规定的一些先决条件得到满足时，才承担或履行提供贷款的义务，借款人才享有提取贷款的权利。先决条件可分为两类：即总括先决条件和每笔贷款发放的先决条件。

①总括先决条件主要是借款人应向贷款人提供符合协议规定的一系列文件：各类担保文件；一切必需的授权书和政府批准文件的副本；借款人组织机构的成立文件，如章程、执照等；法律意见书，由借款人方面的律师或法律顾问制作，内容主要是对借款人在协议中作出说明的各种法律事项给予证明，并对准据法的适用和其他事项进行说明。

②每笔贷款发放的先决条件：借款人所作的各项说明，在其款时仍然真实、正确、没有发生任何实质性的不利变化；未曾发生或现不存在违约事件，也没有可能引起违约的情况；不存在使借款人履行借贷协议项下的义务受到限制的情况。除上述各项总括与具体贷款部分的先决条件外，借贷双方可根据情况需要，商定增加其他先决条件。

(3)约定事项。约定事项是国际贷款协议中，应贷款人的要求，借款人作出的按约定对自己诸多方面的活动或行为进行自我限制的保证。贷款人要求规定这一条款的目的，是为了使贷款的收回具有较可靠的保障。主要包括作为的保证和不作为的保证。约定事项主要包括消极担保条款、平等位次条款、财务约定条款、贷款用途条款、反对处置资产条款和保持主体同一条款等。消极担保条款要求借款人向贷款人保证在还本付息前，不在其资产及收入上设定任何担保物权。平等位次条款要求借款人保证任何时候均须使无担保权益的贷款人和其他无担保权益的债权人在清偿债务时处于平等的位次。

(4)违约事件及救济方法。借款人的违约可分为实际违约和先期违约两类。

第一类是实际违约，实际违约包括下列情况：

①借款人到期不支付或不如数支付贷款的本金、利息或有关费用。其救济往往导致贷款人解除借款协议，宣告贷款加速到期。

②借款人违反在协议中所作的说明与保证。如其说明与保证与事实不符其救济是贷款人依情况，可按先决条件条款的规定，暂时中止发放贷款，直到说明与事实相符。也可以解除借贷协议，宣告贷款加速到期，要求损害赔偿等救济。

③借款人违反约定事项。贷款人可采取中止或撤销贷款的提供，宣告贷款加速到期，要求损害赔偿，请求法院判决实际履行等救济方法。

④借款人没有履行借款协议为其规定的其他任何义务。

第二类是先期违约:

①借款人丧失清偿能力。借贷协议大多把借款人破产、借款人承认无力清偿、借款人把财产让与债权人、借款人的财产经法院判决而被扣押或可强制执行,以及其他类似事件规定为构成借款人清偿能力的丧失。

②借款人公司被征用或被国有化。由于在被征用或国有化的情况下,借款人往往得不到及时、充分和有效的补偿,因而将影响其到期还款,故作为预期违约加以规定。

③借款人的状况发生重大不利变化。这是一项概括性规定,凭借这一条款,在贷款人有合理根据认为发生的情况对借款人的状况有重大不利从而将导致其实际违约时,就可以按违约对待。

④借款人的交叉违约(Cross Defaults),指借款人对其他债务有违约行为,或者借款人可以或已经被其他债权人宣告贷款加速到期,则将视为对本借贷协议项下的债务也构成违约。

(三)国际融资担保

1.国际融资担保种类。国际融资担保主要分为信用担保和物权担保两大类。信用担保是指借款人或第三人以自己的资信向贷款人作出的还款保证,主要包括见索即付的保证、备用信用证和意愿书三种方式。物权担保是指借款人或第三人以自己的资产向贷款人作出的偿还贷款的保证,包括一般抵押权、质权和浮动抵押等。

2.信用担保。

(1)见索即付的保证,是指一旦主债务人违约,贷款人无须先向主债务人追索,即可无条件要求保证人承担第一偿付责任的保证。其特点是具有持续性、不可撤销性和无条件性。

(2)备用信用证,是指担保人(即开证银行)应借款人的要求,向贷款人开具备用信用证,当贷款人向担保人出示备用信用证及借款人违约证明时,担保人须按该信用证的规定支付款项的保证。备用信用证的保证人是银行;保证人在向贷款人付款时,只需贷款人出具信用证要求的违约证明,而无须对违约的事实进行审查;开证行作为保证人承担第一位付款责任,而非次位债务人;在借贷协议无效时,开证行仍须承担保证责任,即备用信用证独立于国际借贷协议。

(3)意愿书,是指一国政府为其下属机构或母公司为其子公司向贷款人出具的表示愿意帮助借款人偿还贷款的书面文件。意愿书只具有道义上的约束力,而不具有法律上的执行力。

3.浮动抵押担保。浮动抵押属于物权担保,源于英国,指借款人以其现在的或将来取得的全部或某类财产作为还款担保的一种保证。由于借款人的财产在不同的时期会有不同的变化,因此称为"浮动抵押",一旦借款人违约、破产或进行清算,则债务人的资产便"固定化",成为贷款人可接管或处分的担保物。

浮动抵押担保具有以下的特征:

(1)担保期间的浮动性,即担保物是借款人的现在和将来的财产,可能增加或减少。

(2)其财产管辖权不发生转移。这使设定抵押的借款人享有极大自主权，在正常经营过程中仍可自由处分其财产。

(3)担保标的物范围较广，几乎包括企业经营过程中所有机器设备、原材料、库存物资、应收账、合同权利、无形资产等。

(4)接管人制度使担保的实现不影响担保资产的整体。

【例9-11】(2011年·卷一·82题)甲国公司承担乙国某工程，与其签定工程建设合同。丙银行为该工程出具见索即付的保函。后乙国发生内战，工程无法如期完工。对此，下列哪些选项是正确的?①

A. 丙银行对该合同因战乱而违约的事实进行实质审查后，方履行保函义务

B. 因该合同违约原因是乙国内战，丙银行可以此为由不履行保函义务

C. 丙银行出具的见索即付保函独立于该合同，只要违约事实出现即须履行保函义务

D. 保函被担保人无须对甲国公司采取各种救济方法，便可直接要求丙银行履行保函义务

【例9-12】(2008年·卷一·86题)实践中，国际融资担保存在多种不同的形式，如银行保函、备用信用证、浮动担保等，中国法律对其中一些担保形式没有相应的规定。根据国际惯例，关于各类融资担保，下列哪些选项是正确的?②

A. 备用信用证项下的付款义务只有在开证行对借款人的违约事实进行实质审查后才产生

B. 大公司出具的担保意愿书具有很强的法律效力

C. 见索即付保函独立于基础合同

D. 浮动担保中用于担保的财产的价值是变化的

---

① 答案:CD。见索即付保函也称独立保函，根据国际商会《见索即付担保统一规则》第2条的规定:“见索即付保证，不管其如何命名，是指由银行、保险公司或其他组织或个人以书面形式出具的，表示只要凭付款要求声明或符合担保文件规定就可以从他那里获得付款的保证、指担保人对受益人作出的保证，当受益人提交符合保函条款规定的附有其他单据文件的索赔请求时，即向其支付一定数额金钱的书面承诺。”A项错误，A项称“实质审查”是不正确的。B项错误，见索即付保函具有无条件性。受益人只要提交了与保函中的约定相符合的索赔文件，担保人即应付款。担保人并不审查基础合同的履行情况。C项正确，表明了见索即付保函的独立性。D项正确，见索即付保函构成担保人和受益人之间的第一性承诺，该承诺自保函开出后即产生约束力。一旦出现不履约情形，受益人事先无须对合同违约方采取各种救济方法，便可直接要求担保人承担付款责任。

② 答案:CD。A项错误，只需贷款人出具信用证要求的违约证明，而无须对违约的事实进行审查;开证行作为保证人承担第一位付款责任。意愿书只具有道义上的约束力，而不具有法律上的执行力，B项错误。见索即付保函具有独立性，独立于基础合同。C项正确。浮动担保的特点之一是用于担保的财产的价值是不固定的，可以包括担保人现在和未来的收益等。D项正确。

四、国际税法

(一)国际税法概述

1. 概念。国际税法是指调整国家间税收分配关系,以及国家与跨国纳税人之间的税收关系的各种法律规范的总称。国际税法具有下列特点:其一,国际税法的主体有两个:一个是国家,一个是跨国纳税人。其二,国际税法的客体为跨国所得,即本国居民来源于外国的所得,非本国居民来源于本国境内的所得。其三,国际税法的规范包括国际税法规范和国内税法规范。

2. 基本原则。国际经济法的基本原则也是国际税法的原则,但国际税法还有其特有的原则:

(1)税收管辖权独立原则,包括一国的税收管辖权完全独立自主,一国不得以行使本国的税收管辖权而侵犯他国的税收管辖权等含义。

(2)税收公平原则,从国家角度讲,国家间税收分配公平,跨国税收征纳公平两个部分;从跨国纳税人角度讲,应当"横向公平"和"纵向公平"。"横向公平"是指同等收入的纳税人同等征税,"纵向公平"是指收入高者多征税。

3. 渊源。国际税法的法律渊源也包括国内法渊源和国际法渊源,包括国际税收条约或协定,各国的涉外税法,国际惯例,例如关于外交人员免税的国际惯例。普通法国家还包括法院涉及税务的案例。

(二)国际税收管辖权

税收管辖权是指一国政府对一定的人或对象征税的权力。即一国政府行使的征税权力。税收管辖权中最重要的基本理论是居住国原则和来源国原则。由此引出居民税收管辖权和来源地税收管辖权。

1. 居民税收管辖权和居民身份的确认标准。居民税收管辖权是指一国政府对于本国税法上的居民纳税人来自境内及境外的全部财产和收入实行征税的权力。居民税收管辖权的行使,是以纳税人与征税国之间存在税收居所的法律事实为前提的,纳税人承担的是无限纳税义务。"居民"的认定包括自然人和法人居民的认定。对此各国有不同的规定。

(1)自然人居民身份的认定。对于自然人居民身份的认定标准主要有:

①住所标准,即在一自然人在一国拥有住所,即认为其为该国的居民纳税人。

②居所标准。居所通常指非永久的居住场所。根据该标准,一个人在一国拥有居所便是该国的居民纳税人。

③居留时间标准,即以自然人在征税国境内停留或居留的时间来划分是否为纳税居民,采取此标准的国家在居留的时间长短上规定不一,有的是一年,有的是半年。中国采用了一年的标准。

④国籍标准,即以自然人的国籍来确定纳税居民的身份。

(2)法人居民身份的认定。对于法人居民的认定各国也有不同的标准：

①法人登记注册地标准,即依法人在何国注册成立来判断法人纳税居民的身份。

②实际控制与管理中心所在地标准,即法人的实际控制与管理中心所在地设在哪个国家,该法人即为哪个国家的纳税居民,董事会或股东大会所在地往往是判断实际管辖中心所在地的标志。

③总机构所在地标准,即法人的总机构设在哪个国家,该法人即为哪个国家的纳税居民,总机构通常指负责管理和控制企业日常营业活动的中心机构。我国实际采用了法人注册地和总机构所在地两个标准。

(3)居民税收管辖权冲突的协调。由于各国在确定居民身份上采取了不同的标准,因此,当纳税人进行跨越国境的经济活动时,就可能出现两个以上的国家同时认定其为本国纳税居民的情况。该问题的协调主要是通常双边协定。目前,各国双边税收协定协调居民税收管辖权冲突的内容主要是以《经合范本》和《联合国范本》为基础,两个范本所代表的利益不同,许多条款不同,但都确定了相同的解决居民税收管辖权冲突的规则。

【例9-13】(2009年·卷一·87题)在国际税法中,对于法人居民身份的认定各国有不同标准,下列哪些属于判断法人纳税居民身份的标准?①

A. 依法人的注册成立地判断

B. 依法人的股东在征税国境内停留的时间判断

C. 依法人的总机构所在地判断

D. 依法人的实际控制与管理中心所在地判断

2. 所得来源地税收管辖权和所得来源地的认定。来源国税收管辖权指一国政府针对非居民纳税人就其来源于该国境内的所得征税的权力。根据来源国税收管辖权,纳税人承担的是有限的纳税义务。征税国对纳税人主张来源地税收管辖权的基础是认定纳税人有来源于该征税国境内的所得,各项所得或收益一般可划分为四类：营业所得、投资所得、劳务所得和财产所得。

(1)营业所得。营业所得又称营业利润或经营所得,即纳税人在某个固定场所从事经营活动取得的纯收益。目前各国对非居民营业所得的征税普遍使用常设机构原则。常设机构原则指仅对非居民纳税人通过在境内常设机构而获取的工商营业利润实行征税的原则。常设机构包括：管理场所、分支机构、办事处、工厂、车间、作业场所、矿场、油井、采石场等。而陈列、展销、商品库存、为采购货物等而保有的场所其他具有准备性、辅助性的固定场所则不

---

① 答案:ACD。根据《国际税法》,对于法人居民的认定各国有不同的标准,主要有下列:(1)法人登记注册地标准,即依法人在何国注册成立来判断法人纳税居民的身份。A项属于这种情况,正确。(2)实际控制与管理中心所在地标准,即法人的实际控制与管理中心所在地设在那个国家,该法人即为那个国家的纳税居民,董事会或股东大会所在地往往是判断实际管辖中心所在地的标志。D项属于这种情况。(3)总机构所在地标准,即法人的总机构设在那个国家,该法人即为那个国家的纳税居民,总机构通常指负责管理和控制企业日常营业活动的中心机构。C项属于这种情况,正确。B项不正确,把自然人居民身份认定的标准与非法人居民身份认定的标准混淆了。"股东在征税国境内停留的时间"属于自然人居民身份认定的标准。

构成常设机构。

(2)劳务所得。个人非居民劳务所得包括独立个人劳务所得和非独立个人劳务所得。①个人独立劳务所得指个人独立从事独立性的专业活动所取得的收入。如医生、律师、会计师、工程师等从事独立活动取得的所得。确定独立劳务所得来源地的方式一般采用“固定基地原则”和“183 天规则”。固定基地指个人从事专业性活动的场所,如诊所、事务所等。后者指在境内停留的时间,即应以提供劳务的非居民某一会计年度在境内连续或累计停留达183 天或在境内设有经营从事独立活动的固定基地为征税的前提条件。对独立的个人劳务所得,应仅由居住国行使征税权。但如取得独立劳务所得的个人在来源国设有固定基地或者连续或累计停留超过 183 天者,则应由来源国征税。②非独立劳务所得,即非居民受雇于他人的所得,一般由收入来源国一方从源征税。

(3)投资所得。投资所得包括股息、利息、特许权使用费等。对于此类投资所得,各国一般采用从源头预提的方式征税,即征收预提税。我国《企业所得税法》规定的预提税为20%。为了避免重复征税,各国一般会通过双边协定的方式解决有关投资所得的征税权划分,我国与他国的双边协定依双方税收权益分享的原则,实施限制税率制,一般规定的预提税不超过 10%。

(4)财产所得。非居民的财产所得指非居民转让财产的所得。对于不动产的转让所得,一般由财产所在国征税。对于转让从事国际运输的船舶和飞机的所得,一般由转让者的居住国单独征税。对于动产的转让所得,各国主张的标准不同,如对转让公司股份财产所得,有些国家以转让人居住地为其所得来源地,有些国家则以被转让股份财产的公司所在地为来源地,有些国家主张转让行为发生地为其所得来源地。因此,动产转让所得收入是由双边税收协定具体划分。

(三)国际重复征税与国际重叠征税

1. 国际双重征税。国际双重征税又称国际重复征税,指两个或两个以上国家各根据自己的税收管辖权按同一税种对同一纳税人的同一征税对象在同一征税期限内同时征税。国际双重征税的原因是国际税收管辖权的冲突,包括居民税收管辖权的冲突、来源地税收管辖权之间的冲突、居民税收管辖权与来源地税收管辖权的冲突等。国际重复征税可以通过免税法、抵免法、扣除法等进行解决。

2. 国际重叠征税。国际重叠征税指两个或两个以上国家对同一笔所得在具有某种经济联系的不同纳税人手中各征一次税的现象。如在公司与股东之间就同一笔所得各征一次公司所得税和个人所得税。重复征税与重叠征税有下列区别,重复征税针对的是同一纳税人,不存在国内重复征税,重复征税涉及同一税种。重叠征税涉及的不是同一纳税人,存在国内重叠征税现象,重叠征税涉及不同税种。

【例 9－14】(2005 年·卷一·84 题)为避免或缓解国际重复征税,纳税人居住国可以采用的方法有哪些？①

A. 免税制　　B. 抵免制

C. 扣除制　　D. 减税制

（四）国际逃税与避税

1. 国际逃税与国际避税的概念。国际逃税是指跨国纳税人为了逃避就其跨国所得的纳税义务，所采取的违反国际税法的手段或措施。国际避税指跨国纳税人利用各国税法的差异及国际税收协定的漏洞，以不违反税法的方式，避开就其跨国所得应承担的纳税义务的行为。两者的区别主要在于，前者是法律禁止的行为，而后者只是不道德的行为。

2. 国际逃税与国际避税的主要方式及防止。

（1）国际逃税及国际避税的主要方式。跨国纳税人从事国际逃税的手法多种多样，比较常见的方式有：不向税务机关报送纳税资料；谎报所得额；伪造账册和收支凭证等。国际避税的主要方式主要包括通过纳税主体的移动规避承担某国的居民纳税人义务，跨国联属企业以转移定价和不合理分摊成本费用避税，利用避税港设立基地公司进行国际避税等。

（2）国际逃税及国际避税的防止。国际上主要是通过制定国内立法及加强国际合作等方式防止国际逃避税。在国内立法方面，主要是加强国际税务申报制度，强化对跨国交易活动的税务审查，实行评估所得或核定利润方式征税等。并针对纳税人具体的国际逃避税行为，制定特别的国内法管制措施。例如以正常交易原则和总利润原则针对处理跨国纳税人利用内部交易，通过转移定价和不合理分摊成本和费用逃避税的行为。制定禁止纳税人在避税港设立基地公司，禁止非正常的利润转移等的法律，以针对跨国纳税人利用国际避税港逃避税的行为。在国际合作方面，主要是建立国际税收情报交换制度、在税款征收方面相互协助、在国际税收协定中增设反套用协定条款等国际合作方法来防止国际逃避税。

（五）国际税收协定及中国的实践

1. 国际税收协定。国际税收协定是指主权国家缔结的调整彼此之间税收权利义务关系的书面协议。国际税收协定的核心内容主要涉及国际重复征税的避免、税收无差别待遇、国际逃避税及国际避税的防止、税收饶让抵免等。

此外，1977 年经济合作与发展组织颁布的《关于对所得和财产避免双重征税规定范本》（简称《经合组织范本》）和 1980 年联合国经社理事会颁布的《关于发达国家与发展中国家间避免双重征税的协定范本》（以下简称《联合国范本》）对国际税收协定的规范化作出了很大的贡献，这两个范本虽然不具有公约的强制力，却为世界上多数国家所接受，具有较强的影响。

2. 中国对外签订的税收协定。中国对外签订的税收协定主要采取收入来源国税收管辖权优先原则，平等互利、友好协商原则和税收饶让抵免等原则。中国对外签订的双边税收协

---

① 答案：ABCD。居住国避免或缓解国际重复征税的方法主要有免税制、抵免制、扣除制和减税制。因此，A、B、C、D 项均为正确答案。

定,基本上采用的是上述《联合国范本》的条文结构。

(1)对常设机构的限定,中国对外签订的税收协定一般都是按照《联合国范本》的规定,协定多以连续存在6个月以上者才视为常设机构的规定。该规定以国内税法规定的类似工程无论期限长短均视为常设机构的待遇要优惠。

(2)对预提税的征税限定,一般规定的预提税的限制税率均不超过10%。这比国内税法规定的20%的预提税税率要优惠。

(3)对个人劳务所得的征税限定,我国在对外签订的税收协定中,采用国际通行做法,分别针对下列不同情况实行不同的税收待遇:

①对独立的个人劳务所得,应仅由居住国行使征税权。但如取得独立劳务所得的个人在来源国设有固定基地或者连续或累计停留超过183天者,则应由来源国征税。这比国内税法规定的只要在中国境内有个人独立劳务所得而无论固定基地与停留时间长短均应依法征税要优惠。

②对非独立个人劳务所得,一般规定原则上应由来源国行使征税权。但如该人在一个纳税年度内在来源国连续或累计停留不足183天,且该劳务报酬既非来源国的居民所支付,又非雇主设在来源国的常设机构或固定基地所负担,则该非独立个人劳务所得应由其居住国行使征税权,来源国不得征税。该规定的累计停留不足183天比我国国内税法中的90天要优惠。

牛刀小试

1. 下列有关《巴黎公约》对于优先权的规定,正确的有哪几项?①

A. 主张优先权的前提条件是已在一个成员国内正式提出申请

B. 公约有关优先权的规定适用于发明专利、实用新型、商品商标和原产地名称

C. 申请优先权的期限发明专利为12个月,商标专利为6个月

D. 在优先权期限届满之前,在公约其他成员国提出的申请,因此期间内其他人提出同样申请而失效

2. 金利商标是《保护工业产权巴黎公约》甲成员国国民L公司在甲国注册商标,在甲国为驰名商标,L公司以该商标在甲国驰名为由,要求乙成员国给予注册保护。根据公约的规定,下述有关选项中正确的是哪几项?②

---

① 答案:AC。B项有关优先权的适用范围有误,优先权适用于发明专利、实用新型、外观设计和商标。D项明显不符合优先权的含义,正确的说法应是:在规定的申请优先权期限届满之前,任何后来在公约其他成员国内提出的申请,都不因在此期间内他人的任何行为而失效,而且在优先权期限内每一个在后申请的申请日均为第一次申请的申请日(优先权日)。A、C项符合优先权的含义和内容。

② 答案:D。根据《巴黎公约》第6条之二,关于驰名商标的保护,如在本国驰名,其保护不以注册、使用为条件。A项错误,一成员没有义务保护在另一国的驰名商标,除非在乙国也被认定为是驰名的。B项错误,独立性原则,在本国驰名的商标,并不以注册为条件。C项错误,如果L公司的商标在乙国没有被认定为驰名商标,则未给注册不能受到保护。D项正确,如该商标在乙国被认定为驰名商标,则没注册也应受到保护。

A. 只要金利商标在甲国是驰名的，乙成员国有义务保护该商标

B. 在甲成员国的驰名商标，乙成员国应予以注册

C. 金利商标在乙国可以获得自动保护

D. 如果金利商标在乙国被认定为驰名，即使没有注册，也应受到乙国的保护

3. 下列有关《保护文学和艺术作品伯尔尼公约》的表述正确的是哪项？①

A. 公约要求享有及行使依国民待遇所提供的有关权利时，需要履行一定的手续才予以保护

B.《伯尔尼公约》既保护作者的经济权利又保护作者的精神权利

C. 公约规定成员国必须保护的作品包括文学艺术作品、演绎作品以及实用艺术作品和工业品外观设计

D. 公约允许的权利限制包括合理使用和法定许可

4. 根据《保护工业产权的巴黎公约》，关于优先权，下列哪一选项是正确的？（2009 年·卷一·42 题）②

A. 优先权的获得需要申请人于"在后申请"中提出优先权申请并提供有关证明文件

B. 所有的工业产权均享有相同期间的优先权

C. "在先申请"撤回，"在后申请"的优先权地位随之丧失

D. "在先申请"被驳回，"在后申请"的优先权地位随之丧失

5. 中美两国都是世界贸易组织成员。《保护工业产权巴黎公约》、《保护文学和艺术作品伯尔尼公约》和《与贸易有关的知识产权协定》对中美两国均适用。据此，下列哪一选项是正确的？③

A. 中国人在中国首次发表的作品，在美国受美国法律保护

B. 美国人在美国注册但未在中国注册的非驰名商标，受中国法律保护

---

① 答案：BCD。《伯尔尼公约》实行自动保护原则，即《公约》成员国国民及在成员国有惯常居所的非成员国国民，在作品创作完成时即自动享有版权；非成员国国民在其作品在成员国出版时即享有版权。简言之，即享有及行使依国民待遇所提供的权利时，不需要履行任何手续。而《世界版权公约》则实行非自动保护原则，其他选项均符合《公约》的规定。

② 答案：A。A 项涉及优先权的获得是否是自动的问题。根据《巴黎公约》的规定，优先权的获得并不是自动的，需要申请人于"在后申请"中提出优先权申请并提供有关证明文件。A 项正确。B 项涉及可以获得优先权的工业产权及优先权的期限，根据《巴黎公约》第 4 条的规定，只有发明专利、实用新型、外观设计和商标才有优先权，并非所有的工业产权均有优先权，而且优先权的期限也不相同，发明专利和实用新型的优先权期限为为 12 个月，外观设计和商标的优先权期限为 6 个月。B 项称"所有的工业产权均享有相同期间的优先权"错误。C、D 项涉及优先权的独立性，根据《巴黎公约》有关优先权和独立性的规定，"在先申请"的撤回、放弃或驳回不影响该申请的优先权地位。C、D 项错误。

③ 答案：A。A 项正确，根据《伯尔尼公约》第 3 条，作为该《公约》成员国公民的作者，其作品无论是否发表，均应受到其他成员国的保护。这是该《公约》采用的作者国籍原则。B 项错误，因为对商标的国际保护受地域性和独立原则的限制，只有驰名商标才可以受到成员国普遍性的保护。该《公约》第 6 条是这个判断的法律依据。C 项错误，根据该《公约》第 4 条之二，同一发明在不同国家取得的专利权相互之间具有独立性。在美国取得专利权的发明，不一定能够依据中国法律也取得专利权，因为各国均按照本国的实体法律原则决定是否授予专利权，同时专利申请人还要受程序规则的约束。D 项错误，根据 TRIPS 第三部分的第五节，除了民事程序外，该协定的成员国还应对侵犯知识产权的行为规定刑事程序和处罚。

C. 美国人仅在美国取得的专利权,受中国法律的保护

D. 中美两国均应向对方国家的权利人提供司法救济,但以民事程序为限

6. A 国甲公司与 B 国乙公司签订了一项协议,规定在一定的时间和地域范围内,乙公司拥有甲公司某项专利的使用权,甲公司不能再将此项专利的使用权另行转让给第三方,但甲公司保留在该时间和地域范围内对该项专利的使用权。这种协议属于下列哪项?①

A. 独占许可证协议　　B. 排他许可证协议

C. 普通许可证协议　　D. 交叉许可证协议

7. 下列各项有关国际许可证协议的陈述正确的是哪项?②

A. 独占许可证协议是指在同一地区内,排斥除许可方外的一切人对协议规定的技术的使用权的协议

B. 以使用专利权为内容的国际许可证协议,不必订立保密条款;以使用专有技术为内容的国际许可证协议,应订立保密条款

C. 联合国贸易和发展会议拟定的《联合国国际技术转让行动守则》已生效

D. 根据我国《技术进出口管理条例》的规定,在任何情况下,技术引进合同的主要内容中一律不得含有限制性条款

8. 根据《知识产权海关保护条例》的规定,下列哪些选项是正确的?③

A. 知识产权权利人发现侵权嫌疑货物即将进出口的,可向货物进出境地法院提出扣留侵权嫌疑货物的申请

B. 条例规定国家限制侵犯知识产权的货物进出口

C. 涉嫌侵犯专利权货物的收货人认为其货物未侵权的,可向海关提供与货物等值的担保金后,请求海关放行其货物的

D. 海关发现进出口货物侵犯备案知识产权嫌疑的,应立即书面通知权利人

9. 下列关于海外投资保险制度特点的表述哪些是正确的?④

A. 海外投资保险制度是一种政府保证

---

① 答案:B。本题中甲公司和乙公司签订的是专利排他许可证协议,所以应选 B 项。

② 答案:B。A 项错误,因为独占许可协议在同一地区内也排斥许可方对技术的使用。以专利为标的许可协议中,由于专利已公开,不必订立保密条款,而以专有技术为标的时,由于专有技术并非公开技术,因而当事人必须订有保密条款,B 项正确。C 项《联合国国际技术转让行动守则》并未生效,因此,C 项错误。我国《技术进出口管理条例》列举了禁止的限制性条款,所以并不是所有的限制性条款都在法律、法规明确禁止之列,所以 D 项错误。

③ 答案:CD。根据《知识产权海关保护条例》的规定,知识产权权利人发现侵权嫌疑货物即将进出口的,可向货物进出境地海关提出扣留侵权嫌疑货物的申请,而不是向法院,因此,A 项错误。B 项错误,该条例规定国家禁止侵犯知识产权的货物进出口,而不是限制。C 项正确。D 项正确。

④ 答案:ABC。海外投资保险的性质是一种"国家保证"或"政府保证",A 项正确。海外投资制度通常承保外汇禁兑、财产征用、战争内乱等风险,这些基本上都属于非商业风险,B 项正确。海外投资保险制度的目的是对海外投资给予法律上的保护,使本国的海外投资尽量免受或少受政治风险所造成的损失,从而鼓励海外投资,所以可以视为一国执行对外政策的工具,故 C 项正确。D 项混淆了海外投资保险制度和《多边投资担保机构公约》,后者才是只为那些到发展中国家进行投资的投资者提供保险,而资本输出国的海外投资保险则无此要求,D 项错误。

B. 海外投资保险制度只针对非商业风险承保

C. 海外投资保险制度是一国执行对外政策的工具

D. 海外投资保险制度一般只为那些到发展中国家进行投资的投资者提供保险

10. 关于多边投资担保机构担保承保的风险，根据《多边投资担保机构公约》下列哪项是正确的？①

A. 负责业务的政府机构长期拖延协助投资人兑换或汇出货币不属于担保机构承保的范围

B. 承保东道国为了管辖境内的经济活动而采取的普遍适用的措施

C. 战争和内乱险的发生以东道国是否为一方或是否发生在东道国领土内为前提

D. 政府违约险指东道国对投保人的违约

11. 多边投资担保机构是依据1988年生效的《多边投资担保机构公约》设立的国际金融机构。关于该机构，下列哪一选项是正确的？②

A. 该机构只承保货币汇兑险、征收险、战争内乱险和政府违约险

B. 任何投资均可列入该机构的投保范围，但间接投资除外

C. 该机构具有完全法律人格，有权缔结契约，取得并处理不动产和动产

D. 在任何情况下，该机构都不得接受东道国自然人、法人的投保

12. 多边投资担保机构是依据1988年生效的《多边投资担保机构公约》设立的国际金融

---

① 答案：D。A项错误，导致货币汇兑风险的行为可以是东道国采取的积极行为，如明确以法律等手续禁止货币的兑换和转移，也可以是消极地限制货币兑换或汇出，如负责业务的政府机构长期拖延协助投资人兑换或汇出货币。B项错误，东道国为了管辖境内的经济活动而采取的普遍适用的措施，不应被视为征收措施。C项错误，根据《多边投资担保机构业务规则》第150条的规定："军事行动或内乱如果毁灭、损害或破坏位于东道国境内的投资项目的有形资产或干扰了投资项目的营运，即使其主要发生在东道国境外，仍可视其在东道国境内发生而具有被担保的资格。"可见，战争和内乱险的发生并不以东道国是否为一方或是否发生在东道国领土内为前提。即如战争发生在投资东道国的邻国，但影响投资项目的正常营运或造成了某些破坏，则投资人仍可从多边投资担保机构取得赔偿。如内陆国的投资依赖过境国的交通线，而过境国的内乱使投资项目无法进行，投资人也可以要求机构对其进行赔偿。D项正确，政府违约险，即东道国对担保权人（或投保人）的违约。

② 答案：C。A项包括了《多边投资担保机构公约》的主要险种，但该《公约》对此有例外规定。根据该《公约》第11条第2款的相关规定，董事会经特别多数票通过，可将该《公约》的担保范围扩大到上述第1款中提及的风险（即A项中列举的那些风险）以外的其他特定的非商业风险，A项错误。B项太绝对了，而根据该《公约》第12条的相关规定，并非所有投资均可列入该机构的投保范围。如该《公约》对合格的投资、合格的投资人与合格的东道国都有限制。再如只有那些要求担保机构给以担保的申请注册之后才开始执行的投资，才可能获得担保。因此，B项错误。C项正确，根据该《公约》第1条的相关规定，多边投资担保机构具有完全的法律地位，可以签订合同，取得并处理不动产和动产，并可以进行法律诉讼。D项错误，根据该《公约》第13条第3款，根据投资者和东道国的联合申请，董事会经特别多数票通过，可将合格投资者扩大到东道国国民的自然人，或在东道国注册的法人。因此，D项错误。

机构。关于该机构,下列哪一选项是正确的?(2008年·卷一·45题)①

A. 该机构只承保货币汇兑险、征收险、战争内乱险和政府违约险

B. 任何投资均可列入该机构的投保范围,但间接投资除外

C. 该机构具有完全法律人格,有权缔结契约,取得并处理不动产和动产

D. 在任何情况下,该机构都不得接受东道国自然人、法人的投保

13. 项目融资是一种新型的贷款方式,它主要适用于一些大型工程项目,这种目前国际上最常用的贷款方式与传统的贷款方式相比有下列哪些特点?②

A. 从贷款对象上看,项目融资通常并不把资金直接贷给借款人,而是贷给项目主办人为特定项目而成立的项目公司

B. 从还款来源看,贷款人主要依据的不是借款人的信用,而是项目建成并投入营运后所得的收益,即主要取决于项目的成败

C. 从还款担保来看,项目贷款通常以主办项目的资产和收益设定担保

D. 项目收益不足以清偿贷款,则项目主办人在清偿不足部分承担连带担保责任

14. 下列有关国际融资担保中的信用担保的说法正确的有哪几项?③

A. 信用担保是指借款人或第三人用自己的资信作为偿还贷款债务的保证

B. 见索即付的保证要求一旦主债务人违约,贷款人应先向主债务人追索

C. 备用信用证的保证人是银行

D. 意愿书通常不具有法律效力

15. 国际融资担保存在多种不同的形式,如银行保函、备用信用证、浮动担保等。依国际

---

① 答案:C。根据《多边投资担保机构公约》第11条第2款,董事会经特别多数票通过,可将该《公约》的担保范围扩大到上述第1款中提及的风险(即A项中列举的那些风险)以外的其他特定的非商业风险。A项错误。根据该《公约》第12条的相关规定,并非所有投资均可列入该机构的投保范围。如只有那些要求担保机构给以担保的申请注册之后才开始执行的投资,才可能获得担保。B项错误。根据该《公约》第1条,多边投资担保机构具有完全的法律地位,可以签订合同,取得并处理不动产和动产,并可以进行法律诉讼。C项正确。根据该《公约》第13条第3款,根据投资者和东道国的联合申请,董事会经特别多数票通过,可将合格投资者扩大到东道国国民的自然人,或在东道国注册的法人。D项错误。

② 答案:ABC。A、B、C项均为项目贷款的特点。D项错误,在这种项目贷款方式下,贷款人为了减少贷款的风险,除要求以贷款项目的收益作为偿还债务来源,并在该项目资产上设定担保物权以外,还要求与项目有利害关系的第三人提供各种担保,但项目不能完工或经营失败,项目本身的资产或收益不足以清偿债务时,贷款人就有权向项目主办人和这些担保人追索。项目主办人和担保人对项目债务所负的责任,仅以贷款合同和担保合同所规定的金额为限。D项错误。

③ 答案:ACD。信用担保指借款人或第三人以自己的资信向贷款人作出的还款保证,主要包括见索即付的保证、备用信用证和意愿书三种方式。A项正确。见索即付保证是一旦主债务人违约,债权人无须先向主债务人追索,即可无条件地要求保证人承担偿付责任。B项错误。备用信用证的保证人是银行。C项正确。意愿书最大的特点是不具有法律效力。D项正确。

惯例，关于各类融资担保，下列哪些选项是正确的？①

A. 备用信用证项下的付款义务只有在开证行对借款人的违约事实进行实质审查后才产生

B. 大公司出具的担保意愿书具有很强的法律效力

C. 见索即付保函独立于基础合同

D. 浮动担保中用于担保的财产的价值是变化的

16. 按照国际贷款协议的规定，下列哪几项属于先期违约的事件？②

A. 借款人不按融资协议约定的用途使用借款

B. 抵押品毁损

C. 借款人资产被征用

D. 交叉违约

17. 关于特别提款权，下列哪些选项是正确的？（2009 年·卷一·85 题）③

A. 甲国可以用特别提款权偿还国际货币基金组织为其渡过金融危机提供的贷款

B. 甲乙两国的贸易公司可将特别提款权用于两者间国际货物买卖的支付

C. 甲乙两国可将特别提款权用于办理两国间的政府间结算

D. 甲国可以将特别提款权用于国际储备

18. 汤姆和珍妮是一对美国夫妇，1999 年 9 月 1 日同时来华。汤姆开办了一家医疗诊所，珍妮在一所中国民办大学任英语教师。2000 年 3 月，该夫妇因儿子突患重病而临时决定返回美国。汤姆遂关闭了诊所，珍妮辞去了工作。夫妇俩于 2000 年 4 月 10 日离境。根据中美双边税收协定，独立劳务所得应仅由其居住国课税，但劳务提供者在来源国设有经常从事独立劳务活动的固定基地，或一个历年内连续或累计停留 183 天以上者，来源国有权征

---

① 答案：CD。A 项中的备用信用证实质上是银行保函。银行的义务和专长是处理单据和文件，不可能也不应当去实质性地审查借款人的行为是否构成违约。适用于备用信用证的《ICC 跟单信用证统一惯例》（UCP600）也将信用证与基础合同严格区分开来。A 项错误。担保意愿书应作通常意义上的理解一般并不构成法律上的保证，而仅仅是愿意提供担保的一种意思表示。B 项错误。见索即付保函是一种银行保函，出具保函的银行只要接到相关权利人的书面索赔请求就产生支付保函项下款项的义务。这种保函具有突出的独立性，与基础合同严格区分开来。C 项正确。浮动担保起源于普通法系国家，并在当今国际隔资交易中被广泛地运用。我国法律中部分地采用了该制度，为我国的基础设施建设提供了一种融资途径。浮动担保的特点之一是用于担保的财产的价值是不固定的，可以包括担保人现在和未来的收益等。D 项正确。

② 答案：BCD。国际贷款协议中借款人的违约事件一般可以分为两类：实际违约和先期违约（也称预期违约），先期违约是在合同订立后，借款人由于下述的原因显然将不能履行其大部分还款义务。先期违约的事件包括：交叉违约也称连锁违约，指凡借款人对其他债权人违约，也视为对贷款人违约；借款人丧失清偿能力；抵押品毁损或贬值；借款人财产被征用或国有化；借款人状况发生其他重大不利变化等。所以 B、C、D 项正确。而 A 项属于实际违约。

③ 答案：ACD。特别提款权是国际货物基金组织于 1968 年在原有的普通货款权之外，按各国认缴份额的比例分配给会员国的一种使用资金的特别权利。各会员国可以凭特别提款权向基金组织提用资金，因此，特别提款权可与黄金、外汇一起作为国际储备。成员国在基金开设特别提款权账户，作为一种账面资产或记账货币，可用于办理政府间结算，可偿付政府间结算逆差。还可以用以偿还基金组织的贷款或作为偿还债务的担保等。因此，A、C、D 项是正确的，B 项错误，特别提款权只是一种账面资产，而不是具体的货币，不能用于具体的国际货物买卖的支付。

税。对于非独立劳务所得,双边税收协定一般规定来源国有权征税。下列哪些是正确的?①

A. 汤姆在华期间所取得的收入为独立个人劳务所得,应由美国课税

B. 汤姆在华期间所取得的收入均应向中国缴纳个人所得税

C. 珍妮在华期间所取得的收入为非独立个人劳务所得

D. 珍妮在华期间所取得的收入均应向中国缴纳个人所得税

19. 目前各国对非居民营业所得的纳税普遍采用常设机构原则。关于该原则,下列哪些表述是正确的?(2010年·卷一·84题)②

A. 仅对非居民纳税人通过在境内的常设机构获得的工商营业利润实行征税

B. 常设机构原则同样适用于有关居民的税收

C. 管理场所、分支机构、办事处、工厂、油井、采石场等属于常设机构

D. 常设机构必须满足公司实体的要求

20. 甲国一跨国公司在乙国设有分公司,对于公司因增加资本而发行的股票收益,甲国税法认为应当按照股息征税,而葡萄牙则认为对它的征税属于对资本收益征税,这样就会产生下列哪种情况?③

A. 国际重叠征税　　B. 国际重复征税

C. 国际逃税　　D. 国际避税

21. 我国对外签订的双边税收协定,基本上采用了《联合国范本》,一般情况下,下列关于双边税收协定的表述哪些是正确的?④

A. 在对非居民营业所得的征税上,一般采取连续6个月以上者才视为常设机构

B. 在预提税的限制税率上一般不超过10%

C. 独立个人劳务所得累计停留未超过183天者,一般由来源国征税

D. 采取税收饶让抵免原则

---

① 答案:BCD。汤姆在华期间所取得的收入为独立个人劳务所得,珍妮在华期间所取得的收入为非独立个人劳务所得。汤姆和珍妮在华期间所取得的收入均应向中国缴纳个人所得税。

② 答案:AC。营业所得又称营业利润或经营所得,即纳税人在某个固定场所从事经营活动取得的纯收益。目前各国对非居民营业所得的纳税普遍采用常设机构原则。常设机构原则是指仅对非居民纳税人通过在境内常设机构而获取的工商营业利润实行征税的原则。A项正确,B项错误。常设机构包括:管理场所、分支机构、办事处、工厂、车间、作业场所、矿场、油井、采石场等。C项正确,D项错误。

③ 答案:A。国际重叠征税主要发生在公司和股东之间,公司所获利润依法应当缴纳公司所得税,税后利润用股息形式分配给股东后,股东依法应缴纳个人所得税,同一所得,在不同纳税人手中各征税一次,这就是重叠征税,如果公司在一国,股东在另一国,则称之为国际重叠征税。综上所述,应选A项。

④ 答案:ABD。A项正确,在对非居民营业所得的征税上,双边协定一般采取常设机构原则,一般采取连续6个月以上者才视为常设机构。B项正确,在预提税上,一般规定的预提税的限制税率均不超过10%。比国内税法规定的20%的预提税税率要优惠。C项错误,对于独立的个人劳务所得,一般仅由居住国行使征税权,但如取得独立劳务所得的个人在来源国设有固定基地或连续或累计停留超过183天者,则应由来源国征税。D项正确,税收饶让抵免原则是我国对外签订的双边税收协定采取的原则之一。

指南针直属分校联系录

北京分校

地　址:北京市海淀区中关村南 2 条 1 号中国科学院空间科学与应用研究中心 - 空间会议中心 4 层 411 - 419 室

电　话:010 - 82228505

联系人:王老师

广州分校

地　址:广州市先烈中路 100 号省科学院 58 号楼 715 - 717 室

电　话:020 - 87685068

联系人:张老师

上海分校

地　址 1:上海市闸北区汉中路 158 号汉中广场 1111 室

地　址 2:上海市松江大学城华东政法大学汇贤楼 B212 室(开学期间正常值班)

电　话:021 - 63530980

联系人:孙老师

杭州分校

地　址:杭州市文三路 235 号立元商务楼 603 室

电　话:0571 - 88211778

联系人:梅老师

南京分校

地　址:南京市建邺区江东中路 118 号德盈大厦 1223 室

电　话:025 - 68879060

联系人:苗老师

武汉分校

地　址:武汉市洪山区民院路 38 号龙安港汇城 A 栋 1713 - 1715 室

电　话:027 - 86659550

联系人:冯老师

宁波分校

地　址:宁波市鄞州区浙江万里学院钱湖南路 8 号 53 号楼 106 室

电　话:13616887109

联系人:冯老师

苏州(总部教辅)

地　址:江苏省苏州市沧浪区现代花园 1 幢 103 室

电　话:18762872616

联系人:韩老师

指南针加盟分校联系录

合肥分校

地址:合肥市屯溪路251号世纪云顶大厦A座2015

电话:0551-66016280　18601205507

联系人:王老师

郑州分校

地址:郑州市大学路康桥华城10号楼521室

电话:15838160692　13523510995

联系人:李老师

吉林分校

地址:吉林市昌邑区天津街天胜公寓307室

电话:18684324480

联系人:张老师

长沙分校

地址:长沙市五一大道717号(五一广场)五一新干线B座722室

电话:0731-84226851　15576610666　18670002603

联系人:王老师　熊老师

包头分校

地址:包头市昆区乌兰道中源大厦8026室

电话:0472-2613979

联系人:赵老师

遵义分校

地址:遵义市文化小学多媒体教室

电话:13984250303

联系人:滕老师

赤峰分校

地址:内蒙古赤峰市松山区教师进修学校(原松山区党校)

电话:18647610111

联系人:于老师

石家庄分校

地址:河北省石家庄市桥西区红旗大街 581 号古韵文化广场 B 座 407 室

电话: 0311 - 83801359　15175195959

联系人:汪老师

哈尔滨分校

地址:黑龙江省哈尔滨市南岗区学府路 74 号　黑龙江大学四号教学楼创业园 C - 01 室

电话:15590888806

联系人:刘老师

蚌埠分校

地址: 蚌埠市蚌山区工农路 999 号德人大厦 4 楼 16 号

电话:18949384663

联系人:史老师

南阳分校

地址:南阳市人民路公园对面二职专院内

电话:15837765199

联系人:冉老师

长春分校

地址:长春市卫星路星城国际综合楼 B 座 1046 室(长春大学正门对面)

电话:0431 - 81159697　88166266　13944877907

联系人:邱老师

昆明分校

地址:昆明市建设路文化教育书院 393 号文渊楼 201 室

电话:0871 - 65361798　15808752463　13330439518

联系人:苏老师

兰州分校

地址:兰州市城关区中山路 1 号佳润酒店 1507 室

电话:13893389406

联系人:曹老师

呼和浩特分校

地址:内蒙古呼和浩特市赛罕区内蒙古师范大学教材科

电话:15847173275

联系人:韩老师

盐城分校

地址:盐城市平安路 6 号(盐城市教育局东 100 米)

电话:0515 - 88814546　13222391861

联系人:邱老师

邯郸分校

地址:邯郸继续教育学院 503 室(学院北路 79 号)

电话: 15803106115

联系人:刘老师

大连分校

地址:大连市西岗区新开路锦绣大厦 1201 室

电话:0411 - 83797357　13942817444　15941128870

联系人:厉老师　郑老师

扬州分校

地址:扬州大学荷花池校区主楼 14 楼

电话:13585231834

联系人:华老师

唐山分校

地址:河北联合大学轻工学院

电话:15230991112　1336396333

联系人:王老师

西安分校

地址:西安市长安区韦郭路中段西北政法大学南校区

电话:18049416283

联系人:李老师

西宁分校

地址:青海民族大学东校区 1 号教学楼(西宁市城东区八一中路 3 号)

电话:0971 - 8162907　18997214001

联系人:刘老师

临沂分校

地址:临沂市兰山区沂蒙路与红旗路交汇金鼎国际 1117 室(人民广场银座东苏宁电器楼上)

电话:0539 - 8202311　13311103571

联系人:李老师

济南分校

地址:济南市长清区大学城商业街新华书店 4 层

电话:18660169155

联系人:李老师

青岛分校

地址:山东省青岛市香港东路 23 号中国海洋大学浮山校区 F 区 3 楼继续教育学院

电话:0532 - 85901270　85901231　15264263266　13963951458

联系人:马老师

齐齐哈尔分校

地址:齐齐哈尔市

电话:13704528341

联系人:邢老师

承德分校

地址:承德市双桥区西大街司法局院北检察院培训中心四层

电话:15831433310

联系人:王老师

沈阳分校

地址:沈阳市皇姑区崇山中路66号(辽宁大学)哲理楼131室

电话:15140172365

联系人:韩广勋

更多分校情况详见指南针官网 www.zhinanzhenedu.net

指南针官方微博:http://weibo.com/zhinanzhensikao

2014 年指南针全国司法考试培训计划

全日制面授班次			
分校	高端通关班次	大学生专享班次	经典班次
北京	指南针 VIP 班 (3 月 22 日 -9 月 8 日)	大学生 VIP 班 (3 月 22 日 -9 月 8 日)	精品特训班 (7 月 7 日 -9 月 8 日)
	协议保过班 A、B 模式 (4 月 29 日 -9 月 8 日)	大学生精品班 (7 月 7 日至 8 月 -28 日)	突击短训班 (8 月 10 日 -9 月 8 日)
上海	尊享 VIP 班 (7 月 10 日 -9 月 5 日)	大四终极班 (7 月 10 日 -9 月 5 日)	精品特训 1、2 班 (7 月 8 日 -9 月 5 日)
	协议保过班 A、B、C 模式 (7 月 10 日 -9 月 5 日)	大二先锋班(2015 年考前)	精品短训 1、2 班 (8 月 7 日 -9 月 5 日)
广州	协议保过班 A 班 (3 月 23 日 -9 月 6 日)	大学生精品特训班 (7 月 6 日 -9 月 6 日)	突击特训班 (8 月 5 日 -9 月 6 日)
	协议保过班 B 班 (3 月 23 日 -9 月 6 日)	大学生精品班 (7 月 7 日 -8 月 26 日)	主观题点睛班 (8 月 26 日 -8 月 28 日)
杭州	大学生协议保过班 (7 月 8 日 -9 月 3 日)	大学生精品特训班 (7 月 8 日 -9 月 3 日)	精品特训班 (7 月 8 日 -9 月 3 日)
	指南针 VIP 班(北京) (3 月 22 日 -9 月 8 日)	大学生精品班 (7 月 8 日 -8 月 26 日)	模考冲刺班 (8 月 20 日 -9 月 3 日)
南京	VIP 保过班 (7 月初 -9 月初)	大学生精品特训班 (7 月初 -9 月初)	精品特训班 (7 月初 -9 月初)
	指南针 VIP 班(北京) (3 月 22 日 -9 月 8 日)	模考冲刺班 (9 月 1 日 -9 月 5 日)	模考冲刺班 (9 月 1 日 -9 月 5 日)
武汉	VIP 尊享保过班 (3 月 15 日 -9 月 1 日)	大学生精品特训班 (7 月 10 日 -8 月 25 日)	精品特训班 (7 月 10 日 -8 月 25 日)
	指南针 VIP 班(北京) (3 月 22 日 -9 月 8 日)	暑期精品班 (7 月 10 日 -9 月 1 日)	突击特训班 (7 月 30 日 -9 月 1 日)
宁波	VIP 尊享保过班 (4 月 22 日 -9 月 5 日)	大学生精品特训班 (7 月 10 日 -9 月 5 日)	暑期精品特训班 (7 月 10 日 -9 月 5 日)
	大学生 VIP 保过班 (3 月 15 日 -9 月 5 日)	大学生精品班 (7 月 10 日 -8 月 26 日)	模考冲刺班 (8 月 29 日 -9 月 5 日)

上律指南针·司法考试

您身边的司考专家

上律教育集团以上律指南针教育科技有限公司为核心企业，于2012年通过资产并购和股权收购，强势收购具有十年市场品牌的指南针司法考试项目，运营法律职业教育与服务项目，拓展法律教育、就业与法律服务市场。

上律教育集团致力于职业教育和就业指导服务，帮助每一位学员实现成为法律职业共同体、公务员、研究生群体一员的梦想。在北京、上海、杭州、南京、广州、武汉、西安、济南、南昌、长沙等多个区域核心城市设立直营分支机构，并在全国大部分省、市、自治区拥有超过50家的加盟分支机构和100家以上包括司法机关、政府机关、企业和高校在内的合作单位。

上律教育集团旗下子品牌指南针司法考试培训，其开发的独家DPSD教学法（收录于中国法治白皮书）、TLCT辅导法、状元学习模式等成为司法考试界的标杆，坚持“名师辅导是基础，教学法是关键，辅导法是必需”、“细节决定成败”、“方向至上、吸收至上、服务至上”等培训理念，自2001年以来，培养出多个省市司法考试状元和近千个400分以上的高分学员，12年来指南针司法考试培训的过关学员30000余人。

指南针司法考试的众多产品成为司法考试的王牌产品，如《指南针法律法规汇编》，不仅成为司法考试大部分考生备考的必备用书，更是成为众多法律从业人员的案头工具书；指南针一年一度的“司法考试高峰论坛”造成万人空巷；指南针的“方向关+飞跃关+纵横关+叩关=通关”的提升式教学模式被多家竞争对手模仿；指南针首创的“不过关学费全退，另赔一万”的协议保过班、大学生精品特训班、大学生暑期精品班、周末长训班、周末强化班、综合提高班、模考冲刺班等成为整个行业的首选王牌班次，众多班次在开课前一个月基本上就爆满，多次出现“一座难求”盛况。

指南针的教辅产品如助考锦囊、助考飞信等成为司考培训行业的领先教辅产品，指南针“服务至上”的理念和行动，引领整个司考培训行业注重教辅、关注培训效果。指南针的考前信息通报成为整个行业主要考前信息的来源。

2014年上律·指南针名师团队

以命题人弟子和命题关联人为核心，辅以司法考试业界高端名师队伍，全面解析司法考试命题人理论，实现“一次过关、来即通过”之目标。

1. 授课理论紧扣命题人观点；

2. 授课内容覆盖司法考试考点及命题角度；

3. 更为重要的是，我们最了解命题人的命题嗜好！

科目	名师
民法	张翔、周珺、陈飞、钟秀勇、孙振兴
刑法	柏浪涛、吴江、刘凤科、于越、方鹏、王海军、苗栎
行政法	黄文涛、吴鹏、徐金桂、兰燕卓、何超
理论法学	杜洪波、宋光明、叶小川、任海涛
民事诉讼法	杨秀清、蔡辉、韩心怡、刘加良、房保国、侍东波
刑事诉讼法	左宁、温云云、卢少锋、杨雄、董扬、谢安平、程捷
商经	肖钊、邓金华、汪华亮、王琳、吴伟央、张海峡、司艳丽
三国法	杨帆、张目强、常乐、齐萌、张雨泽、刘万啸、李毅
案例与论述	杜洪波、王旭、任海涛